Aus Freude am Lesen

btb

## Buch

Am Abend des 17. August 1904 wird eine junge Russin mit allen Anzeichen einer Hysterie ins Burghölzli, die Zürcher Irrenheilanstalt, eingeliefert. Für C.G. Jung bietet sich die Gelegenheit, an Sabina Spielrein zum ersten Mal Freuds Methode auszuprobieren. Die Therapie schlägt an, und noch aus dem Burghölzli heraus nimmt die wissensdurstige Patientin ein Medizinstudium auf. Als Jung und sie ein leidenschaftliches Liebesverhältnis beginnen, hat die Psychoanalyse ihren ersten Skandal. Diese große Biographie Sabina Spielreins erzählt, wie aus dem jüdischen Mädchen aus Rostow am Don eine eigenständige Wissenschaftlerin ersten Ranges wird, eine Pionierin in der Erforschung der kindlichen Seele. Ein unruhiges, mutiges und bewegendes Leben, das unter Hitlers Mordkommandos ein frühes und tragisches Ende nimmt.

## Autorin

Sabine Richebächer, geboren in Düsseldorf, schrieb viele Jahre für die Neue Zürcher Zeitung. Sie hielt außerdem zahlreiche Vorträge über Außenseiter der Psychoanalyse wie Wilhelm Reich, Otto Fenichel und Otto Gross. Als sie 1999 gebeten wurde, einen Vortrag über Sabina Spielrein vorzubereiten, erwies sich das Thema als so fruchtar, daß sie neben mehreren Vorträgen und Artikeln eine ausführliche Biographie verfaßte. Sabine Richebächer lebt als Autorin und Psychoanalytikerin in Zürich.

Sabine Richebächer

# Sabina Spielrein

Eine fast grausame Liebe
zur Wissenschaft

*Biographie*

btb

**FSC**
**Mix**
Produktgruppe aus vorbildlich
bewirtschafteten Wäldern und
anderen kontrollierten Herkünften

Zert.-Nr. GFA-COC-1223
www.fsc.org
© 1996 Forest Stewardship Council

Verlagsgruppe Random House FSC-DEU-100
Das für dieses Buch verwendete FSC-zertifizierte Papier *Munken Print*
liefert Arctic Paper Munkedals AB, Schweden.


1. Auflage
Genehmigte Taschenbuchausgabe Februar 2008, btb Verlag
in der Verlagsgruppe Random House GmbH, München
Copyright © der Originalausgabe 2005 Dörlemann Verlag AG,
Zürich
Umschlaggestaltung: Design Team München
Umschlagmotiv: akg-images
Druck und Einband: Clausen & Bosse, Leck
SR · Herstellung: BB
Printed in Germany
ISBN 978-3-442-73598-3

www.btb-verlag.de

*Sabina Spielrein*

# Inhalt

# Prolog

Seit der Eröffnung im Jahre 1838 gehört das Hôtel Baur en Ville am Paradeplatz in Zürich zu den vornehmsten Häusern der Stadt. Im Sommer 1904 trifft eine kleine Gruppe russischer Reisender aus dem mondänen Kurort Interlaken ein: Es sind Frau Eva Spielrein, ihr Bruder Dr. Lublinski und das Sorgenkind der Familie Spielrein, die achtzehnjährige Sabina. Am 17. August 1904 gibt es unüblichen Tumult im Hotel: Die junge Russin steigert sich in eine hysterische Aufregung hinein, schreit, zerschlägt Glas. Sie will unter keinen Umständen im Hotel bleiben und besteht darauf, in eine Anstalt gebracht zu werden – weil sie Hilfe benötige.

In Begleitung eines Sanitätspolizisten und ihres Onkels, Dr. Lublinski, ausgestattet mit einem ärztlichen Zeugnis von Dr. Rudolf Bion, das dieser hastig auf Hotelpapier geschrieben hat, fährt das Fräulein abends um 10.30 Uhr mit der Kutsche an der kantonalen Zürcher Irrenheilanstalt – dem Burghölzli – vor. Sie sei nicht verrückt, insistiert sie, sie sei bloß aufgeregt worden im Hotel, sie könne keine Leute, kein Geräusch ertragen. Dabei lacht und weint sie in seltsamer Mischung, rotiert ruckweise den Kopf, streckt die Zunge heraus, zuckt mit den Beinen und klagt über schreckliche Kopfschmerzen.

Nach einem abgekürzten Aufnahmeprozedere wird Sabina Spielrein mit Privatpflegerin in ein Einzelzimmer auf die Frauenabteilung der ersten Klasse gebracht. Die Nacht verläuft ziemlich ruhig. Sie äußert mehrfach Angst und verlangt nach Licht. Einmal meint sie, sie habe zwei Köpfe, ihr Körper sei ihr ganz fremd. Auch der folgende Morgen bringt ein changierendes Spiel von Lachen und Weinen, von Kopfzucken und kokettierenden Blicken; im Laufe des Tages beruhigt sie sich.

Im Burghölzli übernimmt der stellvertretende Sekundararzt Dr. C. G. Jung ihre Behandlung. Die Begegnung mit der hübschen, gebildeten und weltläufigen Sabina Spielrein macht auf den jungen Mann nachhaltigen Eindruck. Er hat einige Schriften von Sigmund Freud gelesen und ist hoch erfreut, daß endlich eine Patientin in die

Klinik gekommen ist, die sich dazu eignet, die neue Behandlungsmethode auszuprobieren. Die Russin wird Jungs psychoanalytischer Schulfall.

Daß Sabina Spielrein ins Burghölzli kommt und nicht irgendwo in
einer privaten Nervenklinik strandet, ist ihr großes Glück. Die
neun Monate, die sie hier verbringt, werden zum Wendepunkt und
für ihr weiteres Leben bestimmend. Unter dem Schutz von Klinikdirektor Bleuler und seinen Ärzten kann sie sich von den Ansprüchen ihres Familienclans lösen und eigene, tiefsitzende Ängste so
weit überwinden, daß sie ihren Kindheitstraum verwirklicht und
selber Ärztin wird.

Andererseits ist die Begegnung mit C. G. Jung auch ein großes
Unglück. Der »psychoanalytische Schulfall« wird kein Meister-
stück; die therapeutische Beziehung wird nie richtig aufgelöst.

Daß man sich heute wieder mit Spielrein beschäftigt, daß ihr Leben, zunehmend auch ihre wissenschaftliche Arbeit, die Forschung
interessieren, daß Filme über sie gedreht,[1] Theaterstücke über sie
geschrieben werden,[2] verdankt sich einem Fund, der 1977 bei Re-
novationsarbeiten am Palais Wilson in Genf gemacht wurde – im
Gebäude des ehemaligen Psychologischen Instituts. Man fand dort
im Keller einen schweren braunen Koffer, der einen sensationellen
Inhalt preisgab: Unter zahlreichen persönlichen Schriften seiner Be-
sitzerin Sabina Spielrein entdeckte man ihren Briefwechsel mit Sigmund Freud und C. G. Jung – bestehend aus über 80 handgeschriebenen Briefen und Karten aus den Jahren 1908 bis 1923. Ferner
entdeckte man Spielreins Tagebuch 1909 bis 1912.

Der Genfer Fund sorgte dafür, daß Spielrein ihrer marginalen
Existenz – einige Fußnoten in Schriften von Freud, Jung, Otto
Gross, Sándor Ferenczi, Melanie Klein – entrissen wurde. Die
Rückkehr auf die Bühne der Psychoanalyse geschah jedoch nicht
als Pionierin von Psychoanalyse und Kinderanalyse, als Autorin
von über dreißig anregenden Publikationen, in denen sie vieles vor-
ausgedacht hatte, was erst viel später von Melanie Klein, Donald
W. Winnicott und anderen systematisch ausgearbeitet werden
sollte. Vielmehr konzentrierte man sich in klassischer Weise auf
ihre Rolle als Mitspielerin in einer *chronique scandaleuse*, für die

sie – je nach Geschmack – entweder verantwortlich gemacht oder zu deren »Opfer« sie erklärt worden ist.

Unterdessen sind Spielreins wissenschaftliche Arbeiten größtenteils neu aufgelegt.[3] Auf deutsch, französisch und englisch, über Dissertationen, Zeitschriftenartikel und Monographien verstreut, sind weitere Texte, Tagebücher und Briefe erschienen. Spielreins Krankengeschichte aus dem Burghölzli ist publiziert,[4] ebenso Teile der umfangreichen Spielreinschen Familienkorrespondenz.[5]

Als man mich Anfang 1999 anfragte, einen Vortrag über Spielrein, Jung und Freud zu halten,[6] ahnte ich nicht im mindesten, daß dies der Beginn eines sechsjährigen Forschungsabenteuers auf den Spuren von Sabina Spielreins unruhigem, bewegtem und bewegendem Leben werden sollte, in jener Zeit des Umbruchs, von gewaltigen ökonomischen und gesellschaftlichen Veränderungen geprägt, einem Leben zwischen Tradition und Moderne, zwischen Ost und West, zwischen Freud und Jung und, später in der gequälten Sowjetunion, zwischen Stalins Gewaltpolitik und den Mordkommandos von Adolf Hitler.

# I

# Eine Kindheit in Rußland

## Nikolai Moschkowitsch Spielrein –
## Vom Landwirtssohn zum Großkaufmann

Naphtul Moschkowitsch Schpilrejn wird am 11. Januar 1861 als Sohn eines jüdischen Landwirtes in Warschau geboren.[1] Der Familienname ist aus dem jiddischen Wort für Fair play gebildet: »reynes schpil«. Naphtul wächst mit zwei Brüdern und zwei Schwestern in bescheidenen Verhältnissen und unter den restriktiven Bedingungen des jüdischen Ansiedlungsrayons im Zarenreich auf.

Unter den Flügeln des zaristischen Doppeladlers oder besser in seinen Krallen lebten Angehörige von etwa hundert verschiedenen Nationalitäten, darunter die mit Abstand größte jüdische Gemeinde der damaligen Welt. Die ersten jüdischen Einwanderer waren während der Kreuzzüge 1096 und 1146/47 nach Osteuropa geflohen. Verfolgung und Vertreibung der jüdischen Minderheiten erreichten ihren Höhepunkt in den Jahren 1348/49, als der Schwarze Tod, die große Pest, in Europa umging. Juden mußten als Sündenböcke herhalten: Man warf ihnen vor, sie hätten Brunnen und Quellen vergiftet. Man stellte sie wegen Hostienfrevel und Ritualmord unter Anklage: Sie hätten christliche Kinder zum Pessachfest geschlachtet, um deren Blut im Ritual zu verwenden.

Der polnische König Kasimir III. der Große jedoch förderte die Ansiedlung von Juden im Königreich Polen; so wurde Polen-Litauen während mehrerer Jahrhunderte Zufluchtsort für Juden aus allen Gegenden Europas. Unter dem Schutz der polnischen Fürsten konnten Juden vergleichsweise unbehelligt leben. Sie hatten das Recht, eine eigene Selbstverwaltung aufzubauen, durften ungehindert Handel treiben, konnten studieren, Grundbesitz erwerben und zeitweise sogar Waffen tragen. Dann, nach langen kriegerischen Auseinandersetzungen, wurde das Großreich Polen-Litauen im Zuge der polnischen Teilungen 1772, 1793 und 1795 von den drei schwarzen Doppeladlern – Preußen, Österreich-Ungarn und Rußland – aufgeteilt. Zarin Katharina II. sicherte sich den Löwenanteil der Beute, und so gelangte die Mehrheit der polnisch-litauischen Juden plötzlich unter zaristische Herrschaft.

Die jüdische Bevölkerung durfte ihre Gemeindeautonomie zunächst behalten und war den anderen Bevölkerungsgruppen rechtlich gleichgestellt. Mit dem Ukas vom 23. Dezember 1791 schränkte Katharina II. die Freizügigkeit ein: Juden durften nicht in Innerrußland siedeln, sie mußten vom Land in die Städte ziehen, meist in bestimmte Stadtviertel oder Straßen. Zusätzlich wurde ihr Wohnrecht auf fünfzehn Gouvernements beschränkt, auf die okkupierten, vormals polnisch-litauischen Gebiete von Riga an der Ostsee bis Odessa am Schwarzen Meer, zwischen dem Lodzer Gebiet im Westen und Mogiljow im Osten, alles in allem ein Gebiet von 400000 Quadratkilometern. Mit diesen Bestimmungen schuf Katharina II. die Grundlage für den »Ansiedlungsrayon«, der 1804 im Statut für Juden *(tscherta osedlosti jewrejew)* gesetzlich verankert wurde und bis zur Oktoberrevolution in Kraft blieb.

Um 1900 lebten 5,2 Millionen Juden – knapp die Hälfte der jüdischen Bevölkerung Europas – unter russischer Verwaltung; die große Mehrheit – 4,9 Millionen – wohnte auf dem Gebiet des Ansiedlungsrayons. Der Großteil lebte eingezwängt in die Judenviertel und Judengassen der Städte und Städtchen, wo die Menschen um die knappen verbliebenen Erwerbsmöglichkeiten kämpfen mußten. Die meisten ostjüdischen Familien waren bitter arm, sogenannte »Luftmenschen«. [2]

Naphtul Spielrein ist hoch intelligent und als einziger seiner Familie musikalisch begabt. Wie zahlreiche Männer seiner Generation durchläuft er nacheinander zwei Bildungsperioden, eine traditionelle und eine moderne, säkulare. [3] Jüdische Knaben kommen mit drei oder vier Jahren in die jüdische Gemeindeschule (Cheder), wo sie hebräische Bibeltexte lesen, in Morallehre unterrichtet werden und die vier Grundrechenarten üben. Ältere Schüler studieren Talmud, Thora und die Kommentare von Raschi und Pentateuch. Methodisch basiert der Unterricht im Cheder auf dem Auswendiglernen und Aufsagen heiliger Texte, dem »Verhören«. Das Ende der Schulzeit mit dreizehn Jahren und einem Tag ist ebenfalls religiös determiniert: Zu diesem Zeitpunkt übernimmt der Knabe die religiösen Pflichten eines Erwachsenen, er wird Bar-Mizwa, ein »Sohn der Verpflichtung«.

Von der bildungsfeindlichen Politik im Zarenreich sind Angehörige nichtrussischer Nationalitäten besonders betroffen. Das Regime unterdrückt die nationalen Kulturen der ethnischen Minderheiten; sie dürfen ihre Kinder in der Regel nicht in der Muttersprache unterrichten; die Publikation von Büchern und Zeitschriften in Minderheitensprachen ist verboten.[4] Gleichzeitig existiert eine Quotenregelung beziehungsweise ein Numerus clausus für nichtrussische Kinder, die auf Staatsschulen oder an die Universität wollen, wobei jüdische Kinder ganz besonders unter Restriktionen und Willkür zu leiden haben. In Verbindung mit der abgeschlossenen Lebensweise der jüdischen Gemeinden im Ansiedlungsrayon führt dies dazu, daß zahlreiche Ghettobewohner keine oder kaum Kenntnis der Landessprache der umgebenden Bevölkerung haben. Das Erlernen von Russisch, Polnisch und weiterer Fremdsprachen ist für viele Juden und Jüdinnen ein erster Schritt hinaus in Richtung eines neuen Lebensentwurfs und eines neuen Berufes.[5]

Im Hause von Landwirt Schpilrejn wird Jiddisch mit Warschauer Akzent gesprochen.[6] Sein Sohn Naphtul lernt schnell und leicht Fremdsprachen; neben dem Hebräischen beherrscht er fließend Polnisch sowie Russisch, die Sprache der Besatzungsmacht. Naphtul verläßt vorzeitig die Schule in Warschau und geht nach Deutschland, vermutlich nach Berlin, wo er eine höhere landwirtschaftliche Schule besucht. Da seine Eltern arm sind, muß er sich das Studium mit Nachhilfeunterricht selber finanzieren.

Bald spricht er fließend Deutsch, Englisch, Französisch und ist in den klassischen Sprachen bewandert, in Griechisch und Latein. Während der Warschauer Schulzeit, spätestens aber während des Agronomiestudiums in Berlin kommt Naphtul mit der Haskala in Berührung, der jüdischen Aufklärung, sowie mit modernem westlichen Gedankengut: mit Lebensreform, Erziehungs- und Schulreform, mit sozialistischen Ideen.

Die Haskala hatte ihren Anfang in Deutschland, in Berlin genommen, wo unter dem Eindruck der Französischen Revolution und angeregt von der programmatischen Leitidee französischer Aufklärer, daß Menschenrechte für alle gelten, auch die Sondergesetze für Juden fallen.

1808 erhalten alle Einwohner Berlins das städtische Bürgerrecht und werden zu »Einländern und Staatsbürgern« erklärt. Sie sind also Berliner und Preußen geworden, was für ihr Selbstverständnis insofern Konsequenzen hat, als sie sich nicht mehr ausschließlich über ihr Judentum definieren, sondern als Bürger des Staates, in dem sie leben. Berlin wird Zentrum der jüdischen Emanzipationsbewegung, die mit den Namen von Moses Mendelssohn und Gotthold Ephraim Lessing verbunden ist. Beredtes Zeugnis für diesen kurzen historischen Moment, in dem Toleranz und Friede zwischen Religionen und Kulturen möglich scheint, ist Lessings dramatisches Gedicht *Nathan der Weise* (1779), für dessen Titelhelden sein Freund Mendelssohn das Vorbild ist.[7]

Die jüdischen Aufklärer – vorab Intellektuelle und Kaufleute – sprengen den festgefügten Rahmen der bis anhin nach dem Religionsgesetz von Rabbinern und religiösen Richtern streng geregelten Lebenswelt. Sie fordern die Trennung von religiösem und weltlichem Wissen, die Modernisierung von Erziehung und Unterricht für beide Geschlechter, das Erlernen neuer Berufe durch Juden. Zudem befürworten sie die Besserstellung der Frau in der Gemeinde. Für zwölfjährige Mädchen wird eine der Bar-Mizwa vergleichbare Feier eingerichtet: das Bat-Mizwa; man sucht nach Möglichkeiten, den Gottesdienst neu zu gestalten.[8]

Innerhalb der Haskala wird ein breites Spektrum von Positionen vertreten, welche von gemäßigten Teilreformen bis zur Forderung nach Integration in die säkulare Gesellschaft unter Verzicht auf sämtliche Traditionen reichen. Die Haskala gelangt nach Österreich und nach Rußland, wo in Wilna, Warschau und Odessa, in nahezu allen größeren Städten des Ansiedlungsrayons ab 1850 Diskussionszirkel entstehen. Man will das Judentum von innen heraus erneuern und die materielle Lage der verelendeten Mehrheit der jüdischen Bevölkerung verbessern. Man diskutiert Aspekte kultureller und wissenschaftlicher Reformen, die Chancen einer Assimilation, die Vision eines sozialistischen Judentums ebenso wie zionistische Alternativen.

Naphtul Spielrein kehrt mit abgeschlossenem Studium, als radikaler Reformer und als ein großer Bewunderer der deutschen Kultur nach Warschau zurück. Er, der sich auf Insektenkunde und den Pilzbefall von Pflanzen spezialisiert hat, arbeitet als Kaufmann für eine Warschauer Firma, die mit Düngemitteln handelt. Er ist ein eigenständiger Kopf, voller neuer Ideen – und er arbeitet hart. Auf diese Weise bringt er es innerhalb weniger Jahre zu einem beträchtlichen Vermögen.

Als Naphtul die schöne, umschwärmte Eva Lublinskaja kennenlernt, weiß er, daß er diese und keine andere will. Es stört ihn nicht, daß sie keine Mitgift besitzt.[9] Als er um seine spätere Frau wirbt, muß er seine ganze, nicht unbeträchtliche Hartnäckigkeit aufbieten: Dreimal bekommt er von ihr einen Korb; erst beim vierten Antrag ist sie bereit, den Wunschkandidaten ihrer Eltern zu akzeptieren. 1884 wird das Paar getraut.

Politisch definiert sich Kaufmann Spielrein als Russe, eine Haltung, die er auch dadurch zum Ausdruck bringt, daß er Vornamen und Vatersnamen 1883 beim Umzug von Warschau nach Rostow russifiziert: aus Naphtul Moschkowitsch wird Nikolai Arkadjewitsch. Die prosperierende südrussische Handelsstadt ist für den aufstrebenden jungen Kaufmann ein idealer Standort.

Rostow, etwa neunhundert Kilometer von Moskau entfernt, liegt auf der geographischen Höhe von Budapest. Der Name geht auf eine als Festung konzipierte Ortschaft zurück, die Zarin Elisabeth I. als strategisch bedeutsames Bollwerk gegen die Osmanen erbauen ließ und nach dem Metropoliten St. Dimitri Rostowski benannte. Katharina die Große gab Armeniern und Griechen das Siedlungsrecht östlich der Festung, wo der verwaltungstechnisch unabhängige Stadtteil Nachhitschewan entstand. Ursprünglich eine unbedeutende Kosakensiedlung am Don, entwickelte Rostow sich im 18. Jahrhundert dank des natürlichen, dabei seichten Hafens zu einem regen Handelsplatz und erhielt 1797 das Stadtrecht.

Rostow wird Tor zum Kaukasus genannt. Die kommerzielle Bedeutung der Stadt beruht auf ihrer geographisch und verkehrsmäßig privilegierten Lage. Der Don, auf dieser Höhe ein mächtiger, zweihundert Meter breiter Strom, öffnet dem Handel den Weg zum Asowschen und Schwarzen Meer, von wo die großen Schiffe in internationale Gewässer fahren – manche bis nach England. In den

vierziger Jahren des 19. Jahrhunderts hatte die erste Dampfschiff-
fahrtslinie den Kurs aufgenommen. Und auch auf dem Landweg –
als Knotenpunkt verschiedener Eisenbahnlinien – besitzt Rostow
ausgezeichnete Verbindungen, zum nördlichen Kaukasus und nach
Transkaukasien, in die Ukraine, zur Wolgaregion und bis nach
Sibirien.

Um 1900, als die Société Anonyme Belge die erste elektrische
Straßenbahnlinie zwischen Rostow und der Schwesterstadt Nachhitschewan baut, hat die Stadt sich zu einem Wirtschaftszentrum
von überregionaler Bedeutung entwickelt. Sie ist Standort eines
großen Elektrizitätswerks, mehrerer Eisengießereien sowie Zellulo-
sefabriken. Weiterhin gibt es Tabakfabriken, Getreidemühlen und
Fischfang samt Produktionsstätten für Kaviar und Tran. Drei große
Tageszeitungen erscheinen in Rostow, das Druckereigewerbe flo-
riert. Der entscheidende Faktor jedoch, der Rostow zu einem der
größten russischen Häfen und dem wichtigsten Binnenhafen der
Schwarzmeerregion macht, ist der Getreidehandel.[10]

Auf niedriggängigen Lastkähnen – sogenannten Leichtern –
wird das Getreide den Don hinunter und zur Taganroger Reede gebracht, um verladen zu werden. Der Handel mit Getreide und Fut-
termitteln ist auch die Branche, in der Kaufmann Spielrein sein Vermögen erwirbt.

Der Gründer des Staates Israel, Chaim Weizmann, schreibt über die
Heimatstadt seiner späteren Frau, Vera Chatzman:

»Die jüdische Gemeinde in Rostow war klein und denselben
Schikanen ausgesetzt, die das Leben der Juden im Ansiedlungsrayon erschwerten. Doch die materiellen Bedingungen waren im
allgemeinen günstiger, der Distrikt reicher, die Konkurrenz weniger
groß. Doch wenn eine Familie zur Klasse der sogenannten ›Gilde-
Kaufleute‹ gehörte, genoß sie besondere Vorrechte, das heißt als Juden, und hatte infolgedessen eine gesicherte Existenz.«[11]

Seit Katharina II. sind die russischen Kaufleute in Gilden organisiert, deren Angehörige teilweise beträchtliche Vorrechte besitzen. Großkaufleute der I. Gilde wie Nikolai Spielrein gehören zur
städtischen Oberschicht. Sie sind von den Siedlungsvorschriften für
Juden befreit, können sich vom Wehrdienst loskaufen und dürfen
Grundeigentum erwerben. Auch das politische Klima und damit

die Voraussetzungen, um eine Familie zu gründen, sind in Rostow relativ günstig. In Vera Weizmanns Erinnerungen an ihre Jugendzeit heißt es:

»Rostow hatte eine Population von ungefähr 150000, die sich zusammensetzte aus einer Mischung von Russen, Griechen, Juden und Armeniern; die jüdische Minorität machte ungefähr ein Zehntel der Gesamtbevölkerung aus. Doch trotz Quotenregelung und Restriktionen war Rostow bemerkenswert frei von der ins Kraut schießenden und vulgären Judenhetze und dem Antisemitismus, die in anderen Gebieten Rußlands vorherrschten. Die russische und jüdische Intelligenz – Ärzte, Anwälte und andere Berufsleute von Stellung – lebten einigermaßen in Frieden miteinander. Das könnte erklären, warum ich zu diesem Zeitpunkt meiner Entwicklung keinerlei Bewusstsein von der ›Jüdischen Frage‹ hatte. Außerdem hatte ich ein angeborenes Gefühl, russisch zu sein, das mich nie wirklich verlassen hat.« [12]

Nikolai Spielrein importiert Mastfutter in die osteuropäischen Länder; er treibt Handel mit Düngemitteln und besitzt Geschäfte in Warschau und Paris. In Rostow hat er den Ruf, eine starke und eigenwillige Persönlichkeit zu sein, mit originellen Ideen, an gesellschaftlichen Fragen interessiert. Außerdem schätzt man ihn als innovativen und erfolgreichen Geschäftsmann. Spielrein ist Vegetarier. Im Winter trägt er weder Mantel, Hut noch Handschuhe und härtet sich mit kaltem Wasser gegen Krankheiten ab. (Im Zarenreich war Vegetarismus mit gesellschaftsutopischen Ansichten verknüpft. Der späte Lew Tolstoi propagierte Vegetarismus, Verzicht auf Jagd und auf Privateigentum als Bestandteil einer diesseitigen, zivilisationskritischen Liebesreligion. Noch die Bolschewiki werden eine vegetarische Lebensweise mit Opposition gegen die Todesstrafe, gegen Wehrpflicht und die sowjetische Einheitsschule in Verbindung bringen.) Als ein Mann von Prinzipien weicht Spielrein ungern von einem bewährten Ablauf, von einmal gefaßten Entscheidungen ab. Wenn Nikolai sich in Warschau aufhält, logiert er stets im Französischen Gasthof; auch später wird er Neujahr regelmäßig ohne Frau und Kinder bei seinen Angehörigen in Warschau verbringen. Wenn er nachmittags von Geschäften heimkehrt, erwartet er, daß seine Frau pünktlich den Tee serviert. Im persönlichen Umgang ist Nikolai Spielrein ein schwieriger Mann, chronisch überarbeitet, nervös. Er leidet an Stimmungsschwankungen und berührt ungern einen anderen Menschen.[13]

Nikolai Spielrein und Eva Lublinskaja haben ein partnerschaftliches Verhältnis miteinander, wobei Rollenverteilung und Entscheidungsfreiheit mit den Usancen einer aufgeklärten bürgerlichen Familie in Einklang stehen. Wissenschaft, Kultur, Arbeit für die Gesellschaft – das sind die Werte, die den Referenzrahmen für ihr Zusammenleben bilden und für die Art und Weise, wie sie ihre Kinder erziehen werden. Differenzen – etwa hinsichtlich der Religion – haben Platz darin.

## 2
# Eva Lublinskaja –
# Eine Pionierin des Frauenstudiums in Rußland

Eva Lublinskaja[1] wird am 15. April 1863 als Tochter von Rabbi Mordechai Lublinski in Jekaterinoslaw geboren, im gleichnamigen Gouvernement im Südosten des Ansiedlungsrayons.[2] Die Lublinskis sind eine angesehene Familie; der Familienname geht vermutlich auf die Stadt Lublin zurück, eine traditionelle Stätte jüdischer Gelehrsamkeit. Für die Tochter eines Rabbiners ihrer Generation macht Eva Mordechajewna eine unkonventionelle Karriere: Sie besucht das christliche Gymnasium, und als eine der ersten Frauen im Zarenreich geht sie während einer kurzen liberalen Periode der russischen Hochschulpolitik auf die Universität.

Evas Großvater war ein hochverehrter Rabbiner in Jekaterinoslaw, ein großer, freundlicher Mann, eine charismatische Persönlichkeit, um die sich viele Legenden und Geschichten über seine hellseherischen Fähigkeiten rankten. So soll er ganz ruhig den Zeitpunkt seines Todes vorausgesagt haben. Er starb also gar nicht, sondern nahm Abschied und ging zu Gott, der ihn rief.

Evas Vater liebt die Menschen. Sein Haus steht allen offen; stets wohnen einige Verwandte unter seinem Dach und erhalten von ihm das zum Leben notwendige Geld. Auch für fremde Leute tut er viel, so daß für seine Tochter keine Mitgift bleibt, was ihn aber nicht grämt. Er vertraut auf Gott.[3]

Die chassidische Familie Eva Lublinskajas zählt viele Gelehrte und Wunderheiler zu ihren Vorfahren. Die Chassidim sind Anhänger einer lebensbejahenden Erweckungsbewegung mit basisdemokratischen Zügen, die gerade unter armen Juden zahlreiche Anhänger hat. Ausgangspunkt chassidischer Lehren sind mystische Spekulationen über Gott und das Dasein, die zusammen mit neuplatonischen Gedanken, magischen Vorstellungen sowie Elementen eines volkstümlichen Dämonen- und Hexenglaubens zu einer Kosmologie ausgestaltet werden. Nach Auffassung der »Frommen« existiert die Schöpfung in allen ihren Erscheinungsformen in doppelter Weise, in irdischer und geistiger Gestalt. Die unsichtbare, geistige Welt ist bevölkert von zahlreichen Engeln, von einem Heer von Dämonen, von den Seelen ungeborener und verstorbener Menschen. Diese Wesen können einem nachts im Traum erscheinen, man begegnet ihnen in der Synagoge, auf dem Friedhof und an einsamen Orten, und sie besitzen die Fähigkeit, in das Leben und Handeln der Menschen einzugreifen. Dem Kundigen stehen seinerseits Mittel zur Verfügung, auf diese verborgene Welt Einfluß zu nehmen und die göttlichen Geheimnisse und Zusammenhänge zu erkunden – beispielsweise mit Hilfe von Wort-, Buchstaben- oder Zahlenmagie.[4]

Rabbi Mordechai ist ein temperamentvoller, lebensfroher und großzügiger Mann. Wenn er in seiner Eigenschaft als Geistlicher jemanden vor dem Gemeindegericht verteidigt, dann traut er sich sehr wohl, Meinungen zu äußern, die sonst in Rußland nicht geduldet werden.[5] Und er gebraucht auch mal seine Fäuste, wenn es gilt, eine Frau vor dem Überfall zweier Burschen zu schützen. Als junger Mann ist er ausgesprochen hübsch gewesen, ein Liebling der Frauen. Er hatte sich in eine Arzttochter verliebt, die er jedoch nicht heiraten durfte, da Medizin als »christliche Wissenschaft« und Ärzte als »Ungläubige« galten. Sein Vater, Evas Großvater, wählte eine Frau für ihn aus, »eine liebende, stille Dulderin«.[6]

Eva Mordechajewna ist das einzige Mädchen von vier überlebenden Kindern. Sie ist ausgesprochen begabt, hoch musikalisch, und der Rabbiner hält große Stücke auf sie. Auf seinen Wunsch hin soll sie studieren, immer nur studieren; sie darf zu Hause, in der Wirtschaft, nicht helfen. Obwohl Rabbi Mordechai sich auf diese Weise in der Gemeinde exponiert und angreifbar macht, schickt er seine Tochter ins christliche Gymnasium und besteht darauf, daß sie die Universität besucht. Zum Stolz des Vaters lernt das Mädchen alles leicht und begierig.[7]

Eva studiert Zahnmedizin, wobei sie sich auf Zahnfleischkunde spezialisiert. Vermutlich besucht sie die Universität in Sankt Petersburg, wo Verwandte leben – darunter eine Opernsängerin – und wo einer ihrer Brüder als angesehener Arzt praktiziert.[8]

Eva Lublinskaja ist eine große Schönheit und wird von vielen umworben. Auch ein Christ hält um sie an, eine angesehene Persönlichkeit in Petersburg, der sich erschießt, als sie ihn mit der Begründung abweist, daß sie nie einen Christen heiraten könnte, weil es ihre Eltern ruinieren würde.[9]

Evas erste Verlobung verläuft unglücklich. Sie hat sich in ihren Cousin verliebt, einen Arzt, der nicht besonders fromm ist. Rabbi Mordechai gestattet seinem Liebling trotzdem, sich mit diesem Mann zu verloben. Als Verwandte des Bräutigams gegen die Verbindung intrigieren und die Braut anschwärzen, kommt es zur Trennung. Eva ist zu stolz, sich gegen die unberechtigten Vorwürfe ihres Verlobten zur Wehr zu setzen, und bricht die Beziehung ab: Sie möchte nicht zum Spielball seiner Verwandten werden. Eva hat großen Liebeskummer und fällt in ein Loch. Als man ihr Naphtul Spielrein vorstellt, ist sie zunächst abweisend, aber doch beeindruckt von seiner Intelligenz, seinem festen Charakter, seiner zärtlichen Sorge um sie.[10] Außerdem verbinden sie zahlreiche Gemeinsamkeiten: Beide sind Akademiker, beide lieben Musik, beide sind an Kultur und gesellschaftspolitischen Fragen interessiert. Sie heiraten.

Obwohl sie miteinander auch Jiddisch sprechen, reden sie sich mit russischen Kosenamen an, »Mascha« und »Kolja«.[11] Eva Spielrein vertritt energisch ihre Meinungen, nicht nur gegenüber ihrem Mann. Ihre Schwäche ist das Geldausgeben. Wenn sie wieder einmal ihrem Kaufrausch nachgibt und das herauskommt, gibt es jeweils furchtbaren Krach. Häufig streiten die Eheleute über Geld. Nikolai ist sparsam und bis zur Askese bescheiden in seinen persönlichen, materiellen Ansprüchen; Eva, eine gepflegte Dame, liebt teure Stoffe, schöne Kleider, Pelzmäntel und üppige Hüte. Einfach ist die Ehe nicht.

Eva Spielrein, Ehefrau und Mutter: ihre Existenz wird bestimmt von der Sorge um den anspruchsvollen Gatten und ihre lebhafte Kinderschar. Sie rackert sich unablässig für die Familie ab, ist bestrebt, deren Wohlergehen zu sichern, ihre Annehmlichkeiten zu mehren, ihre Probleme zu lösen und ihnen kleine und große Freuden zu bereiten. Selbstbewußt, couragiert und von einem ausgeprägten Ehrbegriff geleitet, ist sie diejenige, welche die Familienpolitik maßgeblich bestimmt und die Fäden zieht.

Zu Sabinas Kindertagen sind die Spielreins sehr reiche Leute. Sie besitzen mehrere Häuser, die Mutter führt ein für junge Leute offenes Haus. Sie zählen zu den gebildetsten Familien in Rostow, zumal alle mehrere Fremdsprachen sprechen.[12]

## 3
## Große Göttin, Alchimistin, Angstanfälle –
## Eine Kindheit in Südrußland

Am 25. Oktober 1885 wird das erste Kind von Nikolai und Eva Spielrein geboren. Das kleine Mädchen wird Sabina getauft, nach einer Schwester Nikolais.[1]

Sabina Nikolajewnas Geburtsstadt ist schachbrettartig angelegt und wird im Westen vom Fluß Temernik, im Süden vom Don begrenzt. Rostow ist eine aufstrebende Stadt, in der ein buntes Gemisch von Russen, Juden, Armeniern, Griechen, Deutschen, Italienern und Franzosen lebt. Für die Dauer der Schiffahrtssaison strömen weitere fünfzigtausend Arbeiter unterschiedlicher Nationalitäten herbei. Doch trotz der boomenden Wirtschaft, trotz des Reichtums der Stadt und tatkräftiger Hilfe seitens englischer, französischer und belgischer Firmen halten die Anstrengungen der Stadtverwaltung, insbesondere der Ausbau der Infrastruktur, mit dieser Entwicklung nicht Schritt. Neben der armenischen Schwesterstadt Nachhitschewan sieht Rostow ausgesprochen schäbig aus; die Einwohner leiden unter der höchsten Verbrechensrate im ganzen Zarenreich; und die sanitären Verhältnisse sind so miserabel, daß Rostow – nach Kalkutta und Schanghai – weltweit den dritten Platz bei Todesfällen durch Cholera belegt.

Die Rostower Juden leben nicht im Ghetto oder in bestimmten Wohnquartieren, sondern über die ganze Stadt verstreut. Es gibt vierzehn orthodoxe Kirchen, je ein lutherisches und ein römisch-katholisches Gotteshaus sowie eine Moschee. Die Juden beten in der Choralsynagoge oder in der Soldatensynagoge. Die Stadt weist ein Gymnasium für Jungen auf, eines für Mädchen, eine Handelsschule, eine Schule für Navigation und sogar ein Technikum. Vom Bahnhof und der Temernitzky-Brücke her gelangt man – zuerst eben, dann ansteigend – in die Hauptstraße, die Bolschaja Sadowaja, die Große Gartenstraße, welche die Stadt von West nach Ost bis zur Grenzmarkierung der Schwesterstadt Nachhitschewan durchzieht. An der Bolschaja Sadowaja liegen die wichtigen Verwaltungsgebäude, das Grandhotel, die besseren Gasthöfe, die bei den Rostowern überaus beliebte Schweizer Konditorei; hier befindet sich auch der Stadtgarten, wo im Sommer Konzerte veranstaltet werden.

Bei der Geburt ihres ersten Kindes ist Eva Spielrein zweiundzwanzig. Sie stillt ihre kleine Tochter selber, eine ungewöhnliche Entscheidung für eine Dame der oberen Gesellschaftsschicht. Als Säugling leidet Sabina an hartnäckiger Verstopfung und bereitet ihrer Mutter eine anstrengende Zeit. Die Beschwerden wollen sich auch dann nicht bessern, als man ihr Dörrpflaumensaft gibt und später auf feste Nahrung umstellt, auf Grütze mit Milch.[2] Die Kleine kränkelt, ist schwächlich, hat oft Bauchweh und Magenkrämpfe. Sie durchleidet die üblichen Kinderkrankheiten Diphtherie, Scharlach, Masern; daneben hat sie häufig schwere Angina.[3]

Zehn Monate nach Sabinas Geburt ist Eva Spielrein erneut schwanger. Am 14. Juni 1887 bringt sie ihren ersten Sohn Jean, in der Familie Jascha genannt, zur Welt. Am 27. Mai 1891 wird Isaak, genannt Sanja, geboren.

Eva Spielrein bleibt der Tradition ihrer chassidischen Vorfahren verbunden und erzählt ihren Kindern Geschichten von Engeln und Dämonen, vom Hellsehen und von wunderbaren Heilungen, denen die kleine Sabina fasziniert lauscht. Die Mutter warnt: Im Himmel werden die Sünden mit roter Farbe aufgezeichnet. Sabina ist sehr fromm und betet viel. Sie wächst zu einem frühreifen, intelligenten und sensiblen Mädchen heran. Bis zum Alter von sechs oder sieben Jahren ist sie aktiv und unternehmungslustig und stiftet Jascha, den Bruder und Gespielen der frühen Kindheit, zu allerhand Streichen an:

»Wir kletterten einmal mit dem Bruder auf die Kommode und beteten mit zum Himmel emporgehobenen Armen: ›O, lieber Gott, nimm uns zu dir‹ (wie den ›Abraham‹). Erschrocken holte uns die Mutter herunter. Außer daß wir fallen konnten, graute es ihr vor dem Gedanken, ihre Kinder könnten ihr (durch den Tod) genommen werden.«[4]

Eva Spielrein führt einen standesgemäßen Haushalt, es fehlt an nichts. Es herrscht ein reges Kommen und Gehen von Geschäftspartnern, Verwandten, Bekannten. Die Kinder nehmen ganz selbstverständlich an vielfältigen sozialen und kulturellen Aktivitäten teil. Sie gehen ins Theater, auf Reisen und besuchen die Verwandten der Mutter in Jekaterinoslaw. Oder man reist nach Warschau, wo die Verwandten des Vaters leben. Nikolais jüngere Brüder machen sich einen Spaß daraus, Nichte und Neffen zu necken und zu erschrecken. Einer von ihnen, ein Gymnasiast von dreizehn, vierzehn Jahren, gibt sich gerne als »Gott« aus, wobei er die Kinder in ein dunkles Zimmer führt, ihnen Schauergeschichten erzählt und dazu Violine spielt.[5] Ein andermal versetzt ein Onkel, Chemiker von Beruf, Sabina in Entzücken, als er vorführt, wie ein angeschnittenes Zinkstäbchen, in Bleisalzlösung getaucht, sich in ein verzweigtes Gebilde – einen echten Baum! – verwandelt.

Eva Spielreins Schwangerschaften und die neuen Geschwister beschäftigen das Kind:

»Soweit meine Erinnerungen, die ich bei den Eltern nachprüfen konnte, zurückreichen, das ist bis in das 3.–4. Lebensjahr, kenne ich die quälenden Fragen von mir: Woher kommen die Menschen? (Kinder). Wo ist der Anfang aller Anfänge und das Ende aller Enden? Besonders unerträglich war der Gedanke an die Unendlichkeit. Auch interessierte es mich, daß die Menschen nicht alle gleich sind, und besonders Amerikaner fesselten meine Neugierde, weil sie, da ja die Erde ein Ball ist, unter uns mit dem Kopfe nach unten, den Beinen nach oben wandern mußten.«[6]

Über längere Zeit hinweg gräbt Sabina unermüdlich ein Loch in die Erde und fragt jedesmal die Mutter, ob es noch lange dauere, bis sie die Erde durchbohrt habe und einen Amerikaner an den Beinen herausziehen könne. Sie staunt darüber, daß Olivenkerne wachsen, wenn man sie in die Erde steckt; interessiert beobachtet sie, wie junge Tiere sich entwickeln. Mit fünf Jahren weiß sie, daß Kinder aus dem Bauch der Mutter kommen. Diese Information regt sie zu einer Reihe von Theorien an: etwa daß das Kind aus der Mutter herausgeschnitten wird; oder daß man es irgendwie durch den Nabel herauswickeln kann. Die Frage, wo die Kinder herkommen, bleibt indessen ein Rätsel.

Sabina beschließt, der Sache auf den Grund zu gehen, indem sie *Alchimistin* wird und selber Versuche unternimmt, neues Leben zu kreieren. Zum großen Ärger der Eltern gewöhnt sich das Mädchen an, bei den Mahlzeiten die Reste von Speisen und Getränken durcheinanderzuschütten, alles fleißig zu mischen und großen Schmutz zu machen – weil sie sehen will, was daraus entsteht. Wenn eine Farbe sich in eine andere verwandelt, wenn eine neue Form oder Konsistenz zum Vorschein kommt, ist sie entzückt. Als sich bei einem dieser Experimente ein Stückchen Stoff durch die unbekannte Kraft einer Flüssigkeit in Papier verwandelt, wird Sabina von einem Gemisch aus Freude und Angst gepackt:

»Ich hatte viele ›geheimnisvolle‹ Flüssigkeiten in Fläschchen, ›Wundersteine‹ und ähnliches, von welchen ich die große ›Schöpfung‹ erwartete. Beständig plagte ich die Eltern mit Fragen, wie alle möglichen Gegenstände ›gemacht‹ werden, und wenn ich keinen Menschen ›machen‹ konnte, so machte ich eifrig Oliven, Seife, alles, was ich nur gestalten konnte. Einmal fragte ich ein älteres Mütterlein, ob ich nicht auch ein Kind haben könnte, wie die Mutter. ›Nein‹, sagte sie, ›du bist noch zu klein, um ein Kind zu haben; jetzt könntest du vielleicht ein Kätzchen gebären.‹ Diese scherzhaften Worte hatten ihre Wirkung: ich erwartete das Kätzchen und grübelte viel darüber nach, ob das Kätzchen nicht ein ebenso intelligentes Wesen ergeben könnte, wie der Mensch, wenn ich es mit entsprechender Sorgfalt erziehen würde. Das wollte ich tun.«[7]

Sabina Nikolajewna ist eine große Tagträumerin und schafft sich eine Phantasiewelt, die sie vor ihrer Umgebung geheimhält. Sie ist die Große Göttin, Herrscherin über ein mächtiges Reich. Sie besitzt eine Kraft, die sie »Partunskraft« nennt, mittels der sie alles wissen und alles erreichen kann:

»Wenn ich auch nicht direkt an die Realität meiner Phantasien glaubte, so war es doch zu schön um gar nicht zu glauben: konnte doch ›Abraham‹ lebendig in den Himmel kommen, warum sollte mir nicht das gleiche Wunder passieren? Ich hatte soviel niemandem bekannte Kraft in mir und war sicher die Auserwählte Gottes.«

Die allmächtige Göttin ist vielleicht ein Abkömmling der göttlichen Schechina, nach chassidischer Auffassung das Element des Weiblichen in Gott.[8] Sabina möchte es aber auch wie Abraham halten, der Urvater aller jüdischen Stämme: Sie möchte fliegen, möchte *Mutter Erde* verlassen. Und in der Tat: als junge Frau wird sie *Mütterchen Rußland* verlassen und in den Westen gehen. Auch die *Partunskraft* der Großen Göttin verrät eine zweifache Abstammung: partiri = gebären ist eine weibliche Kraft, pa(r)ter = Vater steht für die männliche Seite.

Das Mädchen zeichnet herrliche Paläste und ersinnt ganze Tier- und Pflanzenwelten für ihr Reich. Wenn jedoch einer der Erwachsenen versucht, die Kinder mit unwahren Geschichten zu necken, die kleinen Brüder zu erschrecken, wird sie ärgerlich:

»Es lebte stets ein Kritiker in mir, welcher den Unterschied zwischen Realität und Phantasie kannte. Von anderen wollte ich zu dieser Zeit keine Märchen hören: diese konnte ich selbst zur Genüge produzieren, die Wahrheit wollte ich wissen.« [9]

Neben ihren »wissenschaftlichen Experimenten« spielt Sabina Spielrein viele boshafte Streiche und provoziert die Eltern mit Unartigkeiten und Widerworten. Zur Strafe muß sie sich hinlegen, den Rock hochheben, und der Vater schlägt sie mit der Hand auf den nackten Hintern; danach muß sie seine Hand küssen. Das Mädchen entwickelt einen Zwang, den Stuhlgang so lange zurückzuhalten, bis sie vom Schmerz zur Defäkation gezwungen wird.[10] Wenn sie beobachtet, wie ihre Brüder geschlagen werden oder ein anderer Mensch erniedrigt wird, gerät sie in furchtbare Wut und beginnt zu schwitzen.[11]

»Bis 6–7 Jahren hatte ich ›vor keinem Teufel‹ Angst. Ich war stets meinem Bruder als Beispiel der Tapferkeit gegenübergestellt, und dieses nützte ich aus, indem ich über den Bruder spottete, ihn durch Aufspringen aus dem dunklen Versteck oder durch Erzählen von Schauergeschichten schreckte.«[12]

Daß Sabina Jascha quält, entgeht den Eltern nicht. Der Vater droht, einmal werde das Schicksal sie strafen: »Du wirst auch einmal Angst haben, und dann wirst du wissen, wie es dem Bruder war.« Das Mädchen nimmt die Drohung nicht weiter ernst, doch sie hat Folgen, denn eines Tages erschrickt sie heftig, als sie im Zimmer nebenan auf der Kommode zwei schwarze Kätzchen erblickt:

»Es war wohl eine Illusion, so deutlich, daß ich jetzt noch die Tierchen genau sehen kann, sie saßen ganz ruhig nebeneinander. ›Das ist der Tod‹ oder ›die Pest‹, dachte ich. Mit einem Ruck begann die Angstperiode: Wenn ich im Dunkeln allein blieb, sah ich viele schreckliche Tiere, ich fühlte, daß mich eine unbekannte Kraft den Eltern fortreißen wollte, und sie mußten mich an beiden Händen festhalten. Mit großer Angst und Interesse wollte ich Beschreibungen verschiedener Krankheiten hören, die ich dann nachts an mir entdeckte und die mich in Form von Personen ›angreifen‹ oder ›holen‹ wollten.«[13]

In dieser verstörten Zeit mit vielen Alpträumen und Angstphantasien erschafft sich Sabina Spielrein einen Schutzgeist, der Deutsch mit ihr spricht – die Sprache des germanophilen Vaters. Sie entwickelt den Wunsch, Ärztin zu werden.

Die wohlhabenden Rostower Bürger schicken ihre Kinder in den französischen Kindergarten. Nicht so Spielreins. Als Sabina fünf Jahre alt ist und Jascha drei, kommen sie zu Frida Leontjewna in eine Fröbelsche Kinderschule, wo in einer Kleingruppe von zehn Kindern gespielt und gelernt wird.[14]

Friedrich Wilhelm August Fröbel, ein Schüler Pestalozzis, national-fortschrittlich orientiert, gilt als Erfinder des Kindergartens. Die Fröbelsche Pädagogik ist durch das Bemühen gekennzeichnet, Körper, Gemüt und Tatkraft der Kinder anzuregen. Unterrichtet werden Turnen, Erdkunde, musische Fächer und Naturwissenschaften. Die Kinder sollen möglichst viel selbst tun, und die Lektionen werden von Erkundungen im Freien begleitet. Fröbel hat zahlreiche Lehrmittel erfunden – Vorläufer des heutigen Baukastens, Kreis- und Fingerspiele, Bastel- und Handarbeiten –, welche sich in der Tat im Hinblick auf Konzentrationsfähigkeit, Körperbeherrschung und schöpferische Phantasie der Schüler bewähren.[15]

Als die Kinder älter werden, holt man Leontjewna als Privatlehrerin ins Haus.

Sechs Jahre nach Isaaks Geburt wird Eva Spielrein nochmals schwanger: Am 3. März 1895 wird ein Nachzügler, Emilia, genannt Milotschka, geboren. Sabina ist jetzt neun. Für die Familie wird die Wohnung rasch zu klein. 1896 erwirbt Nikolai Spielrein für zwanzigtausend Rubel ein Grundstück an der Puschkinskaja, einer ruhigen, baumbestandenen Allee parallel zur Bolschaja Sadowaja. Hier läßt er für sich und seine Familie ein komfortables Stadthaus in üppigem Neo-Rokoko erbauen. An der Puschkinskaja 97 spielt sich das Familienleben in den oberen Stockwerken ab, wo sich auch das Kaufmannskontor, das Büro von Onkel Mosja und Eva Spielreins Behandlungszimmer befinden. Das Parterre ist an einen Armenier vermietet.

Familie Spielrein um 1896

Ein Gruppenfoto, um 1896 aufgenommen, zeigt die Familie Spielrein zusammen mit weiteren Personen. Vorne auf dem Boden sitzen Sabina, Emilia und Jascha. Dahinter sind drei Damen auf Stühlen plaziert, Eva Spielrein befindet sich ganz links. Vor ihr steht Isaak, ein schmaler, bleicher Junge, der mit spitziger Feder direkt in die Kamera zielt. Links, mit Schnauzbart, steht Kaufmann Spielrein; beim Herrn rechts davon handelt es sich möglicherweise um Onkel Mosja. Sabina selber trägt einen leichten Strohhut mit Federn am Band. Ihr schmales, blasses Gesichtchen, von dunklen Haaren umrahmt, blickt sehr ernst drein. Im Schoß hält sie eine Schreibfeder und ein dünnes Büchlein oder Heft: Vielleicht sind es Insignien ihres neuen Status? Sabina hat die schwere Aufnahmeprüfung bestanden und geht ab Herbst 1896 in die erste Klasse des Katharinen-Gymnasiums.

## 4
## Am Katharinen-Gymnasium in Rostow

Am ersten Schultag macht Sabina den ersten Eintrag in ihr neues Tagebuch. Sie schreibt mit Feder und schwarzer Tinte, gestochen scharfe kyrillische Buchstaben in der alten Orthographie, die bis Vertreibung des Zaren und der Rechtschreibreform der bolschewistischen Machthaber gebräuchlich war:

»Donnerstag, am 12. September 1896. Der erste Besuch des Gymnasiums nicht wegen Examina. Ich bin sehr früh aufgewacht und konnte die Minute nicht erwarten, bis ich zum ersten Mal nicht wegen der Examina ins Gymnasium gehen mußte. Ich konnte nicht einmal meine Musikaufgabe gut machen. Endlich war es so weit. Ich hatte ein bißchen Angst, alleine zu gehen, ich bat Papa mitzugehen, aber er wollte nicht. Unser Haus steht gegenüber vom Gymnasium. Papa zeigte mir die Tür, durch die hindurch ich gehen mußte, und ist selbst hinausgegangen, um zu sehen, wie ich hineingehe. [...] Die Klassen wurden in den Saal hineingeführt. Das war so schön und so angenehm, daß ich kaum erwarten konnte, bis unsere Klasse an der Reihe war. [...] Ich war sehr hungrig und sehr froh, als wir nach Hause durften.«[1]

In Anlehnung an die traditionelle Mädchenerziehung besserer Kreise lernen die Schülerinnen an russischen Gymnasien vor allem Sprachen. Sechzehn von insgesamt achtundzwanzig Wochenstunden beschäftigen sie sich mit Russisch, Französisch, Deutsch, Griechisch und Latein. Um diese Sprachen zu schreiben, müssen sie mehrere Alphabete beherrschen: Kyrillisch für das Russische, die Kurrentschrift für das Deutsche, ferner die lateinische und griechische Schrift. Der Lehrplan sieht für Mathematik und Physik fünf Wochenstunden vor; für Geschichte und Literatur zwei Stunden; je eine Stunde für Logik, für Geographie und Religion.[2]

Zu Sabinas Bedauern beschränkt sich der Lehrstoff in Chemie am Katharinen-Gymnasium auf knapp zwei Seiten eines kleinen Buches. Aus Rücksicht auf die gute Erziehung bleibt das Thema »Befruchtung bei Tieren« aus dem naturwissenschaftlichen Unterricht ausgespart.[3] Die Lehrer sind streng; die Schülerinnen müssen hart arbeiten und zu Hause und in den Ferien fleißig üben. Daneben nimmt Sabina privaten Musikunterricht in Klavier- und Geigenspiel sowie Gesang. Bei einem solchen Pensum wundert es nicht, wenn sie sich häufig beklagt: »Keine Viertelstunde kann ich mich mit dem Tagebuch beschäftigen. Mal sind es Hausaufgaben, mal muß man ins Gymnasium gehen, mal muß man malen und jetzt auch noch die widerliche Musik.«[4]

Sabina gibt sich sehr viel Mühe, zu lernen und sich gut zu benehmen, sowohl im Gymnasium wie zu Hause. Sie berichtet im Tagebuch regelmäßig von Prüfungen und Prüfungsängsten und von Fehlern, die sie in der Schule gemacht hat. Fleiß wird selbstverständlich vorausgesetzt, und Nikolai Spielrein verlangt von seiner Tochter stets die besten Noten der ganzen Klasse.[5] Und sie ist in der Tat eine ausgezeichnete Schülerin und wird jeweils ohne Prüfung und mit der Goldmedaille – der höchsten Auszeichnung – in die nächste Klasse versetzt.

»Cher papa! Que fait tu maitenant?« schreibt die zehnjährige Sabina in großen Buchstaben und ungelenker, lateinischer Schrift. Das Mädchen wartet auf einen Brief vom Vater, doch es kommt keiner.[6] Während Sabinas Kindheit ist Nikolai Spielrein häufig geschäftlich unterwegs. Ist er aber zu Hause, dann bestimmen seine Regeln das Leben der Familie. Er liebt seine Kinder über alles. Er möchte ihnen die beste Ausbildung und das beste aller Leben bieten: ein Leben für die Wissenschaft – unbeschwert von ökonomischen Sachzwängen. »Mein Traum war, mutig zu sein, so daß alle vier gegen den Himmel fliegen«, so beschreibt er die Zukunftswünsche für seine Kinder.[7]

Alle, auch die Tochter, sollen das Gymnasium absolvieren; alle sollen später einmal an den besten Universitäten, bei den besten Professoren studieren. Um dieses Projekt zu verwirklichen, entwirft Nikolai Spielrein ein rigides Trainingsschema und drillt die Kinder hart. Auf Befehl des Vaters wird an bestimmten Wochentagen in der Familie ausschließlich Deutsch oder Französisch oder eine andere Fremdsprache gesprochen. Wer die Regeln bricht, wird streng bestraft.[8]

Manchmal wird dem Vater alles zuviel. Beim geringsten Anlaß, einer ungeschickten Bemerkung von einem der Kinder, verhängt er drastische Strafen:

»Papa hat ihnen [Jascha und Sanja = Isaak] befohlen, sich eine Stunde miteinander zu prügeln. Sanja hat zwei Mal geheult. Papa hat Sanja eine Gabel gegeben, damit er Jascha die Augen ausstechen soll, aber Jascha hat Sanja nicht gelassen, es zu tun. Weil es so laut war, ist Mama hereingekommen und hat Sanja mitgenommen, und Papa hat gesagt, wenn sich zwei so streiten, werde er die beiden irgendwo einsperren und zwingen, sich drei Stunden lang zu schlagen.«[9]

Oder aber Nikolai legt sich für ein, zwei Tage ins Bett und spricht mit niemandem ein Wort.

Sabina Spielrein hat große Angst vor seinem aufbrausenden Wesen, seinen rigiden Forderungen; gleichzeitig aber liebt und bewundert sie ihn: »Es ist Zeit zu schlafen, sonst kommt Papa ... Elend ... Immer scheint es mir, daß Papa kommt, und ich fahre zusammen. Ade, der heutige Tag. Jetzt ist es fünf nach neun. Und Papa kommt. Es ist Zeit ...«[10]

Das Mädchen steht unter konstantem Druck und kränkelt weiterhin viel. Entweder hat sie Angina, Probleme mit dem Magen oder sonst ein Leiden. Behandlungen durch den Kinderarzt Dr. Dubrow und durch den Hausarzt Dr. Zeitlin wollen nicht recht anschlagen. Der nervöse Anteil der Beschwerden bleibt den Eltern nicht verborgen.

Als Eva Spielrein eine Einladung zu einem Ärztekongreß nach Moskau erhält, möchte sie hinfahren und die Tochter mitnehmen. Die Strecke von Rostow nach Moskau beträgt 1165 Werst[11], und man benötigt mit dem Schnellzug 29 1/2 Stunden; mit dem Personenzug ist man sogar 47 Stunden unterwegs.

Eva Spielrein läßt sich eigens für den Kongreß ein neues Ballkleid von ihrer Modistin nähen. Sabina würde gar zu gerne eine so interessante Reise allein mit der Mutter machen, doch das aufwendige Projekt fällt ins Wasser: »Natürlich habe ich geweint«, schreibt sie ins Tagebuch, »Mama hat mir erklärt, daß die Professoren während des Kongresses keine Sprechstunden haben.«[12] Emilia ist noch sehr klein, und die Mutter kann sich nicht entschließen, sie allein zurückzulassen. In dieser Nacht träumt Sabina:

»Mein Traum. Mama hat sich in eine Droschke gesetzt und hat Jascha, Sanja und mich mitgenommen. Wir sind nach Moskau gefahren. Jascha ist in der Droschke sehr unartig gewesen, und Mama hat Jascha und Sanja nach Hause geschickt, um etwas zu holen. Mama ist mit mir [in die ... Straße] gefahren, die [...] zur Steppe führt. Ich habe gedacht, daß Jascha und Sanja sehr betrübt sein werden. Plötzlich ist Papa gekommen und hat gesagt, daß Jascha überhaupt nicht fahren will. Wir haben gerade fahren wollen, als ich mich erinnerte, daß ich meine Bücher vergessen hatte. Mama hat gesagt, wieso ich mich erst jetzt [...] erinnerte, und hat gesagt, ich solle sie schnell holen. Ich bin gegangen, obwohl ich große Angst gehabt habe allein zu gehen. Ich bin so schnell gegangen und vor der Ecke der Skobelewskaja [Straße] habe ich gesehen, wie ein Hund fliegt und in der Luft kreist (außer mir schien niemand auf der Straße zu sein), ich habe vermutet, daß er besessen ist und habe gewußt, daß er mich angreift, ich habe ihn an der Schnauze gefaßt, aber er hat es geschafft, mich an der Hand leicht zu beißen, ich habe angefangen, mit ihm zu kämpfen und bin aufgewacht. Ich habe den Traum verlängern wollen und habe mir vorgestellt, daß ich nicht in die Steppe gefahren bin, sondern habe die Bücher mitgenommen und bin mit Papa und Mama nach Moskau gefahren.«[13]

Gut möglich, daß der Hund, mit dem das Mädchen kämpfen muß, den Vater darstellt: Er ist böse und will sie beißen; er ist aber auch besessen, also selber krank.

Bei allem Schweren kann Sabina sich ihre kreative Seite bewahren. Sie erfindet Geschichten, schreibt gefühlsbeladene Gedichte; sie bastelt einen Strauß Papierrosen für den Geburtstag ihrer Mutter; ein Tagebuch für Sanja; »ein Bildchen mit einem Füßchen« für Jaschas Geburtstag; für den Vater bemalt sie bei Madame Borzmeier Terrakottateller mit Goldfarbe. Sabina wäscht, bläut und bügelt die Puppenkleider von Emilias Puppe. Zusammen mit der Köchin kocht sie Orangenmarmelade.

Häufig kommen andere Kinder zum Spielen zu Spielreins, oder die Geschwister machen ihrerseits gemeinsame Besuche. Sie spielen »Personen raten« und »Meinungen raten«; sie tanzen Polka oder organisieren ein Papierkostümfest; manchmal wird Schach gespielt oder »Heiraten«:

»Gestern war Jaschas und meine Hochzeit. Zuerst haben wir Sanja und Milotschka getraut, aber das hat nicht geklappt, weil die Braut vor und nach der Ehe an die Brust wollte und während der Trauung lachte. Wir haben uns auch so wie sie getraut, und zwar:

Zuerst haben wir gebetet, Gott möge uns eine glückliche Ehe schenken, dann hat einer dem anderen die Ringe angesteckt, danach hat Sanja uns so gesegnet: Jascha hat Sanja und Miltschick [Emilia] zugerufen: ›Wanze und Insektenpulver segnet uns!‹ Miltschik hat nicht gewollt, so hat Sanja uns mit solchen Worten gesegnet: ›Seid glücklich, Teufel, verreckt nie, Teufel.‹ Dann haben wir uns geküßt. Jetzt sind wir verheiratet. Wir haben ein Fest gefeiert. [...] Mama hat auch an dem Fest teilgenommen. Ich hätte gerne in einem Jahr ein Kind, ein Mädchen, und in noch einem Jahr einen Jungen.«[14]

Mit zwölf Jahren ist Sabina gemäß jüdisch-liberaler Tradition mündig. Ihre Bat-Mizwa wird groß im Paradesaal gefeiert; die Kinder müssen an diesem Tag nicht in die Schule; und Sabina bekommt besonders schöne Geschenke: eine riesige Puppe, Porzellanmöbel, ein Schachspiel, einen kleinen Fächer.[15]

Für russische Kinder an staatlichen Gymnasien gehört das Fach Religion zum offiziellen Lehrplan; bei Schulzeremonien wird mit Elementen aus dem russisch-orthodoxen Ritual gefeiert:

»Heute sind wir zum ersten Mal nach den Feiertagen aufs Gymnasium gegangen. Diejenigen, die keinen Religionsunterricht haben, hatten nur 3 Unterrichtsstunden. [...] Vor dem Unterricht haben wir gelacht. Die Jüdinnen haben nicht gewußt, wann das Gebet endet und wann man sich verbeugen muß.«[16]

Die zwölfjährige Sabina vertraut dem Tagebuch ihre Zukunftswünsche an: Wenn sie erwachsen ist, dann wird sie nicht heiraten und keine eigenen Kinder bekommen. Sie möchte einige kleine Waisenkinder adoptieren, diese an sich gewöhnen, als ob sie die Mutter sei, und sie mit der jüdischen Religion vertraut machen.[17] Ansonsten beschäftigt sich Sabina im Tagebuch nicht mit religiösen Dingen. Vielleicht fürchtet sie den Spott des Vaters und spart das Thema lieber aus, wie so manches andere, was Konflikte birgt: daß sie vom Vater geschlagen wird, die erneute Schwangerschaft der Mutter und die Geburt von Emil, dem letzten Kind, am 1. Juli 1899.

Sabinas Rostower Tagebuch ist von vornherein für eine Leserschaft bestimmt. Sie stellt sich vor, wie sie später als Mutter von ihren Kindern umringt wird und ihnen das Tagebuch zu lesen gibt. Oder vielleicht wird sie ja gar keine eigenen Kinder haben?[18] Sie schreibt nicht nur für ein zukünftiges, sondern auch für ein aktuelles Publikum: Sie möchte alles aufschreiben, damit die Eltern, vor allem der Vater, alles erfahren! Den inneren Widerspruch zwischen Sagen und Verschweigen löst Sabina, indem sie eine Geheimschrift erfindet, die aus einer Abfolge von Interpunktionszeichen, Zahlen sowie Buchstaben aus dem griechischen und kyrillischen Alphabet besteht: »Geheim. Was ich niemandem zum Lesen geben möchte, werde ich in Geheimsprache schreiben, zum Beispiel meine Vorschriften.«[19]

Im Gegensatz zur peniblen Schönschrift der Tagebucheinträge finden sich auf den letzten Seiten der Hefte jeweils bizarre Zeichnungen und wüste Krakeleien. Sabina malt den Teufel mit einer waagrechten Doppelspirale – dem Unendlich-Zeichen – anstelle von Augen. Sie kritzelt Skelette und daneben auf russisch »tschort« = »Teufel«. Gesichter mit grimassenartig verzerrten Mäulern grinsen den Leser an; dann wieder zeichnet sie das idealisierte [Selbst-?]Porträt einer jungen Frau mit eindrücklichen schwarzen Augen und langem verwehten Haar.

Das Klima im russischen Süden ist von Temperaturextremen geprägt. In Rostow herrschen strenge Winter mit klirrender Kälte, und die Kinder sind froh, wenn sie nicht lange auf die Pferdebahn warten müssen, die sie zur Schule bringt. Im Sommer sind sie viel draußen, wie es im Süden üblich ist, wo jeder jeden kennt, weil sich das Leben in den Höfen abspielt.[20]

Manchmal werden Spaziergänge in die Steppe unternommen, wo das Karussell steht und fliegende Händler für zwei, drei Kopeken köstliche Leckereien feilbieten – Sonnenblumenkerne, Khakifrüchte, Kwas. Die Geschwister haben ein polnisches Kindermädchen, das sie heimlich »die Bombe« nennen. Mit fünf lebhaften Kindern ist immer viel los im Haus; es gibt Radau und Streit um Spielsachen. Als Älteste wird Sabina oft für die Streiche der Brüder verantwortlich gemacht, was sie zutiefst kränkt und ihren Sinn für Gerechtigkeit empfindlich verletzt. Die Rollen haben sich jetzt umgekehrt: Früher hat Sabina Jascha geplagt, jetzt wird sie von Sanja, dem mittleren Bruder und Wildesten der Geschwister, mit seinem Jähzorn und seinem unberechenbaren Wesen tyrannisiert. Das Kindermädchen bevorzugt Sanja, und Sabina macht ihrem Ärger im Tagebuch Luft:

»Sie ist nicht besonders schön, hat eine lange Nase, aber vor allem ist sie sehr böse. Sie ist mager, groß und sehr schmutzig. Sie haßt uns und streitet immer mit uns. Ihre Heimat ist Warschau.«[21]

Eva Spielrein hat nicht genügend Zeit, um sich auf jedes Kind individuell einzulassen. Zum Glück wohnt die Großmutter in der Nähe und hat ein offenes Ohr für die Sorgen der Enkelin. Bei ihr kann Sabina sich aussprechen und ihren Kummer abladen. Die Großmutter nimmt sie vor den täglichen Szenen mit Sanja in Schutz und bringt ihr bei, wie sie sich ihm gegenüber am klügsten verhält. Von der Großmutter fühlt Sabina sich beschützt, getröstet und respektiert.

Zu dem früheren, kindlich-registrierenden Schreibstil der Tagebücher gesellt sich im Laufe des Sommers 1898 eine neue Weise der Öffnung und des Angerührtseins für Gefühle und Stimmungen, welche das Mädchen erzählerisch zu gestalten versucht. Der Bericht über einen Ausflug ans Meer im Juli 1898 zeigt diese Entwicklung. Nach den üblichen Aufregungen, bis alles organisiert ist, erreichen Nikolai Spielrein, Sabina, Milotschka, Jascha und Sanja den Schiffsanleger und nehmen den Dampfer den Don hinunter nach Taganrog, einem Städtchen am Asowschen Meer:

»Ich werde nie den Eindruck vergessen, den das Meer auf mich gemacht hat. Ich hatte überhaupt keine Angst davor. Ich war von dem herrlichen Anblick verzaubert: Eine wunderbare Ebene wie Silber, leichte Wellen haben einander wie gefangen und geschluckt. Die Küste konnte man nicht sehen. Es schien, der Himmel und das Meer haben sich mit einem blauen Streifen verbunden. Sogar der Himmel ist mir noch nie so wunderschön vorgekommen wie jetzt: Leichte Wolken zogen langsam eine nach der anderen [vorüber], ihre Würde preisend. Eine riesige Mutter-Wolke hat die kleineren eingehakt aus Angst, sie würden irgendeine ungraziöse Bewegung machen. Der blaue Teil des Himmels ist so grell gewesen, daß ich nicht hinschauen konnte. Im Meer sind die jungen Wellen schnell geglitten, und die alten sind ihnen langsam hinterhergefolgt. Diese Wellen wollten uns ärgern und zeigen, wie nichtig wir vor ihnen sind. Sie brauchen nur loszubrechen, so geht der Dampfer kaputt, und viele Menschen werden Beute dieser stolzen Wellen. Ich hätte die Augen von diesem wunderbaren Anblick nicht losgelassen, wenn ich nicht hungrig geworden wäre.«[22]

In den nächsten fünf Monaten macht sie keine Einträge. Dann schreibt sie unvermittelt am 1. Janur 1899: »Ich sage nur, daß das unglücklichste Jahr in meinem Leben 1898 ist.«[23] Sabina ist in die Pubertät gekommen und oft deprimiert. Zwischen ihr und der Mutter gibt es zahlreiche Konflikte. Sabina leidet unter den Kaufräuschen der Mutter, die vor dem Vater geheimgehalten werden müssen. Als sie mit dreizehn Jahren einmal von der Mutter gezüchtigt wird, läuft sie weg, versteckt sich, geht in den Keller – es ist Winter – und begießt sich mit kaltem Wasser: Sie will sich töten, die Eltern quälen. Als sie dem Vater gegenüber bemerkt, »man könne die Eltern für die Gesellschaft drangeben«,[24] ist dieser dermaßen gekränkt, daß er eine wilde Szene macht und mit Selbstmord droht. Noch mit dreizehn Jahren droht ihr der Vater Schläge an. Er läßt sich davon abbringen, aber Sabina muß die Fotografie des Großvaters küssen und schwören, immer ein artiges Kind zu sein.[25]

Der Tod der Großmutter ist für die Heranwachsende ein schwerer Verlust: »Ohne Großmutter ist es mir sehr schwer, auf der Welt zu leben.«[26] Um diese Zeit herum beginnt ein schmerzhafter Prozeß der Ablösung von der Religion, so daß sie nach und nach auch diesen Rückhalt verliert. In der Schule ist sie weiterhin die Beste und hat jetzt auch Beziehungen außerhalb der Familie. Sie befreundet sich mit einem jüdischen Mädchen, das ihr »Pontifex maximus« wird, wie der Vater zu spotten pflegt. Nach einiger Zeit wird Sabina enttäuscht und sucht sich eine neue Freundin, diesmal eine Christin.

Im Januar 1900 – Sabina ist jetzt vierzehnjährig – beginnt Eva Spielrein mit den Vorbereitungen für die Mitgift ihrer Tochter. Nach einer weiteren, diesmal neunmonatigen Unterbrechung heißt es im Tagebuch:

»Ich habe sehr lange nicht mehr geschrieben. Wie sich meine Meinungen und Pläne seitdem verändert haben! Ich kann gar nicht glauben, daß ich vor nur 2 Jahren solche Dummheiten schreiben konnte. Zum Beispiel bei der Beschreibung der Reise nach Taganrog quält mich diese dumme, affige Äußerung, (als ob gepriesen wurde ... usw), ich möchte die Blätter mit ihr zerreißen. Oder dort, wo ich unsere Hochzeit mit Jascha beschreibe, habe ich wirklich gedacht, daß ich von der Komödie Kinder haben kann? Nein, eher habe ich nur den Wunsch geäußert, und wußte dabei, daß er nicht zu erfüllen ist. Überhaupt der ganze damalige Stil, die ganzen Äußerungen scheinen mir schrecklich dumm für meine Jahre. Na, nun genug davon, doch ist mir die Erinnerung wertvoll, und es ist interessant zu wissen, wie ich in der Kindheit war. Jetzt habe ich ganz andere Phantasien: Wenn ich erwachsen bin, werde ich heiraten. Mein Mann wird mich sehr lieben und ich ihn auch. Wir werden eine hübsche, einfache und gemütliche Wohnung haben; wenn Papa und Mama zu mir kommen, werde ich ihnen gleich Kaffee mit Sahne anbieten, was überhaupt [Wort in Geheimschrift] mögen. Am Abend werden wir uns alle bei hellem Licht an den Tisch setzen, der mit Papas und Mamas Lieblingsgerichten gedeckt sein wird. Ich werde mich an den ächzenden [?] sauberen Samowar setzen und Tee eingießen, und mein Mann wird Mama und Papa bewirten und für sie Butterbrote bestreichen. Wie wir alle glücklich sein werden an diesem Abend! Dann kaufe ich besondere Sessel für Mama und Papa, die ich niemandem zu berühren erlaube. Jedes von meinen Kindern wird sein eigenes Glas haben, und jedes Kind wird es auswaschen und auf seinen Platz stellen. Wirklich süße Träume. Und wenn sie in Erfüllung gehen würden. Mama hat auch einst so gedacht, und jetzt würde sie viel geben, um wieder ein Mädchen zu sein. Das Glück ist in der Hand des Schicksals. Gott weiß, welches Los auf mein Schicksal fällt, und ob sich wohl annähernd das erfüllt, worüber ich so oft nachdenke. Ich möchte schneller groß werden, um es zu erfahren und zu erproben, wenn es in Wirklichkeit so sein wird, so ist es Glück. Seit dem 31. Januar bereitet Mama für mich die Mitgift vor. Aber zum größten Teil schwirren bei mir im Kopf keine lustigen, sondern traurige Gedanken, die ich jetzt nicht schreiben möchte, um meine Stimmung nicht zu trüben.«[27]

Wie oft an Mädchenschulen verlieben sich die Schülerinnen in ihren Lehrer. In der fünften Klasse verlieben Sabina und ihre Freundin sich in die »hohe Intelligenz« und den »ernsten, traurigen Blick« ihres Geschichtslehrers. Der Mann ist Christ, schüchtern und leidet an Tics, muß während des Unterrichts beständig Grimassen schneiden. Sabina möchte besonders ernst bleiben, bricht aber jedes Mal in zwanghaftes Gelächter aus und handelt sich dadurch Einträge im Klassenbuch ein. Später lernt sie, sich besser zu beherrschen. Dem Geschichtslehrer gelingt es, Sabinas wissenschaftliches

Interesse zu wecken und ihr so eine ganz neue Welt zu öffnen. Sie fängt an, sich mit der Psychologie der Religionen zu befassen, und lernt Hebräisch, »um die Bibel im Originale zu lesen«.[28]

Außer in den Geschichtslehrer verliebt Sabina sich in Nikolais Bruder, Onkel Adolf, der seiner Nichte Konfekt schenkt und für die Mutter schwärmt. Im Herbst 1901 – nach der Kurreise im Sommer – wird Emilia an Typhus erkranken und am 10. Oktober sterben. Mit ihrem Tod und dem Tod der Großmutter verliert Sabina Spielrein innerhalb kurzer Zeit die beiden Menschen, vor denen sie keine Angst hat und die sie am meisten liebt: »Später entfernte ich mich überhaupt von allen Leuten; es war etwa in der 6ten Klasse nach dem Tod meines Schwesterchens, da meine Krankheit begann. Ich floh in die Einsamkeit.«[29]

Beim letzten Eintrag in den Rostower Kinder- und Jugendtagebüchern handelt es sich um eine kurze Erzählung über die Eisenbahnfahrt einer jungen Frau. Rewekka Samuilowna fährt ganz auf sich gestellt in die Fremde, um dort zu studieren. Während der Zug sich in der Nachmittagshitze dahinschleppt, kommt sie mit den Reisegefährten ins Gespräch. Bei der anderen Dame im Abteil handelt es sich um eine Russin, eine dicke, braunhaarige Frau, etwa fünfundvierzig Jahre alt. Sie findet die Jüngere ganz reizend und frisch, bis sie erfährt, daß diese Jüdin ist:

»›Ja, das ist ein jüdischer Name und ich bin eine Jüdin‹, sagte das Fräulein und richtete sich dabei stolz auf. ›Nein, das glaube ich Ihnen nie! Griechin, Italienerin, Armenierin, nur nicht Jüdin!‹ – ›Denken Sie nicht so: Ich gebe Ihnen mein Ehrenwort, ich bin eine Jüdin!‹ – Deutlich erklärte Rewekka Samuilowna es noch einmal. Da änderte sich plötzlich der Gesichtsausdruck der Herrin: Süßes Lächeln wandelte sich in eine verächtliche Grimasse um, sie drehte sich zu ihrem Mann um und flüsterte voller Ekel: ›Pol, sie ist ja eine Jüdin!‹«[30]

Sabinas Zukunftsentwürfe orientierten sich bisher stets an den Traditionen, an Ehe und Familie, wobei die Eltern bei solchen Gelegenheiten einbezogen werden. Der Wunsch, Ärztin zu werden, Sabinas Freude darüber, daß Rabbi Lublinski sie auf den ärztlichen Beruf gesegnet hat, besitzen eher den Charakter lustbetonter Phantasien als denjenigen einer realen Perspektive. Zwischen Herbst 1901 und Sommer 1902 sind Denken und Fühlen erwachsener

Rabbi Lubjinski

geworden, und Sabinas Vorstellungen von der Zukunft werden realistischer und individueller. Die Figur der Rewekka Samuilowna zeigt, daß eine Trennung von der Familie zumindest vorstellbar ist; auch der Wunsch, Ärztin zu werden, ist näher am Realen: Wer einen solchen Plan verwirklichen möchte, muß die Heimat verlassen und in der Lage sein, Gefühle von Einsamkeit zu ertragen. Mit ihrer letzten Rostower Erzählung drückt Sabina Spielrein auch ein neues Bewußtsein aus: Sie ist stolz darauf, Jüdin zu sein – und muß sich fortan mit dem Antisemitismus, dem sie begegnet, auseinandersetzen.

# II

# Der erste Schweizer Aufenthalt 1904–1911

## 5
## Das nervöse Zeitalter

> »Auf den feinsten Nervensaiten
> Spielt ein Spielmann sein Gedicht,
> Wohl fühlst du die Finger gleiten,
> Doch den Spielmann siehst du nicht.«
> *Nach Carl Ludwig Schleich, 1926*

Um 1900 gehören Bäderreisen und Kuraufenthalte während der
Sommermonate zum Lebensstil der besseren Gesellschaft. Man
reist in die Thermalbäder, ans Meer oder in die Berge. Sabina Spielrein kennt bereits das malerische Mineralbadstädtchen Borshomi
im südlichen Kaukasus. Im Frühsommer 1901 soll die Fünfzehnjährige mit ihrer Mutter und der sechsjährigen Emilia zum ersten
Mal in den Westen reisen. Die Spielrein-Frauen wollen zunächst
Verwandte in Warschau besuchen, dann zum Einkaufen nach Berlin und anschließend zur Kur nach Karlsbad.

Am Tag der Abreise wird großer Bahnhof gehalten in Rostow.
Als der Zug sich beim dritten Läuten in Bewegung setzt, wird es Sabina angst und bange:

»Am 17. Mai haben wir, d. h. Mama, ich und Milotschka, zum
ersten Mal unser Vaterland verlassen und uns ins Ausland bege-
ben, um uns ärztlich behandeln zu lassen. [...] Als wir aus Rostow
wegfuhren, begleitete uns eine riesige Menschenmenge: Drei meiner Freundinnen, mit denen ich gemeinsam lese (Kleiner, Sokolowa und Feldmann), Feldmanns Bruder und ihr Freund Petka
Lublinski, [...] Großvater, der Kahle, der Onkel aus Taganrog und
unsere drei Jungen mit Papa und der Amme. Trotz der vielen Menschen ist es mir sehr schwer geworden, das heimatliche Land zu

verlassen, sich von den Verwandten und Freunden zu verabschieden und in die Fremde zu fahren, die ich mir in Gedanken irgendwie groß und streng ausgemalt habe, und dazu noch mit einer so nervösen Mutter, für die ich eine ernsthafte Verantwortung tragen mußte.«[1]

Sabina wächst in einer Zeit gewaltiger gesellschaftlicher Veränderungen auf, in einer Zeit der Verwandlung von einer »kalten«, statisch-gebundenen Welt in eine »heiße«, dynamische Welt der Bewegung. Diesen Prozeß beschreibt Karl Marx so:

»Die fortwährende Umwälzung der Produktion, die ununterbrochene Erschütterung aller gesellschaftlichen Zustände, die ewige Unsicherheit und Bewegung zeichnet die Bourgoisieepoche vor allen anderen aus. Alle festen, eingerosteten Verhältnisse mit ihrem Gefolge von altehrwürdigen Vorstellungen und Anschauungen werden aufgelöst, alle neugebildeten veralten, ehe sie verknöchern können. Alles Stehende und Ständische verdampft, alles Heilige wird entweiht.«[2]

Zentrale Phänomene und zugleich Vehikel dieses Prozesses sind die Erfindung der Dampfmaschine, die Steigerung von Produktivität und Qualität in der Schwerindustrie, die Anwendung von Chemie in der Landwirtschaft. Die technische Revolution geht einher mit Massenproduktion, mit Massenkonsum; mit dem Ausbau und der Verbilligung des Verkehrswesens. Die moderne Großstadt entsteht, das Proletariat und – die soziale Frage. Die Nutzung von Gas, von Elektrizität, Kohle und Wasserkraft setzt ungeheure Mengen von Energie und eine Technikeuphorie frei, die Hoffnungen auf ungebremstes ökonomisches Wachstum nähren. Die Lebensbedingungen zahlreicher Menschen verbessern sich. Daneben hat der industrielle Aufschwung seine Schattenseiten. Verseuchtes Wasser, Rauch- und Gasemissionen, Gewässerbegradigungen, Monokulturen und großflächiger Anbau zerstören die natürliche Umwelt und verändern die Landschaft. Dampfschiffahrt und Eisenbahn erschließen fernste Regionen und zeitigen neuartige Migrationsmuster, welche die Einwohnerschaft auch weit entfernter Landesteile entwurzeln und durcheinanderwirbeln. Auf der Suche nach Arbeit und einem besseren Leben machen die Menschen sich auf den Weg vom Land in die Stadt, vom Süden in den Norden, vom Osten in den Westen; über den atlantischen Ozean in die Neue Welt.

Auch das Zarenreich befindet sich im Umbruch. Nach der Niederlage im Krimkrieg 1853 bis 1856 ist die Regierung unter Zugzwang gekommen: Rußland muß modernisiert werden, wenn es seine Stellung als Großmacht behaupten will. Die Befreiung der Bauern 1861 markiert den Beginn der »Großen Reformen«. Der Staat greift stärker als bisher in die wirtschaftliche Entwicklung ein. Die Regierung – allen voran Sergej Witte, Finanzminister von 1892 bis 1903 – treibt den Ausbau von Eisenbahn und Schwerindustrie zügig voran. In Moskau und Umgebung, in Petersburg und im Donez-Becken entstehen neue industrielle Zentren. 1897 wird der Goldstandard eingeführt, die Voraussetzung für ein ausländisches Engagement in Rußland; zur Beschaffung der dringend benötigten Devisen steigert man den Getreideexport.

Die Entdeckung der Naturgesetze und ihre technische Nutzung beschleunigen den gesellschaftlichen Austausch. Eisenbahnfahrpläne und Fabrikuhren verändern die Zeiterfahrung in einer Weise, welche die Menschen am Ende des 19. Jahrhunderts als beunruhigend empfinden. Schnellschreibtelegraf und Telefon, Errungenschaften wie Fahrrad und Automobil, das Aufkommen von Leistungssport oder die laufende Bilderwelt des Films sind allesamt Parameter eines Vorgangs, den zeitgenössische Autoren als Innervation des Gesellschaftskörpers mit einem System künstlicher Nerven beschreiben.[3]

Mit der Entdeckung der tierischen »Elektrizität« durch Luigi Galvani im Jahr der Französischen Revolution 1789 hatte die Medizin begonnen, Nervenspannung elektrisch zu interpretieren. Energie heißt das Zauberwort der Stunde; Psychologie wird jetzt als Teilgebiet der Physik behandelt: »Ein Neurastheniker gleicht einer schlecht isolierten, flackernden, zittrigen elektrischen Lampe, ein Hysteriker einer solchen mit Kurzschlüssen, Brandstiftungen und Explosionen.«[4]

Auch Sigmund Freud vertritt anfangs ein physikalistisches Programm. Die Begriffe, mit denen die Psychoanalyse den »psychischen Apparat« und psychopathologische Befunde beschreibt – Besetzungsenergie, Spannung, Widerstand, Abwehr, Abfuhr –, erinnern an ihre Kinderstube in der Neurophysiologie. So statuiert Freud

1888: »Die Hysterie beruht ganz und gar auf physiologischen Modifikationen des Nervensystems.«[5] Und am 20. September 1895, während Freud am »Entwurf einer Psychologie« arbeitet, schreibt er an Wilhelm Fließ: »Es schien alles ineinanderzugreifen, das Räderwerk paßte zusammen, man bekam den Eindruck, das Ding sei jetzt wirklich eine Maschine und werde nächstens auch von selber gehen.«[6]

Hinter dürren, statistischen Berechnungen der russischen Regierung über hungernde Bauern, die in die Städte ziehen, über den sozialen Abstieg Hunderttausender von Adeligen wuchern diffuse Ängste. Man fürchtet sich vor dem Aufruhr der verelendeten Massen, vor zunehmender Kriminalität, vor Syphilis und Tuberkulose. Renommierte Mediziner wie P. I. Kowalewski beschwören Schreckensvisionen vom »Heer der Invaliden« und dem »Höllenlärm des Wahnsinns«, welche den Staat angeblich bedrohen. Seitens fortschrittlicher Kreise warnt man vor schädlichen Umwelteinflüssen und vor sozialem Streß infolge der forcierten ökonomischen und sozialen Transformation. Mit der schlechten Stimmung im Land erwacht der politische Terror; es werden neue Pogrome organisiert. Im Prozeß des kulturellen Umbruchs erodieren die bewährten Modelle zur Erklärung der Welt. Tragende hierarchische Ordnungen wie Familie, Staat und Kirche drohen auseinanderzubrechen. Auch Enttäuschung wird spürbar, ein – wie Sigmund Freud es ausdrückt – *Unbehagen in der Kultur* (1930).[7]

Trotz aller Fortschritte in der Beherrschung der Naturkräfte sind die Menschen nicht glücklicher, das Maß an Lustbefriedigung, das sie sich vom Leben erhoffen, ist um nichts größer. Kapitalismus und Moderne fordern die Psyche jedoch nicht allein durch Konkurrenz und erhöhten Druck, sondern ebensosehr durch Lockerungen und Verlockungen angesichts neuer Chancen und Bedürfnisse. Melancholie und Spleen, die – englischen – Modekrankheiten des 17. und 18. Jahrhunderts, werden von neuen Formen der Beunruhigung abgelöst, die mit einer zunehmenden Empfindsamkeit der Seele in Zusammenhang stehen. Um 1880 beginnt das große Klagen über Nervosität, Nervenschwäche und Neurasthenie in den USA, um bald die Alte Welt zu erfassen, wo derartige Beschwerden in einigen Ländern epidemische Ausmaße erreichen.

»Hysterie« gilt anfänglich als Krankheit amerikanischer und französischer Frauen, wird aber nach und nach zum Begriff imma-

nent weiblicher Erkrankung überhaupt. Auf der Suche nach Erklärungen für die empirisch vorgefundenen Phänomene liefern die
Vorgänge im weiblichen Körper Stoff für zahllose medizinische Abhandlungen, die Weiblichkeit und Wahnsinn aufs engste verknüp-
fen: »Man hat sich also den Monatsfluß etwa so vorzustellen: Es
reift und wächst ein Ei im Eierstocke und bewirkt dadurch einen
Nervenreiz, der durch Nervenübertragung reflektorisch zu einer
Blutüberfüllung der inneren weiblichen Geschlechtsorgane führt.«[8]
    Die wissenschaftlichen Wahngespinste steigern sich so weit, daß
Straffreiheit für während der Menstruation begangene Straftaten
gefordert wird.
    Die Hysterie avanciert – mit ärztlicher Unterstützung – zur sa-
lonfähigen Krankheit. Sie ermöglicht es, sich unangenehmer Pflichten zu entziehen; eine aufgeregte Hysterie ist in der Lage, die
Machtverhältnisse im Hause, zwischen den Geschlechtern, umzu-
kehren. Die Damen verdanken die ihnen erwiesene Aufmerksamkeit der enzyklopädischen Produktion wandlungsfreudiger, flüchtiger Gebrechen. Klagt die Kranke an einem Tag über Sehstörungen
und Lähmungen des Arms, so sind es am nächsten Tag Kopf- und
Gliederschmerzen; am übernächsten gar eine Überempfindlichkeit
der Fußsohlen, welche sie ins Bett zwingt. Mit »ämsigstem Sammt-
lerfleiß« tragen die Mediziner eine Fülle von Material zusammen,
um zur Erkenntnis zu gelangen, »daß keiner von uns das weibliche
Herz bis in seine Tiefen durchschaut«, denn »das Weib ist stark im
Scheinen«. Wobei umstritten bleibt, ob es sich um »echte Erkrankung«, um »ordinäre Simulation« oder »versteckte Hinterhältig-
keit« handelt.[9] Die hysterische Symptomatik drängt die Frage nach
dem Verhältnis von Körper und Seele auf. Und anhand der Beziehung zwischen männlichem Arzt und weiblicher Patientin ist das
Verhältnis der Geschlechter als ein gesellschaftliches Machtverhält-
nis – zumindest implizit – zur Sprache gebracht.
    Wie so häufig bei gesellschaftlich tabuisierten oder zensurierten
Themen ist es die Literatur, die den Nervendiskurs und das Verhältnis der Geschlechter zur Sprache bringt. 1888 schreibt Anton Tsche-
chow die Erzählung »Ein Nervenzusammenbruch«, 1891 publiziert
Lew Tolstoi *Die Kreutzersonate*. Hinweise auf eine Rezeption des
westlichen Nervendiskurses im Zarenreich finden sich bereits in Nikolai Tschernyschewskis Kultbuch *Was tun? Erzählungen vom*

*neuen Menschen* (1863), wo »die erschöpften Nerven« der Mutter »nach einer Pause verlangen«, wo einer der Protagonisten einen »Anfall von Hypochondrie« vortäuscht, um eine soziale Konfliktsituation zu vermeiden.[10]

Sabina, Eva und Emilia Spielrein

Als der Zug mit den drei Spielrein-Frauen sich von Rostow nach Warschau in Bewegung setzt, wird Sabina Spielrein von heftiger, verzweifelter Schwermut ergriffen. Nach einigen Stunden träger Fahrt durch das Gebiet der Schwarzen Erde beginnen ihre Füße zu schmerzen; als der Zug am Abend Krakau erreicht, ist es derart schlimm, daß Frau Spielrein beschließt auszusteigen.[11]

Erst drei Tage später setzen die drei die Reise fort, wobei überfüllte Züge, bürokratische Hürden und die Unerfahrenheit der Reisenden für Zwischenfälle sorgen:

»Bis zum letzten Umsteigen sind wir in einem einzigen Wagen zweiter Klasse gedrängt gewesen. Die Enge war so schrecklich, daß wir unsere Sachen auf dem Boden des Wagens aufhäuften und auf ihnen saßen. Unerträgliche Hitze, Schreie eines Babys, ärgerliches Brummen der Frauen (wir fuhren im Wagen für Frauen), die uns offensichtlich nicht besonders freundschaftlich entgegenkamen. Das alles hat den ›Reiz‹ der Reise gesteigert. Ich konnte mich mit meinen kranken Füßen nicht von der Stelle rühren, um aufzustehen und auf die Plattform zu gehen und frische Luft zu schnappen. Aber ich war nicht traurig und habe von ganzem Herzen über die bösen Damen gelacht.«[12]

Der Zwischenhalt in Warschau wird kein Erfolg. In der Konstellation mit ihrer Mutter und den Verwandten des Vaters fühlt Sabina sich »aus familialen Gründen« nicht wohl.[13]

Von Warschau geht es in vier Stunden mit dem Schnellzug zur Grenzstation Alexandrow, wo eine Paß- und Zollrevision stattfindet. Hier müssen die Reisenden die gemächliche, breitspurige russische Eisenbahn verlassen, um auf schmales, schnelles europäisches Rollmaterial umzusteigen. Sabina freut sich sehr auf Berlin; gleichzeitig graust ihr davor, unter Deutsche zu geraten, die, wie sie gehört hat, zu Russen nicht besonders freundlich sind. An der Grenze passiert die nächste Unannehmlichkeit:

»Mama wußte nicht, daß an der Grenze Ausweise nötig sind, und hat ihren in den Gepäckkorb gelegt. Als wir in Alexandrow ankamen, wurden alle Wagen zugesperrt, und es sind wichtige Personen mit Helmen gekommen, die die Ausweise sehen wollten. In den Wagen wurde es sofort still. Mama hat sich wegen des Ausweises aufgeregt, Milotschka weinte fast und drückte sich ängstlich an mich und guckte neugierig zur Seite auf die Besucher [...] Nach kurzer Zeit hat Mama den Ausweis gefunden, aber da passierte wieder eine Unannehmlichkeit: Beim Umsteigen in einen anderen Zug stellte sich heraus, daß man für den Zug ins Ausland für Milotschka eine halbe Fahrkarte benötigt. Der Hauptschaffner versprach, den Zug nicht abfahren zu lassen, solange Mama Fahrkarten kaufen ging. Aber als Mama es mit der Fahrkarte erledigt hatte und zurückkam, gab er das Signal. Mama hat gedacht, der Zug würde abfahren, hat sich sehr erschreckt und sich zu uns gestürzt. Ich habe geschrien, weil ich Angst hatte, daß mit Mama vor Schreck etwas passieren könnte, und Milotschka hat geweint. Klar, daß sich auf unsere Schreiereien eine ganze Menge von Schaulustigen ansammelten, aber das ist nicht so interessant.«[14]

Mit dem Überschreiten der Grenze von Alexandrow nach Thorn wechselt der Reisende nicht nur das Herrschaftsgebiet, sondern er passiert von einer Welt in die andere. Unordentlich, ungepflegt, unübersichtlich, nachlässig, so präsentiert sich die russische Seite. Auf deutscher Seite hingegen herrschen blanke Sauberkeit, straffe Ordnung, Pünktlichkeit, durchdachte Zweckmäßigkeit. Doch während der Reisende in Rußland respektvoll mit »barin« angeredet wird und im wahrsten Sinne des Wortes »ein Herr« ist und der Schaffner sein Diener, kehren sich die Verhältnisse auf deutschem Boden um. Hier ist der Reisende nur noch ein farbloser Herr, der dem Beamten Respekt zu erweisen hat und Gehorsam schuldet.[15]

Während der Grenzkontrollen ist Sabina Spielrein gänzlich mit praktischen Fragen der »unglücklichen Abenteuer« beschäftigt und hat für nichts anderes Augen. Erst als der Zug das Nebenflüßchen der Weichsel, die Grenze, überquert, ebbt die Aufregung ab. Neugierig liest sie die deutschsprachigen Inschriften am Waggon, blickt zum Fenster hinaus, singt heimatliche Lieder. Als der Zug frühmorgens am Bahnhof Friedrichstraße in Berlin einfährt, kommt das Mädchen aus dem Staunen nicht heraus:

»Noch nie habe ich etwas Ähnliches gesehen: Ein schöner zweistöckiger Bahnhof, und was wichtig ist, der Zug fährt oben auf dem Dach und unten ist die Gepäckstelle und ähnliches. Die Wände des oberen Bahnhofes bestehen aus feinen bunten Glasfenstern. Überall ist eine außergewöhnliche Sauberkeit und wundervolle Architektur. Berlin ist eine große, saubere, prächtige Stadt mit Asphaltwegen, breiten Straßen und prächtigsten Gebäuden. Aber am meisten haben mir die Deutschen gefallen. Es sind lebhafte, hilfsbereite, lustige, liebe Leute und keinesfalls dumm.«[16]

Die drei wohnen im Hotel Wiesbadener Hof in der Neustädtischen Kirchenstraße in der Nähe des Bahnhofs: »Gott weiß, wo bei ihnen das Zentrum ist. Ein paar Mal haben wir die Berliner Kutsche nehmen müssen, die dort sehr teuer und originell sind: Jeder hat ein Taxameter, d.h. eine Tafel, auf der während der Bewegung der Räder die Summe erscheint, die zu bezahlen ist. Eines gefällt mir nicht, daß die Kutscher Zylinder und Handschuhe tragen, was ihnen das Aussehen eines echten gelehrten Affen verleiht.«[17]

Dank guter Deutschkenntnisse kommt man überall schnell ins Gespräch. Das Zimmermädchen im Wiesbadener Hof ist sauber, tüchtig und »wie alle Deutschen ein gebildetes Mädchen«,[18] so daß die Mutter sie am liebsten nach Rostow mitnehmen möchte.

»Die Warenhäuser sind riesig und prächtig. Es gibt solche wie ›Wertheim‹ und ›Herzog‹, wo man alles, was der Mensch braucht, beschaffen kann. Sie nehmen ganze große Häuser ein und haben immer sehr viele Kunden. Mehr kann ich über Berlin nicht sagen, weil wir dort nur zwei Tage waren. Aus Berlin fuhren wir per Eilzug nach Karlsbad. Der Weg nach Karlsbad war nicht weniger interessant, die malerische Natur, hohe und spitze Häuser mit Ziegeldächern deutscher Bauweise [...] Ich wollte erkennen, was für Getreide auf den Feldern wächst, aber dafür fuhr der Zug zu schnell. Die Bauern sind hier gekleidet wie alle Männer, aber ohne Gehröcke, versteht sich, die Bäuerinnen hingegen gleichen in dieser Hinsicht unseren Weibern. Besonders überrascht hat mich, daß die Frauen gleichberechtigt neben den Männern arbeiten, dieselben Feldarbeiten verrichten usw.«[19]

Für den Grenzübertritt nach Österreich sind Mutter und Töchter diesmal gerüstet: Sie haben die in Berlin gekauften Kleider angezogen, Sabina hält ihre neuen Bücher in den Händen, Milotschka ist mit Spielzeug beladen. Dank Evas Charme sowie etwas Wurst und Konfekt für die Zollbeamten passieren sie problemlos die Grenze.

Karlsbad verdankt seinen internationalen Ruf der Heilkraft seiner alkalischen Glaubersalzquellen, die bei Erkrankungen von Leber und Galle, von Magen und Darm verschrieben werden. Sabina kennt das Städtchen bald gut und schreibt in ihr Tagebuch über die einschlägigen Gaststätten und Quellenanlagen wie »Mühlbrunn« oder »Kaiserbrunn«, wo es Wannen gibt, Elektrobehandlung, Massage und Schwedische Gymnastik.[20]

Sabina notiert auch Beobachtungen von Kurgästen: »... hierher kommen Leute aus der ganzen Welt, aber ›originelle‹, emaillierte oder Leute mit goldenen Zähnen, wie es mir erzählt wurde, habe ich nicht getroffen; viel Originelles habe ich bei den Kleidern der Kinder gesehen, die wie ein kleiner Hund gekleidet waren.«[21] Es macht ihr Spaß, fremde Menschen, deren Umgangsformen und Sitten mit jenen in Rußland zu vergleichen. Einmal wandert sie mit Mutter und Schwester durch den Park nach Pirkenhammer, um die Porzellanfabrik zu besichtigen: »Aber nach russischer Gewohnheit haben wir die Zeit nicht beachtet und kamen am Sonntag, als die Fabrik geschlossen war. So haben wir uns damit begnügt, daß wir das dortige Restaurant mit unserer Anwesenheit beehrten.«[22]

Sabinas altkluge Kommentare klingen manchmal wie ein Echo auf Gespräche im Elternhaus. Wenn der liberale, germanophile Vater das Tagebuch liest, soll er mit der Tochter zufrieden sein. Die »Deutschen« – wie Sabina die lokale Bevölkerung nennt – sind aufmerksam und ehrlich:

»... der Mensch hat das Recht, zu denken und zu sagen, was er will, überhaupt ist der Mensch frei [...] Mir gefällt besonders, daß hier alle im Alter von sechs bis vierzehn Jahren zur Schule gehen müssen. Wer nicht besonders viel lernen möchte, kann in die sogenannte ›Bürger-Schule‹ gehen, wo alles in einfacherer Form gelehrt wird, aber auch acht Jahre lang. Wie angenehm zu wissen, daß es keine Aufteilung in Herren und Untertanen gibt und man sich zu allen gleich verhält. Als wir aus Karlsbad abreisen wollten, hat der Mann aus dem Fahrstuhl Mama die Hand gegeben; Fuhrmänner und Diener haben ungezwungen gefragt, woher und weshalb wir kommen.«[23]

Über das, was Sabina mit Mama und Milotschka unterwegs erlebt, steht wenig im Tagebuch. Sabina schreibt selektiv. Sie verschweigt, daß es in Karlsbad großen Krach gegeben hat, daß sie gegen die Mutter rebelliert, in den Hungerstreik tritt und mit Selbstmord droht.[24]

Gegen Ende der Kur fühlt Eva Spielrein sich dermaßen schlecht, daß sie überlegt, noch zum Arzt nach Wien zu fahren. Oder ist es besser, direkt nach Bad Aussee ins Salzkammergut weiterzufahren? Erst als alles Gepäck auf dem Bahnhof steht, entscheidet sie sich:

»Versteht sich, daß Mama sich in diesem Zustand nicht um den Korb gekümmert hat, und ich war mit Milotschka beschäftigt. Deshalb blieb der Korb auf dem Karlsbader Bahnhof. Selbstverständlich hat uns der Verlust eines solchen Korbes, in dem sich unser gesamtes Vermögen und sogar Mamas Brillanten befanden, sehr beunruhigt.«[25]

Der Korb, der bereits früher für Scherereien gesorgt hatte, wird auch diesmal wiedererlangt.

Beim Abstecher nach Wien – eine Fahrt von sieben Stunden – wird Professor Hermann Nothnagel konsultiert, der Chef der I. Medizinischen Klinik am Allgemeinen Krankenhaus Wien, eine Kapazität für Probleme von Herz und Verdauungsapparat. Nothnagel behandelt sowohl die Herzbeschwerden der Mutter als auch die Magenbeschwerden der Tochter.[26]

Sabina Spielreins Aufzeichnungen vom Sommer 1901 zeigen große Schwankungen hinsichtlich ihres seelischen Gleichgewichts. Aus der Perspektive des Kindes, das die Erzählungen des Vaters im Ohr hat, werden die großartigen Leistungen des Westens naiv bewundert. Zwischen den Zeilen erkennt man die pubertierende Jugendliche, die Spannungen und Probleme mit der Mutter hat. Und anhand von Sabinas eigenwilligen, oft witzigen Observationen sind die sprachliche Begabung, das linguistische Talent und die feine Beobachtungsgabe der angehenden Wissenschaftlerin zu erkennen:

»Vor kurzem habe ich in der Zeitung einen Artikel gelesen, daß Russen leichter Fremdsprachen erlernen als andere Völker. Meiner Meinung nach ist das noch eine große Frage. Deutsche, Franzosen und Engländer können sich ausgezeichnet in unzähligen Sprachen mit ausgezeichneter Aussprache unterhalten. Aber was die russische Sprache betrifft, so stellt sie in der Aussprache den völligen Gegensatz zu den ersten drei dar. Ich habe bemerkt, daß hier kleine Kinder zuerst die Konsonanten ›schlucken‹ und die Vokale nur sehr gedehnt aussprechen, besonders vor ›R‹, das auch die Erwachsenen weich aussprechen. Unsere Kleinen hingegen ziehen nur den betonten Vokal und sprechen andere undeutlich und falsch aus und fügen sogar unnötige Konsonanten hinzu. Soviel ich bemerkt habe, sprechen die Deutschen in den Wörtern, die mit einem Konsonanten enden, nur den letzten Buchstaben mehr oder weniger deutlich aus und den davor nicht, ähnlich wie im Französischen das E muet [stumm ist]; das ›i‹ nicht ›ie‹ und nicht am Anfang des Wortes klingt hart und kurz; das ›N‹ vor ›G‹ klingt etwas durch die Nase; die Endungen der Wörter sind meistens weich, bei uns hingegen umgekehrt usw., ich kann nicht alles erzählen [...] Aber das ist eine zu große Frage, die nicht ins Tagebuch paßt.«[27]

# 6

## Das Gelobte Land

»... sie bat schließlich Sergei in vollem Ernste, er möchte mit ihr nach der Schweiz gehen: in einem kleinen Häuschen, zwischen Wiesen und Bergen und am Ufer eines Sees gelegen, wollten sie dort zusammen wohnen, sich lieben, Fische angeln und Kohl anpflanzen.«

*Tschernyschewski, 1863*

»War es aber seitens Gott kein Fehler, die Juden in Rußland anzusiedeln, auf daß sie sich dort wie in der Hölle quälen? Wäre es denn schlecht gewesen, wenn sich die Juden in der Schweiz niedergelassen hätten, wo sie von erstklassigen Seen, von Bergluft und lauter Franzosen umgeben leben würden? Alle irren sich, sogar Gott irrt sich.«

*Isaak Babel, 1926*

Im Frühling 1904 schließt Sabina Spielrein das Gymnasium mit der Goldmedaille ab – als beste Schülerin. Seit dem letzten Eintrag ins Tagebuch sind zwei Jahre vergangen – gute Jahre sind es nicht gewesen. Der Schmerz über den Verlust von Großmutter und Schwester hält an. Sabina hat sich innerlich von Brüdern und Eltern zurückgezogen.[1] Bald weigert sie sich, überhaupt noch mit der Familie zu kommunizieren. Wenn man sie anschaut oder anredet, dann spricht sie unzusammenhängend, produziert Tics und Grimassen, oder sie schlägt die Hände vor die Augen.[2] Daneben besucht sie ganz normal die Schule.

Ist sie alleine, dann wird sie von Zwangsvorstellungen geplagt, in denen alle möglichen Quälereien vorkommen. Das gleiche geschieht in ihren Träumen: Sie ißt zu Mittag und sitzt derweil auf der Toilette; sie scheidet alles gleich wieder aus und wird dabei von vielen Menschen beobachtet. In einem anderen Traum wird sie vor einer großen Volksmenge ausgepeitscht.[3] Es sind lauter Situationen, in denen die Prügel des Vaters vor der »Menschenmenge« der Brüder wiederholt werden.

Als Tochter eines reichen, assimilierten Kaufmanns ist Sabina Nikolajewna in mehrfacher Hinsicht privilegiert. Trotzdem steht sie nach Abschluß des Gymnasiums vor beängstigend ungewissen Fragen hinsichtlich ihrer Zukunft. Was mit sich und ihrem Leben anfangen? Gemäß der Tradition würde man sie jetzt verheiraten; die Mitgift ist bereit.[4] Sabina ist hübsch, eine kleine, zierliche Person mit dicken braunen Locken; und sie ist eine sehr gute Partie. Die Heiratsvermittler haben bereits angeklopft. Aber offensichtlich kann sie sich zu diesem Schritt nicht entschließen; in vielem wirkt sie noch recht kindlich, und alles, was mit Sexualität und Partnerschaft zusammenhängt, ängstigt sie. Alternativ stellt sich die Frage nach einer Berufsausbildung. Sabina möchte gerne an die Universität und studieren – wie ihre Mutter. Schon als sie ein Kind war, hat Rabbi Mordechai die Enkelin auf den ärztlichen Beruf eingesegnet. Ihr Berufswunsch bereitet ihm große Freude.

Doch zu diesem Zeitpunkt, unter der Herrschaft von Zar Nikolaus II., hat die Spielreintochter – als Frau, zumal als Jüdin – keine Aussicht auf einen Studienplatz. Ein Studium im Ausland ist erst recht kein Thema. Sie ist viel zu verwöhnt und unselbständig und würde sich nie trauen, die nötige Auseinandersetzung mit den Eltern zu riskieren. Sabina Spielrein ist in den Konventionen gehobener Kreise gefangen, wo Familienstrukturen und Gesellschaft den Mädchen die Ablösung von der Familie verbieten.

Zur Perspektivlosigkeit ihrer Lebenssituation kommt hinzu, daß ihr als ältester und einziger Tochter Verantwortlichkeiten für die jüngeren Geschwister aufgebürdet werden. Als sie anfängt, ihre Mutter zu schlagen, bringt dies das Faß zum Überlaufen. Zu Hause ist sie nicht mehr tragbar.[5] Nikolai faßt den Plan, die aufsässige und verquere Tochter nach Warschau zu bringen. Sie selber wird nicht gefragt: Sie findet die Warschauer Mischpoke unsympathisch. Einmal in Warschau eingetroffen, macht sie jede Hoffnung auf eine Beruhigung der Situation zunichte, indem sie sich Hals über Kopf in Onkel Adolf verliebt. In Warschau kann sie nicht bleiben. Nachdem dieser Plan gescheitert ist, entscheiden die Eltern, ärztliche Hilfe im Westen zu suchen.

Im Sommer 1904 reist Frau Spielrein mit ihrem Bruder Dr. Lublinski und der Tochter in die Schweiz – in das Land von Jean-

Jacques Rousseau, das Land der Freiheit und der guten Luft. Ziel ist der mondäne Kurort Interlaken.

Das Lieblingsbild des Ostens ist das einer heilen Schweiz, in der es sich an Leib und Seele gesunden läßt:»Die Gesichter – fröhlich, und die Gesundheit so, daß es drei Russen braucht, um aus ihnen einen Schweizer zu machen.«[6]

Dieses findet ein Echo in der Schweizer Tourismuswerbung. Die Broschüre des Hotel-Vereins Interlaken verspricht:

»Im Herzen der Schweiz, da, wo die wunderbare Firnkette der Berner Alpen sich in den Gipfeln von Finsteraarhorn und Jungfrau am gewaltigsten emportürmt, hat sich an den grünen Saum der felsigen Vorgebirge ein Kleinod festgehaftet, dessen Ruhm sich in der kurzen Spanne eines halben Jahrhunderts über die ganze Welt verbreitet hat: Interlaken. [...] Das Klima des Kurorts ist ein subalpines und als solches äußerst mild, ohne dabei jener stimulierenden Eigenschaften der Höhenstationen zu entbehren. Die umliegenden ausgedehnten Wälder, die beiden Seen sowie endlich die nicht allzu fernen Gletscher beeinflussen dasselbe als große Regeneratoren und Regulatoren seiner Atmosphäre, die auf den menschlichen Organismus sehr belebend und kräftigend wirkt. Diesen Faktoren verdankt insbesondere das erkrankte Nervensystem durch Hebung des Stoffwechsels und Besserung der Blutmischung die schönsten Heilerfolge.«[7]

Der Werbetext läßt Elemente des Nervendiskurses anklingen, das geschilderte Naturidyll verweist auf Zivilisationskritik; die Natur, selbst der Gletscher, wird als heilendes Agens für strapazierte Nerven gepriesen.

Interlaken ist ein renommierter Kurort. Im Presseraum des Kursaals liegen sechzig Zeitungen und Zeitschriften in allen Sprachen aus; an der Kasse des Kasinos wird jegliche Fremdwährung gewechselt; es gibt täglich drei Kurkonzerte und jede Woche einen großen Ball. Die Engländer kommen, um Golf zu spielen und die Berge zu besteigen. Auch die Amerikaner kommen, und deutsche sowie russische Adelige mieten ganze Zimmerfluchten in den Grandhotels für sich und ihr Gefolge.[8]

Eva Spielrein hat gute Gründe, ihre Tochter in den Westen zu bringen. Die russische Psychiatrie, im 19. Jahrhundert entstanden, ist an der professionellen Entwicklung in Deutschland orientiert.

Führende Neurologen wie Iwan Pawlow, Iwan Sechenow oder Vladimir Bechterew haben in Leipzig studiert und gelernt, daß seelische Phänomene ausnahmslos von bestimmten Verhältnissen in Blut und Gehirn abhängen. Sie definieren Wahnsinn als Gehirnkrankheit und suchen nach somatischen, nicht nach psychologischen Ursachen. Die wenigen ausgebildeten Fachleute im Zarenreich leisten auf neurologischem Gebiet Hervorragendes. Die Psychiatrie hingegen – in Rußland ebenso wie im Westen – steckt im therapeutischen Nihilismus fest. Russische Irrenanstalten – dem deutschen »Tollhaus« nachempfunden – sind Stätten des Elends, wo es an Geld, Räumen und ausgebildetem Personal mangelt. Als Behandlungsformen kennt man kalte und heiße Bäder; im übrigen verläßt man sich auf Zwang und Gewalt. Das autokratische Herrschaftssystem des Zaren potenziert die institutionelle Misere, indem Behörden und die berüchtigte Geheimpolizei die Irrenanstalten als Aufbewahrungsort für politische Gegner und andere »sozial unerwünschte Personen« mißbrauchen.

In den privaten Kliniken des Westens gibt man sich mehr Mühe. Die Liste der herkömmlichen Behandlungsmethoden ist lang: Bettruhe, Isolierung, Mastkur, leichte körperliche Arbeit, Heilgymnastik, Massage, Aufenthalt an frischer Luft, Arsen- und Eisenmedikation, Diätetik; auch technisch ausgeklügelte Systeme von Hydro-, Mechano- und Elektrotherapie erfreuen sich großer Beliebtheit. Das umfangreiche Therapiearsenal täuscht allerdings weder Ärzte noch Patienten darüber hinweg, daß Erfolge ausbleiben oder nicht zu erklären sind. Aber wenigstens wird der Patient gut behandelt. Die gebildeten, reichen Russen wissen, wo Europas Koryphäen sitzen. Bei einem hartnäckigen Nervenleiden reist man in den Westen, in eines der zahlreichen Privatsanatorien oder zu renommierten Professoren wie Theodor Ziehen in Berlin oder Emil Kraepelin in München, zu Hermann Nothnagel in Wien, zu Paul Dubois in Bern oder zu Constantin von Monakow, der in Zürich praktiziert.[9]

Das Gebiet Klostergässli in Interlaken, Gemeinde Matten, ist um 1900 ein vornehmes Villenquartier. Auf einem großzügigen Areal mit altem Baumbestand ließ der Berner Arzt Moritz Heller ein Ärztehaus und Wirtschaftsgebäude errichten, samt einem Anbau mit technischen Behandlungsvorrichtungen für die Kranken. Das Sanatorium ist ein kleiner Familienbetrieb mit einem Tagessatz von zehn bis zwanzig Franken und hat soeben auf Ganzjahresbetrieb umgestellt.

Die Quittung von Dr. Moritz Heller

Sabina Spielrein äußert sich nicht zu den vier Wochen, die sie in Interlaken verbringt.[10] Die kleinen Zeichnungen, mit denen sie die Hellersche Quittung vollkritzelt, sind jedoch auch ein Kommentar. Das zentrale, beinahe vollständig schwarz ausgemalte Bild mit dem Titel »Electrisieren« zeigt eine Frau, die auf einer Pritsche liegt. Vor oder über der Frau steht ein Mann, offenbar der Arzt, der ihr mit einem dicken elektrischen Kabel einen Stromstoß versetzt: die Beine der Patientin sind nach oben gestreckt; Mund und Augen weit aufgerissen und voller Schrecken – wie auf einem der Angst-Bilder von Edvard Munch. Am linken Rand der Quittung steht vertikal und auf deutsch »Wasserheilanstalt«, daneben ist ein Mensch in der für diese Behandlung typischen Haltung gezeichnet, der von einem dicken Rohr mit Wasser übergossen wird. Die dritte Zeichnung oder besser Karikatur zeigt zwei Männer in einem Kreis: der eine, lang und dünn, ist »Dr. Heller«; der andere, klein und fest, ist »Dr. Hisselbaum«. Daneben steht auf russisch »tschort« = Teufel. Sabina kommentiert auf russisch den Fehler »Frl. Silberrein«: »falscher Familienname«.[11]

Über den Aufenthalt bei Dr. Heller gibt es unterschiedliche Versionen. Der Onkel berichtet darüber: »Sehr unzufrieden dort. Man hat dort nichts getan.«[12] Enttäuscht, niedergeschlagen, ohne ihrem Ziel näher gekommen zu sein, verlassen Mutter, Tochter und der Onkel Interlaken. Es ist geplant, nach Zürich zu dem renommierten Nervenarzt Monakow zu fahren.

Groß, stattlich, mit einem imposanten Bart, ist Constantin von Monakow eine auffällige Erscheinung in den Straßen der Stadt. 1863 war er zusammen mit seinem Vater, einem politischen Emigranten, in die Schweiz gekommen. Nach dem Medizinstudium und einer Assistenz am Burghölzli hatte er sich 1885 als Privatdozent für Hirnanatomie und Nervenkrankheiten habilitiert. Monakow betreibt eine nervenärztliche Praxis und eine kleine Privatklinik mit Plätzen für zehn bis zwölf Patienten. Außerdem hat er die neurologische Poliklinik in Zürich gegründet, die er finanziert und wo Arme kostenlos behandelt werden. Monakows Renommee als Hirnforscher lockt zahlreiche Schüler an sein privates hirnanatomisches Laboratorium. Von Russen wird er häufig konsultiert.[13]

Monakow lehnt Sabina Spielreins Behandlung ab.[14]

Nach all diesen Enttäuschungen sieht sie sich vor eine hoffnungslose Situation gestellt und steigert sich in eine heillose Aufregung hinein. Die Mutter, der Onkel und der Hotelmanager sind ratlos, und niemand weiß so recht, was tun – bis jemand auf die Idee kommt, Dr. Rudolf Bion anzurufen, der ganz in der Nähe des Hotels an der Bahnhofstraße 102 seine Praxis hat. Danach geht alles sehr schnell. Bion benachrichtigt die Sanitätspolizei, klärt die Situation mit dem Burghölzli ab und schreibt auf einen Bogen Hotelbriefpapier in aller Eile das »Ärztliche Attest«:

»Fräulein Sabina Spielrein, geb. 1885 von Rostow am Don (Rußland), welche eben von dem Heller'schen Sanatorium in Interlaken hier im Hotel angelangt ist, zeigt Zeichen hochgradiger Hysterie. Sie lacht & weint abwechselnd, schreit auf, und sagt, sie könne hier im Hotel nicht bleiben über Nacht, verlangt Aufnahme in einer Anstalt, sagt in Interlaken seien alle Lügner & Schwindler. Kurzum, ein Bleiben hier im Hotel ist nicht möglich & ist eine Aufnahme in einer Irrenanstalt unbedingt nötig, da evnt. Selbstgefährlichkeit eintreten könnte. Paranoia ist nicht ausgeschlossen. Jedenfalls besteht eine Psychose. R. Bion.«[15]

Damit sind alle formalen Voraussetzungen für eine notfallmäßige Einweisung von Sabina Spielrein ins Burghölzli erfüllt.

# 7
## Das Burghölzli

Ihr Werkleut! Tretet nun heran!
Ein frommes Werk wird hier getan.
Da aufgerichtet steht der Bau.
Weitragend über See und Au!
Die edle Kunst und Wissenschaft
und unsrer Hände rege Kraft.
Sie bauten bis das Haus bereit,
das tiefstem Unglück ist geweiht.
Als Warnungszeichen irrt umher,
des Seele so belastet schwer.
Und ein gerechtes Volk erkennt,
was es mit Recht sein Höchstes nennt,
es weiß, daß nur des Geistes Kraft
die Welt erhält und Leben schafft!
Um hoch zu halten Maß und Licht,
tat dieses Volk die edle Pflicht
und baut' dies Haus mit reicher Hand
durch unsern Werkmut und Verstand.

*Gottfried Keller*

Beim Richtfest für die kantonale Irrenheilanstalt Burghölzli[1] im
Herbst 1866 rezitiert der Dichter und Erste Staatsschreiber des
Kantons Zürich Gottfried Keller persönlich den »Zimmermanns-
spruch« von der Dachzinne.[2]

Das Burghölzli wird aus dem Impetus der Aufklärung geboren:
Man will »Maß und Licht« ins Chaos und in die Finsternis des
Wahns bringen. Am Geiste erkrankte Menschen sollen nicht länger
ausgegrenzt und verwahrt werden, sondern eine humane Pflege und
Behandlung erhalten. Mit der Entscheidung der Zürcher Regierung, den Posten des Klinikdirektors mit dem Psychiatrielehrstuhl
der Universität Zürich zu verbinden, setzt man auch gesundheits-
politisch ein Signal.

Das Burghölzli wird am 1. Juli 1870 eröffnet. Die ersten Direktoren sind liberale deutsche Gelehrte, angefangen mit dem renom-

mierten Hirnanatom Bernhard von Gudden, der Zürich nach knapp zwei Jahren bereits wieder verläßt und Schlagzeilen macht, als er zusammen mit seinem berühmten Patienten König Ludwig II. von Bayern im Starnberger See ertrinkt. Doch den deutschen Professoren wirft man vor, sich lieber mit Mikroskopen als mit ihren Kranken zu beschäftigen; außerdem sprechen sie ausschließlich Hochdeutsch und verstehen kein Schweizerdeutsch – die Sprache ihrer Patienten.

Das rasche Wachstum der Zürcher Stadtbevölkerung in der zweiten Hälfte des 19. Jahrhunderts sorgt dafür, daß die neue Irrenheilanstalt bald chronisch überbelegt ist. Und so kommt es, daß der durchdachte, rationale Grundriß des Gebäudes nicht den chaotischen inneren Zuständen entspricht, die der erste Schweizer Direktor Auguste Forel im Jahr 1879 antrifft:

»Die Anstalt liegt wunderschön in der Höhe über dem Zürichsee, am Fuße eines mit einer parkartigen Waldanlage bewachsenen, zum Anstaltsareal gehörigen und in dessen Umzäunung inbegriffenen Hügels. Am entgegengesetzten, nördlichen Abhang dieses Hügels, fast auf seiner Höhe, liegt ein kleines, burgartiges Gebäude, die Stephansburg [...] Diese Stephansburg hatten [Verwalter] Schnurrenberger und die damalige Regierung einem elsässischen Wirt verpachtet, der unter der Etikette der Wirtschaft ein kleines Bordell darin führte. Dasselbe lag natürlich dem männlichen Wartpersonal sehr bequem und wurde von ihm denn auch fleißig benutzt. Es bestand eine derartige Korruption in der damaligen Außengemeinde Riesbach (zu der das Burghölzli gehörte), daß die Frau des Gemeindepräsidenten selbst ein Prostitutionshaus hielt.«[3]

Damit nicht genug, hat der Verwalter seinen Freunden, seiner Bekanntschaft, selbst dem Bordellwirt der Stephansburg den Schlüssel zur Waldeinzäunung der Anstalt gegeben, so daß alle möglichen Leute den Anstaltspark nach Belieben betreten können.

Auguste Forels Ruf einer charismatischen Persönlichkeit ist seiner Berufung vorausgeeilt. Als junger Psychiater hat er sich in der Hirnforschung einen Namen gemacht und sich zudem als Ameisenforscher von internationalem Rang profiliert. Neben wissenschaftlichen Interessen verfolgt Forel beharrlich eine Reihe von politischen und sozialpolitischen Anliegen. Er ist überzeugter Pazifist, ein engagierter Vertreter der Abstinenzbewegung und gilt als »Va-

ter« auf den Gebieten »Rassenhygiene« und »Eugenik«. Vital, un-
bürokratisch und weil niemand sonst Lust verspürt, sich in das
»Wespennest« Burghölzli zu setzen, bringt Forel seine Reformvor-
schläge bei der Kantonsregierung durch. Die Prostituierten werden
vertrieben, Ärzte, Personal und Patienten müssen sich zur Alkoholabstinenz verpflichten. Forel richtet Wachsäle, Isolierräume und ar-
beitstherapeutische Angebote ein. Als weitere Neuerung stellt er
1881 mit Ellen Powers die erste Ärztin an.

Forel stammt aus der Westschweiz und hat in Zürich zusammen mit Nadeshda Prokowjewna Suslowa studiert. Mit Marija
Aleksandrowna Bokowa, einer weiteren russischen Ärztin, hat er
während des Deutsch-Französischen Kriegs 1870/71 am Lazarett-
hilfszug des Zürcher Professors für Chirurgie, Rose, teilgenommen.
Forels Wertschätzung für weibliche Fachkräfte – in der Begegnung
mit Suslowa und Bokowa begründet – veranlaßt ihn dazu, sich auf
seine gradlinige, kämpferische Art für das Frauenstudium und die
Zulassung von Frauen zur Habilitation einzusetzen. Sogar die
männliche Abteilung der Unruhigen am Burghölzli wird zeitweise
von einer Ärztin betreut.[4]

Wahn, Toben und das Geschrei der Geisteskranken bestimmten
vor der Entdeckung von Psychopharmaka in den fünfziger Jahren
des 20. Jahrhunderts das Gesicht und den Lärmpegel der Anstalten.
Konfrontiert mit dem Elend seiner Patienten, ohne Behandlungsmöglichkeiten außer Elektrisieren, Opiaten, Beruhigungsmitteln
und Wannenbädern, verlagert Forel seine Interessen auf das Zu-
sammenspiel von Gehirn und Seele, wobei er eine »dynamische
Psychiatrie« postuliert. Wichtiges Novum der frühen dynamischen
Psychiatrie ist die Vorstellung einer Seele mit bewußten und unbewußten Anteilen. Neu ist auch die Vorstellung, daß zahlreiche emotionale und physische Krankheitsbilder von psychischen Faktoren
verursacht werden. Damit ist der Weg frei für die Suche nach psychotherapeutischen Behandlungsmethoden.[5]

Forel sensibilisiert seine Mitarbeiter für die Bedeutung der
Träume und bemüht sich um ein psychologisches Verständnis der
Symptome seiner Kranken. Als er von französischen Experimenten
mit Suggestion und Hypnose hört, macht er sich auf den Weg.

»Eine klinische Lektion an der Salpêtrière« lautet der Titel eines
4,30 Meter breiten, 2,90 Meter hohen Ölgemäldes von André

Brouillet, das 1887 in Paris gezeigt wird. Das Bild zeigt Jean Martin Charcot, den »Napoleon der Neurosen« und charismatischen Chefarzt jener legendären Pariser Klinik, wie er an einer seiner öffentlichen »leçons du mardi« ein hypnotisches Experiment mit einer hysterischen Patientin demonstriert.

Charcots medizinische Laufbahn ist zunächst mühsam und langwierig und dann so erfolgreich verlaufen, daß man ihn mehrfach als beratenden Arzt zum Zaren nach Rußland holt. Erst spät in seiner Karriere widmet er sich der minutiösen Untersuchung und Erforschung der Hysterie. Indem er hysterische Lähmungen experimentell – mittels Hypnose – hervorruft und wieder zum Verschwinden bringt, weist er nach, daß hysterische Symptome nicht zwingend Folge von Verletzungen des Nervensystems sind, sondern durch psychische Faktoren hervorgerufen werden können. Den Hysterikerinnen gibt Charcot ihre Würde zurück, indem er mit der ganzen Autorität eines Gesellschaftslöwen und Chefarztes der Salpêtrière für die Echtheit ihrer Leiden bürgt. Bei Charcot kann man augenfällig erleben, was bereits vermutet worden ist: die sexuelle Bedeutung des hysterischen Leib-Seele-Theaters.[6]

Am Krankenhaus zu Nancy behandelt der Internist Hippolyte Bernheim nervöse Patienten erfolgreich mit Suggestion und Hypnose; sogar organische Erkrankungen des Nervensystems, Rheumatismus und Erkrankungen des Magen-Darm-Traktes versucht er mit Hypnose zu heilen. Die »Schule von Nancy« wird über die Landesgrenzen hinaus zu einem Anziehungspunkt für Kliniker und praktische Ärzte, die an der Not und an der Therapieresistenz der Neurotiker verzweifeln.

Männer wie August Forel und Sigmund Freud machen bei Bernheim wesentliche Erfahrungen, die sie zu neuen Erkenntnissen und zu neuen psychologischen Behandlungsmethoden anregen. Ein weiterer französischer Psychiater, Pierre Janet, formuliert in seiner Dissertation *Der Geisteszustand der Hysterischen. Die psychischen Stigmata* (1892) die erste, konsequent psychologische Hysterietheorie, die er mit Falldarstellungen zu untermauern versteht. Er thematisiert als erster den »rapport« – die Beziehung zwischen Hypnotiseur/Arzt und Patient – und lenkt ein besonderes Augenmerk auf die liebevollen bis leidenschaftlichen Gefühle des Kranken gegenüber dem Arzt.

»Am 14. März [1886] kam ich als fast vollendeter Hypnotiseur aus Nancy zurück«, schreibt Forel in seinen Erinnerungen.[7] Er verwendet Hypnose und Suggestion zunächst beim Wartpersonal, später auch bei Patienten. »Die Leute fangen an, mich für einen Hexenmeister zu halten«, stellt er amüsiert fest. Forels Kolleg über Hypnose wird eine gesellschaftliche Attraktion und hat unter anderem im literarischen Werk von Gerhard Hauptmann seine Spuren hinterlassen.[8] 1898, im Alter von fünfzig Jahren, kündigt Forel seine Stelle als Direktor des Burghölzli und zieht mit seiner Familie zurück in die Westschweiz.

Sein Nachfolger Eugen Bleuler stammt aus Zollikon, einem kleinen Bauerndorf in der Nähe von Zürich. Während seiner Gymnasialzeit erkrankt seine einzige Schwester Anna Paulina[9] an Schizophrenie. Bleuler wird Arzt und Psychiater. Zunächst arbeitet er einige Jahre an der Waldau bei Bern. Nach Studienaufenthalten bei Charcot, in London sowie in München wählt man ihn – auf Betreiben Forels – zum Direktor der Rheinau, damals eine der rückständigsten Irrenanstalten der Schweiz. Bleuler ist noch Junggeselle. Er wohnt, er arbeitet – ja, er lebt zusammen mit seinen Patienten.

Es gibt kaum einen Schweizer Arzt, über den derart viele Anekdoten existieren. Forel erzählt, wie sein früherer Assistent Bleuler als Direktor der Rheinau zunehmend geschätzt wird und so viel arbeitet, daß er nicht mehr schläft:

»Er erklärte mir sogar, der Schlaf sei eine schlechte Gewohnheit. Die Folge war, daß er einmal plötzlich umfiel und fünf Stunden bewußtlos lag; – man konnte ihn einfach nicht mehr aus dem tiefen Schlaf wecken. Seitdem lernte er, daß der Schlaf doch eine gute Gewohnheit sei.«[10]

Bleuler kümmert sich persönlich um die körperlichen Beschwerden seiner Kranken; er arbeitet mit ihnen zusammen auf dem Feld; er organisiert Freizeitaktivitäten und manchmal ein Fest. Als einer der ersten Ärzte hört er seinen schizophrenen Patienten genau zu, notiert unablässig, was sie ihm erzählen, und versucht, den Sinn ihrer wahnhaften Rede, ihres scheinbar bizarren Verhaltens zu ergründen.

Eugen Bleuler wird 1898 Direktor des Burghölzli.[11] Nach dem Einzug in die Amtswohnung nimmt er seine chronisch kranke Schwester bei sich auf.[12] Er vertritt die Meinung, daß man sogar die schwersten Fälle von Katatonie mit Suggestion beeinflussen könne. Seine Art, mit Anna Paulina umzugehen, macht großen Eindruck auf Abraham A. Brill, einen jener jungen Ärzte, die zu Beginn des 20. Jahrhunderts aus aller Herren Länder ins Burghölzli kommen, um die neue Kunst der Psychoanalyse zu erlernen. Von seinem Zimmer am anderen Ende der Halle aus beobachtet Brill, wie Anna Paulina Bleuler den ganzen Tag monoton hin und her läuft. Bleulers Kinder sind noch sehr jung und scheinen ihrer Anwesenheit keinerlei Beachtung zu schenken. Wenn sie herumklettern, benutzen sie ihre Tante, als ob sie ein unbeseelter Gegenstand, etwa ein Stuhl wäre.

Bei einer Gelegenheit gerät sie in einen akuten Zustand von Erregung. Da Bleuler keine Gewalt anwenden will, arbeitet er Stunde um Stunde, indem er mit ihr spricht – bis sie sich beruhigt.[13]

Bleuler hat eigene, aktive und passive Erfahrungen mit Hypnose, und als Charcots *Poliklinische Vorträge* (1892) auf deutsch erscheinen, schreibt er eine wohlwollende Rezension unter besonderer Erwähnung des Übersetzers – Sigmund Freud. Auch in der Besprechung der bahnbrechenden Arbeit *Studien über Hysterie* (1895) von Freud und Josef Breuer gelangt Bleuler zu einem überraschend positiven Fazit: Das Buch bringe einen ganz neuen Einblick in den psychischen Mechanismus und sei eine der wichtigsten Publikationen der letzten Jahre auf dem Gebiet der normalen und pathologischen Psychologie.[14]

Bleuler experimentiert mit Freuds Methode der Traumdeutung. Bald schickt er Freud sogar eigene Träume samt Assoziationen und bittet um Hilfe bei der Deutung, da seine Kollegen, die sich in der Sache üben, sowie seine Frau, die psychologisch ein angeborenes Verständnis habe, die Nüsse nicht knacken könnten.[15]

Mit Eugen Bleuler läßt sich erstmals ein Hochschulprofessor auf Freuds Betrachtungsweise seelischer Störungen ein. Er begeistert sich für die Psychoanalyse, weil er mit ihrer Hilfe den biographischen Sinn der verwirrten Rede seiner schizophrenen Patienten endlich versteht. Bleuler findet heraus, daß der Inhalt vieler Wahnideen schlecht verhüllte Wunschträume sind.[16] Eine Zeitlang ist er von der Ubiquität der »Freudschen Mechanismen« überzeugt. Er glaubt, damit den Schlüssel zum Verständnis des »logischen, respektive affektiven Zusammenhangs des ganzen Kunterbunts« gefunden zu haben und daß man Freuds Funde aus der *Traumdeutung* (1900) auf alle psychischen Phänomene anwenden könne: auf »Dementia-praecox«-Kranke, in der mythologischen Symbolik, in Sagen, Märchen und der Dichtung, ja sogar beim Delirium tremens und in den Dämmerzuständen der Epileptiker.[17]

Bleuler sorgt für ein psychoanalysefreundliches Klima am Burghölzli und regt Mitarbeiter und Doktoranden dazu an, Freuds Schriften zu lesen und mit dem neuen psychoanalytischen Gedankengut zu experimentieren. So herrscht in der Klinik zeitweise ein regelrechtes Analysefieber. Jeder analysiert jeden bei jeder passenden und unpassenden Gelegenheit. Man legt einander die Träume aus; man registriert jedes »Komplexzeichen« und versucht es zu deuten: versprechen, verschreiben, ein Wort über die Linie schreiben, symbolische Handlungen, unbewußt Melodien summen, vergessen usw.[18] Auch die Ehefrauen der Ärzte partizipieren im Eifer der Pionierzeit, nehmen an den Diskussionen teil, erzählen eigene Träume. In dem Maße allerdings, wie das Verständnis für das Unbewußte wächst, hindern die Ärzte ihre Frauen daran, von eigenen Träumen zu berichten, weil sie merken, daß sie damit zuviel über ihr Privatleben preisgeben.[19]

Mit der Öffnung einer der wichtigsten und fortschrittlichsten psychiatrischen Anstalten für ihre Anliegen erwacht die Psychoanalyse aus ihrem Wiener Dornröschenschlaf: Sie wird klinik- und wissenschaftsfähig. Im Aufsatz »Zur Geschichte der psychoanalytischen Bewegung« von 1914 beschreibt Freud die stürmischen Anfänge der Psychoanalyse in Zürich:

»Von 1907 an änderte sich die Situation gegen alle Erwartungen und wie mit einem Schlage. Man erfuhr, daß die Psychoanalyse in aller Stille Interesse erweckt und Freunde gefunden habe, ja, daß es wissenschaftliche Arbeiter gebe, welche bereit seien, sich zu ihr zu bekennen. Eine Zuschrift von Bleuler hatte mich schon früher wissen lassen, daß meine Arbeiten im Burghölzli studiert und verwertet würden. Im Jänner 1907 kam der erste Angehörige der Züricher Klinik, Dr. Eitingon, nach Wien, es folgten bald andere Besuche, die einen lebhaften Gedankenaustausch anbahnten [...]

Gewiß war es nicht erst die Parteinahme der Züricher Schule, welche damals die Aufmerksamkeit der wissenschaftlichen Welt auf die Psychoanalyse richtete [...] Aber an allen anderen Orten ergab diese Zuwendung von Interesse zunächst nichts anderes, als eine meist leidenschaftlich akzentuierte Ablehnung, in Zürich hingegen wurde die prinzipielle Übereinstimmung der Grundton des Verhältnisses. An keiner anderen Stelle fand sich auch ein so kompaktes Häuflein von Anhängern beisammen, konnte eine öffentliche Klinik in den Dienst der psychoanalytischen Forschung gestellt werden, oder war ein klinischer Lehrer zu sehen, der die psychoanalytische Lehre als integrierenden Bestandteil in den psychiatrischen Unterricht aufnahm. Die Züricher wurden so die Kerntruppe der kleinen, für die Würdigung der Psychoanalyse kämpfenden Schar. Bei ihnen allein war Gelegenheit, die neue Kunst zu erlernen und Arbeiten in ihr auszuführen. Die meisten meiner heutigen Anhänger und Mitarbeiter sind über Zürich zu mir gekommen, selbst solche, die es geographisch weit näher nach Wien hatten als nach der Schweiz.«[20]

Zu den Ärzten, die bei Bleuler und Jung die Psychoanalyse kennenlernen, gehören zahlreiche, später bekannte Persönlichkeiten wie Karl Abraham aus Deutschland, Sándor Ferenczi aus Ungarn, Abraham Brill aus den USA, der Engländer Ernest Jones, der Norweger Johannes Strömme, ferner Schweizer Ärzte wie Ludwig Binswanger, Franz Riklin und Emil Oberholzer. Natürlich denkt Freud auch an »seine« Russen: an Max Eitingon, Herman Nunberg, Sabina Spielrein, Tatjana Rosenthal, Salomea Kempner, Michail Asatiani, Sara Neiditsch, Nikolai Ossipow etc.

Die Zusammenarbeit von Wienern und Zürchern währte etwa sieben Jahre, von 1906 bis circa 1912/13. Die Geschichte dieser wechselvollen, für beide Seiten anregenden Arbeitsgemeinschaft ist in 360 Briefen dokumentiert, die Freud und Jung in diesen Jahren austauschen.[21] Mittelpunkt und Hauptarchitekt der stürmischen Entwicklung, welche die Psychoanalyse zu Beginn des 20. Jahrhunderts nimmt, ist C. G. Jung.

Karl Gustav Jung – wie es im Taufschein heißt – kam am 26. Juli 1875 in der Landgemeinde Kesswil am Bodensee im Kanton Thurgau zur Welt. Sein Vater Paul Achilles Jung war ein verarmter evangelisch-reformierter Pfarrer; seine Mutter Emilie Jung, geborene Preiswerk, stammt aus dem Basler »Daig«, der gehobenen Gesellschaft. Als Karl vier ist, zieht die Familie nach Klein-Hüningen bei Basel. Kurz zuvor erkrankt die Mutter an einer schweren Depression und muß für einige Monate ins Basler Spital. Auf die Trennung von der Mutter, auf Spannungen zwischen den Eltern reagiert der kleine Junge mit starken Hautausschlägen am ganzen Körper. Der Vater kümmert sich rührend um sein krankes Kind. Er trägt es auf den Armen herum, wenn es fiebert und nicht schlafen kann, singt ihm Lieder aus der Studentenzeit vor. Als die Mutter zurückkehrt, beziehen die Eltern getrennte Schlafzimmer. Karl schläft beim Vater. Er leidet an Pseudokrupp mit Erstickungsanfällen, und wieder ist es der Vater, der ihm hilft. Karl hat Angstträume, fühlt sich bedroht.[22]

»Seit jener Zeit war ich immer mißtrauisch, sobald das Wort ›Liebe‹ fiel«, wird Jung in seinen Erinnerungen schreiben.[23] Mit dem Weiblichen habe sich ein Gefühl »natürlicher Unzuverlässigkeit« verbunden; »Vater« hingegen bedeute Zuverlässigkeit und – Ohnmacht. Während Emilie Jungs Abwesenheit kümmert sich außer dem Vater auch das Dienstmädchen um den Jungen, eine Frau, die mit ihren schwarzen Haaren und ihrem olivenfarbenen Teint so ganz anders ist als die Mutter.

Karl wächst als Einzelkind heran, erst als er neun Jahre alt ist, wird seine einzige Schwester Gertrud geboren. Das für ihn unerwartete und plötzliche Erscheinen dieses roten, verschrumpelten Wesens hinterläßt ein vages Gefühl von Mißtrauen, gleichzeitig werden Neugier und Beobachtungsgabe geschärft.[24]

Mit elf kommt Karl aufs Gymnasium in Basel. Er verliert seine ländlichen Spielkameraden und tritt ein in die »große Welt«. Hier macht der Junge einschneidende soziale Erfahrungen. Die Mitschüler stammen aus wohlhabenden Elternhäusern, sie haben genügend Taschengeld und können sich alles leisten. Karl erkennt, wie arm seine Familie ist, sein Vater ein armer Landpfarrer und er selber nur ein armes Pfarrerssöhnchen, das mit nassen Strümpfen zur Schule gehen muß. Er erfindet sich einen Familienroman, demzufolge er ein Nachfahre Goethes aus einer illegitimen Verbindung sei. Der Schulunterricht ödet den aufgeweckten Jungen an. Er leidet unter quälenden Gefühlen von Einsamkeit, produziert Ohnmachtsanfälle und hat gegen depressive Verstimmungen zu kämpfen. In einer rettenden Gegenbewegung erschafft er sich eine Phantasiewelt und eine andere, stärkere – wie er sagt – zweite Persönlichkeit. Als diese weiß Karl sich würdig und erlebt sich als eigentlicher Mensch, in enger Verbundenheit mit »Gott« und Natur. Diese zweite Persönlichkeit wird er sich sein Leben lang bewahren.[25] Nach der Pubertät, mit sechzehn, siebzehn Jahren, hat Karl gelernt, sich besser zu stabilisieren. Zu diesem Zeitpunkt ist er körperlich groß und stark, neigt zu Jähzorn und besitzt für viele seiner Kameraden und Lehrer ein unsympathisches Wesen.[26]

Als Gymnasiast bevorzugt Karl Jung philosophische Werke; später entwickelt er ein breites Spektrum von geisteswissenschaftlichen und naturwissenschaftlichen Interessen. Ab dem Sommersemester 1895 studiert er an der medizinischen Fakultät der Basler Universität. In der Freizeit veranstaltet er heimlich spiritistische Séancen im elterlichen Pfarrhaus und bewährt sich als trinkfreudiger und redegewaltiger Aktiver der Studentenverbindung »Zofingia«. Als der Vater Anfang 1896 stirbt, muß Emilie Jung mit Karl und Gertrud das Pfarrhaus Kleinhüningen verlassen und steht völlig mittellos da. Karls Onkel Eduard Preiswerk stellt der Schwester und deren Kindern ein Stockwerk in der Bottminger Mühle zur Verfügung; dank weiterer Unterstützung seitens der Verwandten mütterlicherseits kann Jung seine Studien fortführen.[27]

Ludwig Wille, der Basler Psychiatrieprofessor, macht Jung auf Richard von Krafft-Ebings *Lehrbuch der Psychiatrie* (1879) aufmerksam. Bei dem renommierten Wiener Psychiater entdeckt Jung die Themen, die ihn von nun an ein Leben lang beschäftigen werden: Psychiatrie, Psychopathologie und vor allem die Rätsel der Psychosen. Gemäß eigenen Aussagen kam die Entscheidung, sich auf Psychiatrie zu spezialisieren, plötzlich und gegen Studienende. Aus Jungs Erinnerungen weiß man, daß er sich bereits als Kind mit inneren, seelischen Vorgängen, mit Träumen und mit seiner subjektiven Welterfahrung beschäftigt hat.[28]

Am Abend nach der letzten Prüfung leistet sich Jung eine langersehnte Extravaganz: Er geht zum ersten Mal in seinem Leben ins Theater. Auf dem Programm steht *Carmen* von Georges Bizet.

Am 27. November 1900 erhält er die Approbationsurkunde. Ab jetzt nennt er sich Carl – nach seinem Großvater Carl Gustav Jung, demjenigen, den er sich zuvor als illegitimen Sohn Goethes phantasiert hat. Zum Erstaunen seiner Studienkollegen verzichtet der ehrgeizige und begabte Jung auf eine zukunftsträchtige Assistenz an der Inneren Medizin in Basel. Statt dessen macht er mit der Psychiatrie ernst, einer Disziplin ohne jeden Glanz und jedes Prestige. Als am Burghölzli eine Assistentenstelle ausgeschrieben wird, meldet er sich – als einziger Bewerber. Bleuler leitet die Bewerbung an den Regierungsrat weiter:

»Ich empfehle Ihnen Herrn Jung, über den ich gute Auskunft erhalten habe, als II. Assistenzarzt zu wählen unter der Bedingung, daß er sein schweizerisches Fachexamen noch bestehe.«[29]

Jung wird auf den 1. Dezember 1900 zum II. Assistenzarzt gewählt; die Besoldung beträgt 1000,– Franken pro Jahr nebst freier Station für seine Person.

Es gibt am Burghölzli insgesamt vier Arztstellen – inklusive Direktor und Oberarzt – für die Betreuung von bis zu vierhundert Patienten. Rangniedrige Ärzte werden schlecht bezahlt. Das Arbeitspensum ist, abgesehen von der Betreuung stationärer und ambulanter Patienten, mit Administration und der Gutachtertätigkeit für Sozialversicherungen und Gerichte überfrachtet.

Vor dem Burghölzli-Hauptportal 1910
Von links nach rechts: Unbekannt, Johann Nelken, Eugen Bleuler,
Hans Wolfgang Maier, Jakob Klaesi.
Im Hintergrund Familie Maier mit Magd.

Dazu verlangt Bleuler Weiterbildung und energischen Einsatz in der Forschung. Er hält ein strenges Regime: Am Burghölzli gilt Alkoholabstinenz, alle ärztlichen Mitarbeiter müssen in der Klinik wohnen, Freundinnen sind nicht gestattet; wer verlobt ist, darf im Garten spazierengehen. Und wehe dem, der zur »Gemeinsamen« am Morgen um acht Uhr erscheint und nicht über jeden Patienten und jedes Ereignis während der Nacht auf den eigenen Stationen genau Bescheid weiß. Aber – bei Bleuler lernt man Psychiatrie. Für Jung ist das Burghölzli eine harte Schule:

»Mit der Arbeit im Burghölzli begann mein Leben in einer ungeteilten Wirklichkeit, ganz nur Absicht, Bewußtheit, Pflicht und Verantwortung. Es war der Eintritt ins Weltkloster.«[30]

Eugen Bleuler macht den neuen Mitarbeiter auf Freuds Schriften aufmerksam und trägt ihm auf, Ende Januar vor den Burghölzliärzten über Freuds kapitales Werk *Die Traumdeutung* (1900) zu referieren. Neben seinen Pflichten als Arzt arbeitet Jung an seiner Dissertation. Zu seinem Thema läßt er sich von einem internationalen Bestseller anregen, von Théodore Flournoys *Des Indes à la Planète Mars* (1899), einer psychologischen Untersuchung von Manifestationen während spiritistischer Sitzungen mit dem Genfer Medium »Hélène Smith«. Das Material für die Dissertation hat Jung aus Basel bereits mitgebracht: Es sind Notizen und Protokolle von spiritistischen Sitzungen mit seiner Cousine Helene Preiswerk.

In der zweiten Hälfte des 19. Jahrhunderts waren Séancen mit Tischrücken, automatischem Schreiben, »Zungenreden«, Geistersehen und Kommunikation mit den Geistern Verstorbener unter Verwendung medial begabter Personen als Gesellschaftsspiele beliebt. Ungewöhnlich an den Vorgängen im Haushalt von Pfarrer Jung war, daß diese Sitzungen vor den Eltern der Cousine und vor dem Vater, der im Stockwerk darüber schwerkrank im Bett lag, geheimgehalten werden mußten. Das »Tischliruggen«, von Jung – Student im ersten Semester – und seiner Mutter initiiert, hatte zuerst im Frühsommer 1895 im Pfarrhaus in Klein-Hüningen stattgefunden und wurde – mit Unterbrechungen – bis zum September 1899 fortgesetzt. Teilgenommen hatten Jungs Cousinen, außerdem Emma Zinsstag, eine Freundin der Cousinen, sowie die Schwester, Gertrud. Als Medium diente die fünfzehnjährige Helene Preiswerk, die ein besonderes Talent für Visionen und Geistersehen offenbarte.

Als Jung einige Couleurbrüder zu den Sitzungen einlädt, hat Helene vor den »Fremden« Hemmungen und beginnt, dem verehrten Cousin zuliebe, zu simulieren. Die Sache ist schnell durchschaut; es gibt ein großes Hallo und Gelächter unter den jungen Leuten; Jung selber ist zutiefst gekränkt und enttäuscht.[31]

Vieles hat sich in der Wirklichkeit anders zugetragen, als Jung es in der Dissertation darstellt. Er spart die näheren Umstände der Séancen, vor allem seine eigene, initiative Rolle aus. Er sagt nicht, daß seine Schwester Gertrud Jung ab 1898 zeitweise als Medium gedient hat, »verlegt« zudem den Beginn der Sitzungen vom ersten Semester ans Studienende.[32] Was als geheimnisvoll-harmloses Spiel im Familienkreis begonnen hatte, wird jetzt bitterer Ernst. In der Dissertation konstruiert Jung den »Fall Fräulein S.W.«. Die Cousine wird als »Patientin« vorgeführt, als ein Beispiel für »psychopathische Minderwertigkeit«. Über ihre Familie heißt es unter anderem: »Mutter angeboren psychopathisch minderwertig.«[33]

In der Basler Gesellschaft wird der »Fall« des »Fräulein S.W., 15 1/2 Jahre alt, reformiert« rasch identifiziert. Preiswerks sehen sich geschnitten. Helene ist verlobt, doch nun löst der Bräutigam die Verlobung. Auch Helenes Lehrvertrag mit dem Schneiderinnenatelier in Basel löst ihre Mutter auf; die Tochter geht nach Montpellier, um dort zusammen mit Emma Zinsstag die Lehre als Schneiderin und Hutmacherin fortzusetzen.[34]

Jung wird im Sommer 1902 an der medizinischen Fakultät Zürich aufgrund der wissenschaftlichen Arbeit *Zur Psychologie und Pathologie sogenannter occulter Phänomene* zum Doktor der Medizin promoviert.[35] Anschließend verbringt er ein halbes Jahr in Paris. Nach der Rückkreise über London in die Schweiz heiratet er am 14. Februar 1903 Emma Maria Rauschenbach, eine liebenswerte, kluge junge Frau aus einer reichen Schaffhauser Industriellenfamilie. Emma ist die Tochter von Bertha Schenk. Als Carl ein kleines Kind war, hatte Bertha ihn eine Zeitlang betreut. Später heiratete sie den reichen Johannes Jr. Rauschenbach.[36]

Im Frühling ziehen die Jungvermählten nach Zürich. Jung arbeitet wieder am Burghölzli. Armut wird für ihn nie wieder ein Thema sein.

Jetzt möchte Jung auch wissenschaftlich Erfolg haben. Freud hatte die Grundlagen seines neuen tiefenpsychologischen Seelenmodells im Verlauf einer Selbstanalyse bei der Deutung eigener und fremder Träume sowie in der klinischen Arbeit mit hysterischen Patientinnen entwickelt. Freud arbeitet in seiner Privatpraxis mit einer intensiven Behandlungsmethode von fünf bis sechs Behandlungsstunden pro Woche und Patient. Seine Patienten haben neurotische Störungen, vor allem Hysterien und Zwangsneurosen. In der kantonalen Irrenheilanstalt Burghölzli hingegen muß eine Handvoll Ärzte mehrere Hundert Schwerkranke betreuen, die zumeist nicht freiwillig in der Klinik sind. Diese Patienten leiden an hirnorganischen Schädigungen, an psychotischen Erkrankungen, an Epilepsie oder schwerem Alkoholismus. Hysterikerinnen hingegen kommen nur ausnahmsweise ins Burghölzli, und sofern überhaupt etwas unternommen wird, behandelt man sie in der Tradition der französischen Psychiatrie mit Hypnose und Suggestion.

Bis zu Sabina Spielreins Ankunft hatte einzig Franz Riklin den Versuch gemacht, eine hysterische Patientin mittels »Analyse nach den Freudschen Angaben« in Kombination mit Hypnose zu behandeln – allerdings ohne rechten Erfolg.[37] Die Freudsche Methode sieht gleichwohl vielversprechend aus, und Jung will Karriere machen. Als am Abend des 17. August 1904 das Telefon im Burghölzli klingelt und Dr. Bion um die Aufnahme von Frl. Spielrein aus Rußland ersucht, wird sich das als ausgesprochener Glücksfall für Jung erweisen. Die junge Frau ist gescheit, sie ist gebildet, und sie spricht Deutsch – sie erfüllt alle Voraussetzungen, um die Freudsche Methode an ihr auszuprobieren.

## 8

»Bist mit dem Teufel du und du
und willst dich vor der Flamme scheuen?«

*J. W. Goethe, Faust*

»Die ganze Welt ist Bühne
Und alle Fraun und Männer bloße Spieler.
Sie treten auf und gehen wieder ab,
Sein Leben lang spielt einer manche Rollen«
*William Shakespeare, Wie es Euch gefällt*
*Deutsch von August Wilhelm Schlegel*

Um 1900 wird in Fachkreisen durchaus die Meinung vertreten, daß eine stationäre Behandlung bei Hysterie sinnvoll ist. Die Erfahrung hatte gezeigt, daß gerade bei Neurasthenien und bei Zuständen von schwerer Hysterie mit somnambulen Zuständen und Halluzinationen eine räumliche Trennung von der Familie für rasches Abklingen der Symptomatik sorgt. Sabina Spielrein wird neuneinhalb Monate im Burghölzli bleiben – eine ausgedehnte Schwangerschaft lang.

Ihre Krankenakte hat die Nummer 8793.[1] Auf dem Deckblatt trägt Jung die üblichen Daten ein: Name, Heimatort, Wohnort, Zivilstand, bei »Religion« »israel.[itisch]«.[2] Die Patientin wird in der 1. Klasse hospitalisiert. Für Ausländer ist der Privattarif vorgeschrieben, der sich auf 1250,– Franken pro Quartal beläuft.[3]

Daneben weist das Deckblatt einige Besonderheiten auf: Der Familienname der Patientin ist falsch buchstabiert; beim Geburtsdatum fehlen die Angaben zu Tag und Monat; beim Somatostatus – an sich ein fester Bestandteil des Aufnahmeprozederes – steht nichts. Wie erklären sich diese Versäumnisse? Was ist hier geschehen?

Nun, die Situation am Abend des 17. August 1904 ist schwierig. Es ist spät, die junge Person ist aufgelöst, und Dr. Lublinski spricht kaum Deutsch. Jung sagt über ihn: »Gibt als alter russischer Jude beständig nur ganz magere und ausweichende Antworten, außerdem beherrscht er das Deutsche nicht recht.«[4] Wer also hätte Auskunft geben können? Bemerkenswert ist, daß das Versäumte auch später nicht nachgeholt wird. Es sieht so aus, als habe Sabina die Klinik angesteckt: Das Durcheinander befindet sich jetzt dort, entsprechend ruhig verläuft ihre erste Nacht. Die unübliche Behandlung von Sabina Spielrein wird ein Merkmal ihres gesamten Klinikaufenthaltes bleiben.

Am nächsten Morgen stellt man sie auf die Waage: Sie wiegt, ohne Kleider, 47,6 Kilo; das ist zu wenig, auch wenn sie recht klein ist.[5] Es wird beschlossen, sie zunächst aufzupäppeln. In den ersten Tagen führt Jung anamnestische Gespräche mit Sabina Spielrein, mit ihrer Mutter und dem Onkel. Es gelingt ihm nicht sogleich, sich ein Bild von der Situation zu machen. Er muß das separate Formular »Hereditäre Belastung« mehrfach überarbeiten. Über den Vater notiert er »nervös, überarbeitet, neurasthenisch, jähzornig bis zur Sinnlosigkeit«, die Mutter sei »hysterisch! nervös (ähnlich wie Pat.), ist Zahnärztin, hat hysterische Absencen von kindischem Charakter«. Der erste Bruder habe hysterische Weinkrämpfe, der zweite Bruder sei Tiqueur und sehr jähzornig und der Jüngste »leidselig, schwer hysterisch, tut auch Unrecht, um zu leiden«.[6]

Anfangs macht Jung beinahe täglich Eintragungen in die Krankenakte. Er erfährt einiges über Sabinas Kindheit, zum Beispiel, daß sie häufig krank war, daß sie frühreif und sehr intelligent ist. Sabina behauptet, im Gymnasium nicht fleißig gewesen zu sein, im Gegensatz dazu sagt ihre Mutter, sie habe sehr viel für die Schule getan. Als Jung Sabina auf das Verhältnis der Eltern untereinander anspricht, kommt die Antwort in Form einer doppelten Verneinung: die Ehe sei »nicht unglücklich«. Was ihre Beziehung zum Vater anbelangt, will sie nicht so recht mit der Sprache herausrücken: Sie liebe ihren Vater »mit Schmerzen«, er verstehe sie nicht, er beleidige sie mit Worten. Auf entsprechendes Nachfragen reagiert sie mit Tics, mit Grimassen und Abwehrbewegungen. Sie wolle und könne es nie erzählen, sie wolle überhaupt nicht geheilt werden.

Jung läßt nicht locker, und schließlich kommt heraus, daß Sabina vom Vater noch mit elf Jahren auf den nackten Hintern geschlagen wurde, manchmal auch in Gegenwart der Brüder. Ein Hauptelement bei der Züchtigung ist für sie gewesen, daß der Vater ein Mann ist. Zusätzlich plagt er Sabina mit unanständigen Bemer-

Sabina Spielrein (Ausschnitt)

kungen. »Es braucht einen gewaltigen Kampf, um Pat. dieses Geständnis abzulocken. Hier werden die Tics dem Affect ziemlich adäquat, sie drücken Abwehr und Abscheu aus.«[7] Wie zuvor der Vater, hat jetzt der Arzt mit seinem Drängen Sabina Spielreins Grenzen nicht respektiert. Sie überhäuft Jung mit Vorwürfen. Er simuliere sein Interesse an ihr ja nur. Zudem droht sie, wenn sie »alles« sagen müsse, dann rege sie das dermaßen auf, daß es nachher ganz schlimm werde, dann werde er schon sehen, was es gebe.[8]

Zur Mutter heißt es: »ähnliches Verhältnis«. Die Mutter wollte sie noch in diesem Jahr einmal schlagen in Gegenwart der Brüder und der Freunde ihrer Brüder.

Frau Spielrein kennt ihre Tochter gut. Sie macht sich Sorgen und weist den schneidigen Arzt vom Burghölzli auf Sabinas Neigung zu heftigen Verliebtheiten mit anschließender Enttäuschung hin. Die letzte Aufregung im Hotel, so klärt sie ihn auf, rühre daher, daß Sabina sich von einem jüngst verehrten Arzt – einem Assistenten von Dr. Heller – getäuscht fühlte. Es ist allerdings fraglich, ob Jung diese Warnung hört.[9]

Sabina wird strenge Bettruhe verordnet. Bücher, Besuche, jede Art von Unterhaltung sind ihr untersagt. Die Pflegerin geht jede Stunde für fünf Minuten zu ihr ins Zimmer, einmal am Tag ist ärztliche Visite. In den ersten Tagen ist die Patientin ziemlich aufgeregt; sie schläft

C. G. Jung neben dem Burghölzli-Hauptportal 1901

schlecht, hat Angst, läßt das Licht anzünden.[10] Es braucht einige Strenge seitens der Ärzte, um die Angehörigen zu beruhigen, um Besuche und Briefe zu regulieren. Bettruhe, Abschirmung von allen Ablenkungen, Besuchsverbot – diese therapeutischen Maßnahmen entsprechen dem Wissensstand, und sie bewähren sich. Bald macht Dr. Jung mit der russischen Privatpatientin erste Spaziergänge im Anstaltspark; später geht es weiter bis ins Seefeldquartier.

»Die ganze Welt ist Bühne« und jeder von uns Autor und Beteiligter am Drama des eigenen Lebenslaufs – ebenso wie an denjenigen der Mitmenschen. Ob gewollt oder ungewollt, die psychischen Wirklichkeiten drängen mit Macht zur Aufführung. Als Bühne dient die eigene Seele beziehungsweise der eigene Körper, oder das Seelentheater sucht sich einen Schauplatz in der Außenwelt, in den Seelen und Körpern der anderen. Produzent und Regisseur zugleich, zeigt das Ich eine beunruhigende Neigung zur Reinszenierung der stets gleichen Tragödien und Komödien. Sigmund Freud erklärt dies damit, daß »jeder Mensch durch das Zusammenwirken von mitgebrachter Anlage und von Einwirkungen auf ihn während seiner Kinderjahre eine bestimmte Eigenart erworben hat, wie er das Liebesleben ausübt«.[11] Er schafft sich ein Klischee oder Skript, das wiederholt respektive neu abgedruckt wird. In der Psychoanalyse nennt man dieses Phänomen »Übertragung«. Die Übertragung ist bewußt oder unbewußt; sie kann positiv, leidenschaftlich oder zärtlich sein, kann aber auch von Feindseligkeit, Eifersucht, Neid dominiert werden. Der Skriptautor ist ein naiver, kindlicher Ich-Anteil. In einer erwachsenen Welt, wo die Regeln der Kindheit nicht gelten und nicht verstanden werden, bringt er unerledigte Konflikte, verdrängten Schmerz, aber auch Wünsche und frühe Formen von Befriedigung zur Aufführung. Ein Motor der Wiederholung ist stets auch die – ungeeignete – Suche nach besseren, lebensfreundlichen Lösungen.[12]

Während der Hospitalisation von Sabina Spielrein gibt es drei verschiedene Phasen von Übertragung. Zu Beginn überwiegt ein chaotisches Skript. Als einer der Assistenzärzte ihr verbietet, das Bett zu verlassen, steht sie demonstrativ auf, versichert ihm energisch, sie werde nie gehorchen, wolle nie gesund sein, sie wolle unartig sein.

Als Jung herbeigerufen wird und ihr gut zuredet, geht sie sofort ins Bett und ist tadellos ruhig.[13]

Zwei Tage nach diesem Vorfall heißt es in der Krankenakte: »Am 22. VIII. Abends 10 h gewaltiger Krach. Als die Wärterin (eine Stellvertreterin) zu Bett ging, verlangte die Pat., sie solle auf 5 Min. das Zimmer verlassen. (Vermuthlich wollte Pat. eine Nothdurft verrichten und genierte sich vor der neuen Wärterin.) Die Wärtherin sagte lachend ›nein‹, sie gehe jetzt zu Bett. Worauf Pat.: ›sie glaube wohl, sie wolle sich dann umbringen‹. Pat. riß dann plötzlich die Vorhangschnur weg und während dieselbe ihr von der Wärterin entwunden wird, wirft sie die Uhr der W. zu Boden, schüttet auch die Limonade im ganzen Zimmer aus, reißt das Bett auseinander, prügelt die W. und setzt sich dann in eine Decke gehüllt in den Fauteuil. Als Ref. kommt, erzählt sie ruhig und wahrheitsgetreu die Geschichte und geht völlig ruhig zu Bett. Als sie Ref. vor der Thüre mit der W. sprechen hörte, fragte sie nachher: ›Haben Sie auch das Mädchen nicht beleidigt? Haben Sie es ihr in ruhigem Ton gesagt?‹«[14]

Bei der Lektüre der Krankenakte springt der adoleszente Charakter des turbulenten Geschehens ins Auge. Sabina Spielrein trotzt und droht, sie stellt ständig etwas an und versucht – mit einigem Erfolg –, in der Klinik alles zum Rennen zu bringen, so wie einzig Hysterie und Manie es vermögen. Allerdings ist sie erst achtzehn, in diesem Alter kann ein Mädchen rasch in große Erregung geraten. Um hysterische Dämmerzustände, Wachträume oder lebhafte Vorstellungen zu produzieren, die als Halluzinationen imponieren, bedarf es keiner ausgeprägten Psychose, zumal Hysterien vor hundert Jahren erheblich expansiver und »verrückter« aufgetreten sind, als es heute der Fall ist.[15] Die vorgetäuschte Darstellung einer Psychose, die Produktion von lauter – scheinbarem – Unsinn, nannte Bleuler »Gansern«.[16] Heute würde man Sabina Spielrein als »Spätadoleszente« bezeichnen und ihren Zustand als »adoleszente Krise«. In keiner anderen Entwicklungsphase sind Fragen wie »Was ist erlaubt?« oder »Was ist verboten?« derart zentral. Daß die Adoleszenz eine besondere Entwicklungsphase ist, mit spezifischen Aufgaben und spezifischen Krisen oder Entgleisungen, wird zu Zeiten Jungs von der Psychoanalyse noch nicht berücksichtigt.[17]

Sabina Spielrein ist von Hause aus verwöhnt und gewohnt, von Personal umsorgt zu werden. Und so hält sie ihre Umgebung auf Trab. Jung ist der einzige, dem sie bereitwillig gehorcht. Als dieser Ende Oktober für drei Wochen in den militärischen Wiederholungskurs einrücken muß, hat sogar der überaus sparsame Klinikdirektor Bleuler ein Einsehen und stellt ein Gesuch an die Sanitätsdirektion, damit er den großen Aufwand von der Familie entschädigen lassen kann:

»Hochgeehrter Herr Regierungsrath! Fräulein Sabina Spielrein macht so große Ansprüche, daß es uns richtig erscheint, ihr Kostgeld auf 10 fr. fest zu setzen, obgleich sie noch eine Privatwärterin hat. Die Familie scheint sehr begütert zu sein. Hochachtungsvoll und ergebenst. Bleuler.«[18]

Bleuler übernimmt ab sofort einen Teil der Korrespondenz; macht sogar Einträge in die Krankenakte und hält insgesamt ein wachsames Auge auf das Geschehen. Frau Spielrein und Dr. Lublinski sind unterdessen nach Rußland zurückgekehrt; bald kündigt Nikolai Spielrein sein Kommen an. Er möchte der Tochter ein neues Kleid schenken und wendet sich in dieser Angelegenheit an Bleuler, der rührend-besorgt antwortet und ihm rät, sich an eine Schneiderin in der Stadt zu wenden, da bei der Anstaltsschneiderin keine Gewähr dafür bestehe, »daß dann das Kleid besonders gut paßt«.[19]

Die russische Privatpatientin hat sich einigermaßen eingelebt und nutzt die neue Umgebung, um sich über ihre Interessen klarzuwerden. Bleuler ist ein energischer Vertreter der Arbeitstherapie, um bei den Patienten das Interesse für etwas Vernünftiges zu wekken und von krankhaften Ideenkomplexen abzulenken.[20] Die schwerkranken Patienten der Klinik stricken den ganzen Tag – am Abend wird ihre Arbeit aufgelöst. Mit überbordenden Auftritten und bunten Symptomen, wie Sabina sie produziert, kann man den erfahrenen Bleuler nicht beeindrucken. Sabina Spielrein wird zu sinnvoller Tätigkeit angeregt, ihre wissenschaftlichen Interessen werden ernst genommen und unterstützt. Man gibt ihr Werke von Gottfried Keller zu lesen und Auguste Forels Standardwerk *Der Hypnotismus, seine Bedeutung und seine Handhabung* (1889).

Ende September schreibt Professor Bleuler einen Bericht an Herrn Spielrein, der eine gewisse Besserung verzeichnet:

»Die Aufregungen & kindischen Streiche sind etwas seltener geworden, so daß es bereits Tage gibt, die ganz ruhig verlaufen. Es ist uns jetzt glücklicherweise gelungen, Fräulein Spielrein für etwas wissenschaftliche Beschäftigung zu interessieren, so daß sie sich für Stunden dadurch von ihren krankhaften Einfällen kann ablenken lassen. Am Morgen nimmt sie öfters & mit großem Interesse an unsern Krankenuntersuchungen teil, am Nachmittag geht sie gewöhnlich mit ihrer Wärterin spazieren. Diese Gelegenheit benützt sie meist zu einigen kindischen Streichen, die aber alle ganz harmloser Natur sind.«[21]

Mitte Oktober teilt Bleuler der Familie die erfreuliche Tatsache mit, »daß Fräulein Spielrein sich nun entschlossen hat, im nächsten Frühjahr hier in Zürich das Studium der Medizin zu beginnen«.[22]

Sabina Spielrein hat ihre Sonderstellung an der kantonalen Zürcher Irrenheilanstalt unterdessen ausgebaut. Wenn sie sich vernünftig benimmt, darf sie an Professor Bleulers legendären Fallvorstellungen teilnehmen. Man stellt ihr kleine Aufgaben, die sie selbständig lösen muß; sie versucht sogar, Diagnosen zu stellen und zu begründen. Bald kann man sie im psychologischen Laboratorium beschäftigen. Es ist ein großer Fortschritt, als sie bei den Mahlzeiten am Tisch der Assistenzärzte mitißt. Ende November besucht sie »mit ziemlich gutem Erfolg« eine Gesellschaft bei Herrn Prof. Bleuler.[23] Die Beachtung, die man ihr im Burghölzli schenkt, bedeutet für ihr lädiertes Selbstwertgefühl eine enorme Aufwertung.

Diese erste, chaotische Phase der Übertragung wird nun von einer zweiten Phase abgelöst, einer konturierten Vater-Übertragung von sado-masochistischem Charakter. Sabina Spielrein testet Jung, ob er sie ernst nimmt, ob er wirklich zuhört und ihr helfen will. »Den leisesten Mangel an Achtung oder Vertrauen, den man etwa verrät, rächt sie sofort mit ganz negativistischem Verhalten und einer Reihe von größeren oder kleineren Teufeleien. Jede Unterhaltung mit ihr, bei der etwas herauskommen soll, ist ein schwieriger Eiertanz.«[24]

Allmählich faßt sie mehr Vertrauen, die Aufregungen klingen weiter ab. Unbeschäftigte Stunden nutzt sie allerdings weiterhin für Streiche – Selbstmordversuche, um die Wärterinnen ins Bockshorn zu jagen; davonlaufen, sich verstecken, Leute erschrecken, Verbote übertreten und ähnliches. Nach derartigen Exzessen hat sie Schuldgefühle, und es geht ihr schlecht. »Pat. hat sehr große Einsicht in ihren Zustand, aber nicht die geringste Energie, denselben zu bessern«, stellt Jung fest. Sie bittet ihn, sich ja nie die geringste Verlegenheit anmerken zu lassen, sondern immer bloß äußerste Energie und festen Glauben an ihre Heilung zu zeigen: Das sei der einzige Weg, um ihr zu helfen. »Pat. hat sozusagen gar keine Ausdauer, wenn sie für sich allein etwas lesen soll, bloß die persönliche Gegenwart des Arztes kann sie fixieren, aber dann sehr oft auf Stunden.«[25]

Bevor Jung im Oktober ins Militär eingerückt war, hatte er noch den Wort-Assoziationstest mit ihr gemacht, einen psychologischen Versuch, der darin besteht, daß der Versuchsleiter der Versuchsperson eine Liste mit hundert respektive einhundertsechsundfünfzig Reizwörtern zuruft. »Man ruft z.B. ›Salz‹, die Versuchsperson antwortet ›Pfeffer‹, man ruft ›blau‹, die Versuchsperson antwortet ›Himmel‹ etc.«[26] Dabei werden jeweils die Reaktionszeiten gemessen. In einem zweiten Durchlauf muß die Versuchsperson die gegebenen Antworten wiederholen. Immer dort, wo ein Zögern mit der Antwort oder ein Problem bei der Reproduktion eintritt, wird von einem »gefühlsbetonten Komplex« gesprochen.[27]

Bleuler hatte diese Methode am Burghölzli eingeführt, um die klinische Exploration der Patienten zu verbessern und um Freuds Hypothesen empirisch zu überprüfen.[28] Die Testauswertung ergibt, daß Züchtigungen Sabinas »Hauptkomplex« ausmachen.

Auch die bereits erwähnte Quittung des Hellerschen Sanatoriums mit Sabinas Kritzeleien – ein Arzt, der seine Patientin elektrisiert – zeigt eine auffallend sexuelle Stellung mit masochistischen Zügen. Zudem kann Sabina es nicht ertragen, wenn ihr jemand den Mantel ausklopft.

Von C. G. Jung verlangt sie in dieser zweiten Phase der Übertragung, er solle ihr irgend etwas Schmerzliches antun, sie irgendwie schlecht behandeln, man müsse sie nur nie fragen, sondern bloß befehlen.[29]

Jung läßt sich nicht provozieren, und so sucht sich der Schmerz eine andere Bühne. Plötzlich fängt Sabina Spielrein an zu hinken; schließlich läuft sie auf der äußeren Kante des Fußes und klagt über unerträgliche Schmerzen am Ballen. Damit wird Jung gezwungen, ihre Füße zu untersuchen – also einen erotisch hoch besetzten Körperteil. Die Untersuchung ergibt einen negativen Befund, bloß übertriebene Hyperästhesie beider Füße: »Es wird dringend & dabei mit etwas lauerndem Blick Behandlung verlangt.« Als ihr Therapeut für einen Tag abwesend ist, entwickelt sie eine hochgradige Hyperästhesie der linken Hand und stellt sich dabei mit größter Sehnsucht vor, »Ref. [Jung] möge ihre linke Hand bis zu heftigen Schmerzen drücken«. Ganz ruhig gibt sie zu: »Ich will eben Schmerzen haben [...] ich möchte, daß Sie mir etwas recht Böses thun, daß Sie mich zu etwas zwingen, das ich aus ganzer Kraft nicht will.«[30]

Die junge Frau ist hübsch und ungewöhnlich gescheit; sie hat ein intuitives Verständnis für psychische Vorgänge. Jung wendet viel Zeit für sie auf und gibt sich große Mühe, doch mit der Behandlung kommt er nicht wie geplant voran. Sein therapeutischer Ehrgeiz, seine wissenschaftlichen Ambitionen stehen auf dem Spiel.

Im Dezember 1904 macht Jung mit Sabina Spielrein einen weiteren Assoziationstest.[31]

Wenn C. G. Jung Sabina Spielrein als seinen »psychoanalytischen Schulfall« bezeichnet, ist dies insofern irreführend, als er seine Patienten nicht mit Freudscher Psychoanalyse behandelt. So verzichtet er nicht nur auf die Verwendung der Couch, sondern auch auf das »freie Assoziieren«, also auf Freuds zentrales behandlungstechnisches Instrument. Die Freudsche Psychoanalyse, so schreibt Jung, ist eine recht schwierige Kunst, da jeder Anfänger gegenüber zahllosen Hindernissen rasch Mut und Orientierung verliere, da »man nicht recht weiß, wo man angreifen muß«.[32] Jung zieht es vor, seine Patienten mit einem Methodenmix zu behandeln. Er arbeitet gerne mit dem Assoziationstest, und wenn ein »Gefühlskomplex« berührt wird, zwingt er die Patienten »mit einer gewissen Schonungslosigkeit« dazu, die ihrem Bewußtsein unerträglichen Vorstellungen hervorzuholen: »Die psychischen Sonderexistenzen werden zertrümmert dadurch, daß sie mit Willensanstrengung hervorgerissen werden ans Tageslicht.«[33] Jung macht die Erfahrung, daß hysterische Patienten sich »mit Affekt und ungeheurer Überzeugung« gegen die Hervorholung ihrer Komplexe sträuben. Mit seinen Experimenten verfolgt er mehrere Ziele. Er will auf experimentellem Wege neue Einsichten in den psychopathologischen Aufbau neurotischer Symptome gewinnen; er sucht nach einem »festen Wegweiser« in den »Schlingen und Fallen« des hysterischen Krankheitskomplexes; vor allem sucht er nach Techniken, um die zeitaufwendige Freudsche Behandlungsmethode abzukürzen.[34]

Auch wenn Jung dies nicht beabsichtigt: Sein Vorgehen ist bereits von der Anlage her geeignet, eine sadomasochistische Beziehung zwischen Arzt und Patient zu konstituieren, sadomasochistische Phantasien zu stimulieren. Sabina Spielrein muß diese Methode als quälend empfinden, das Reizwort »schlagen« kann sie nicht mal dann aussprechen, wenn sie als Versuchsleiterin selber Tests aufnimmt.

In ihrer Dissertation *Über den psychologischen Inhalt eines Falles von Schizophrenie (Dementia Praecox)* (1911) wird es eine längere Passage geben, in der Spielreins Patientin – es handelt sich um eine intelligente, belesene Frau, verheiratet, Mutter von zwei Kindern, die an einer paranoiden Form der Dementia praecox leidet – sich zu Jung und ihren Erfahrungen mit ihm und dem Assoziationstest äußert. Wörtlich sagt die Patientin zu Spielrein: »Ich bin durch Basel hindurchgeschlagen worden. Das hängt mit der Schnitzelbank zusammen, deren Symbol ist der Karneval, der die Roheit austreiben möchte.«[35] Die Patientin spielt hier darauf an, daß Dr. Jung aus Basel stammt. Beim Basler Karneval gibt es einen Brauch, der »Schnitzelbank« genannt wird, Spottverse, die allerhand Unangenehmes über die Betroffenen aussagen – so, wie es bekanntlich auch das Assoziationsexperiment tut. Der Begriff »Schnitzelbank« erweist sich als ein trefflich geratener, spöttischer Ausdruck für »Assoziationsexperiment«: »Durch die Schnitzelbank wird man durch ganz Basel ›durchgehechelt‹, man muß Spießrutenlaufen (›durchschlagen‹).« Ebenso wie bei der Basler Fasnacht, wird man auch beim Assoziationsexperiment durch eine Reihe von Reizwörtern hindurchgejagt, wobei einem das eine oder andere einen tüchtigen Hieb versetzt, d.h. einen Komplex berührt. [36] Sabina Spielrein kann die Empfindungen ihrer Patientin aufgrund ihrer eigenen Erfahrungen gut nachvollziehen.

Sabina Spielrein hat lange nicht mehr ins Tagebuch geschrieben. Im Herbst 1904 nimmt sie es wieder hervor.

> Leer und finster und kalt.
> Leer und finster ringsum.
> Allein bin ich auf der Welt
> Ganz allein.
> Kein Väterchen,
> Kein Mütterchen,

Kein heimatliches Dach.
Niemandem kann ich meine Gedanken sagen.
Kopf mein
Kopf Köpfchen.
Nirgends kann ich dich ausruhen lassen,
Nirgends kann ich dich anlehnen.
Herz mein armes
Herz mein zerbrochenes
Warum beunruhigt und so klagend
Warum so schmerzhaft klopfst [du]?
Finstere Erwartungen
Und unsagbare Unruhen.
Ach, meine Jugend ging verloren.
Ach, mein Leben ging zugrunde. [37]

Gedichte wie dieses drücken Empfindungen von Einsamkeit und Verlorensein aus. Sabina denkt über den Tod nach und schreibt einen »Letzten Willen«.[38]

Sabina schreibt eine Märchenerzählung, deren einzelne Komponenten ihre Herkunft von Konflikten mit dem Vater, der Mutter und den Mühen des Erwachsenwerdens verraten. Den Auftakt der Geschichte bildet ein draufgängerisch heiterer Ausflug einer Gruppe von Jugendlichen in den nächtlich verschneiten Wald. Die Ich-Erzählerin und Protagonistin entfernt sich von ihren Freunden und gerät in die verzauberte Welt des Waldzaren und seiner Tochter Meri:

»Ich ziehe mich von den anderen etwas zurück. Man möchte träumen. Zwischen den Bäumen zeichnete sich deutlich die Figur des Waldzaren mit glänzender Krone ab; neben ihm eine ganze Menge von Feen in leuchtenden Kleidern. Eine von ihnen steht traurig an einen Baum gelehnt; die Augen sind gesenkt, in den Händen etwas der Gitarre Ähnliches; man hört leise, herzerweichende Töne, wie wenn ein Mensch singt; das Herz zerbricht vor Mitleid. Nähere mich, schaue genau das blasse, sympathische Gesicht an, und es scheint mir unglaublich nah, bekannt zu sein. Sie öffnet langsam die Augen, müde bewegt sie die Hand und wirft ihre schwarzen Locken zurück. Mich durchbohrt dieser Blick, als ob er das gesamte Leiden der Menschheit, heimliche, tiefe Trauer und stummen Vorwurf ausdrückte. Ihre Lippen bewegen sich, um etwas zu sagen, da ertönt die Stimme des Waldzaren, das Mädchen dreht sich wie ein Schatten um und nähert sich ihm. Der Zar sitzt im goldenen Sessel in einem glänzenden grünen Mantel, blaß, bewegungslos, mürrisch.«[39]

In der Figur des Zaren ist unschwer der despotische Vater zu erkennen, der das Mädchen mundtot und zum eigenen »Schatten« gemacht hat. Meri leidet passiv, sie hat keine eigene Stimme, weil ihre Worte nicht gehört werden. Nachdem der Zar im Wald verschwunden ist, gelangen die jungen Leute zu der typischen Hütte auf Hühnerfüßen, die der russischen Hexe Baba Jaga zugeschrieben wird. Die Herrin ist eine dürre alte Frau mit einem einzigen rötlichen Auge, und sie ist sehr böse. Mit roter Farbe, so hat die Mutter Sabina gelehrt, werden die Sünden im Himmel aufgezeichnet. Die Mutter-Hexe quält Kinder: In einer Ecke der Hütte liegt ein gebratenes Kind; »der arme Iwanutschka« – eine weitere russische Märchenfigur – schmort und stöhnt im Kessel.

Sabina fühlt sich von innen und von außen gequält; von der Mutter-Hexe ist kein Schutz zu erwarten. In dieser bedrohlichen Situation nimmt die Ich-Erzählerin Zuflucht bei einer Kindheitserinnerung: »... ein weicher Wind spielt mit meinen Haaren wie das Kindermädchen in den fernen Kinderjahren. Ich sehe das mir zugeneigte runzlige Gesicht der alten Frau, höre ihre leise, monotone Stimme: ›Es lebte einmal eine gutherzige Zarentochter ...‹«[40] Doch Tagträume und Phantasien sind kein wirksamer Schutz, die Besänftigung ist nicht von Bestand. Die Natur gerät in Aufruhr, ein Sturm hebt an, das weite, friedliche Meer verwandelt sich in ein rasendes Tier, die Zarentochter erscheint, die Fackel in der einen, die Gitarre in der anderen Hand. Meri trotzt Blitz und Wind und dem Tosen des Meeres und beginnt zu singen: »Mir schien es, daß ich verstehe, was Meri singt, aber nicht die Worte, sondern auf eine andere Weise. Das war vor vielen Jahren. Meri, eine unbezwingbare und stolze Zarentochter, lebt auf diesem Fels.«[41] Am Ende der Erzählung hat Meri eine mächtige Stimme gefunden, mit der sie ihrem Leid, ihrem Schmerz Gehör verschaffen kann. Und Sabina Spielrein versucht ihre schweren Erfahrungen zur Sprache zu bringen, sie herauszuschreiben.

Wie die Zarentochter ist auch das russische Fräulein auf dem Burghölzli stolz und allein. Sabina lebt fern der Heimat, in einer fremden Kultur, in einer Irrenheilanstalt. Die Stunden, die sie mit Jung verbringt, sind die Höhepunkte ihrer Tage. Er hört ihr zu, er ist für sie da, in ihm findet sie einen vernünftigen Gesprächspartner. Sie ist labil und versucht sich zu stabilisieren, indem sie unablässig nach einer verständnisvollen Vaterfigur sucht. Jung ist groß und stattlich, mit kurzgeschorenem, blondem Haar, einer Brille mit Goldrand – wie der Vater. Daß Sabina sich in ihren schneidigen jungen Doktor verliebt, ist vorprogrammiert – wie die Mutter es geahnt hat. Und obwohl die Situation äußerlich kaum verschiedener sein könnte, ist Jung auf seine Art ebenfalls einsam. Beide, Jung wie Spielrein, haben unter einer unbehüteten Kindheit und Jugend gelitten, und sie begegnen einander im großen Bedürfnis nach Liebe und Bewunderung. Sabina Spielrein ist für Jung nicht nur ein spannender »Fall«. Mit dem einfach gekleideten Mädchen, das noch mit einem Zopf herumläuft,[42] macht Jung wichtige persönliche und berufliche Erfahrungen. Wenn sie ihn anhimmelt, so spielt er ganz gerne mit.

Hinsichtlich seiner eigenen Privatsphäre ist C. G. Jung verschwiegen. Um so erstaunlicher ist es, daß Testergebnisse von insgesamt sieben Assoziationsversuchen veröffentlicht worden sind, die Franz Riklin zwischen September 1904 und August 1905 mit Versuchsperson 5 (Jung) gemacht hat. Beim ersten Versuch am 17. September 1904 werden elf Komplexkonstellationen identifiziert, darunter »Hochzeit – Unglück«; »komm – komm mit mir«; »leiden – ach Gott, ja«; »Kummer – wer nie die kummervollen Nächte«; »küssen – nie«; »Spiel – süße Spiele spiel' ich mit dir«; »Sofa – eine bestimmte Chaiselongue im Salon einer gewissen jungen Dame«. Der jungen Dame gegenüber hatte »Versuchsperson 5« besondere Gefühle während des gesamten Zeitraumes der Versuche, heißt es im Aufsatz »Experimentelle Untersuchungen über Assoziationen Gesunder« (1904/1906) von C. G. Jung und Franz Riklin. Laut den Autoren handelt es sich bei Versuchsperson 5 um einen jungen Mann, der über die Zeit innerer Kämpfe noch nicht hinausgelangt ist. Da er streng christlich erzogen ist, macht ihm die Neigung zu einer Israelitin viel zu schaffen.

Die nächste Testreihe wird am 27. Dezember 1904 aufgenommen. Wiederum ergeben die Reizwörter eine enge Beziehung zur betreffenden jungen Dame. Sie hat Versuchsperson 5 zu Weihnachten eine kleine Aufmerksamkeit erwiesen, über die er sich sehr freut.[43]

Während Sabina Spielrein ihrem Arzt bei der Habilitation hilft, ergibt sich manches Gespräch. Jung macht ihr Komplimente zu ihrer wissenschaftlichen Begabung: »Solche Köpfe bewegen die Wissenschaft vorwärts. Sie müssen Psychiater werden.«[44]

Die Anziehung ist gegenseitig. So ist es kein Wunder, wenn Emma Jung beunruhigt ist. Sie ist hochschwanger und fürchtet, daß sie und ihr Mann sich entzweien könnten.[45]

Die zugespitzte Situation wird von Sabina Spielrein mit einem Traum zur Sprache gebracht: In diesem Traum beklagt Emma Jung sich bei Sabina, ihr Mann sei furchtbar despotisch, es sei schwer, mit ihm zu leben. Jung hört sich das an, er seufzt und meint, er habe schon früher gewußt, daß das Zusammenleben schwer sei. Als Sabina ihm eine Predigt hält über Gleichheit und geistige Selbständigkeit der Frauen, antwortet er nur, sie sei eben eine Ausnahme; seine Frau hingegen sei eine gewöhnliche Frau und interessiere sich nur für das, was ihren Mann interessiere.[46]

Zu diesem Zeitpunkt hat C. G. Jung seine therapeutische Haltung verloren; er reagiert aus eigener Betroffenheit, aus eigenen Wünschen heraus. In den engen Verhältnissen seines bisherigen Lebens ist er noch nie jemandem begegnet wie dieser Russin.

Bleuler scheint zu spüren, daß sich hier etwas anbahnt, was niemandem guttut. Er ist auffallend präsent, schaut nach dem Rechten, springt im Notfall ein und geht verständnisvoll und gelassen mit Sabina um. Bei Bleuler benimmt Sabina sich auch viel entspannter, vernünftiger. Als Jung im Urlaub weilt, begnügt sie sich mit harmlosen Streichen. Sie klettert vom Anstaltsgarten über die Mauer in den Park, um von dort triumphierend zurückzukehren – Bleuler hat nichts unternommen, weil es regnet. Oder sie stellt Bänke und andere Hindernisse im Korridor auf, über die der Professor dann springen muß. Bleuler ist sehr sportlich – und Sabina freut sich ungemein; selber will sie allerdings nicht den kleinsten Versuch wagen mit der Ausrede, »es tue ihr weh an den Fußsohlen«. Sie erfindet Lieder, in denen die Anstaltsärzte die Hauptrolle spielen, die sie dann vor lauter Lachen nicht aufsagen kann. Manchmal verstimmt, beklagt sie sich, daß sie nichts arbeiten könne, so habe das Leben keinen Wert.[47]

Sabina Spielrein hat sich angewöhnt, die anderen Patienten mit Geschichten vom Mars zu unterhalten. Sie behauptet, jeden Abend auf den Mars zu reisen. Auf dem Mars ißt man nicht, sondern ernährt sich durch Osmose. Man pflanzt sich auch nicht fort, sondern die Kinder werden bei den einzelnen Individuen schnell im Unbewußten entwickelt und stehen eines Tages fix und fertig und ohne Schwierigkeiten da. Der Mars als Zufluchtsort von Phantasien und Wahngespinsten – auch solchen wissenschaftlicher Natur – ist seit der zweiten Hälfte des 19. Jahrhunderts populär. Auf der Suche nach außerirdischem Leben sind Forscher aufgrund vermeintlicher »Kanalanlagen« zur Ansicht gelangt, der Nachbarplanet der Erde sei von intelligenten Wesen bewohnt. Bücher wie Camille Flammarions *Astronomie Populaire* (1881) sorgen dafür, daß Vorstellungen vom Mars und von Marsmenschen in zahlreichen Köpfen herumspuken.

Jung hat Sabina Spielrein seine Dissertation zu lesen gegeben, und daher weiß sie, daß Helene Preiswerk ihren Cousin mit Geschichten vom Mars beeindruckt hat. Das kann sie auch. Die Richtigkeit ihrer Phantasiegeschichten behauptet sie allerdings wie ein unartiges Kind, das sein Spielzeug nicht hergeben will.[48]

Dieses Verhalten erinnert an Sabinas Kindheit, an ihre frühe »alchimistische Periode« und ihre Hypothesen zur Frage, wo die Kinder herkommen. Daß sie mit beinahe neunzehn Jahren auf frühkindliche Sexualtheorien zurückgreift, ist ein Ergebnis sexual- und körperfeindlicher Erziehungspraktiken, wie sie in »vornehmem Hause« üblich sind. Im Widerspruch zu ihrer eigenen medizinischen Ausbildung war Eva Spielrein ausgesprochen stolz auf die »Reinheit« und »Naivität« ihrer Tochter. Und Sabina gefällt sich ganz gut in der Rolle der »Unschuld«.[49]

In der Erzählung von Meri, der Zarentochter, hatte Sabina das Bild eines bedrohlichen, hoch aufragenden Felsens inmitten tobender See entworfen. Ganz oben steht Meri, derweil Tausende von Schlangen mit glänzenden, bunten Schuppen den Abhang hinunterkriechen. Sie haben offene, schwarze Mäuler und werfen die langen Spiralzungen hinaus, auf der Suche nach Beute.[50] Sabina fürchtet sich vor ihrer eigenen Sexualität, die sie als schwer kontrollierbar und gefährlich erlebt; außerdem fürchtet sie sich vor dem Mann. Neben diesen inneren Faktoren geben auch reale, äußere Veränderungen in

C. G. Jungs gegenwärtiger Lebenssituation ein Motiv für Sabina ab, um auf einer asexuellen Version von Fortpflanzung zu insistieren.

Jungs Rückkehr aus dem Urlaub Ende November löst eine heftige Reaktion aus. Sabina Spielrein schikaniert ihre Wärterin so abscheulich, daß sie eine andere erhält; sie stößt die Stehleiter im Korridor herum, zerkratzt den Boden, verweigert Nahrung. Zweimal macht sie eine Szene mit durchdringendem Geschrei, wobei sie eine andere Patientin imitiert.[51] Jung gegenüber gebärdet sie sich jeweils sehr negativ, geht auf Fragen nicht ein, klagt statt dessen »enorm übertrieben« über Schmerzen am Kopf und an den Füßen.[52]

In der Krankengeschichte steht nichts, was diesen Rückfall erklären kann. Von der Einwohner- und Fremdenkontrolle der Stadt Zürich ist jedoch zu erfahren, daß Jung und seine Ehefrau just zu dieser Zeit ins Burghölzli gezogen sind, in die ehemalige Amtswohnung von Dr. Muralt.[53]

Am 26. Dezember wird Jung Vater einer kleinen Tochter. Sabina Spielrein geht es zusehends schlechter. Wenige Tage nach Agathe Jungs Geburt steigert sie sich in heftige Aufregung mit vielen Abscheugebärden hinein. Nachts hat sie starke Furcht, es könnte eine Katze oder sonstwer im Zimmer sein, es spreche ihr plötzlich jemand ins Ohr. Sie spürt auf dem Rücken etwas Molluskenhaftes sich bewegen, an der Seite faßt sie etwas wie eine Hand an.[54] Das Stichwort Katze läßt aufhorchen. Als kleines Mädchen wollte Sabina unbedingt ein Kind, und jemand hatte ihr erklärt, dazu sei sie noch zu klein; vielleicht könne sie ein Kätzchen gebären. Das Kind hatte nun allerdings eine andere bekommen.

In den therapeutischen Gesprächen mit Jung führt die Analyse der Katzenphantasie ebenfalls in das Thema Sexualität. Nach heftigem Widerstand und einer »dreistündigen Analyse« gibt die Patientin zu, daß sie schon seit dem vierten Lebensjahr im Anschluß an die Schläge des Vaters eine sexuelle Reizung bekommen hat. Schließlich genügte es, sie zur Masturbation zu verleiten, wenn sie mitbekommen hat, wie ihr Bruder geschlagen wurde. Als sie einmal zuschaut, wie eine aufgeregte Patientin mit Gewalt auf eine andere Abteilung gebracht wird, verspürt sie sofort – wie sie zugibt – den unwiderstehlichen Drang zu masturbieren. Sabina Spielrein fühlt sich schuldig: Sie sei eine ganz schlechte und verdorbene Person, sie könne deshalb einfach nicht unter Menschen sein.[55]

Es bringt Erleichterung, daß sie sich alles von der Seele reden kann, die Schmerzen im Kopf und an den Füßen verschwinden. Die Patientin zeige viel mehr Initiative, heißt es in der Krankenakte, sie »verlangt regelmäßige, nützliche Beschäftigungen. Benimmt sich auch viel natürlicher.«[56]

Ende 1904 finden wichtige personelle Veränderungen im Burghölzli statt. Franz Riklin wechselt an die Rheinau. Sekundararzt Ludwig von Muralt hat seine Tuberkulose noch nicht richtig auskurieren können und bleibt für weitere sechs Monate in Arosa. Wieder einmal gibt es zuwenig Personal. In einem dringlichen Schreiben setzt Professor Bleuler sich für die Bewerbung von Dr. Karl Abraham aus Berlin ein:

Hochgeehrter Herr Regierungsrath!
Für unsere Assistenzarztstelle habe ich nur die Anmeldung eines Holländers bekommen, der sich wieder zurückzog und dann die eines Herrn Keel, der jetzt im Examen ist und also erst im Dezember eintreten könnte. Der Candidat ist aber nicht intelligent und etwas nachlässig. Er hat seiner Zeit in Anatomie ein recht schlechtes Examen gemacht, obschon er Assistent des anatomischen Institutes gewesen war. Auch jetzt hat er die schlechteste Arbeit in gerichtlicher Psychiatrie gemacht. Der Mann ist also einer so verantwortungsvollen Stelle, wie es die eines Assistenzarztes im Burghölzli ist, nicht im mindesten gewachsen.
 Unter diesen Umständen bitte ich Sie dringend um die regierungsräthliche Ermächtigung an Dr. Abraham zu schreiben und ihm die Wahl zu versprechen für den Fall, daß er sich melde und noch bereit sei sofort einzutreten. Es ist ja sehr leicht meinem Schreiben eine Form zu geben, die den Gedanken an eine ›Berufung‹ vollständig ausschließt.
 Wie Sie sich erinnern, ist Herr Dr. Abraham von seinem Chef sehr gut empfohlen und hat er eine mehrjährige psychiatrische Erfahrung in selbstständigem Dienst an der Anstalt in Dalldorf. Er möchte hierher kommen, weil seine Rasse ihm Schwierigkeiten beim Avancement macht. Ich hoffe, man werde sich bei uns darüber hinwegsetzen; und was das norddeutsche Idiom betrifft, so ist das ein Fehler, der nicht so schwer wiegen sollte, nachdem man z.B. mit Delbrück

so gute Erfahrungen gemacht hat. Ein bißchen Auffrischung durch neue Ideen thut gewiß jeder Irrenanstalt, vor allem aber einer Klinik gut. Unter allen Umständen aber ist ein tüchtiger Fremder einem schlappen Einheimischen vorzuziehen. Ein ungeeignetes Element kann in einer Irrenanstalt gar nicht nützen, muß aber viel schaden.

Die Sache hat große Eile, denn ohne Schaden für unsere Kranken kann man in der jetzigen Weise nicht weiter wirthschaften.

Hochachtungsvoll ergebenst

Bleuler[57]


Karl Abraham trifft Ende Dezember in Zürich ein, wo er sich sehr für Bleuler und für die Psychoanalyse begeistert. Weniger angetan ist er vom stellvertretenden Sekundararzt Jung. Im Burghölzli lernt Abraham auch Sabina Spielrein kennen.


Sabina Spielreins Übertragung wechselt jetzt auf eine dritte, eine erwachsene, erotisch-sexuelle Ebene. Aus heutiger Sicht bietet diese Konstellation gute therapeutische Möglichkeiten, um an Konflikten zu arbeiten. Für den dreißigjährigen Arzt und Pastorensohn C. G. Jung sieht das anders aus. Er hat sich viel zu sehr verwickelt, als daß er seine Beziehung zu Sabina Spielrein reflektieren könnte. Er sieht sich einer Frau gegenüber, die begabt ist, die offene Affekte hat, die verführerisch ist.

»Gestern bei der Abendvisite saß Pat. wieder halbliegend in ihrer gewöhnlichen orientalisch-üppigen Stellung auf dem Sopha & machte ein sinnlich träumerisches Gesicht. Auch ging sie nicht so recht auf Fragen ein, sondern lächelte bloß so oberflächlich.«[58]

Aus Jungs Dissertation weiß Sabina Spielrein, daß Helene Preiswerk während der Séancen öfters eine Frau namens Ivenes verkörperte, eine erwachsene, aber »kleine schwarzhaarige Frau von ausgesprochen jüdischem Typus« mit einer langen Reihe von Inkarnationen; unter anderem wurde sie im 13. Jahrhundert als Hexe verbrannt, im 18. Jahrhundert war sie eine Pfarrersfrau und wurde von Goethe [sic!] verführt. Weiter hat Sabina erfahren, daß Helene während ihrer tranceartigen Zustände jeweils eine »halb sitzende, halb liegende« Stellung auf dem Sofa eingenommen hat – gleich derjenigen von Madame de Récamier auf dem berühmten Ölgemälde von Jacques-Louis David. Sabina Spielrein ist eine begabte Verwandlungskünstlerin: Sie übt sich als Odaliske auf ihrem Sofa und läßt ihre weiblichen Reize spielen. Außerdem rivalisiert sie mit der anderen Frau – eine Konstellation, die sie von ihrer Mutter her gut kennt.

Als Spielrein ihren Arzt auf der erwachsenen, erotischen Ebene packt, wirkt dieser überfordert. Die Art und Weise, wie Jung seine Patientin jetzt beschreibt, ist höchst ambivalent und öffnet den Blick auf eine neue Bühne, doch diesmal ist es die Bühne des Therapeuten: ausgestattet mit einer Fin-de-siècle-Vision des geheimnisvoll-sinnlich-üppigen Orients und einer verführerisch-gefährlichen Frauengestalt. Jung ist beileibe nicht der einzige Arzt, der sich in der Begegnung mit seiner lodernden Hysterika die Flügel verbrannt hat.[59]

Nach dem Auftritt der Orientalin auf Jungs Bühne gibt es drei Monate lang keinen Eintrag in die Krankenakte mehr. In dieser Zeit schließt Sabina Spielrein erste Freundschaften in Zürich und beginnt mit dem Studium.

# 9
## Frühe Freundinnen

Anfang März 1905 bringt der Armenpfleger der Gemeinde Ellikon ein siebzehnjähriges Mädchen ins Burghölzli, Louise Rähmi. Das Mädchen wird auf Station H1 in der dritten Klasse hospitalisiert.[1]

Louise Rähmis Vater ist ein Heugabelmacher aus Marthalen, sie selbst arbeitet als Schaftnäherin, als gelernte Textilnäherin. Seit einem Unfall im vergangenen November ist sie arbeitsunfähig. Der Unfall hatte sich an der Selnaustraße in Zürich ereignet, einer ländlichen Gegend ganz in der Nähe von Kaserne und Pferdestallungen. Louise wollte die Straßenseite wechseln und wartete ab, während ein langsam herannahendes Fuhrwerk vorbeirollte. Plötzlich wurde sie umgeworfen: »Es war ein Cavallerist. Ich habe ihn aber nicht gesehen & auch nicht gehört. Was dann geschah, weiß ich nicht. Ein Herr hat mich aufgenommen, das ist mir aber nur erzählt worden. Ein Fräulein, von dem ich mich gerade vorher getrennt habe, rief mich dann an, das hörte ich.« Louise war einige Minuten bewußtlos am Boden liegen geblieben; dann brachte man sie zu einem Arzt, der unbedeutende Quetschungen an Kopf und Rücken diagnostizierte; außerdem war ihr schwindlig und übel. Seither leidet sie an einer traumatischen Neurose.[2]

Das Verschulden des Soldaten wird vom Gericht einwandfrei festgestellt; nun geht es noch um die Höhe der Entschädigung – respektive um die Frage, ob Louise Rähmi ihre Konzentrations- und Arbeitsstörungen nur simuliert.

August Waldburger, der engagierte Pfarrer von Marthalen, sorgt dafür, daß das Mädchen zur Abklärung der Unfallfolgen ins Burghölzli kommt.[3]

Dort finden Louise Rähmi und Sabina Spielrein trotz unterschiedlicher Herkunft Interesse aneinander. Sie stehen sich altersmäßig nahe; beide haben große Probleme mit ihrer Familie; beide sind, auf ihre Weise, auf der Suche nach Identität und Perspektive. Außerdem sind sie längst nicht so krank wie die übrigen Patienten im Burghölzli.

Die Eltern sind geschieden worden, als Louise sieben Jahre alt war. Zusammen mit einer jüngeren Schwester lebte sie fortan bei der Mutter. Mit zwölf rannte sie von zu Hause fort – zum Vater. Unter großer materieller Not lebte man in einer einzigen Stube mit drei weiteren Familien, darunter einer schwermütigen Frau. Louise, ein waches und begabtes Mädchen, lernte in der Schule leicht und schnell und war stets die Klassenbeste – obwohl sie auf Geheiß des Vaters nebenher in einer Wirtschaft Geld verdienen mußte. Nach Aussagen von Pfarrer Waldburger, der die Familie gut kennt, hat Louise seit jeher »höhere Aspirationen«; er beschreibt sie als ein frisches Mädchen, lustig, manchmal geradezu ausgelassen, gelegentlich gehemmt, aber nie depressiv.

»Nervös schien die Patientin nie, eher ein wenig russisch, lebhaft, rauh«, heißt es in der Krankenakte.[4] Was der Umgebung und auch dem Pfarrer am meisten auffällt, was alle am meisten beunruhigt, ist – daß das Mädchen Gedichte schreibt und sogar publiziert: in der *Andelfinger Zeitung* sowie in »Der Hausfreund«, einer Gratisbeilage zum *Volksblatt aus dem Bezirk Andelfingen*.[5]

Mit Louise Rähmis Ankunft findet Sabina Spielrein eine neue Aufgabe und eine Freundin. Sie freut sich, einem wesensverwandten Menschen zu begegnen, einer Jüngeren, die sie unter ihre Fittiche nehmen kann. Sie hat Verständnis für die quälenden Symptome, von denen Louise seit dem Unfall gequält wird: Alpträume, Schmerzen, Schwindel und Ohnmachten, Appetitlosigkeit und Magenkrämpfe. Louise leidet unter den engen Verhältnissen, in denen sie leben muß. Sie hatte begonnen, Maschineschreiben und Stenographie zu lernen, hat diesen Unterricht aus Mangel an Geld aber wieder aufgeben müssen. Als Tochter aufgeklärter Eltern ist Sabina Spielrein sozial sensibilisiert, und die – bisher vergeblichen – Versuche ihres Schützlings, mehr aus ihrem Leben zu machen, beeindrucken die Tochter aus reichem Hause, die selber keine finanziellen Sorgen kennt. Umgekehrt ist Louise Rähmi froh über die Russin, die sie versteht, die ihre Gedichte ebenso ernst nimmt wie ihren Hunger nach Bildung.

Und noch mit einer weiteren Frau schließt Sabina Spielrein Freundschaft, mit der vierundzwanzigjährigen Medizinstudentin und russischen Jüdin Feiga Berg. Diese ist 1879 in Mogiljow geboren worden, einer Stadt im Ansiedlungsrayon. Feiga hatte sich daheim auf die Matura vorbereitet und bestand die Prüfung als externe Kandidatin am Mädchengymnasium zu Odessa, im Frühling 1898. Sie hat mehrere Semester an der Universität Bern studiert und ist im Wintersemester 1902/03 nach Zürich gewechselt. Von Januar bis April 1905 arbeitet sie als Unterassistentin am Burghölzli und lernt dort Sabina kennen. Feiga ermutigt ihre jüngere Landsmännin zum Studium und hilft bei den Formalitäten für die Immatrikulation.

Mitte April begibt sich Sabina Spielrein auf die Universitätskanzlei. Die erforderlichen Ausweise für die Immatrikulation hat sie dabei: ihr Gymnasialzeugnis, das Lateinzeugnis sowie das »Hauslehrerinzeugnis«, welches in Rußland den Besuch der achten Gymnasialklasse bestätigt und zur Erteilung von Unterricht auf dem Niveau der Mittelstufe berechtigt. Die Zeugnisse müssen bei der persönlichen Anmeldung im Original, mit beglaubigter deutscher Übersetzung, vorgelegt werden.[6] Das Aufnahmegespräch führt der Hochschulrektor persönlich. Natalija Kirpitschnikowa schildert dieses Prozedere:[7]

»Der Rektor, ein kleines dünnes Menschlein, hat mich zu Ende angehört und danach hat er angefangen, meine Unterlagen zu lesen [...] ›Nun, wollen Sie auf Grund dieser Unterlagen als Studentin an der medizinischen Fakultät immatrikuliert werden‹, hat er gefragt. ›Ja? Und danach zur Doktorprüfung zugelassen werden?‹ Der Rektor hat wieder angefangen, meine Unterlagen zu studieren. Ich hatte meinen Gymnasiumsabschluß und ein Zeugnis, daß ich eine Lateinprüfung an einem Jungengymnasium bestanden habe. Die Wörter ›Hauslehrerin, Erzieherin‹ [auf russisch], die auf deutsch als ›Hauslehrerin und Erzieherin‹ übersetzt wurden, haben ihn verwirrt. Ich habe ihm lange erklärt, daß es bloß ein Rang ist und daß wir keine anderen Zeugnisse kennen. Er hat trotzdem meine Unterlagen mißtrauisch durchgeschaut und schließlich gefragt: ›Sie könnten doch nicht als eine Lehrerin am russischen Mädchengymnasium arbeiten?‹ Darauf habe ich geantwortet, daß ich drei Jahre lang an einem Gymnasium unterrichtet habe. Damit war das Problem für den Rektor gelöst. Er sagte, er benötige ein offizielles Schreiben zur Bestätigung meiner Aussagen, und sobald ich dieses vorweisen könne, werde ich immatrikuliert; doch falls ich zur Doktorprüfung zugelassen werden möchte, muß ich im Laufe eines Jahres die schweizerische Reifezeugnisprüfung nachholen. Ich habe erleichtert aufgeatmet: Ich kann mich gleich immatrikulieren, das bedeutet, daß ich keine Zeit verliere.«[8]

Sabina Spielrein ist sehr naiv, und bei der Immatrikulation auf der Universitätskanzlei gibt sie an, daß sie im Burghölzli wohnt und dort Patientin ist. Damit sorgt sie für einiges Aufsehen.»Dürfte sich rechtfertigen, ein Gutachten der Direktion der Irrenheilanstalt einzufordern«, vermerkt der Rektor auf dem Immatrikulationsbogen mit der Matrikelnummer 15546. Vorbehaltlich dieses Zeugnisses und der fremdenpolizeilichen Registrierung wird Sabinas Immatrikulation genehmigt.[9]

Am Vorabend des ersten Studientages sitzt Sabina in ihrem Zimmer und schreibt ins Tagebuch. Vor dem neuen Lebensabschnitt, vor dem großen Schritt in eine ungewisse Selbständigkeit, ist ihr bang:»Teufel! Teufels Kind. Es ist eigentlich unangenehm, eine neue Epoche im Leben in solchem dummen Zustand anzufangen. Morgen fängt das Studium an der Universität an, aber ich erwarte irgendwie tödlich finster diesen glückseligen Moment. Der Kopf tut weh, mir ist übel, ich fühle mich schwach. Ich glaube nicht an meine Kräfte, glaube überhaupt an nichts. Jung[a] geht im Korridor. Gleich kommt er zu mir herein: ich muß das Heft verstecken, um ihm nicht zu zeigen, was ich tue, aber warum nicht zeigen? Der Teufel weiß es!«[10]

Sabina Spielrein nennt ihren Arzt »iunga«, eine doppelbödige Bezeichnung, denn einerseits ist »iunga« ein Diminutiv und Kosename, andererseits hat das Wort im Russischen die Bedeutung »Schiffsjunge«, das bedeutet auch: einen, den man herumscheuchen kann.[11]

Der erste Tag an der Universität ist vollgepackt mit neuen Eindrücken und Begegnungen. Am besten gefallen Sabina die Veranstaltungen von Zoologieprofessor Arnold Lang. Sie besucht dessen Vorlesung samt dem dazugehörigen Repetitorium und gleich noch den »Zootomisch-mikroskopischen Übungskurs für Anfänger«. Hier, in den Vorlesungen über Zoologie an der Zürcher Universität, erfährt sie erstmals etwas über sexuelle Dinge.[12]

Als Sabina nach einem anstrengenden, aufregenden Tag ins Burghölzli zurückkehrt, läßt die Reaktion nicht lange auf sich warten. »Mit den Studenten komme ich nicht zusammen, ich fühle es«, notiert sie ins Tagebuch. »Ich bin für sie verschlossen, von außen wird nur die lustige, oberflächliche Seite meiner Seele zu sehen sein, während die Tiefe allen gegenüber verschlossen bleiben wird. Irgendwie ist es unmöglich, sich vor diesen Kindern zu öffnen.« Sabina fühlt sich weit gründlicher, ernsthafter, kritisch entwickelt, selbständiger. Aber wird sie imstande sein, wissenschaftlich zu arbeiten? Wird ihre Gesundheit das überhaupt mitmachen? Und was bleibt ihr, wenn nicht die Wissenschaft? Etwa heiraten?[13]

Bevor sie definitiv immatrikuliert wird, muß Sabina Spielrein die Auflagen des Rektors erfüllen. Sie meldet sich bei der städtischen Einwohnerkontrolle an und nennt als ihre offizielle Adresse: »Lenggstrasse 31, bei Dr. Jung«.[14] Jung schreibt das verlangte Zeugnis: »Fräulein Sabina Spielrein von Rostow an d. Don (Rußland) befindet sich seit dem 17. VIII. 04 in unserer Anstalt. Sie wird sich voraussichtlich noch längere Zeit hier aufhalten & beabsichtigt an der Universität Vorlesungen zu hören.«[15] Diese Formulierungen sind eigentümlich vage und mehrdeutig. Prof. Bleuler muß den Sachverhalt in einem weiteren Zeugnis richtigstellen:

»Ärztliches Zeugnis.

Fräulein Sabina Spielrein von Rostow a/Don, welche in hiesiger Anstalt wohnt und sich im Sommersemester an der medicinischen Fakultät zu immatriculieren gedenkt, ist nicht geisteskrank. Sie befand sich hier in Behandlung wegen Nervosität mit hysterischen Symptomen. Wir müssen sie somit zur Immatriculation empfehlen. Die Direktion Bleuler«[16]

Damit ist das letzte Hindernis beseitigt.

Bei der Immatrikulationsfeier hält der Rektor eine festliche Ansprache. Er heißt die Studenten willkommen und ermahnt sie, die Ehre der Universität hochzuhalten; insbesondere sollen sie sich nicht duellieren. Danach wird jeder einzeln namentlich aufgerufen und bekommt die Universitätsstatuten und den Studentenausweis vom Rektor persönlich in die Hand gedrückt.

Ende April heißt es in der Krankenakte kurz und bündig, es gehe der Patientin besser, sie habe sich beruhigt und höre »mit Interesse und Gewissenhaftigkeit« Vorlesungen an der Universität.[17]

Während Sabina Spielrein in Zürich darum ringt, aus ihren infantilen Ängsten und Abhängigkeiten herauszukommen, während sie erste Schritte in eine selbständige Existenz wagt, sind die versteinerten Verhältnisse im Zarenreich in Bewegung gekommen, und unerhörte Ereignisse werfen ihre Wellen bis nach Zürich, bis hinter die hohen Mauern des Burghölzli.

Zu Beginn des 20. Jahrhunderts sind der Mythos des Zaren und das Ansehen des russischen Staates schwer angeschlagen. Die verschiedenen Fraktionen innerhalb der Regierung blockieren sich gegenseitig; Einigkeit herrscht lediglich in der kompromißlosen Unterdrückung von allem, was sich zu rühren getraut, von streikenden Arbeitern, unruhigen Bauern und demonstrierenden Studenten bis hin zu den geknechteten Nationalitäten, die es wagen, über Selbständigkeit nachzudenken. Doch das Land ist in Aufruhr. Am 8. Januar 1905 stehen 200000 Arbeiter im Streik; sie fordern den Achtstundentag, einen Mindestlohn und die Freilassung der politischen Gefangenen. Eine Petition an den Zaren um »Gerechtigkeit und Schutz« wird von 150000 Menschen unterzeichnet.

Am folgenden Tag, an jenem 9. Januar 1905, der als »Blutsonntag« in die russische Geschichte eingehen wird, zieht eine friedfertige, hunderttausendköpfige Menge mit Zarenbildern und Ikonen zum »Winterpalast«, um Nikolas II. ihre Bittschrift zu überreichen. Als Wachsoldaten das Feuer auf die friedlichen Demonstranten eröffnen, bricht Panik aus. Mehr als hundert Menschen sterben, das Blut der Verwundeten färbt den Newski-Prospekt rot. Den Petersburger Ereignissen folgt ein zweiter »Blutsonntag« in Warschau, und in der anschließenden allgemeinen Empörung über das brutale Vorgehen des Regimes schlagen die Massendemonstrationen in revolutionäre Unruhen um. Arbeiter streiken, Bauern überfallen Großgrundbesitzer, Anarchisten und Sozialrevolutionäre machen mit Attentaten auf Regierungsbeamte von sich reden. In den besetzten polnischen Gebieten, in Lettland, in der Ukraine und im Kaukasus erstarken die nationalen Widerstandsbewegungen. Sogar in der Armee gärt es; im Schwarzmeerhafen Odessa beispielsweise greift die Mannschaft des »Panzerkreuzer Potemkin« auf der Seite der Aufständischen in das Kampfgeschehen ein.

Die westlichen Zeitungen sind voll von diesen Ereignissen, und zahlreiche westliche Intellektuelle sympathisieren mit den russischen Revolutionären. Auch an den Schweizer Universitäten finden Sympathiekundgebungen und öffentliche Geldsammlungen zugunsten der Revolutionäre statt. Erst im Oktober, als ein Generalstreik das ganze Land lähmt, ist der Zar zu Zugeständnissen bereit. Mit Hilfe kleinlicher Reformen und roher Gewalt wird die Obrigkeit wieder Herr der Lage.

Bereits einen Tag nach Verkündung des »Oktobermanifests« macht ein aufgeputschter Pöbel unter Führung der rechtsextremen »Schwarzen Hundertschaften« sich daran, über alle diejenigen herzufallen, die sie für die Schwächung des Zarenregimes verantwortlich machen: Oppositionelle, Juden, Armenier. An über siebenhundert Orten, vor allem in den Südwestprovinzen, werden Pogrome organisiert.[18] Hunderte von Juden werden getötet, Tausende werden verletzt, es wird geplündert und vergewaltigt. Dort, wo sich jüdische Selbstverteidigungsgruppen formieren, gehen Armee und Polizei des Zaren direkt dazu über, die gewalttätigen Randalierer zu unterstützen. Die russische Regierung läßt die *Protokolle der Weisen von Zion* im ganzen Land verteilen.[19] Viele russische Juden versuchen, wenigstens ihre Kinder außer Landes in Sicherheit zu bringen.

Auch in der Familie Spielrein hat es Veränderungen gegeben. Während Sabina auf die Spannungen und Machtverhältnisse innerhalb der Familie mit einer Bewegung nach innen, mit einer Neurose reagiert hat, wagt Isaak, der mittlere der Brüder – der Junge auf dem Foto von 1896, der mit spitzem Federmesser in die Kamera zeigt – den Schritt nach außen, in Aktivität und Rebellion. Als Gymnasiast von vierzehn, fünfzehn Jahren hat er mit der illegalen politischen Arbeit begonnen. Gleichzeitig und folgerichtig setzt er sich gegen die Prügel des Vaters zur Wehr: Als Isaak eines Tages zurückschlägt, hören die Züchtigungen auf.[20]

Isaak nimmt an den revolutionären Aktivitäten 1905 teil. Jetzt fürchten die Eltern um seine Sicherheit. Sie sind allzu erfahren mit der Funktionsweise des Regimes, um sich Illusionen hinzugeben. Sie warten nicht ab, bis der Rückschlag eintrifft, bis die blutigen Strafexpeditionen und Massenerschießungen beginnen. Was liegt daher näher, als Isaak nach Zürich zu bringen und der Obhut der älteren Schwester anzuvertrauen? Er wird auf dem schnellsten und sichersten Weg in den Westen gebracht, auf dem Seeweg via Taganrog und das Asowsche Meer. Als Eva Spielrein ebenfalls in Zürich eintrifft und eine Wohnung mietet, beginnt ein Tauziehen zwischen den Anstaltsärzten und der Familie um Sabina.

Jascha ist mitgekommen und soll an der ETH Zürich studieren. Er geht mit Sabina auf eine russische Studentenparty und bringt sie

Eva und Nikolai Spielrein mit einem ihrer Söhne (Jascha ?)

anschließend ins Burghölzli.[21] Bleuler hatte zugeraten, Jascha in Zürich studieren zu lassen, allerdings bevor sich herausstellte, daß Begegnungen mit ihren Brüdern Sabinas krankhafte Komplexe erneut verstärken.

Sabina regt sich furchtbar darüber auf, daß ihr zugemutet werden soll, die Verantwortung für Isaak – den Plagegeist ihrer Kindheit – zu übernehmen. Bleuler schreibt einen strengen Brief an den Vater: Angesichts ihres schwachen Nervensystems bedürfe Fräulein Spielrein äußerster Schonung, so daß sie sich ganz auf ihr Studium konzentrieren könne: »Wenn sie in diesem gebesserten Zustand soll erhalten bleiben, so muß sie auf längere Zeit hinaus absolut frei sein von irgendwelchen Verpflichtungen ihrer Familie gegenüber.«[22]

Doch so ohne weiteres gibt die Familie ihre Pläne nicht auf. Als Jung Herrn Spielrein darüber orientiert, daß seine Tochter jetzt selbständig in der Stadt wohnt, kommt er nochmals auf den »Übelstand« zu sprechen, daß Isaak ganz in ihrer Nähe wohnt:

»Wie wir Ihnen schon mehrfach betont haben, ist es für die Gesundheit von Fräulein Spielrein von der größten Wichtigkeit, daß sie so wenig wie möglich mit ihrem Bruder zusammenkommt. Es wäre also sehr zu begrüßen, wenn Sie den älteren Sohn veranlassen könnten, eine andere Universität als Zürich zu beziehen. Sodann wäre es auch von größter Wichtigkeit für die weitere Besserung Ihrer Tochter, wenn die Begegnungen mit dem jüngeren Bruder so weit wie möglich eingeschränkt werden.«[23]

Am Ende läßt sich der Vater von den Burghölzli-Ärzten überzeugen. Jascha wird in Paris studieren, wo weitere Verwandte leben und der Vater ein eigenes Geschäft besitzt. Isaak bleibt einige Monate – bis Ende August – in Zürich, bis er gefahrlos nach Rostow zurückkehren kann.[24]

Ende Mai unterrichtet Jung den Vater von Sabinas gebessertem Zustand. Sie besucht jetzt täglich mit größtem Interesse die Vorlesungen und setzt ihre Ehre darein, überall teilzunehmen und möglichst pünktlich zu sein. »Das Benehmen ist allerdings noch nicht ganz normal, aber doch bedeutend besser als bei Ihrem letzten Besuche. Wir glauben nun, daß es an der Zeit wäre, wenn Ihre Tochter hier austreten wollte, um ein selbständiges Dasein zu beginnen. Wir werden in diesem Sinne mit ihr reden.«[25]

Die Suche nach einem geeigneten Zimmer gestaltet sich schwierig, da viele Pensionshalterinnen an russische Studentinnen nicht vermieten. Doch schließlich findet sich etwas Passendes an der Schönleinstraße 7, gleich neben der Universität. Und Sabina Spielrein stellt ihr erstes Budget auf:[26]

| | |
|---|---|
| Zimmer morgens Kaffee, abends Kaffee | 18 |
| Essen (mittags und abends) | 30 |
| Unterwäsche | 10 |
| Bäder | 3 |
| Universität (Bücher) Zuerst Malen (Farben u.a.) | |
| Singen (Noten, Flügel) | |
| Für Arme | |
| Vergnügen | 6 |
| Kleider (ein warmes, zwei Leinenröcke, 3 Blusen) | |
| Gürtel, Schirm | |
| Zahnbürste, Pulver | |
| Für Sonderfälle | 5 |

Am 1. Juni 1905 wird Sabina Spielrein aus dem Burghölzli entlassen. Damit ist ihre Behandlung offiziell abgeschlossen.

Während Jung Sabinas Entlassung betreibt, mag er sie gleichzeitig nicht ganz loslassen. Am 7. Juni 1905 teilt er dem Vater ihre neue Adresse mit. Herr Spielrein möge das Geld nun direkt an die Tochter schicken; sollte er jedoch eine gewisse Beaufsichtigung wünschen, so stehe er, Jung, zur Verfügung.[27]

Feiga Berg ist dermaßen begeistert von der erstaunlichen »Heilung« ihrer Freundin Sabina, daß sie ihre Erlebnisse zu Papier bringt. Ihr Aufsatz »Zjurichskie psichiatritscheskie wpetschatlenija« (Eindrücke aus der Zürcher Psychiatrie) erscheint in der Zeitschrift *Sowremennaja psichiatrija* (1909) und ist eine der ersten russischen Arbeiten über Psychoanalyse. Der darin vorgestellte Fall »Fräulein Sch.« ist niemand anderer als Sabina Spielrein. Feiga Berg schreibt:

»Freud sagt, daß hysterische Symptome sehr oft eine somatische Krankheit simulieren. Sie entstehen, weil der hysterisch Kranke an unerträglichen Gefühlen leidet, die er psychisch nicht bewältigen kann. Der Kranke versucht, seine schweren psychischen Spannungen zu mildern, indem er sein inneres Erleben in äußeres Erleben verwandelt respektive ›konvertiert‹ – wie Freud sich ausdrückt. Diese Konversion ist der Hauptgrund für die große Vielfalt der Symptome; aus diesem Grund ist es auch unmöglich, sich ein genaues Bild von dieser Krankheit zu machen [...]

Aber wie macht das ein Patient, der an Hysterie leidet? Manchmal zerschlägt er Glas, er schimpft oder tobt sich aus; all das sind Symptome, Symbole vom innerem Erleben. Es ist Freuds Hauptverdienst, daß er auf diese Symptome aufmerksam gemacht hat, sie ernst nimmt und analysiert; daß er über jede Bewegung und jeden Laut Bescheid wissen möchte. Durch diese Analyse wird es möglich, den psychischen Komplex des Patienten aufzufinden.

Jung – der Nachfolger von Freud – benimmt sich gegenüber der Hysterie gleich wie er, aber die Komplexe in seiner Praxis sind nicht ausschließlich sexuellen Charakters. Deswegen geht Jung nicht bis an die Grenze, derentwegen Freud immer angegriffen wird – die Behauptung, daß alle Komplexe sexueller Natur sind. Es scheint in der Tat von Fall zu Fall abzuhängen. Über Freuds Behandlung von Hysterie kann ich nur das sagen, was ich in Bleulers Klinik erfahren habe [...]

Der Anschaulichkeit halber führe ich das Beispiel der Heilung einer jungen Frau aus Rußland in der Zürcher Psychiatrischen Klinik an. Ein Fräulein Sch., 18 Jahre alt, besaß ausgezeichnete Fähigkeiten und hat das Gymnasium mit der goldenen Medaille abgeschlossen. Nach Beendigung des Gymnasiums ist sie an einer Art Rheumatismus der Beine erkrankt. Bald bemerkte man bei ihr psychische Anormalitäten; sie sprach nicht zusammenhängend, schlug ihre Mutter, zerschlug Glas usw. Professor Monakow, zu dem man die Patientin aus Rußland gebracht hatte, wollte sie nicht bei sich bleiben lassen mit der Begründung, daß er ›Dementia praecox‹ nicht behandelt. Die Kranke erschien in aggressivem Zustand in Bleulers Klinik, sie errichtete vor der ärztlichen Visite Barrikaden an ihrer Zimmertür, sie übergoß ihre rechte Hand mit Tinte, um die Hand des Arztes zu beschmieren.

Jung behandelte die Kranke. Die Behandlung fing damit an, daß er die Patientin um Aufmerksamkeit bei der Erhebung von Assoziationen im Assoziationstest bat. Auf diesem Wege hat er die Komplexe der Kranken gefunden und überredete sie, über jeden zu erzählen. Diese Komplexe betrafen hauptsächlich die Familie. Der

Vater der Patientin – ein starker Neurastheniker, die Mutter – Hysterikerin. Der Vater schlug das junge Mädchen sehr oft, und das alles staute sich in ihrer Seele an – wie ein riesengroßes und ganzheitliches Leiden, und gab keine Ruhe. Nachdem die Patientin in der Behandlung ihre Komplexe abreagiert hatte, verhielt sie sich gegenüber allem mit kälterem Blut; ihre Aufmerksamkeit und ihr Bewußtsein waren nicht mehr mit dieser leidigen Frage beschäftigt. Unter dem Einfluß der verbalen Psychotherapie von Jung erwachte ein neues Interesse in ihrer Seele, nämlich das Interesse für die Wissenschaft. Heutzutage studiert dieses junge Mädchen an der Zürcher Universität und ist absolut gesund.«[28]

# 10

# »Kosakenpferdchen« –
## Russische Studentinnen in Zürich

Nach außen geht alles recht gut, und Sabina kann das anspruchsvolle Studienpensum bewältigen. Nach innen sieht es etwas anders
aus; sie hat Stimmungsschwankungen; das Konzentrieren fällt ihr
schwer. Die Tagebucheintragungen dieser ersten Zeit an der Schönleinstraße sind überschattet:
»Warum ist es so bedrückend, so schwer auf der Seele? Ich bin
allein auf der ganzen Welt. Kein einziger Mensch in der Nähe. Seltsam, daß alle Menschen so leer sind.«[1]
Wenn Sabina alleine ist, kommen Gefühle von Verlassenheit
und depressive Ängste auf; ist sie aber mit anderen zusammen,
dann fühlt sie sich schnell eingeengt und bedrängt. Selbst mit
Louise, die sie weiterhin in der Klinik besucht und sogar auf einen
Ausflug in die Berge mitnimmt, kann sie selten Momente echt ge-
nießen, etwa »als wir uns auf dem Rückweg ins Heu gelegt haben.
Irrsinnig gerne mag ich das Heu, diese Stille [um mich] herum und
die arbeitenden Bauern. Wie schwer! Todesschwer! Wie um alles zu
verspotten, ist die Natur so schön.«[2]
Feiga Berg lebt in einer Art Dauerkrise. Sie hat das Praktikum am
Burghölzli beendet und sollte sich jetzt für die Abschlußprüfung an-
melden. Dies wird ihr zweiter Anlauf sein, und sie leidet unter Prü-
fungsangst. Anhand von Krankengeschichten und Protokollen hatte
Feiga bei Professor Oscar Wyss, Pädiater am Kinderspital, eine Arbeit über *Pädatrophie* geschrieben und war im Sommersemester
1904 erstmals zur Doktorprüfung zugelassen worden.[3] Die Prüfungen hatte sie aber nicht hinter sich bringen können – sei es, weil sie
durchgefallen war oder weil sie Angst bekommen hatte und von sich
aus abbrach. Statt sich für die Prüfung erneut anzumelden, hat Feiga
Berg Hals über Kopf und ohne sich abzumelden Zürich verlassen.
Ein paar Wochen später ist sie zurück, um die Prüfung doch
noch zu machen. Feiga mietet ein Zimmer in einer Pension an der
Schönleinstraße schräg vis-à-vis von ihrer Freundin Sabina.[4]

Die Schönleinstraße liegt im Plattenquartier, das – zusammen mit Oberstrass – von den Zürchern »zweites Rußland« oder »Kleinrußland« genannt wird.

Die ersten Jahrzehnte des Frauenstudiums in der Schweiz waren maßgeblich von Russinnen geprägt. Sie kamen aus Moskau und Petersburg, aus dem Baltikum, aus Polen, aus der Ukraine und vom Kaukasus. Mit der Aufhebung der Leibeigenschaft durch Alexander II. im Jahr 1861 erwachte ein Bildungsdrang in breiten Bevölkerungsschichten. Viele der polnischen und russischen Adeligen verarmten; den Familien der Mittel- und Oberschicht fehlten Geldmittel und Ressourcen, um standesgemäße Mitgiften auszurichten. Unverheiratete Töchter belasteten die ohnehin strapazierten Haushalte, und die Bildungsfrage verwandelte sich in die existentielle Frage danach, wie der eigene Lebensunterhalt zu verdienen sei. Die konventionelle Frauenbildung gehobener Kreise – leichte Konversation in verschiedenen Fremdsprachen, Musik, bildende Kunst – half da nicht weiter. Und so kam es, daß adelige Töchter sowie Frauen aus Gutsbesitzer- und Beamtenkreisen als erste in den Westen aufbrachen, um sich dort zu verschaffen, was ihnen die russische Heimat verwehrte: universitäre Bildung.

Die Pionierin des Frauenstudiums war Nadeshda Prokofjewna Suslowa. Sie wurde in einem kleinen Dorf im Gouvernement Nishni Nowgorod als Tochter des leibeigenen Gutsverwalters von Graf D. N. Scheremetjew geboren und durfte auf Kosten des Gutsherrn zwei vornehme Mädchenpensionate besuchen. Nach dem sogenannten Hauslehrerinexamen absolvierte sie ein Medizinstudium samt Praktika an der Petersburger Medizinisch-Chirurgischen Akademie. Die Zulassung von Frauen war jedoch rechtlich nicht verankert, und als einige Hörerinnen sich während der Studentenunruhen im Wintersemester 1861/62 »kompromittierten« – wie es im Zarenreich euphemistisch hieß –, wurde Frauen der Zutritt zur Akademie kurzerhand verboten. Doch Nadeshda Suslowa wollte unbedingt weiterstudieren. Als ihre ältere Schwester Apollinarija Prokowjewna Suslowa mit ihrem Freund Fjodor Dostojewski nach Paris reiste, versuchte sie – vergeblich – einen Studienplatz für Nadeshda an der Sorbonne zu erwirken. Im Frühjahr 1865 stellte Suslowa ein Gesuch an die dreißig Jahre junge Universität Zürich, wo der liberale Hochschulsenat sich bereit erklärte, ihr eine Chance zu geben. Das Experiment bewährte sich, und am 14. Dezember 1867 konnte die *Neue Zürcher Zeitung* melden: »Heute um 11 Uhr wird im Hörsaal Nr. 4 der Hochschule Fräulein Nadysda Juslowa [!] von St. Petersburg ihre Disputation halten zur Erlangung der Doktorwürde für Medizin, Chirurgie und Geburtshilfe.«[5]

In russischen Zeitungen, in den Blättern der Exilpresse, wurde das Ereignis ausführlich gewürdigt: Die einen feierten Suslowa begeistert, von den anderen wurde sie mit Hohn und Spott überschüttet. In Rußland nehmen sich mehrere Generationen von Frauen Suslowa zum Vorbild.[6]

Das andere Ereignis, das die jüngere Generation im Zarenreich aufrüttelte und Fluchtpunkte gegenüber der klaustrophobischen Enge des Gegebenen wies, war der Roman *Schto djelat?* (1863) – *Was tun? Erzählungen vom neuen Menschen.* Der Autor Nikolai Tschernyschewski war als Lehrer, Publizist und Journalist tätig und galt als Verfechter radikalsozialistischer Ideen. Er wurde 1862 in der berüchtigten Festung »Peter und Paul« inhaftiert und später aufgrund gefälschter Aussagen zu zwanzig Jahren Verbannung verurteilt. Während der Festungshaft schrieb Tschernyschewski sein programmatisches Hauptwerk, eine rational-asketische Utopie vom »idealen Menschen«, von »idealen Beziehungen« zwischen den Geschlechtern, von einer neuen, kollektiven Produktion und Organisation der Gesellschaft. Konkret schildert der Roman den exemplarischen Emanzipationsprozeß von Vera Pawlowna, einer jungen Russin, die ihre unterdrückte, passiv-ergebene Lebenseinstellung in einer Reihe von Entwicklungsschritten – Scheinehe, Gründung einer genossenschaftlichen Produktionsstätte für Näherinnen, Medizinstudium in Zürich – überwindet.

Zur Figur seiner Protagonistin ließ sich Tschernyschewski vom Schicksal der Marija Bokowa inspirieren. Die Tochter eines Generals und Gutsbesitzers war durch ihren Bruder mit revolutionären Zirkeln in Berührung gekommen. Sie emanzipierte sich rechtlich von ihrer Familie durch eine Scheinehe mit dem Arzt P. I. Bokow. Bokowa war eine von Suslowas Freundinnen und gehörte ebenfalls zu den ersten Hörerinnen an der Medizinisch-Chirurgischen Akademie in Petersburg. Ideologischer Einfluß, praktische Wirksamkeit und Vorbildfunktion von Tschernyschewskis Kultbuch können gar nicht hoch genug veranschlagt werden.[7] Als eine unter vielen hatte auch die Revolutionärin und Zarenattentäterin Vera Figner in der Presse über Suslowas Promotion gelesen und bezeichnet die Lektüre von *Was tun?* als Auslöser für persönliche Veränderungsprozesse. Nach Studien in Zürich und Bern kehrte Figner nach Rußland zurück, wo sie im Exekutivkomitee der Organisation »narodnaja volna« (»Volkswille«) mitarbeitete, das die Ermordung von Alexander II. ausführte.[8] Noch im Jahr 1902 knüpfte Wladimir Lenin an die Tradition des Romans an, als er den Titel »Was tun?« für eine programmatische Schrift wählte.[9] In ihrer schattenlosen Einseitigkeit birgt Tschernyschewskis Utopie bereits den Keim zu den Experimenten in der jungen Sowjetunion, den »neuen«, sozialistischen Menschen oder »Übermenschen« zu schaffen.

Universität und Polytechnikum in Zürich sind Foren der Begegnung von Menschen aus unterschiedlichen Kulturen. Erinnerungen ehemaliger Zürcher Studentinnen ebenso wie zeitgenössische Romane vermitteln den Eindruck, daß man sich gegenseitig neugierig beäugte, sich seine Gedanken machte, wohl auch mal mokierte – und es ansonsten vorzog, unter sich zu bleiben.[10] 1873 waren bereits fünfundzwanzig Prozent aller Zürcher Studierenden weiblich; 109 von insgesamt 114 Studentinnen kamen aus dem Zarenreich. Bald öffneten weitere Universitäten – Bern, Genf, Lausanne – ihre Tore, so daß in der Zeit von 1867 bis zum Beginn des Ersten Weltkriegs insgesamt fünf- bis sechstausend Russinnen in der Schweiz studieren. 1908 sind 61 Prozent der Studierenden in der Schweiz Ausländer; und mit einem Frauenanteil von dreißig Prozent schreibt die Eidgenossenschaft im Wintersemester 1906/07 einen europaweiten Rekord.[11]

Die »starke weibliche Strömung« dieser »halbasiatischen Invasion«[12] sorgt für Irritationen in einem Land, das für die eigenen Bürgerinnen keinen Zugang zur Universität vorsieht. Faktisch kennt der breite Teil der Zürcher Bevölkerung russische Studentinnen nur vom Sehen oder aus den Berichten der Presse, die – als Sabina Spielrein studiert – nicht dazu angetan sind, Sympathie und Verständnis für die exotischen Fremden zu fördern. »Es wimmelt zu sehr in unserem Kleinrußland von geheimen Gesellschaften, Geheimbünden und Komitees«, heißt es in der *Neuen Zürcher Zeitung*.[13] Gemäß dem gängigen Bild gelten russische Frauen als besonders leidenschaftlich und sexuell attraktiv. Ihr unkonventionelles Aussehen, die lebhafte Gestik, die offenen Affekte, die große Schönheit so mancher von ihnen beflügeln die Phantasien. Was in Presse und Literatur zu finden ist, schillert zwischen Widerwillen, Angst und Faszination. So heißt es etwa in einem Leitartikel der *Berner Volkszeitung*:

»Wir bedauern die Zulassung der russischen Weiber, welche kein gutes Element an der Hochschule vorstellen [...] Die Studentinnen sind furchtbar als Verführerinnen der unreifen Jugend, die sie durch Liebesraserei sich gefügig zu machen und zu verzweifelten Dingen anzuspornen wissen.«[14]

Die Freizügigkeit der Schweizer Hochschulen gegenüber Ausländern beruht unter anderem darauf, daß diese Einnahmen bringen. Studierende aus Rußland sind überdies Bildungsflüchtlinge, d. h. sie kehren nach dem Studium in der Regel nach Hause zurück und versuchen nicht, ihren Schweizer Kollegen auf dem Arbeitsmarkt Konkurrenz zu machen. Zahlenmäßige Schwankungen stehen daher regelmäßig im Zusammenhang mit politischen Vorgängen im Zarenreich oder mit verschärften Immatrikulationsbedingungen an den Schweizer Hochschulen. An der Berner Universität beispielsweise mußten sich Russen und Russinnen bis 1899 lediglich mit einem Geburtsschein immatrikulieren.[15] So nahm die erste »Russinnenwelle« ein abruptes Ende, als im Frühsommer 1873 ein Ukas, ein Dekret des Zaren, in den wichtigen europäischen Zeitungen publiziert wurde, der den russischen Studentinnen in Zürich unter Androhung des Berufsverbots befahl, Stadt und Universität zu verlassen. Die drastische Maßnahme brachte den Betroffenen eine Welle von Sympathie seitens akademischer Kreise und der liberalen Presse ein. Jedoch, wie ein Kommentator der *Neuen Zürcher Zeitung* feststellt, »wird sicher an dem Dekret nichts zu ändern sein, und soviel man Rußland kenne, kein Mittel bleiben außer Gehorsam oder Exil«.[16]

Die meisten »Kosakenpferdchen« – wie man die Russinnen liebevoll-spöttisch nannte – kehrten in ihre Heimat zurück oder zogen in andere Städte, in andere Länder, um dort ihr Glück zu suchen.[17] Nach dem Attentat auf Zar Alexander II. (1881) erließ die russische Regierung einen Numerus clausus von drei Prozent für Angehörige der jüdischen Minderheit, was in konkreten Zahlen hieß, daß gerade mal vier bis fünf Jüdinnen an die Universitäten durften.

Diese diskriminierende Bildungspolitik führte dazu, daß zeitweise siebzig bis achtzig Prozent der russischen Studierenden in der Schweiz jüdischer Herkunft waren.

Im Gegensatz zu den Anfängen des Frauenstudiums kommen während der zweiten »Russenwelle« von 1902 bis 1912 Mädchen und junge Frauen aus allen gesellschaftlichen Schichten. Richard Feller, Beauftragter der Unterrichtsdirektion des Kantons Bern und des Senats der Universität Bern, rezipiert dieses Phänomen wie folgt: »Der Nihilismus hatte das russische Bürgertum und insbesondere das Judentum aufgerüttelt [...] so ergoß sich aus den Judenvierteln des Ostens eine Bildungsemigration nach Westen [...] Im allgemeinen Zug ließ sich eine starke weibliche Strömung unterscheiden, da die russischen Frauen, insbesondere die Jüdinnen, von der Bewegung noch mehr ergriffen wurden als die Männer und zu einem größeren Einsatz von Kraft und Glück entschlossen waren, um eine bessere Welt heraufzuführen [...] Die Studentinnen, oft schön, aber das Äußere aus Armut oder Gleichgültigkeit vernachlässigend, an die geringsten Bedürfnisse gewöhnt, im Entbehren und Dulden geübt, drängten mit unersättlichem Wissensdurst in die Vorlesungen, auf die Stehplätze der Konzerte und die Galerien des Theaters, gierig die Stimmen aus einer höheren Welt aufnehmend.«[18] Die Mehrheit der Bildungsimmigrantinnen aus Rußland bewegt sich in der russischen Tradition eines »Dienstes am Volk« und wählt als Studienfach Medizin. Dabei spielt auch der pragmatische Umstand eine Rolle, daß Personen jedes Glaubensbekenntnisses zum russischen Staatsexamen zugelassen werden, sofern sie den Doktortitel einer ausländischen Hochschule vorweisen können. Die Mädchen arbeiten hart, um möglichst rasch voranzukommen. Als gelegentlich einer Stiftungsfeier zwölf von zwanzig Preisen an Russinnen vergeben werden, gibt es böses Blut. Die Schweizer Burschen monieren ganz ernsthaft, die Weiber hätten ja Zeit, die müßten schließlich nicht in die Wirtschaft.[19]

Im Vergleich zu ihren Studienkolleginnen ist Sabina Spielrein überaus privilegiert. Der Vater schickt jeden Monat 300 Franken – das ist beinahe soviel, wie C. G. Jung als Sekundararztstellvertreter verdient. Die meisten Russinnen sind bitter arm und müssen sich das Studium buchstäblich vom Munde absparen. Sie haben kaum mehr als sechzig bis siebzig Franken im Monat zur Verfügung, und es gibt wenig Möglichkeiten, nebenher etwas zu verdienen. Viele können sich nur eine Mahlzeit am Tag leisten und haben nicht genug Geld, um im Winter ihr Zimmer zu heizen. Die vielfach bezeugte Solidarität und Hilfsbereitschaft untereinander ermöglicht es vielen, über die Runden zu kommen. »[W]enn man die Möglichkeit hat, hundert Franken im Monat auszugeben, hat man ein gutes Leben«, schreibt Natalija Kirpitschnikowa, die als Tochter eines Professors für westeuropäische Literatur an den Universitäten Charkow und Odessa über genügend Geld verfügt, um in einem Fremdenheim 135 Franken für ein schönes, großes, gut eingerichtetes Zimmer mit Vollpension zu zahlen.[20]

Neben ihrer sprichwörtlichen Armut ist die abgeschlossene Lebensweise der russischen Kolonie auch nach 1900 bestimmend. Sogar Kritiker des Frauenstudiums sind tief beeindruckt von der Solidarität der Mädchen untereinander. Das soziale Netz funktioniert ausgezeichnet; man hat Einrichtungen wie die russische Mensa und den russischen Lesesaal geschaffen, um die schlimmste Not zu lindern, um frisch Angekommenen den Start zu erleichtern: »Wenn ein Russe ohne Bekannte und ohne die Stadt zu kennen nach Zürich kommt, kann er sich immer an die russische Kolonie in der Mensa oder im Leseraum wenden: dort wird ihm bei der Zimmersuche geholfen, und er bekommt Ratschläge, wie er das Studium angehen soll. Es treffen des öfteren sehr hilflose Menschen ein, die kaum Deutsch sprechen. Erstaunlicherweise bewegen sie sich schon nach zwei Wochen alleine in der Stadt, besuchen selbständig Vorlesungen und nehmen aktiv am Leben der russischen Kolonie teil. Ein paar Mal während des Semesters werden russische Abende organisiert, und das dort eingenommene Geld fließt in die allgemeine Hilfskasse.«[21]

Auch eine Bekannte von Sabina Spielrein aus Rostow lebt in Zürich, Pesia-Liebe Katzmann. Sie wohnt an der Clausiusstraße, wo sich auch die russische Mensa befindet.[22] Pesia-Liebe Katzmann studiert Medizin und teilt mit ihrem älteren Bruder Abraham – ebenfalls Medizinstudent – die Wohnung. Eine andere Schwester, Chana, war 1902 zum Studium nach Zürich gekommen und hatte sich nach wenigen Wochen das Leben genommen – eines von zahlreichen, namenlosen Schicksalen. Auch Pesia-Liebe und Abraham Katzmann werden die Stadt bald wieder verlassen,[23] aber vorerst hat Sabina Spielrein Gelegenheit, ihre Bekannte zu treffen.

Die russische Mensa besteht aus einer Dreizimmerwohnung mit Küche, wo man für sechzig Centimes ein dreigängiges Menü serviert bekommt. Die Lebensmittel sind einfach und frisch, und jeden Tag speisen dort an die fünfzig Personen. Das Küchenkomitee stellt russische Kolonisten ein; der Diensttuende bei Tisch bringt das Essen und räumt danach auf. Nach den Mahlzeiten gibt es für fünf Centimes ein Glas Tee aus dem Samowar. Die Räumlichkeiten werden auch für Sitzungen benutzt. Samstags gibt es Referate in russischer oder deutscher Sprache – es sind beliebte und gut besuchte Veranstaltungen. Im Anschluß an den jeweiligen Vortrag wird meist sehr angeregt und in beiden Sprachen diskutiert.[24]

Im *Studienplan der medizinischen Fakultäten in der Schweiz*[25] ist eine Mindeststudienzeit von zehn Semestern vorgesehen. Das erste naturwissenschaftliche Examen ist am Ende des ersten Studienjahres zu machen, das zweite anatomisch-physiologische am Ende des fünften Semesters. Das naturwissenschaftliche Propädeutikum ist anspruchsvoll. Mit circa achtundzwanzig bis dreißig Vorlesungsstunden inklusive Übungen zuzüglich Repetitorien und Exkursionen ist man ausgelastet. Glücklicherweise ist alles gut organisiert. Als Sabina Spielrein studiert, ist man an der Zürcher Universität an die Präsenz von Frauen und Ausländern bereits gewöhnt und hat einen Modus vivendi gefunden: »Zwischen Schweizern und uns Ausländern besteht quasi ein stillschweigendes Einverständnis: die Schweizer meiden die ersten Sitzbänke, wir dagegen versuchen möglichst nahe beim Professor zu sitzen – es ist einfacher, etwas zu begreifen, wenn man jedes Wort versteht. Manchmal hat unsere privilegierte Lage uns auch Unannehmlichkeiten gebracht, und wir wurden während eines Experiments von Wasser bespritzt oder von Funken berieselt, ab und zu muß man von irgendeinem ätzenden Gas husten. Die Schweizer amüsierten sich [...]

Sie haben ihren eigenen Höflichkeitskodex, von dem sie nicht abweichen. Zum Beispiel halten sie immer die Tür für uns auf, wenn sie hineingehen; diejenigen, die im Auditorium am Rand sitzen, stehen auf, um uns in die Mitte zu lassen (sie selber springen wie geschickte Gymnasiasten über die Tische). Doch sie helfen uns aber nie in den Mantel; wenn einer das macht, ist er garantiert Ausländer. Wenn man sich mit irgendeiner Frage an sie wendet, antworten sie sehr höflich, doch wenn wir in irgendeine Peinlichkeit geraten, lachen sie uns aus. [...] Wir kennen die Namen unserer Mitstudenten nicht und haben ihnen deshalb verschiedene Spitznamen gegeben; so wie ›Langnasiger‹, ›Schwätzer‹, ›rote Krawatte‹ usw. Später haben wir erfahren, daß sie auch für uns verschiedene Spitznamen haben, und nicht immer nette. Eine Bulgarin haben sie ›die schöne Galatea‹ getauft; eine große Dünne nannten sie ›Gespenst‹; und die kleine deutsche Chemiestudentin ›die hübsche Köchin‹.«[26]

Neben dem naturwissenschaftlichen Pflichtprogramm – Vorlesungen in Zoologie, Experimentalphysik, Botanik – belegt Sabina Spielrein im ersten Semester einen Kurs im Bereich der Medizinischen Wissenschaften: »Osteologie und Syndesmologie mit tägl. Unterweisungen« bei Walther Felix.[27] Diese Fächer gehören zur Anatomie. Die Studenten lernen den menschlichen Körper genau kennen, indem sie Sezierübungen machen: »Im Anatomiegebäude steht die Luft vom spezifischen Geruch von verwesenden Leichen. Der Geruch ist unangenehm, doch man gewöhnt sich schnell daran [...] An der Myologievorlesung [weiße Substanz um die Nerven herum; dies sieht man ebenfalls in der Anatomie] wurde eine Viertelstunde bevor es klingelte, eine Leiche zur Demonstration der Muskeln hereingebracht. Normalerweise hört man im voraus, wie die Bahre mit der Leiche aus dem Präparierzimmer herausgefahren wird und feierlich den Korridor entlangrollt. Die Studenten schauen einander an und flüstern leise: ›Sie kommt!‹ Der Anatomieprofessor, ein ziemlich junger und eleganter Herr, zieht einen weißen Kittel über und schiebt die Bahre vor die erste Sitzreihe und zeigt und erklärt dazu. Nach der Vorlesung wird die Bahre zurück in das Anatomietheater gebracht, wo die Leichen präpariert werden. Wir gehen mit, um sie genauer anzuschauen, und der Professor gibt weitere Erklärungen.

Viele Medizinstudenten kriegen im Anatomietheater erst mal einen Schreck [...] Ich erinnere mich, als ich zum ersten Mal in diesen großen, hellen Saal kam, wo die Leichen und ihre Bestandteile auf den Bahren lagen. Studentinnen und Studenten beugten sich darüber und arbeiteten. Mich packte ein Grausen, doch dieses Gefühl verging schnell. Die Leichen werden mit einer Flüssigkeit getränkt, um sie vor dem Verwesen zu schützen; wenn man sie anschaut, erscheinen sie nicht als Menschen, sondern als Stoff, an dem man lernen muß, um Mediziner zu werden. [...] Die Leichen müssen sehr gut für die Anatomieveranstaltungen präpariert sein, was natürlich sehr viel Zeit benötigt. Mit dieser Arbeit wird meist eine russische Studentin beauftragt. Zur Belohnung werden die russischen Frauen von den Professoren gelobt.«[28]

Sabina ist geschickt und macht ihre Arbeit gut.[29] Daneben schlägt sie sich mit den üblichen Orientierungsproblemen von Studienanfängern herum, wobei ihr alles viel zu langsam geht. Sie möchte lernen, sie fiebert danach, möglichst schnell und möglichst viel zu wissen.[30] Aber wo soll sie beginnen, die Wissenschaft ist so ein weites Feld:

»In der Bibliothek (ich war heute dort) stehen die Bücher in alphabetischer Reihenfolge im Katalog; natürlich ist es unmöglich, den ganzen Katalog zu lesen, um auf ein Buch mit einem interessanten Titel zu stoßen. Das, was man mir empfohlen hat, Jung (Roux Archiv der Entwicklungsmechanik) und Lang (Hertwig und Hartichek)[31] gibt es dort nicht. Belletristik bekommt man nicht mit nach Hause. Und eigentlich möchte ich nicht darüber schreiben. Morgen gehe ich in die medizinische Bibliothek, und vielleicht nehme [ich] aus dieser (Kantonal 13) [Kantons-Universitäts-Bibliothek] Hartmanns ›Unbewußtes‹[32] mit, auf das ich im Katalog zufällig gestoßen bin. Da ich dieses Buch bei Jung gesehen habe, denke ich, daß es einiges wert ist.«[33]

Sabina hält sich eng an den Studienplan; einzig im Sommersemester 1907 besucht sie eine fachfremde Vorlesung über »Künstler und Kunst« bei Professor Eleutheropulos.[34]

»Wenn ich so klug wäre wie mein Junga! Teufel!« überlegt Sabina Spielrein. »Ich will doch wissen, ob aus mir etwas werden kann. Auch das ist dumm, daß ich kein Mann bin: ihnen gelingt alles leichter. Unverschämt auch, daß das ganze Leben für sie eingerichtet ist.«[35] Die junge Frau nimmt den »Nihilistinnenlook« an, läuft mit löchrigem Hut, mit kaputten Schuhen herum. Als Jung schimpft, neckt sie ihn und behauptet, sie habe kein Geld:

»Danach schlug er vor, mir 100 Fr. zu leihen und Euch davon zu schreiben, aber als ich eindeutig dagegen protestierte, zwang er mich, 10 Fr. für den Hut und die Reparatur der Schuhe von ihm zunehmen. Wie gefällt Dir dieser Almosen?« fragt sie ihre Mutter enthusiastisch in einem Brief, »[a]m liebsten wäre ich versunken, so habe ich mich geschämt, aber dieser Subjekt läßt sich doch nicht überzeugen. Außerdem freute mich, daß er eine gute Tat gemacht hat, und [ich] wollte [ihn daran] nicht hindern. Sag Du ihm nur kein Wort darüber. Seltsam, daß es sogar irgendwie angenehm ist, daß er mich ›mit Wohltaten bedachte‹, sich meinetwegen in Unkosten stürzte. Natürlich gebe ich dieses Geld bald zurück, aber er weiß es noch nicht. Nun siehst Du, wie er ist, mein Jung.«[36]

Sabina macht sich Sorgen um Louise, wird aber von Jung beruhigt. Seiner Meinung nach geht es ihr viel besser.

Louise Rähmi hat sich inzwischen recht gut gefangen. Im Rahmen der Arbeitstherapie am Burghölzli hat sie gelernt, Schreibmaschine zu schreiben, und erledigt »mit Eifer und Geschick« schriftliche Arbeiten für die Anstaltsärzte. Ihre Gedichte, die sie weiterhin verfaßt, darf sie ebenfalls auf der Maschine tippen. Das offizielle Gutachten von Karl Abraham hat die Echtheit ihrer Leiden bestätigt, und nun geht es um die Frage, wie weiter. Bleuler möchte sie nicht entlassen, bevor nicht eine Ausbildung oder sonst eine passende Arbeitsstelle gefunden ist.[37]

Sabina Spielrein weiß aus eigener Erfahrung, wie schwer die Zeit des Übertritts aus der Klinik in die Selbständigkeit ist. Sie hält zudem große Stücke auf Louise. In einem jener langen Briefe, die sie an Jung zwecks Besserung seines Charakters schreibt, kommt sie auf seine »Voreingenommenheit« in sozialer Hinsicht und auf seine »Behaglichkeitssucht« zu sprechen.

»Sie sagten einmal Frl. Berg, die Sozialisten seien einfach Diebe (›einem nehmen sie die Kette, dem anderen die Uhr‹). Daß Sie es wirklich ernst meinten, glaube ich nicht. Sie haben, wahrscheinlich, einfach im Eifer ›über den Rand gegriffen‹, was bei Ihnen überhaupt nicht selten ist. Die Behaglichkeitssucht hindert Sie hier gerecht zu sein u macht sie in allem, was mit dem Complex zusammenhängt, beschränkt.[38] Der Sozialismus in der Form, daß alle Leute gleich sind oder ihrer Arbeit proportional kriegen oder, daß jeder nimmt, was ihm beliebt, (wie es die Propheten zu sagen pflegen) wäre natürlich eine Utopie. Der Sozialismus hat aber einen hohen Werth, als eine antikapitalistische Bewegung. Sie [Jung] sagen, zum Erwerb des Vermögens sei eine gewisse Intelligenz u Energie erforderlich, somit sind auch die reichen die tüchtigsten. Das könnte aber nur in Ausnahmsfällen zutreffen. [...] Mir kommt es so komisch vor, daß ich Ihnen zeigen muß, wie ungerecht die Güter verteilt sind, als ob Sie es nicht viel besser als ich wüßten. [...] es gehört nur eine Voreingenommenheit dazu, um nicht zu sehen, daß die Kapitale gar nicht dem Werthe od. den Bedürfnissen der Menschen entsprechend verteilt sind.«[39]

»Denken Sie vielleicht, die Reichen seien die intelligentesten?« fragt sie Jung. »Aber das ist doch purer Schwindel – Frl. Rähmi zB. ist allen Universitätscollegen, die ich kenne, an Intelligenz bedeutend ueberlegen.«[40] Sie faßt den Plan, zusammen mit Louise Ferien zu machen. Bleuler findet das gut; er schreibt an die Armenpflege Marthalen und schlägt vor, Fräulein Rähmi als Gesellschafterin zu einer ehemaligen Patientin zu lassen – sofern keine Arbeitsstelle in Aussicht sei.[41] Die Armenpflege ist einverstanden; Bleuler kümmert sich persönlich darum, daß alles klappt.

»Liebes Fräulein«, schreibt er an Sabina. »Fräulein Rähmi ist also bereit. Wollen Sie uns bitte noch berichten, um wie viel Uhr sie reisefertig sein muss & ob Sie sie abholen, eventuell wo Sie einander treffen werden. Beste Grüße & vielen Dank. Bleuler.«[42]

Sabina hat für Louise und sich zwei Zimmer in Weggis am Vierwaldstädter See gemietet. Am 1. August 1905, dem schweizerischen Nationalfeiertag, fahren die beiden Mädchen für drei Wochen zusammen in die Sommerfrische. Sabina kann oder will nicht für Louise zahlen; Bleuler beansprucht daher die Kasse des »Hülfsvereins«.

»Hochgeehrter Herr Pfarrer [Waldburger]. Fräulein Rähmi ist nun nach Weggis abgereist. Das Pech ist, daß die Patientin, die sie mitnimmt, nicht für sie zahlen kann oder will. Ich habe nun das über das Kostgeld hinausgehende auf Rechnung des Hülfsvereins übernommen, so daß Sie keine Mehrbelastung haben. Sollten Sie allerdings in der nächsten Zeit eine Stelle für die Pat. finden, so müßte man natürlich wenn immer möglich zu greifen. – Die Patientin hat hier behauptet, sie müsse noch ein Kleid haben, sonst könne sie nicht fort gehen. Da sie es erst am Sonntag sagte, konnten wir nicht mehr anfragen. Die Rechnung beträgt 10 Fr. Dürfen wir sie der Armenpflege berechnen. Es wäre das angenehm, da der Hilfsverein schon noch in die Tasche wird greifen müssen. Hochachtungsvoll ergebenst Bleuler.«[43]

# 11

## »Ihr Charakter hat etwas entschieden
## rücksichtsloses ...«[1]

Der Sommer 1905 geht zu Ende. Sabina und Louise sind aus den Ferien zurückgekehrt. Sabina Spielrein mietet ein Zimmer bei Frau Jordan an der Plattenstraße 52; wenig später zieht Feiga Berg zu ihr in dieselbe Pension.[2] Die Mädchen fühlen sich verbunden: Man kann sich austauschen, die anstehenden Probleme miteinander erörtern. Während Sabina hart für das naturwissenschaftliche Propädeutikum arbeitet, ist sie froh um einen vertrauten Menschen, mit dem sie über Jung sprechen kann. Sie hat weiterhin auffallend adoleszente Züge: Mit ihrem »Nihilistinnenlook« macht sie sich unattraktiv, sie kommt mit ihrer Weiblichkeit nicht gut zurecht. Auf diese Weise wahrt sie auch die nötige Distanz zu ihrer Mutter, deren obsessive Beschäftigung mit Kleidung, Hüten und anderen Äußerlichkeiten Sabina verabscheut.

»Schreibe bei Kerzenlicht, habe mich der Lampe abgewöhnt, während ich in der Klinik war«, heißt es im Tagebuch.[3] Gemäß Burghölzli-Doktrin und nicht ohne Humor hält sie einem Studienkollegen eine Predigt zu Gunsten der Abstinenz: »Einen habe ich bekehrt – wahrscheinlich auf die Dauer bis er wieder seine Kameraden trifft, was spätestens morgen geschieht.«[4] Verzicht auf Luxus, Askese, das sind die Devisen des Vaters.

Neben ihren Vorlesungen an der Universität macht Sabina Spielrein weiterhin Besuche im Burghölzli. Sie kauft Leckereien und verteilt sie an die Patienten und an die Kinder der Ärzte. Sie trifft sich mit Jung, geht mit auf Visite. Im Tagebuch denkt sie über ihr Verhältnis zum Mann nach: »[M]an sehnt sich nach Zärtlichkeit, Liebe, aber es ist doch nur ein täuschender, vorübergehender, äußerlicher Augenblick, der die armseligste Prosa bedeckt. Was kostet schon allein die Unterdrückung der Persönlichkeit! Und die Leere, Langeweile, sobald der erste Augenblick der Leidenschaft vergangen ist? Nein!«[5] Wirklicher Nähe und einer echten Partnerschaft fühlt Sabina sich nicht gewachsen. Darum hat Petjka, ihr Verehrer, keine Chancen bei ihr. Als er seinen Besuch ankündigt, ist das für sie in erster Linie eine Belastung:

»Er versteht einfach nicht, was es für mich bedeutet! Aber vor allem seine Art, mich immer zu umarmen, immer die Liebe offen zeigen zu müssen [stört mich], aber statt Liebe, die man auf Befehl beweisen soll (sonst ist er beleidigt), entsteht nur Gereiztheit, Abneigung.«[6]

Sabina Spielrein möchte vor allem verstanden, beschützt werden. Sie sucht jemanden, der ihr gleicht, der wie sie empfindet:

»Ich wünsche einen guten Freund, dem ich jeden Zug meiner Seele darlegen könnte, ich möchte die Liebe eines älteren Menschen, damit man mich liebt und versteht (innere Ähnlichkeit), wie die Eltern ihr Kind lieben.«[7]

Sabina strengt sich an, sie versucht, aus ihrer inneren und äußeren Isolation herauszukommen, auf Menschen zuzugehen. Sie ist hilfsbereit und tut anderen gerne einen Gefallen. Sie ist gescheit, und dank einer guten Intuition erfaßt sie rasch Probleme. Wenn sie eine Kollegin einlädt, »ihre Komplexe auszugraben, mit ihr zu reden«, dann fühlt sie sich in ihrem Element. Aber solche Beziehungen bleiben sehr einseitig. Sabina provoziert gerne, indem sie Dinge sagt, die sie nicht wirklich meint. Das ist eine Methode, um ihre Mitmenschen auf Distanz zu halten:

»Würde mir doch jemand helfen! Ich bin sicher nicht so böse, wie ich den Leuten erscheine. Ich rede sehr oft, was ich nicht denke, und es kommt heraus, daß ich herzlos bin, dabei bin ich so froh, wenn es mir gelingt, jemandem zu helfen oder ihm wenigstens ein kleines Vergnügen zu bereiten. Den Kindern etwas anzubieten, den Patienten Leckerbissen zu bringen, ist für mich so angenehm. Ich spare so viel wie möglich, aber oft kann ich mich nicht davon zurückhalten, den Kleinen etwas zu geben.«[8]

Auf eine Briefkarte an ihre Bekannte aus Rostow, »Frl. L. Kazmann«, zeichnet Sabina eine verschlungene, stachelige Distel.[9] Hinter ruppigen Reden, hinter einer stacheligen Fassade verbirgt sie ihre weichen Seiten, ihre Sehnsucht nach einem Gegenüber. Der existentielle Charakter ihrer Ängste, die Unfreiheit in ihren Beziehungen sind ihr schmerzlich bewußt.

»Irgendwie habe ich Angst, den Menschen näher zu kommen.

Habe Angst um meine Freiheit. Das einzige, was ich jetzt habe, ist meine Freiheit, und ich schütze diese letzte Kostbarkeit mit allen Kräften. Ich ertrage nicht einmal den winzigsten Anschlag auf meine Persönlichkeit, nicht einmal in Form einer einfachen Belehrung, Strafpredigt. Und je mehr ein Mensch Einfluß auf mich hat, umso mehr kann er mich in Rage bringen, sogar mit einer freundlichen Belehrung. [...] Nur von Junga kann ich alles ertragen. Mir tut es so unglaublich weh, wenn er mir einen Verweis erteilt. Man möchte weinen, ihn anflehen aufzuhören, weil ich die Unterdrükkung meiner Persönlichkeit fühle, aber andererseits kann [ich] ihm überhaupt nicht widerstehen. Dieser hoffnungslose, unerträgliche Schmerz, den er mir bereitet (aber auch Professor [Bleuler]) ist mir oft gleichzeitig angenehm, und ich bin froh, wenn er sich ärgert, [ich] habe Schadenfreude über meine Erniedrigung. Wenn jemand wüßte, wie weh es mir tut, diese Zeilen zu schreiben. Welche Anstrengung es mich kostet, solche erniedrigenden Worte, Phrasen zu schreiben, zu durchdenken!«[10]

Selbstvorwürfe und Selbstzweifel werden Sabinas ganzes Studium begleiten.[11] Außerdem wird sie weiterhin von Zwangssymptomen geplagt, wobei sie das Zwangslachen vor anderen Leuten als ganz besonders peinlich und demütigend erlebt. Auch auf Streiche kann Sabina noch nicht verzichten; gerade die Menschen, die sie gerne hat, muß sie provozieren, in Schrecken versetzen.[12] Dies versucht sie auch in einem ihrer Briefe an Bleuler:

»Lieber Herr Professor!
[Ist eine s]olche Form bei Ihnen Sitte? Das habe ich von Dr. Jung gelernt. [Ich] bin genötigt, Ihnen auf diesem [Fet]zchen zu schreiben, da zum Papier [kau]fen die Energie absolut nicht ausreicht. Überhaupt meine Geschichte ist jetzt zu Ende u mein unausstehlichster Wunsch ist so viel Mut zu fassen um dieser Komödie einen Schluß zu machen. Aber bis die Maschine existiert kann sie mit Nutzen verwendet werden. Mir scheint eben, daß ich auf Frl. Remi ganz gut wirken kann, nur natürlich, wenn wir nicht zusammenleben. Also ich dachte den 1. VIII. etwas weiter von Zürich (in einer anderen Stadt) 2 Zimmer finden; da können [wir] zwar besonders leben, aber uns doch jeden Tag sehen u Ausflüge zusammen machen. Wenn ich sie nur zu bestimmten Zeiten sehe, kann ich mich

eine Zeit lang fassen u ich hoffe, daß meine Anwesenheit ihr gut tut. (Man kann ja oft in der Hölle existieren und dabei vom Paradies erzählen) wenn sie mich aber antrifft, indem ich nicht vorbereitet bin, garantiere ich durchaus nicht, daß ich mich halten kann. Die Hauptfrage ist aber, ob sich nicht Frl. Remi dort ohne ihr an Bildung u Gewohnheiten passender Gesellschaft langweilt? Ich will schon mich ihr möglichst anpassen, aber ob das ihr genügt? Allerdings kann sie jeden Tag wieder zurück u der Umstand, daß sie nicht plötzlich ganz von der Anstalt fortgeht, sondern sich zum Normalen um allmählich gewöhnt [umgewöhnt] ist meiner Ansicht nach sehr günstig. Aber es gibt noch manches dafür und dagegen. Ich muß eigentlich einfach mit Ihnen persönlich darüber reden. M. [?]. g [?]«[13]

Sabinas echte Anliegen, ihre sehr vernünftigen Überlegungen zur Frage, wie man Louise Rähmi weiterhelfen kann,[14] stehen neben diffusen Andeutungen und Drohungen, »mit der Komödie Schluß« zu machen. Sobald der Brief abgeschickt ist, tut es ihr leid, und sie möchte die Sache mit einer zweiten Postkarte rückgängig machen: »L.[ieber] h.[err] Pr.[ofessor] u.s.w. Das ist alles nicht wahr, aber ich weiß nichts, darum bitte ich Sie, den Brief nicht zu lesen.«[15] Doch nicht immer sind Sabinas »Scherze« so harmlos wie dieser Brief an Bleuler, der sich – wie sie weiß – von derartigen Kindereien nicht beeindrucken läßt.

Bei einer anderen Gelegenheit entwendet sie im Kurs »Organische Experimentalchemie, Mo–Fr. 8–9«[16] eine kleine Spritze und etwas KCN und fährt in die Klinik, »um damit jeden, der mich anredet, zu [bespritzen]. KCN war nur zum Effekte da, denn die Spritze war mit Wasser gefüllt. – Von weiteren Plänen will ich lieber schweigen.«[17] KCN ist das Kürzel für Kaliumcyanid, eines der stärksten Gifte überhaupt. In die Blutbahn gebracht, wirkt es bereits in kleinster Dosis tödlich.

Sabina verstört die Mutter, als sie ihr einen schwärmerischen Brief von Louise schickt und behauptet, er sei von Jung. Louise Rähmis Stil ist typisch für jemanden vom Lande, der sich um eine »gehobene« Sprache bemüht: pathetisch, perseverierend, den Herz-Schmerz-Romanen von Courths-Mahler nachempfunden. Frau Spielrein ist eine gebildete, in Gefühlsdingen erfahrene Frau, und sie bekommt einen großen Schrecken, als sie die Epistel liest. Und sie läßt sich auch nicht beruhigen, als Sabina die Schwindelei zugibt. Für Eva Spielreins Geschmack schreibt die Tochter ihr ohnehin allzu überschwenglich über ihren Arzt: »er aber stellte den Glauben an meine Kräfte wieder her und gab soviel Glück! Er besucht mich am Freitag (1. September) um 3 Uhr. Wenn ich doch bis dahin Borschtsch kochen lernen würde!«[18]

Als Jung von der Angelegenheit erfährt, schimpft er seine Patientin und Freundin gehörig aus: sie solle die Mutter nicht so quälen! Diesmal hat sie den Bogen überspannt.

Eva Spielrein schreibt nach Zürich und verlangt von C. G. Jung, daß er die Tochter an einen älteren, erfahrenen Therapeuten überweist. Jung will der Forderung nachkommen und schreibt – auf offiziellem Klinikpapier, obwohl es sich um eine Privatpatientin handelt [!] – den »Bericht über Fräulein Spielrein an Herrn Professor Freud in Wien, an Frau Spielrein übergeben zu eventueller Verwendung«. Es ist Jungs erster Versuch, mit Freud in Kontakt zu treten:

»Ich habe nach Ihrer Methode das Krankheitsbild ziemlich vollständig analysiert, auch mit Anfangs sehr günstigem Erfolg. [...] Mit fortschreitender Analyse besserte sich ihr Zustand zusehends & schließlich entpuppte sie sich als eine höchst intelligente & begabte Person von größter Sensibilität. Ihr Charakter hat entschieden etwas rücksichtsloses & unbilliges, auch fehlt jegliches Gefühl für Opportunität & äußeren Anstand, wovon viel natürlich auf russische Eigentümlichkeiten muß geschoben werden. Ihr Zustand besserte sich beträchtlich, daß sie letztes Sommersemester studieren konnte. [...] Während der Behandlung hatte die Pat. die Malchance, sich in mich zu verlieben. Sie schwärmt nun der Mutter immer in ostentativer Weise von ihrer Liebe vor, wobei eine geheime chicanöse Freude am Schrecken der Mutter eine nicht unbeträchtliche Rolle spielt. Die Mutter will sie deshalb nun, im Falle der Noth, in eine andere Behandlung geben, womit ich natürlich einverstanden bin.«[19]

Jungs Formulierung läßt offen, um was für eine Art Not und um wessen Not es sich hier handelt. Sigmund Freud hat das Schreiben jedoch nie erhalten. Der »Bericht« bleibt in der Spielrein-Familie und Sabina in Zürich.

## 12
## »Wer kauft Liebesgötter?«

Für C. G. Jung ist 1905 ein Erfolgsjahr. Bleuler hat seine Arbeit *Über das Verhalten der Reaktionszeit beim Assoziationsexperimente* (1907) der medizinischen Fakultät »bestens zur Annahme als Habilitationsschrift« empfohlen.[1] Jungs Probevorlesung über »Die Freud'sche Hysterielehre im Lichte unserer Erfahrung« wird von der Fakultät gutgeheißen.[2] Am 27. Februar 1905 erteilt der Erziehungsrat Herrn Dr. C. Jung die Venia legendi für Psychiatrie, »vorläufig für die Dauer von 6 Semestern«.[3] Ende Oktober hält er seine Antrittsvorlesung über das Thema »Über die Bedeutung des Assoziationsexperimentes für die Psychopathologie«.[4]

Jungs Karriere am Burghölzli macht Fortschritte. Anfang April schreibt Direktor Bleuler an den Regierungsrat:

»Mit gleicher Post werden Sie das Entlassungsgesuch des Herrn Sekundararztes Dr. L. v. Muralt erhalten. Es wird leider wohl [sic!] nichts anderes übrig bleiben, als ihm zu entsprechen. Wenn ich etwas vorschlagen darf, so möchte ich Sie bitten, dem Scheidenden die mehr als 10jährigen treuen Dienste, die er Rheinau & dem Burghölzli gewidmet hat, gebührend zu verdanken. Ferner möchte ich Sie ergebenst ersuchen, an seine Stelle den bisherigen Vertreter Herrn Dr. C. Jung von Basel zu wählen. Eine Ausschreibung hat ja bei der gegenwärtigen Sachlage keinen Sinn.«[5]

Der Regierungsrat folgt Bleulers Antrag und wählt Jung auf den 18. April zum Sekundararzt.[6] Jetzt ist er auch offiziell befugt, Privatpatienten zu behandeln. Jung ist einunddreißig. Er hat eine gute Partie gemacht, er ist beruflich erfolgreich, er hat Aussichten. Er könnte zufrieden sein – wäre da nicht die Sache mit der Spielrein.

Räumliche Trennung und zeitliche Ausdünnung der Beziehung haben nicht die gewünschte innere Distanz gebracht. Jungs erster Kontaktversuch mit Freud – der Spielrein-Bericht 1905 – ist ergebnislos verlaufen. Im Frühling 1906 schickt er die *Diagnostischen Assoziationsstudien. Beiträge zur experimentellen Psychopathologie. Bd. I* (1906) mit sechs Arbeiten von ihm selber und weiteren

Burghölzli-Ärzten nach Wien. Diesmal klappt es. Freud bedankt sich wärmstens und revanchiert sich mit seiner *Sammlung kleiner Schriften zur Neurosenlehre* (1906). Bereits im zweiten Brief an den Meister in Wien bringt Jung seine Nöte zur Sprache:

»Ein Erlebnis aus jüngster Zeit muß ich bei Ihnen abreagieren, auf die Gefahr hin, Sie zu langweilen. Ich behandle gegenwärtig eine Hysterie nach Ihrer Methode. Schwerer Fall, 20jährige russische Studentin, krank seit sechs Jahren.«[7]

Jung berichtet detailliert, sagt jedoch nicht, daß er die Patientin bereits über zwei Jahre kennt, daß sie selbständig in der Stadt lebt und Medizin studiert.

»An Ihrer Russin ist erfreulich, daß es eine Studentin ist; ungebildete Personen sind für uns derzeit allzu undurchsichtig«, erklärt Freud zuversichtlich. Das Problem der Patientin sei eine »infantile Fixierung der Libido« auf den Vater: »Fälle wie dieser, auf verdrängter Perversion beruhend, sind besonders schön zu durchschauen.«[8]

In der Anfangszeit der Korrespondenz zwischen Wien und Zürich geht es um die Frage der therapeutischen Wirksamkeit der Psychoanalyse und darum, was eigentlich die Heilung bewirke. Es ist eine »Heilung durch Liebe«, sagt Freud, sein Begriff »Übertragung« dürfte die Lücke im Mechanismus der Heilung – Jungs »persönlicher Rapport« – ganz ausfüllen.[9] Im lebhaften Austausch zwischen den beiden Männern ist Sabina Spielrein präsent, ohne daß ihr Name genannt wird, ohne daß Freud ahnt, daß Jung fortwährend von derselben Patientin spricht. Der Briefwechsel mit Freud muß Jung hinfort eigene Analyse und Supervision ersetzen.[10]

Im Sommer 1906 beendet Jung das Manuskript des Buches, welches ihn in Fachkreisen bekannt machen wird. Im Vorwort zu *Über die Psychologie der Dementia praecox* (1907) hebt er hervor, wie viel er den »genialen Konzeptionen Freuds« zu verdanken hat.[11] Der erste Hinweis auf Sabina Spielrein steht im zweiten Kapitel »Über den gefühlsbetonten Komplex und seine allgemeinen Wirkungen auf die Psyche«: Da ist von einer jungen Dame die Rede, die es nicht ertragen kann, wenn ihr Mantel ausgeschüttelt wird.[12] Ein paar Seiten später wird der Traum eines »Freunds«, eines »Herrn X«, mitgeteilt. Im Brief an Freud heißt es dazu: »Der Träumer ist mir genau bekannt: ich bin es selber.«[13] Jung hat diesen

Traum während der zweiten Schwangerschaft seiner Frau geträumt, irgendwann zwischen Mai 1905 und der Geburt von Anna Jung am 8. Februar 1906. Im Buch will Jung sich nicht als Urheber zu erkennen geben; außerdem hat Bleuler den Traum gelesen und Diskretion verlangt. Jung tat sich mit der Niederschrift schwer, und darum hat Emma ihm diese Last schließlich abgenommen.

Der »Traum vom galoppierenden Pferd« ist eine zentrale Passage in der *Dementia praecox* und »Herr X« eine autobiographische Schlüsselfigur. Die Traumerzählung lautet:

»Ich sah, wie Pferde an dicken Tauen in eine unbestimmte Höhe gehißt wurden. Eines derselben, ein braunes, kräftiges Pferd, das in Riemen eingeschnürt war und wie ein Paket nach oben befördert wurde, fiel mir besonders auf, als plötzlich das Seil riß und das Pferd auf die Straße hinunterstürzte. Es mußte tot sein. Sogleich sprang es aber wieder auf und galoppierte davon. Dabei merkte ich, daß das Pferd einen schweren Baumstamm hinter sich her schleifte und wunderte mich, daß es dennoch so schnell vorwärts kam. Offenbar war es scheu und konnte leicht ein Unglück anrichten. Da kam ein Reiter auf einem kleinen Pferd und ritt langsam vor dem scheuen Pferd her, das dann auch seine Gangart etwas mäßigte. Ich fürchtete aber dennoch, das Pferd werde den Reiter überrennen, als eine Droschke daherkam und im Schritt vor dem Reiter herfuhr und so das scheue Pferd in ein noch ruhigeres Tempo brachte. Ich dachte dabei, jetzt ist es gut, jetzt ist die Gefahr vorbei.« [14]

Daß Jung diesen Traum ins Buch aufnimmt und eines der ersten Exemplare nach Wien schickt, ist ein großer Vertrauensbeweis und kommt einer Anfrage um therapeutische Hilfe gleich. Freud spürt das ganz richtig. Sein kurzer, brieflicher Kommentar beschränkt sich auf zwei Einwände, und er lädt Jung ein, nächstens nach Wien zu kommen. [15]

In der *Dementia praecox* wird der Traum vom galoppierenden Pferd entlang der beiden Komplexe »Selbstvergewisserung« und »Sexualität« gedeutet. Die ersten Assoziationen beziehen sich auf die Themen Ehrgeiz, Aufstieg und »Überwindung von Enttäuschung = Sturz«. Jung sagt, der Träumer – Herr X – identifiziere sich mit dem kräftigen braunen Pferd, das sich »nicht unterkriegen läßt«. Dem Heraufhissen des Pferdes entspricht der Wunsch, »hoch hinaus« zu wollen: Er sei ein geübter Bergsteiger und schmiede beruflich hochfahrende, seinem Ehrgeiz schmeichelnde, wenn auch ganz vage Zukunftspläne; darum arbeite er auch »wie ein Pferd«. Der Reiter auf dem kleinen Pferd, der die stürmische Gangart des Braunen bremst, erinnert in Aussehen und Kleidung an den Vorgesetzten [= Bleuler], der ihn am Vorankommen hindert. Außerdem ist der Vorgesetzte dem Träumer darin voraus, daß er zwei Jungen hat; der Träumer hingegen hat zwei Mädchen und wünscht sich einen Jungen.

Zum Passus vom braunen Pferd, das einen Baumstamm hinter sich herschleift, fällt Herrn X ein, daß man ihm früher wegen seiner »kräftigen, stämmigen Gestalt« den Übernamen »Baum« gegeben hatte. Trotz des Baumes, den das Pferd mitschleift, ist es ungeheuer schnell: Es ist scheu, es richtet vielleicht noch ein Unglück an. Zum Traumelement des davongaloppierenden Pferdes kommt der Einfall, daß – für einen kurzen Moment – ein zweites Pferd neben dem Braunen zu sehen war, ganz undeutlich »und also sehr wichtig«.[16] Wer aber ist das zweite Pferd? Die offizielle, die Buchversion lautet, daß die andere Person die Ehefrau ist, mit der er ins »Joch der Ehe« eingespannt ist: Das Paar zieht den Baumstamm gemeinsam.

Als Jung den Traum im Brief an Freud erläutert, sagt er etwas anderes: »... im Hintergrund ruht ein illegitimer Sexualwunsch, der besser das Tageslicht nicht erblickt.«[17] Nach dieser Version wäre das zweite Pferd nicht die Ehefrau, sondern die Freundin, Sabina Spielrein. Jungs innere Konflikte zeigen sich in den Befunden neuerlicher Assoziationsversuche, die Ludwig Binswanger noch vor Jungs erster Wienreise aufnimmt: »33. Leid: schwer«; »38. Reue: Treue«; »52. scheiden: meiden«; »55. Kind: haben«; »56. Hut: aufsetzen«; »92. Qual: Wahl«.[18]

Freud merkt sogleich, wer Versuchsperson I ist: »Die Arbeit von Binswanger habe ich heute erhalten, Sie als Versuchsperson natürlich ohne Mühe erkannt und mich über die Kühnheit des Knaben in der Auflösung seiner eigenen Wirrungen sehr gefreut«.[19] Und auch Sabina Spielrein hat keinerlei Mühe, ihren Freund anhand von Assoziationen wie »Kind: haben« und »Hut: aufsetzen« zu erkennen; schließlich ist sie diejenige, vor der er »auf der Hut« sein muß.[20]

Der nächste Einfall Jungs zum Traum gilt Albert Weltis Radierung *Eine Mondnacht* (1896), wo auf einem Gesims galoppierende Pferde dargestellt sind, darunter ein steigendes, »brünstiges Pferd«.

Albert Welti, *Eine Mondnacht* (1896)

»Auf dem gleichen Bilde ist bekanntlich ein Ehepaar im Bett liegend dargestellt. [...] Hier eröffnet sich ein ganz unerwarteter Einblick in eine sexuelle Nuance des Traumes.«[21]

Der Schweizer Maler Welti ist bekannt für seine beeindruckenden, manchmal geradezu dämonischen Darstellungen von Pferden, Reitern und Walküren. *Eine Mondnacht* zeigt ein Ehepaar, das auf seinem Lager ruht. Das Bettzeug ist ordentlich, glatt. Der Körper des schlafenden Mannes ist behaart und kräftig. Die Frau an seiner Seite liegt wach. Draußen vor dem Fenster, in der mondhellen Nacht, reitet ein junger Mann vorüber. Das Pferd geht im Schritt, an lockerem Zügel, den Kopf gesenkt. Der Reiter hat ein Jagdhorn umgehängt; sein Oberkörper ist zum Fenster/zum Bildbetrachter hingewandt; der Blick der Frau scheint auf dieser Gestalt zu ruhen.

Das »brünstige Pferd« ist nicht auf den ersten Blick zu erkennen – es handelt sich um eine kleine, eingezwängte Figur, die zum Fries am Rande des Gesimses gehört. Das eheliche Lager imponiert durch seine starre, totenähnliche Stimmung: Dort rührt sich kein Leben, gibt es keine Bewegung. Auch der Reiter im Mondlicht wirkt erschöpft, als ob er wüßte, daß sein Ritt vergebens ist. Das Jagdhorn, das er zum Aufbruch blasen könnte, hängt unbenutzt am

Schulterriemen. Ist es ein Jäger, der da vorbeizieht, ein Spielmann vielleicht? Die Zeit im Bild scheint stillzustehen. Einziger Hoffnungsschimmer ist eine *Iris germanica* in der Vase am Fuße der Bettstatt, wo zwei Blüten aus einem einzigen Stengel wachsen. Was wir im fahlen Licht des Mondes sehen, was das Licht der Welt besser nicht erblickt, ist der illegitime Sexualwunsch der Ehefrau, der sich auf den jungen Mann richtet.[22]

Bewegtheit, Sexualität, Lebendigkeit in Gestalt der Pferde sind abgespalten, versteinert und ins Fries draußen am Balkon gebannt. In diesem Bild ist Jung mit der Frau identifiziert, ein Gedanke, der für ihn selber nichts Befremdliches hat.

Freuds erster Einwand lautet, Jung habe aus Gründen der diplomatischen Vorsicht gegenüber den Gegnern der Psychoanalyse auf die Deutung »Baumstamm = Penis« verzichtet. Tatsächlich hatte Jung nie von einem Baumstamm geträumt; sein Spitzname aus der Basler Studienzeit war gar nicht »Baum«, sondern »Walze«. Baum wurde von Jung oder von der Mitautorin Emma im Text verwendet, um den echten Spitznamen zu verbergen. Im Gegensatz zu »Baum« ist »Walze« jedoch eher ein weibliches Symbol. Der Traum vom galoppierenden Pferd enthält mehrere Elemente, die auf passive, weibliche Bestrebungen hinweisen. Gleich zu Beginn gibt es das kräftige braune Pferd, das in Riemen eingeschnürt ist und wie ein Paket nach oben befördert wird. Dem Träumer fällt ein, daß er

Albert Welti, *Die Walze* (1903)

»fremder Hilfe nie bedurft«: die Vorstellung, Hilfe zu brauchen oder anzunehmen, bereitet ihm Mühe. Die langsam vorausfahrende Droschke ist ein weiblicher Container, der Träumer aus der *Dementia praecox* assoziiert, daß darin Kinder sitzen. Dann denkt er an den Spruch »ein ganzer Karren voller Kinder« – ein vulgärer, eher abwertend gemeinter Ausdruck, welcher der Ehefrau gilt: Frau = Droschke mit einem Bauch voller Kinder. Dazu paßt Assoziation 73 in Ludwig Binswangers Assoziationstest: »Kasten: Bett«; die Versuchsperson denkt dabei an seine Frau, als sie schwanger war.[23] Jung scheint sich darüber zu beschweren, daß er selber so hart für den Erfolg arbeiten muß. Er ist neidisch auf die Kreativität der Frau, wo die Kinder scheinbar nur so im Überfluß aus dem Bauch kommen.

Freuds zweiter Einwand bezieht sich auf die Frage nach der Wunscherfüllung im Traum. Jung schreibt im Buch: »Die Gravidität der Frau und die Frage der zu vielen Kinder legen dem Manne Zurückhaltung auf. Dieser Traum erfüllt einen Wunsch, indem er die Zurückhaltung bereits als eingetreten darstellt.«[24]

Freud ist mit dieser Deutung »aus prinzipiellen Gründen« nicht einverstanden.[25] Im Briefwechsel bleibt die Frage offen. Freuds Einwand bleibt berechtigt: Wie lautet der Wunsch des Träumers?

Im Traum vom galoppierenden Pferd ist die räumliche Anordnung der Traumelemente zueinander sehr auffällig und von zentraler Bedeutung für die Interpretation. Es gibt die Vertikale mit Oben und Unten: Das Pferd stürzt von oben herab (Erfolg versus Fall). Es gibt die Horizontale, wo gewisse Hindernisse – der Vorgesetzte, die Droschke, die Kinder – dem galoppierenden Pferd in die Quere kommen, ihm in den Weg gesetzt respektive vorgesetzt werden und es vor dem Durchbrennen, vor der Gefahr schützen (Kontrollverlust versus Kontrolle). Für einen kurzen Moment scheint in der Traumerzählung eine dritte Beziehungsform oder Relation auf: Zwei Pferde galoppieren »Seite an Seite«. Es ist der Wunsch des Träumers mit dem zweiten Pferd, mit der Freundin, Seite an Seite zu galoppieren. So intensiv dieser Wunsch ist, so berechtigt sind Jungs Ängste davor »durchzubrennen«, die Kontrolle zu verlieren.

Jung reist in Begleitung von Emma Jung und Ludwig Binswanger nach Wien. Das erste Treffen zwischen den beiden ungleichen Männern, dem alten Juden und dem jüngeren Christen, findet am 3. März 1907 in Freuds Wohnung an der Berggasse 19 statt. Die Begegnung dauer dreizehn Stunden.[26] Jung hat viel zu erzählen und spricht ohne Pause. Nach drei Stunden unterbricht der geduldige Zuhörer und macht den Vorschlag, die Sache systematischer anzugehen. Zum Erstaunen des Besuchers gruppiert er das Material zu bestimmten Themen, und so wird ein produktives Gespräch möglich. In Wien hat Jung einen Traum von Freud: »Ich träumte damals, ich sähe Sie neben mir gehen als uralten, überaus gebrechlichen Greis.« Freud erkennt Jungs Gefährdung, seine Angst vor Kontrollverlust nicht. Er reagiert verständnislos – aus eigener Problematik heraus. Er deutet den Traum ödipal: als Jungs Wunsch, ihn, den Älteren, zu zerstören und dessen Platz einzunehmen. Mit dieser Deutung bringt er seinen jungen Freund vollkommen aus dem Konzept. Erst Monate später findet Jung selber die Lösung: »Eigentlich – was ich Ihnen mit Widerstreben gestehen muß – bewundere ich Sie als Menschen und Forscher schrankenlos [...] meine Verehrung für Sie [hat] einen ›religiös‹-schwärmerischen Charakter [...], der mir aber wegen seines unverkennbar erotischen Untertones ekelhaft und lächerlich ist.« Jung bringt diese abscheulichen Gefühle mit »einem homosexuellen Attentat eines von mir früher verehrten Menschen« auf ihn als Knaben in Verbindung. Von daher rühren auch die schwierigen Gefühle, die er immer dann bekommt, wenn Kollegen ihm zu nahe kommen. »Ich fürchte deshalb Ihr Vertrauen«, gesteht er.[27]

Jungs Besuch in Wien hat Freud in eine euphorische Stimmung versetzt. Er ist von dessen Vitalität, seiner Intelligenz und seinem Vorstellungsvermögen begeistert. Bald nach Jungs Abreise schickt er ihm einen Brief und läßt seinen Gefühlen freien Lauf:

»... ich hätte Lust, Ihnen mehreres in der Schrift zu wiederholen, was ich Ihnen mündlich gestanden habe, vor allem, daß Ihre Person mich mit Vertrauen in die Zukunft erfüllt hat, daß ich nun weiß, ich sei entbehrlich wie jeder andere, und daß ich keinen anderen und besseren Fortsetzer und Vollender meiner Arbeit wünsche als Sie, wie ich Sie kennengelernt habe.«[28]

Anfang Juli schreibt Jung: »Eine hysterische Patientin erzählte mir, ein Vers aus einem Lermontowschen Gedicht gehe ihr beständig im Kopfe herum. Das Lied handelt von einem Gefangenen, dessen einziger Kamerad ein Vogel in einem Käfig ist. Den Gefangenen beseelt nur ein Wunsch: er möchte in seinem Leben, als höchste Tat, irgendeinem Wesen die Freiheit schenken. Er öffnet den Käfig und läßt seinen geliebten Vogel fliegen.«[29] Die Patientin, fährt Jung fort, gebe zu, daß sie ein Kind mit ihm möchte: »Dazu müßte ich natürlicherweise vorher den ›Vogel fliegen‹ lassen. (Im Schweizerdeutschen sagt man z.B.: Hat Dein ›Vögeli‹ auch schon gepfiffen?) Nicht wahr, eine schöne Kette? Kennen Sie Kaulbachs pornographisches Bild ›Wer kauft Liebesgötter‹?«[30]

Wilhelm von Kaulbach, *Wer kauft Liebesgötter?*

Wilhelm von Kaulbachs Karikatur ist die Illustration zu einem Gedicht von Goethe:[31]

Wer kauft Liebesgötter?

Von allen schönen Waren,
Zum Markte hergefahren,
Wird keine mehr behagen,
Als die wir Euch, getragen
Aus fremden Ländern, bringen.
O, höret, was wir singen,
Und seht die schönen Vögel,
Sie stehen zum Verkauf!

Zuerst beseht den Großen,
Den Lustigen, den Losen!
Er hüpfet leicht und munter
Von Baum und Busch herunter;
Gleich ist er wieder droben.
Wir wollen ihn nicht loben.
O, seht den muntern Vogel!
Er steht hier zum Verkauf.

Betrachtet nun den Kleinen;
Er will bedächtig scheinen,
Und doch ist er der Lose
So gut als wie der Große;
Er zeiget meist im Stillen
Den allerbesten Willen.
Der lose, kleine Vogel,
Er steht hier zum Verkauf.

Wir wollen sie nicht loben,
Sie stehn zu allen Proben.
Sie lieben sich das Neue;
Doch über ihre Treue
Verlangt nicht Brief und Siegel;
Sie haben alle Flügel.
Wie artig sind die Vögel,
Wie reizend ist der Kauf!

[...]

In Goethes Gedicht trägt ein Vogelhändler das Aufregende, das Sexuelle, aus der Fremde auf den Markt. Triebhaftigkeit erscheint in
der Gestalt von erregten = sich aufbäumenden, geflügelten Phalli:
als etwas Abgespaltenes, nicht Integriertes. Diesem Phänomen der
Spaltung in der Selbstwahrnehmung und in den Beziehungen begegnet man bei Jung allenthalben. Es ist dieses Strukturelement,
das verhindert, daß er seinen großen Wunsch verwirklichen kann –
d.h. mit Spielrein, mit Emma, mit Freud »Seite an Seite zu galoppieren«. Jung lebt in einem seelischen Dilemma. Da ist einerseits
die Notwendigkeit, ein kohärentes Selbst bzw. die Ich-Integrität zu
wahren. Andererseits sucht er Nähe: Er möchte sich mit Haut und
Haaren auf einen anderen Menschen einlassen, die unterbrochene
Einheit wiederherstellen, verschmelzen.[32] Beide Lösungen bergen
Gefahren für seine Ich-Grenzen. So steht auch die spielerische Hei-
terkeit von Goethes Gedicht in auffallendem Kontrast zur Mehr-
deutigkeit der Karikatur. Kaulbachs Vogelverkäufer ist alt und ge-
krümmt. Es könnte ein Mann sein oder eine Frau oder vielleicht der
Tod selbst. Daß eine solche seelische Konstellation, bei aller gegebenen Hellhörigkeit und Begabung, das Verständnis für andere
Menschen erschwert, mag Jung gespürt haben; vielleicht war es
ihm sogar bewußt. Jedenfalls unternimmt er in diesen Jahren verschiedene Anläufe, um von der therapeutischen Arbeit ganz wegzu-
kommen und sich auf die Forschung zu konzentrieren. Jungs Anspielung auf Kaulbachs Karikatur bleibt ein »Witz« unter Herren.

Jung schenkt der Freundin dagegen eine Reproduktion von Giovanni Segantinis Gemälde *Ave Maria a trasbordo* (1886). Es zeigt
einen Kahn auf abendlichem See, beladen mit Schafen, und mit
einer innigen Mutter-Kind-Darstellung. Segantinis Bild präsentiert

einen hochidealisierten Beziehungsmodus um den Preis von Erstarrung, Leblosigkeit. Im Hintergrund wacht die väterliche Kirche.

Im September 1907 reist C. G. Jung an den »Ersten Internationalen Kongreß für Psychiatrie und Neurologie« in Amsterdam, um dort für Freud und für die Psychoanalyse zu streiten. Sein Vortrag – als ein rechtes »Schmerzenskind« geboren[33] – führt zum Duell mit Gustav Aschaffenburg, einem radikalen Psychoanalysegegner. Jung

Giovanni Segantini, *Ave Maria a trasbordo* (1886)

überzieht das Zeitlimit und wird rabiat unterbrochen. »Hier ist eine schlimme Mördergrube«, schreibt er gleichentags an Freud. »Es ist eine entsetzliche Bande, stinkend vor Eitelkeit, Janet leider Gottes oben an.«[34] In seinem Vortrag »Über die Freudsche Hysterietheorie« wird ein »Fall von psychotischer Hysterie« vorgestellt – es ist wiederum Sabina Spielrein. Jung gibt eine entstellte und einseitige Beschreibung, so daß die Zuhörer eine schwere Geisteskrankheit der Patientin annehmen müssen, also einen Bruch mit der Realität.[35]

Sabina Spielrein hat sich unterdessen zu einer hübschen und gepflegten Frau entwickelt, die sich geschmackvoll kleidet. Eine Zeitlang sehen Jung und sie sich nur bei den Vorlesungen, wo sie sich Notizen macht und Jungs Ausführungen daheim kommentiert und weiterdenkt. Je mehr sie mit anderen Menschen zusammenkommt, desto mehr sehnt sie sich nach den anregenden Gesprächen mit ihrem Lehrer und Freund. Sie hat sich einigermaßen damit abgefunden, daß er auf Distanz bleibt.

»Ihre Vorlesung war wunderschön (nicht im wissenschaftlichen, sondern im ethischen Sinne). Warum konnten Sie gerade jetzt soviel Begeisterung und Gefühl schöpfen? Sie haben eine wunderschöne potentielle Energie und könnten mehr leisten, als Sie es tun.«[36]

Sabina möchte gerne »eine tüchtige Kombination« werden und sucht Kontakt auf der Lehrer-Schüler-Ebene. Sie bittet Jung darum, ihr interessante Bücher zu empfehlen und von Zeit zu Zeit kurz zu schreiben, um den besseren Teil ihrer Persönlichkeit zu ermuntern: »Ich wäre jetzt auch ohne Sie fest, aber wenn man eine Stütze hat, ist man viel sicherer.«[37] Sie verspricht, ihm nicht zu antworten, wenn ihm das lieber ist.

Während äußerlich Abstand gewahrt wird, blühen die Phantasien. In Sabinas Kopf muß Jung für vieles herhalten: Er ist Vorbild, Mentor, Elternersatz, Erzieher, Leitlinie, Geliebter und sogar – Sohn. »Das wichtigste für mich ist, Sie sollen möglichst vollkommen sein [...] Sie sind eine merkwürdig gelungene Kombination, leider aber sind Sie von Vorurteilen Ihres Milieus zu stark beeinflußt, und das konnte zur Folge haben, daß das Gute in den Hintergrund tritt und sich die mehr einseitige, schlimmere Kombination manifestiert.«[38] Auf dem Projekt, Jung müsse ideal sein und von ihr verbessert werden, beharrt Sabina Spielrein unbedingt. Da nützt es wenig, wenn Feiga Berg sie mit seinen weniger erfreulichen Seiten konfrontiert. Ein Blick von ihm oder ein Wegblicken, irgendeine Bemerkung in der Vorlesung, alles nimmt sie persönlich; klopft es daraufhin ab, wie er wohl zu ihr steht; benutzt das als Barometer für ihre Stimmungen. Sie leidet an ihrer Obsession und will doch davon nicht lassen. Der Versuch, woanders einen Studienplatz zu bekommen, scheitert.

Jung plant, die Stelle als Anstaltsarzt aufzugeben und sich ganz der Wissenschaft zu widmen. Von Bleuler, seinem Vorgesetzten, läßt er beim Erziehungsrat seine Ernennung zum Leiter des psychopathologischen Laboratoriums beantragen; weiter soll das psychologische Laboratorium den Status einer eigenständigen Universitätsanstalt erhalten. Während Bleuler Jungs Projekt vordergründig unterstützt, spricht er sich in den entscheidenden Sitzungen dagegen aus. Die medizinische Fakultät der Universität Zürich lehnt die Verselbständigung des psychopathologischen Laboratoriums ab; der Erziehungsrat des Kantons Zürich folgt dieser Meinung.[39]

Sabina Spielrein schreibt weiterhin lange Briefe an ihren Freund. Deren Charakter hat sich geändert. Es geht jetzt um ein breites Spektrum von wissenschaftlichen Ideen: um psychoanalytische Konzepte, um Sozialismus versus Kapitalismus, um das Thema der Geschlechterdifferenz und immer wieder – jetzt auch auf theoretischer Ebene – um die quälende Frage, »was ist denn eigentlich dieses schauderhafte Ding – Liebe?«[40] Ihre Ideen und erste eigene Theorieteile entwickelt Sabina Spielrein auf spielerische und zunehmend eloquente Weise in einem fortlaufenden inneren Dialog mit ihrem Gegenüber. Dabei werden in Umrissen bereits Gedanken zu ihrer späteren metapsychologischen Arbeit über Sexualtrieb, Transformation und Todesinstinkt erkennbar.[41]

Anfang 1907 wird am Zürcher Stadttheater *Der Ring* unter der musikalischen Leitung von Lothar Kempter aufgeführt. Wagners völlig neuer musikdramatischer Stil, das Element der Psychologisierung mittels Leitmotiven, die bei Wagner auf Gewesenes oder Zukünftiges verweisen, kommen für Sabina Spielrein einer Offenbarung gleich. Sie ist musikalisch, spielt selber Klavier und Violine, dichtet und komponiert. In der Wagnerschen Kosmologie, in seiner

Musik und Dichtung begegnet sie eigenen, existentiellen Fragen. Am besten von der ganzen Tetralogie gefällt ihr *Rheingold*. Als sie Jung davon erzählt, füllen seine Augen sich mit Tränen: Gerade jetzt schreibe er das gleiche.[42]

Das tragische Pathos von Wagners Musik drückt Sabinas eigene Empfindungen aus, das, was sie vis-à-vis Jung erlebt: »Bei sehr leidenschaftlichen Künstlern, wie es Wagner war, ist der Culminationspunkt der Liebe über den Tod zu suchen. Seine Helden müssen sterben – So stirbt Siegfried u Brunhilde mit ihm.« [43]

Siegfried und Brünnhilde[44] werden für sie zur Chiffre ihrer Liebe. Siegfried, diesen Namen gibt sie dem Kind, das sie sich von Jung ersehnt:

»Nun komme ich von der Violinstunde und das macht ein sanftes Gemüt. O Sie! Wenn Sie wüßten wie lieb Sie mir sind, ohne den geringsten Gedanken an den Bubi. Ist denn der Wunsch, ein Kindchen zu haben, nicht vor allem der Wunsch, Sie wenigstens im Kleinen zu besitzen? Ist es nicht der Wunsch vor allem, Ihnen was besonderes zu schenken?«[45]

Jung spielt mit, läßt sich ernsthaft auf Gespräche über ein gemeinsames Kind ein.[46] Sabina Spielrein und C. G. Jung sind nun viel mehr in einer intuitiven Gemeinschaft vereinigt, wo sie gegenseitig ineinander lesen, wo sie das gleiche denken, das gleiche empfinden und schreiben. Die Begegnung mit Sabina Spielrein wird Jung zu einer tieferen Einsicht in sein eigenes Wesen verhelfen. Einmal wird er sagen, daß Sabina für immer »wie eine lebendige Persönlichkeit« in ihm bleibt. Er hatte seine anima gefunden, den ambiguen, weiblichen Anteil des gegengeschlechtlichen Paares anima-animus, das – gemäß Jung – in jedem Menschen wohnt. Ohne die umwälzende innere Erfahrung mit Sabina Spielrein ist Jungs anima-Theorie, die zentrale Figur seines Seelenmodells, undenkbar. Mit der Figur der anima gibt er ihr einen bleibenden Platz in seinem Pantheon.[47]

Am 11. Mai 1908 besteht Sabina Spielrein die zweite propädeutische Prüfung in den Fächern Anatomie und Physiologie. Ende Juni lädt Jung sie zu einer Bootspartie auf dem Zürichsee ein. Noch am selben Abend schreibt er ihr:

»Meine liebe Freundin!

Ich muß Ihnen doch in aller Kürze mittheilen, wie schön der Eindruck war, den ich heute von Ihnen empfangen habe. Ihr Bild hat sich ganz verwandelt und ich möchte Ihnen gerne sagen, wie sehr, sehr glücklich es mich macht, hoffen zu dürfen, daß es Menschen gibt, die mir ähnlich sind, bei denen Leben und Denken Eines ist; [...] Sie glauben nicht, wie viel mir die Hoffnung bedeutet, einen Menschen lieben zu dürfen, den ich nicht verdammen muß und der sich nicht verdammt dazu, an der Alltäglichkeit der Gewöhnung zu ersticken.«[48]

Kurz darauf reist Sabina Spielrein aus Zürich ab. Auf der Meldekarte der Zürcher Einwohnerkontrolle steht unter der Rubrik »Wohin abgemeldet« lediglich »fort von Zürich«.[49] Jungs besorgter Brief erreicht sie in Rostow:

»Meine liebe Freundin!

Ihr Brief hat mich sehr gefreut und beruhigt. Ich war etwas in Sorge wegen Ihres langen Schweigens. [...] Wie gefällt es Ihnen denn wieder in Ihrer Heimat? [...] Was sagt denn die alte Bombuchna zu Ihnen? Hat sie eine Freude darüber gehabt, wie hübsch Sie jetzt geworden sind? Wir lesen hier immer in der Zeitung, daß in Rostow die Cholera herrscht. Trinken Sie ja kein ungekochtes Wasser und essen Sie keinen grünen Salat [...]

Es küßt Sie herzlich Ihr Freund.«[50]


Im Oktober meldet Sabina sich aus Heidelberg wieder in Zürich an.[51] Man trifft sich zu Spaziergängen, im Burghölzli, in Sabinas Pension. Bei einer solchen Gelegenheit kommt Jung ein wenig zu früh. »Liebes Mütterchen«, schreibt Sabina ganz begeistert nach Rostow. »Wahre Wunder geschehen auf dieser Welt und es ist mir ganz ohne jede Absicht gelungen, Jung zu hypnotisieren.« Jung klopft fünf Minuten vor der vereinbarten Zeit und betritt auf ihr »Ja!« hin das Zimmer. Sabina hat ihn nicht erwartet und steht verlegen da, mit halb aufgelöstem Haar, den Kamm in der Hand. Jung darf sich auf das Sofa setzen, wenn er verspricht, die Hände vor seine Augen zu halten. Natürlich guckt er und schwingt dazu Reden, daß er sie für immer glücklich sehen möchte, daß er wegen ihr die ganze Nacht wach saß. Dann küßt er sie, ruft aus »Was ist?« und beginnt vor Glück zu glühen. Aber am besten von allem ist, so verrät Sabina der Mutter, daß er ihr eine neue Frisur machen will – eine Banane. Jung zieht den Kamm aus ihrem Knoten, läßt ihre Haare herunter und ist vor Freude ganz hingerissen – »fast wie eine Ägypterin!«[52]

Noch mit dreiundzwanzig Jahren hat sich Sabina Spielrein von ihrer Mutter nicht abgegrenzt und berichtet ihr jeweils brühwarm und detailliert von ihren Treffen mit Jung. »Wenn Du Dich doch nur im Nebenraum verstecken und hören könntest, wie besorgt er um mich und mein Schicksal ist«, schreibt sie ihr, »Du würdest selber zu Tränen gerührt.« Jung habe viele schlaflose Nächte durchlitten und mache sich endlos Vorwürfe wegen seiner Gefühle zu ihr: Er finde, daß Sabina etwas Heiliges für ihn sei, und möchte sie um Vergebung bitten; manchmal weine er. Sabina möchte der Mutter seine Briefe nicht schicken, weil sie verlorengehen könnten; sie möchte den genauen Wortlaut nicht zitieren, weil er etwas gefühlvoll ist, aber sie könne es sich ja vorstellen. »Erinnere Dich daran, wie der liebe Vater sich Dir gegenüber in der gleichen Weise entschuldigt hat.« Es ist Sabina unangenehm, all jene Selbstvorwürfe von Jung mitzuteilen, denn – »wir sind beide entweder gleich schuldig oder unschuldig.«[53] Sie fährt fort: »Bisher sind wir auf einer Ebene der Poesie geblieben, die ungefährlich ist, und wir werden auf dieser Ebene bleiben, vielleicht bis zu dem Zeitpunkt, wo ich Ärztin bin, falls die Verhältnisse sich nicht ändern. Ich schreibe Dir jetzt vor allem, weil ich ohne den mütterlichen Segen nicht glücklich sein kann, das heißt ohne daß Du mein Handeln billigst und daß Du Freude daran hast, solange es mir gut geht.«[54]

Briefe an die Mutter und an Jung selber zeigen, wie weit Sabina sich von ihrer frühen adoleszenten Schwärmerei für ihren Freund entfernt hat. Sie ist erwachsener geworden und sieht ihn jetzt differenzierter – dabei weiterhin liebend – an. Um zu verstehen und zu beschreiben, was zwischen Jung und ihr passiert, verwendet sie jetzt auch psychoanalytische Konzepte wie das der Übertragung.

»Kürzlich hat Junga seine Arbeit fertig gestellt, die so viel Aufsehen errregt hat, ›Über die Rolle des Vaters im Schicksale des Einzelnen‹,[55] worin er zeigt, daß die Wahl des zukünftigen Liebesobjekts durch die ersten Beziehungen des Kindes mit seinen Eltern bestimmt wird. Daß ich ihn liebe ist so sicher bestimmt wie daß er mich liebt. Er ist für mich ein Vater und ich bin eine Mutter für ihn, oder genauer gesagt, die Frau, die als erster Ersatz für die Mutter diente (seine Mutter wurde hysterisch, als er zwei Jahre alt war); und er wurde dieser Frau so zugetan, daß er sie, wenn sie abwesend war, in Halluzinationen sah etc, etc. Warum er sich in seine Frau verliebte, weiß ich nicht [...] Laß uns sagen, daß seine Frau nicht ›vollständig‹ zufrieden stellend ist, und nun hat er sich in mich, eine Hysterikerin, verliebt; und ich habe mich in einen Psychopathen verliebt, und muß man erklären warum? Meinen Vater habe ich nie für normal angesehen. Sein ungesundes Streben danach, ›sich selber zu kennen‹ wird bestens ausgedrückt durch Jung, für den wissenschaftliche Forschung wichtiger ist als alles andere auf dieser Welt [...] Ein ungleichmäßiger, dynamischer Charakter in Verbindung mit einer hoch entwickelten Sensibilität, ein Bedürfnis zu leiden und ›ad magnum‹ mitfühlend zu sein. Man kann alles mit ihm machen und mit Liebe und Zärtlichkeit alles, was man will, von ihm bekommen.«[56]

Sabina Spielrein schreibt an Jung und macht ihm auf sein widersprüchliches Verhalten ihr gegenüber aufmerksam. Die Rollen haben sich verkehrt.

»Die verwickelte Situation läßt mich in der unnatürlichen Rolle des Mannes erscheinen und Sie – des Mädchens [...] Sie suchen aber jedes stärkere Gefühl zu mir zu unterdrücken. Das hat zur Folge, daß Sie aus lauter Diplomatie und Lügen bestehen. [...] Das hat zur Folge, daß Ihr Semiunbewußtes Umwege macht, indem es Sie mir die Arbeit von Dr. Binswanger überreichen läßt, wo alles durchsichtig wie Glas ist. Sollte ich Ihnen alles erklären? Wozu? Erstes mal ist Ihnen der größte Teil wahrscheinlich bewußt und zweitens: Sie würden ja zweifellos alles leugnen müssen. Früher konnten Sie mit mir sich ueber abstraktere Dinge unterhalten [...] jetzt nennen Sie alles, was nicht eine engere Beziehung zum Sexualcomplex hat – ›Vortrag halten‹, was Ihnen lästig erscheint, weil der Complex so stark ist, daß Sie nicht mehr ganz Meister sind. [...] Ich fühle mich nicht gerade gemütlich, wenn ich mit Ihnen so rede. Doch: was tun? Es ist unmöglich für mich zuzulassen, daß Sie sich vor mir wehren auf die Art, daß Sie mich herabsetzen.«[57]

In den folgenden Monaten gibt es Verwechslungen, Irrungen, Wirrungen. Als Freud Anfang Mai 1908 den charismatischen, begabten und schwer opiumsüchtigen Arzt und Psychoanalytiker Otto Gross zur Entziehungskur ins Burghölzli schickt, fühlt Jung sich als Therapeut herausgefordert.

Otto Hans Adolf Gross wurde am 17. März 1877 im österreichischen Gniebing bei Feldbach in der Steiermark geboren. Er war der

Sohn des prominenten österreichischen Strafrechtsgelehrten und Begründers der wissenschaftlichen Kriminalistik, Hans Gross. Otto Gross hatte das Medizinstudium 1900 abgeschlossen und reiste dann als Schiffsarzt auf der Südamerikalinie. Auf diesen Schiffsreisen fängt er an, Morphium, Opium und Kokain zu konsumieren. Danach arbeitet er an psychiatrischen Kliniken in München und Graz. Er schreibt Beiträge über psychiatrische Themen im *Archiv für Kriminalanthologie und Kriminalistik*, der Zeitschrift seines Vaters. 1902 veröffentlicht er *Die cerebrale Sekundärfunktion*. Gross interessiert sich mehr und mehr für die Psychoanalyse. Seine wichtigsten psychoanalytischen Publikationen sind *Das Freud'sche Ideogenitätsmoment und seine Bedeutung im manisch-depressiven Irresein* (1907) und *Über psychopathische Minderwertigkeiten* (1909).

Freud und andere Psychoanalytiker schätzen Gross als eigenständigen Denker mit originellen Ideen. Freud erhofft viel von dem begabten Mann als Bundesgenossen der psychoanalytischen Bewegung. Gross ist jedoch häufig in Schwierigkeiten, nicht zuletzt wegen seiner Abhängigkeit von Opium und Kokain. [58]

Jung beschließt, mit Gross nicht nur den Entzug zu machen und ihn dann, wie vereinbart, zu Freud in Behandlung zu schicken, sondern ihn selber zu therapieren. Vierzehn Tage nach dem Eintritt von Gross in die Klinik berichtet er Freud:

»Ich habe alles liegengelassen und alle verfügbare Zeit, tags und nachts, an Gross gewendet, um seine Analyse möglichst zu fördern [...] Heute habe ich den ersten Ruhetag, denn gestern habe ich die Analyse beendigt.« [59]

Freud zeigt sich überrascht über »das Tempo der Jugend«, die in zwei Wochen eine Aufgabe erledige, die bei ihm länger gedauert hätte. [60]

Es sind gerade zwei Wochen seit Jungs Erfolgsmeldung vergangen, als Otto Gross in einem unbewachten Moment aus dem Anstaltsgarten über die Mauer flieht. Jung beklagt sich bitterlich bei Freud: Er habe Gross Tage und Nächte geopfert, sich aufgezehrt und der tiefsten Einfühlung geöffnet, um ihn zu heilen; es sei ihm oft so vorgekommen, als wäre Otto Gross sein Zwillingsbruder. Auch mit Gross – wie mit Spielrein – gerät Jung in eine heftige, emotionale Verstrickung. Er revidiert dessen ursprüngliche Diagnose Zwangsneurose in eine schwere Geisteskrankheit – in Dementia praecox. [61]

Sabina Spielrein lernt Otto Gross nie persönlich kennen. Von der Begegnung der beiden Männer ist sie insofern betroffen, als Jung sich von Gross' Ideen über Promiskuität und sexuelle Freiheit hochgradig stimulieren läßt. Er predigt jetzt Polygamie und schlägt seiner Freundin eine Ménage à trois vor. Er behauptet, seine Frau sei einverstanden.[62]

In Sabinas Tagebuch heißt es rückblickend: »Überhaupt [...] brachte mir meine Liebe fast lauter Schmerz; es waren nur einzelne Augenblicke, da ich auf seiner Brust ruhte, in welchen ich alles vergessen konnte.«[63]

Auch Jung fühlt sich zerrissen, krank: »Meine Liebe! Ich bereue Vieles und bereue meine Schwäche und verdamme das Schicksal, das mir droht. [...] Meine Stimmung ist zerrissen bis auf den Grund. [...] Werden Sie mir verzeihen, daß ich bin, wie ich bin? Daß ich Sie dadurch beleidige und der Pflichten des Arztes Ihnen gegenüber vergesse? [...] Mein Unglück ist, daß ich des Glückes der Liebe, der stürmischen, ewig wechselnden Liebe für mein Leben nicht entrathen kann.« Er bittet Sabina inständig darum, ihm jetzt etwas von der Liebe und Geduld und Uneigennützigkeit zurückzugeben, die sie zu Zeiten ihrer Krankheit von ihm erhalten hat.[64]

Als in Zürich und Wien Gerüchte zirkulieren, Jung wolle seine Frau verlassen und eine Patientin heiraten, kommt es zur Eskalation. Für Jung steht sogleich fest: Es kann nur Sabina sein, die ihn so verleumdet. Er fürchtet um seine Ehe, um seine gesellschaftliche Position. Außerdem hat er mit psychosenahen Ängsten vor Kontrollverlust zu kämpfen. Er bricht die Beziehung zu Sabina Spielrein ab.[65] Am 7. März 1909 reicht er beim Regierungsrat ein auffallend kurzfristiges Gesuch um Entlassung vom Posten des Sekundararztes ein – auf den 15. April 1909.[66] Noch am gleichen Tag telegraphiert er nach Wien und schickt auch einen Brief, doch erwähnt er nicht, daß er zurückgetreten ist. Jung schreibt über Sabina Spielrein, auch wenn Freud das immer noch nicht weiß. Zu guter Letzt oder vielmehr zu schlimmer Letzt habe ihn gegenwärtig ein Komplex furchtbar bei den Ohren genommen, beklagt sich Jung. Eine Patientin habe sein Vertrauen und seine Freundschaft »in denkbarst verletzender Weise enttäuscht« und »einen wüsten Skandal« ausschließlich deshalb gemacht, weil er auf das Vergnügen verzichtete, ihr ein Kind zu zeugen. Er sei ihr gegenüber immer »in den Grenzen des Gentleman« geblieben, beteuert Jung, »aber Sie wissen es ja, daß der Teufel auch das Beste zur Schmutzfabrikation verwenden kann«. [67]

Freud reagiert gelassen: »Verleumdet und von der Liebe, mit der wir operieren, versengt zu werden, das sind unsere Berufsgefahren, derentwegen wir den Beruf wirklich nicht aufgeben werden.« Und um seinem Schüler Mut zu machen, ihm den Rücken zu stärken, zitiert er Mephisto: »Bist mit dem Teufel du und du und willst dich vor der Flamme scheuen?«[68] Jung bedankt sich für diese »gütigen und befreienden Worte«, muß aber doch noch hinzufügen, daß ihm »vor solchen Geschichten graust«.[69]

Kurze Zeit darauf ist Jungs neues Haus in Küsnacht bezugsbereit, und die Familie zieht um; ab jetzt arbeitet Jung daheim, in privater Praxis.

Sabina versucht, alleine mit Jungs abruptem Rückzug, mit seinem Liebesverrat zurechtzukommen. Monatelang bemüht sie sich darum, die Situation zu analysieren. Sie kommt zum Schluß, daß sie sich vollkommen von Jung trennen und eine selbständige Bahn einschlagen möchte – aber sie möchte es liebend tun, sie will ihr Ideal retten. Schließlich ringt sie sich dazu durch, eine Freundin ins Vertrauen zu ziehen – Rebekka Babizkaja.[70]

Rebekka wurde 1886 in Bialystok geboren, einer Stadt im Ansiedlungsrayon, nordöstlich von Warschau. Sie ist Jüdin, hat in Kowno das Gymnasium abgeschlossen und ist im Frühling 1906 in die Schweiz, nach Bern gekommen, wo sie sich für Medizin einschreibt und bei dem Philologen Friedrich Haag Veranstaltungen besucht. Im Wintersemester 1906/07 immatrikuliert Rebekka sich in Zürich. Von Mai bis Juli 1909 – auf dem Höhepunkt der Krise zwischen Sabina und Jung – arbeitet Rebekka als Unterassistentin am Burghölzli. Sabina zeigt Rebekka ihre und Jungs Briefe, ist jedoch von deren Reaktion enttäuscht. Rebekka, die Jung kennt und ihn nicht besonders schätzt, versucht, ihrer Freundin zu helfen, indem sie diese mit Dingen konfrontiert, die diese gar nicht hören will. Daraus entstehen Spannungen; Sabina Spielrein fühlt sich einsamer als zuvor.

Zu Freuds Überraschung bekommt er einen Brief von einer jungen Dame aus Zürich. Lange hat Sabina Spielrein diesen Schritt erwogen. Zunächst hat ein Traum sie davon abgehalten. Sie hat von

Freud geträumt, »mit einem weiblichen Busen versehen«, alt wie Professor Forel, häßlich und »kolossal schlau«. Im Traum kommt sie mit ihrem Bruder (er steht für Jung) zu Freud, der nur den Bruder beachtet, nicht aber sie.[71] Nach reiflichem Nachdenken ringt sie sich durch: »Ich wäre Ihnen sehr dankbar, wenn Sie mir eine kleine Audienz erteilen könnten!«[72] Sabina Spielrein wendet sich an Freud, an den analytischen Vater von Jung. Freud ist der Ältere, er ist für Sabina ein Heiler und ein weiser Mann, er soll schlichten.

Freud ist nun ziemlich irritiert: »Sonderbar! Was ist das? Wichtigtuerei, Tratschsucht oder Paranoia?«[73] Er schickt Jung ein Telegramm und einen Brief und bittet sogar um telegraphische Aufklärung der mysteriösen Angelegenheit. Auf sein insistierendes Nachfragen hin rückt Jung nach und nach mit der Sprache heraus:

»Die Spielrein ist dieselbe Person, von der ich Ihnen geschrieben. Sie ist abgekürzt publiziert in meinem Amsterdamer Vortrag seligen Angedenkens. Es war mein psychanalytischer Schulfall sozusagen, weshalb ich ihr eine besondere Dankbarkeit und Affektion bewahrte. [...] Sie hatte es natürlich planmäßig auf meine Verführung abgesehen, was ich nicht für opportun hielt. Nun sorgt sie für Rache. [...] Ich brauche wohl kaum zu sagen, daß ich die Sache endgültig abgeschnitten habe. Sie ist, wie Gross, ein Fall von Vaterbekämpfung, den ich gratissime (!) mit soundsoviel Zentnern Geduld in Dreiteufelsnamen heilen wollte und dazu selbst die Freundschaft mißbrauchte.«[74]

Freud erfährt jetzt auch, daß Sabina Spielrein Russin und Jüdin ist. Jung möchte, daß Freud ihm die Sache nicht übelnimmt, und führt zu seiner Entschuldigung an, daß ein Komplex ihm einen tüchtigen Knüppel zwischen die Beine geworfen habe, nämlich die »Zwangsverliebung« in die Figur der Jüdin, zuletzt in seine Patientin – als ein unbewußtes Nachspiel auf seinen ersten Wienbesuch.[75]

Freud reagiert sehr verständnisvoll: Er sei selber einige Male nahe daran gewesen hereinzufallen und hatte »a narrow escape«.[76] An solchen Erfahrungen, fährt Freud fort, wachse einem die nötige harte Haut, man werde der »Gegenübertragung« Herr, es sei »a blessing in disguise«.[77] Auf Jung läßt er nichts kommen. Außerdem richtet Freud seine Interpretation der Spielrein-Affäre nach den Geboten der psychoanalytischen Verbandspolitik. Er ist davon überzeugt, daß nur ein persönlicher Nachfolger sein Lebenswerk, die Psychoanalyse, vor dem Untergang bewahren kann. Er vergleicht sich selbst mit

Moses, der das Gelobte Land der Psychiatrie nur aus der Ferne erschauen darf; Jung hingegen sieht er als Joshua: er wird es in Besitz nehmen.[78]

Die Wahl Jungs zum Kronprinzen und Erben stößt bei Freuds Anhängern in Wien, Budapest und Berlin auf Ablehnung. Karl Abraham, der mit Jung nicht auskommt und die Schweiz und das Burghölzli Mitte 1907 wieder verlassen hat, wird von Freud verschiedentlich zur Toleranz gemahnt. Er möge nicht vergessen, daß er es leichter habe als Jung, seinen – Freuds – Gedankengängen zu folgen, »denn erstens sind Sie völlig unabhängig, und dann stehen Sie meiner intellektuellen Konstitution durch Rassenverwandtschaft näher, während er als Christ und Pastorssohn nur gegen große innere Widerstände den Weg zur mir findet. Um so wertvoller ist dann sein Anschluß. Ich hätte beinahe gesagt, daß erst sein Auftreten die Psychoanalyse der Gefahr entzogen hat, eine jüdisch, nationale Angelegenheit zu werden.«[79]

Aus machtpolitischem Kalkül und im Bestreben, jeden öffentlichen Skandal um die Psychoanalyse zu vermeiden, planen Freud und Jung ein Damenopfer. Sabina Spielrein wird fürs erste an der Nase herumgeführt, pathologisiert, beschwichtigt. Freud orientiert Jung darüber, daß er Frl. Spielrein »außerordentlich weise und scharfsinnig« geantwortet habe, indem er »Sherlock-Holmes-artig« vorgab, den Sachverhalt zu erraten. Er habe ihr »eine würdigere, sozusagen endopsychische Erledigung der Sache« nahegelegt. Jung möge nicht zu sehr in Zerknirschung verfallen, denn »kleine Laboratoriumsexplosionen werden bei der Natur des Stoffes, mit dem wir arbeiten, nie zu vermeiden sein«. Nicht genug der Wortspiele, fährt Freud mit einem Zitat fort: »Mit einem leisen Stirnrunzeln über den Widerstand der Materie setzt der Forscher seine Arbeit fort.«[80] Diesmal ist es ein Ausspruch von Ferdinand Lassalle, der Jung aufmuntern soll.[81]

Sabina Spielrein beschwert sich bei Freud gar nicht über den liebenden Freund, sie beschwert sich über Liebesverrat und Lügen.

»Ich bin Dr. Jung durchaus kein Feind: würde doch das von ihm geschenkte Bild (die Überfahrt von Segantini [*Ave Maria a trasbordo*, 1886]) nicht bei mir über dem Klavier hängen. Er kommt mir wie mein ältestes Kindchen vor; auf das ich soviel Kraft verwendet und das nun selbständig leben kann: wenn ich mit Ihnen über ihn rede, so ist es, weil Sie ihn lieben.«[82] Sie habe »Jung ihren Mädchenstolz geopfert«, orientiert sie Freud zeitgemäß-delikat und damit so eindeutig, wie es ihr möglich ist, über den Stand der Dinge. Sie will, daß Jung sich besinnt, daß er damit aufhört, sie zu verleumden: »Mein heißester Wunsch ist, daß ich mich liebend von ihm trenne. Ich bin genug analytisch, kenne mich genügend und weiß, daß für mich eine Schwärmerei à Distance das Beste wäre.«[83]

Die Eltern werden involviert, als Eva Spielrein einen anonymen Brief[84] aus Zürich erhält, »schön deutsch geschrieben« und mit der Warnung, sie möge ihre Tochter retten, da Dr. Jung diese sonst zugrunde richten werde. Frau Spielrein schreibt einen rührend-besorgten Brief an C. G. Jung, er möchte doch ihrem Mädchen nichts tun. Jungs rabiate Antwort läßt jede Empathie für die besorgte Mutter vermissen: »Ich bin ihr also vom Arzte zum Freunde geworden, indem ich aufhörte mein eigenes Gefühl in den Hintergrund zu drängen. Meine Rolle als Arzt konnte ich umso leichter aufgeben, da ich mich ärztlich nicht verpflichtet fühlte, denn ich habe nie ein Honorar verlangt.« Wenn Frau Spielrein Gewißheit darüber wünsche, daß er innerhalb therapeutischer Grenzen bleibe, dann möge sie sein Honorar von zehn Franken pro Konsultation bezahlen.[85]

Eva Spielrein ist vor den Kopf gestoßen und sehr verletzt; sie beabsichtigt, selber nach Zürich zu reisen, um nach dem Rechten zu sehen. Nikolai Spielrein bleibt gelassen: »Man hat aus ihm einen Gott gemacht, und er ist nichts als ein gewöhnlicher Mensch.« Als er erfährt, daß Sabina Jung eine Ohrfeige gegeben hat, freut er sich darüber: »Ich würde es selbst getan haben.«[86]

Die Aussprache zwischen Sabina Spielrein und C. G. Jung findet dann doch noch statt. Er realisiert, daß er die Freundin zu Unrecht verdächtigte. Sie verknurrt ihn dazu, Freud wahrheitsgemäß über alles zu orientieren. Als Sabina Spielrein nach Rostow schreibt, daß ein versöhnlicher Trennungsmodus gefunden ist, wird das seitens der Eltern ebenfalls gutgeheißen. Bald erhält Sabina Spielrein auch ein Entschuldigungsschreiben von Freud aus Wien.

## 13
## »doktor spielrein zuerich = mediziner hoch«

Für Sabina ist es eine einschneidende Erfahrung, daß die Mutter sich in ihre Beziehung zu Jung eingemischt hat. Sie wird von nun an bedeutend vorsichtiger in ihren Mitteilungen sein. Nachdem die Schrecken, zumindest nach außen hin, überstanden sind, trifft sich die Familie Ende August 1909 in Berlin; auch Onkel Adolf kommt überraschend. Sabinas Zimmer im Hotel Kiel ist zwar sehr sauber, aber klein, einfach möbliert und hat eine geschmacklose gelbe Tapete. Das Fenster führt auf einen kahlen kleinen Hof, und man sieht direkt auf die gegenüberliegende Hauswand.

»Eine kleine Amüsierung habe ich mir aber doch den Morgen gegönnt«, steht im Tagebuch. Beim Waschen betrachtet Sabina sich im Spiegel, sie bewundert ihre schönen, kräftigen Formen, ihre zarte Haut. Es kostet einige Überwindung, bis sie dem Tagebuch anvertraut, daß sie den Vorhang – versehentlich – nicht ganz heruntergelassen hat. Erst als sie sich bis auf den Gürtel fertig angekleidet hat, bemerkt sie, daß ein netter junger Herr zu ihr ins Zimmer schaut. Sie muß tief erröten und merkt zugleich, wie ihr das Kokettieren gefällt, da »läßt man sich eine kleine Freiheit gerne gefallen«.[1]

Von Berlin aus reist die ganze Familie nach Kolberg[2] an der Ostsee, damals ein bekannter Kurort. Während dieses Aufenthaltes wird die Fotografie zum fünfundzwanzigjährigen Hochzeitstag von Nikolai und Eva Spielrein gemacht. Mit ihrer charakteristischen abweisenden Körperhaltung – sie schaut weg – demonstriert Sabina, wie sehr sie den Abstand von der Familie braucht. Sie ist in einem »höchst unsympathischen« Zimmer direkt neben der Mutter untergebracht. Nie kann sie ungestört für sich sein, selbst wenn sie auf die Terrasse flüchtet, verfolgen sie die Stimmen von Mutter und Brüdern. Sabina kann sich auf das Familienleben nicht einlassen und fühlt sich schauderhaft allein. Sie flüchtet sich in Tagträume und malt sich aus, wie Jung gleich den antiken Philosophen von einer Schülerschar umringt im Freien wandert und lehrt, oder wie

Der 25. Hochzeitstag von Nikolai und Eva Spielrein (1909)

Jung und sie einander stets innerlich verbunden bleiben, einander in Glück und Leid stützen und zum Hohen, Guten, Schönen inspirieren. Daß sie zuviel herumgrübelt, merkt sie selber: »Mein Gemüth ist noch jugentlich frisch, mein Intellekt bereits sehr alt und dieses beständige Prüfen, Erwägen, Vorsicht, Mißtrauen ...«[3]

Bedrängend sind die Gedanken an das, was sie erwartet, wenn sie nach Zürich zurückkehrt. Sabina wünscht sich eine »reine, hohe Freundschaft« mit Jung; sie möchte ihm Schutzengel und inspirierender Geist sein. Doch die Mutter meint, es sei ganz unmöglich, Freunde zu bleiben, wenn man sich bereits Liebe geschenkt habe. Auch Sabina ist skeptisch: »Die reine Freundschaft verträgt der Mann auf die Dauer nicht. Bin ich gut zu ihm – dann will er Liebe haben, bin ich stets kalt – dann verleidet ihm die Geschichte.«[4]

In Kolberg wird beratschlagt, wie es mit den Problemkindern Sabina und Isaak weitergehen soll. Neben den Aufregungen um Sabinas unglückliche Liebesgeschichte haben die Eltern noch ganz andere Sorgen.

Im Anschluß an das kurze Zürcher Intermezzo von 1905 hatte der mittlere Spielrein-Sohn die illegale politische Tätigkeit in

Rostow wieder aufgenommen. Isaak hat sich an Patrouillen der Jüdischen Selbstwehrorganisation beteiligt und wird 1906 (bis 1909) Mitglied der Partei der Sozialrevolutionäre (PSR). Eine Minderheit der PSR befürwortet weiterhin den Einsatz von Terror und ist für zahlreiche Attentate verantwortlich.[5] Als eines Tages die Polizei das Spielreinsche Haus durchsucht, wo Isaak Flugblätter und weiteres Propagandamaterial im Kachelofen versteckt hat, bekommt er es mit der Angst, greift zur Pistole und schießt sich in den Mund. Zum Glück ist die Verletzung nicht lebensgefährlich. Nikolai Spielrein rettet den Sohn ein weiteres Mal, indem er die Polizei besticht und ihn nach Paris bringt.[6]

Der französische Arzt möchte wissen: »War es die Liebe?« – »Nein«, lautete die Antwort, »es war die Revolution!«[7] Isaak wird vollständig genesen. Da er zu Hause von der Schule verwiesen wurde, bleibt er in Paris und bereitet sich hier auf die Abschlußprüfungen des russischen Gymnasiums vor. 1909 kehrt er für kurze Zeit nach Rußland zurück, um als Externer die Abschlußprüfungen dort abzulegen.

Der Familienrat von Kolberg beschließt, daß Sabina und Isaak an der Universität Heidelberg studieren sollen. Isaak immatrikuliert sich an der Großherzoglich Badischen Universität Heidelberg für Philosophie bei Wilhelm Windelband, einem renommierten Neukantianer.[8] Sabina Spielrein bewirbt sich ebenfalls um einen Studienplatz, diesmal sogar sekundiert von einem Empfehlungsschreiben von Professor Bleuler.[9] Doch Sabina geht nicht nach Heidelberg; sie kehrt nach Zürich zurück – das Zimmer hatte sie behalten.

Während des Studiums zieht sie – wie viele andere russische Studenten – häufig um.[10] In den Semesterferien wandert Sabina oberhalb des Bodensees, sie fährt nach Weesen am Walensee, nach Rapperswil, ins Tessin, nach Locarno, manchmal für zwei Monate am Stück.

Feiga Berg hat das Studium unterdessen erfolgreich abgeschlossen und ist nach Rußland zurückgekehrt. Nach dem Aufsatz über Sabina Spielrein verlieren sich ihre Spuren. Louise Rähmi ist für einige Zeit nach Deutschland gegangen, wo sie sich mit einem österreichischen Staatsbürger eingelassen hat, schwanger wird und eine uneheliche Tochter Alice (28. Dezember 1907) zur Welt bringt.

Kurz nach der Geburt kommt sie nach Zürich zurück. Sie hat nicht vergessen, was Sabina ihr geraten hat: Sie wird später das Abitur nachholen und selber Ärztin werden.

Sabina hat neue Freundinnen gefunden und gehört zu einer Clique russischer Studentinnen. Die Jüdin Scheina Grebelskaja wurde am 15. September 1886 in Deraschia geboren, einer Stadt im Südosten des Ansiedlungsrayons. Sie ist Ende 1906 nach Zürich gekommen, wo sie eine Aufnahmeprüfung in Deutsch, Latein und Naturgeschichte machen mußte, bevor sie sich im Wintersemester 1907/08 für Medizin immatrikulieren kann.[11] Scheina studiert bei Bleuler und Jung. Sie absolviert in Rekordtempo das Studium und wird das mit Abstand beste Abschlußexamen der ganzen Clique machen: zwei Sechser, ein Vierer, sonst nur Fünfer.[12] Obwohl sie so tüchtig und erfolgreich ist, leidet Scheina an Minderwertigkeitsgefühlen und depressiven Verstimmungen. Sie idealisiert und bewundert Sabina und ist ihr dankbar, weil sie ihr dabei hilft, einige Komplexe auszugraben.[13]

Eine weitere Freundin ist Esther Aptekmann. Esther, ebenfalls Jüdin, kommt aus Ekaterinoslaw, einer Stadt im Süden des Ansiedlungsrayons, wo auch Verwandte von Sabina leben. Sie hatte 1903 das Abitur am Podol-Kiewschen Gymnasium gemacht und im gleichen Herbst das Medizinstudium in Bern begonnen. Im Oktober 1906 wechselt sie an die Universität Zürich, wo sie bei Bleuler und Jung studiert. Esther Aptekmann macht 1910 ein Praktikum am Burghölzli und ist eine Zeitlang Patientin von Jung. Dieser betreut auch ihre Dissertation über *Experimentelle Beiträge zur Psychologie des psycho-galvanischen Phänomens*. Esther verliebt sich in Jung, und Sabina hat mit Eifersucht zu kämpfen.[14]

Fanny Chalewsky ist zwei Jahre jünger als Sabina und kommt ebenfalls aus Rostow. Sie hat in Genf, in Bern und ab Sommersemester 1903 in Zürich studiert. Fanny Chalewsky promovierte am 8. März 1907 mit einer Dissertation über Uterusruptur beim Gynäkologen Professor Wyder. Sie ist mit Alphonse Maeder verlobt, einem Schweizer Arzt. Maeder hat die Psychoanalyse 1906 am Burghölzli kennengelernt, während er an der nahe gelegenen Epilepsieklinik tätig war. Von Mai 1908 bis Herbst 1909 arbeitet er am Burghölzli. Maeder ist einer von Jungs engagiertesten Mitarbeitern. Über ihren Verlobten kommt Chalewsky mit der Psychoana-

lyse in Berührung und publiziert 1909 das Fallbeispiel eines drei-
zehnjährigen Mädchens, »Heilung eines hysterischen Bellens durch
Psychoanalyse«.[15] Als die Verlobung aufgelöst wird, schreibt Jung
an Freud: »Dr. Maeder hat sich mit Frl. Dr. Chalewsky *ent*lobt,
wozu man gratulieren kann. Solche Ehen gehen bekanntlich nie.«[16]

Alexandra Floroff, eine Christin, kommt aus Nowotscherkassk,
bei Rostow. Nach Abschluß des Gymnasiums studierte sie am Medizinischen Frauen-Institut in St. Petersburg. Im Winter 1907 immatrikuliert sie sich in Zürich. Sie ist labil und mehrfach Patientin
im Burghölzli. Sabina gegenüber meint Floroff einmal, sie »habe
blutige Knaben vor den Augen«, eine Anspielung auf Puschkins *Boris Godunoff*. Dieser russische Zar hatte den Thronfolger ermorden lassen, um selber auf den Thron zu kommen. Godunow re-
gierte gerecht, konnte aber wegen seiner Tat keinen Seelenfrieden
finden. Später wurden seine beiden eigenen Söhne ebenfalls ermordet. Sabina Spielrein schreibt dazu:

»Offenbar wühlt es in mir, daß ich kein reines Gewissen habe,
doch nur das Gefühl an sich, denn Angst habe ich nicht. Das
Schicksal zahlt dem Zaren hier mit gleicher Münze. Nun: mein Verbrechen sollte darin bestehen, daß ich Ihrer Frau Sie pumpe; das
heißt: es wird mir dann auch mein Mann gepumpt, aber das ist mir
doch momentan ganz gleich! Und dann fällt es mir doch gar nicht
ein, Ihrer Frau Sie zu pumpen! ›Füchse schrecken kann nichts nützen; das ist doch ausgemacht; Wollt Ihr Eure Gänse schützen,
nehmt sie hübsch in acht‹, singt mir jetzt der Teufel. Na! Die Geschichte ist mir viel zu langweilig. Das sanfte Gemüt ist nicht allzu
sanft geblieben.«[17]

Sabina macht Bekanntschaft mit Rachel Leibowitsch aus Kurland, von der noch zu hören sein wird. Ihre wichtigste Bezugsper-
son in diesen letzten Studienjahren ist jedoch Rebekka Babizkaja,
jene Freundin, die sie in der Krise mit Jung zu Rate gezogen hatte.

An verschiedenen Stellen ihres Tagebuchs schreibt Sabina über
Rebekka, wobei sie deren Identität nicht preisgibt. Mal ist sie einfach »eine Collegin«, mal eine gewisse »Unterassistentin«, mal
»Rivalin«, mal »die Jüdin aus dem 3ten Paare«, mal »Frl. B.«.[18]
Rebekka ist diejenige Frau, die Sabina am meisten beschäftigt und
an der sie sich abarbeitet, der sie vertraut und doch mißtraut, mit
der sie rivalisiert und sich vergleicht: »Sie – ein Mensch, der sich in

der Menge verliert, und ich – der Einsiedler. Sie, welche das Leben vom praktischen Standpunkte nimmt und ich – die Idealistin.«[19]

Im Juli 1910 heiratet Rebekka den armenischen Medizinstudenten Mikirtitsch Ter-Oganessian, den sie im Winter 1907/08 kennengelernt hatte, als sie beide in der gleichen Pension in Zürich logierten. Mikirtisch ist Christ; Sabina findet, er sei ein sehr ehrlicher, tüchtiger, dabei beschränkter Mensch, von uneigennütziger, treuer Liebe zu seiner Frau.[20]

Als Rebekka wenig später schwanger ist, wird Sabina von Eifersucht geplagt. Sie phantasiert, daß Jung sich in die erfolgreiche Rebekka verliebt, daß diese stolz und vergnügt als Ehefrau und Mutter am psychiatrischen Kongreß sitzt, sie selber daneben »als arme Psychopathin, die Vieles will und Nichts kann.«[21] Sabina trägt Rebekka ihr Verhalten vom Vorjahr im Konflikt mit Jung nach. Sie fühlt sich von ihr ausgenutzt und beschuldigt sie, in der Dissertation ihre psychiatrischen Kenntnisse als eigene Gedanken auszugeben. Auf der anderen Seite ist sie gekränkt, als Rebekka ihre Arbeit einer anderen Studentin zum Korrekturlesen gibt. »Was tun?« fragt Sabina. Vorerst gehen sie auf Distanz zueinander. Sabinas einziger Trost in diesem Jammer ist der Gedanke an eine neue wissenschaftliche Arbeit über den »Todesinstinkt«.

Wenn Sabina Spielrein sich hier mit Begriffen wie »minderwertig« oder »minderwertige Psychopathin« bezeichnet, dann wendet sie an, was sie im Studium gelernt hat. Rassistische, die Gleichberechtigung aller Menschen bestreitende bevölkerungspolitische Theorien stehen in den Metropolen der Kolonialreiche hoch im Kurs. In der Schweiz, vorab in Zürich, werden »Eugenik« und »Rassenlehre« von den Burghölzlidirektoren Auguste Forel und Eugen Bleuler gelehrt und praktisch umgesetzt mit Anstaltseinweisungen, Kindswegnahmen, Eheverboten, Sterilisationen, Kastrationen.[22] In Forels Vortrag *Malthusianismus oder Eugenik?*, gehalten am neomalthusianischen Kongreß zu Haag am 29. Juli 1910, sind die später von den deutschen Nationalsozialisten zum Massenmord an geistig Behinderten, an Geisteskranken und Juden verwendeten Nomenklaturen und Theorien von »Untermenschen«, »Minderwertigen«, »entartet« etc. bereits vollständig vorhanden, ebenso die rassistische Stoßrichtung – Forel kritisiert die »menschliche Kaninchenzucht nach chinesischem Muster oder wie sie bei den polnischen Juden etwa in Warschau vorkommt«.[23] Doch auch an anderen Lehrstühlen der Zürcher Universität stehen »Eugenik« und »Rassenlehre« im Vordergrund und begründen die Vorreiterrolle der Schweiz in Sachen »Eugenik«. So beim Gerichtsmediziner Heinrich Zangger, einem weiteren Hochschullehrer von Sabina Spielrein, oder beim Inhaber des Lehrstuhls für physische Anthropologie, Rudolf Martin, wo Sabina Spielrein im Wintersemester 1906/07 *Systematische physische Anthropologie (Morphologie der menschlichen Rassen)* hört, im Sommersemester 1907 *Anthropometrie mit Übungen am Lebenden. Herren- und Damengruppen, je 2 Std.* und *Einführung in die allgemeine Anthropologie (Vererbungslehre und Rassenbildung)*. Sabina Spielrein lernt bei Gynäkologieprofessor Theodor Wyder, dem Direktor der Zürcher Frauenklinik und Forels ehemaligem Konsiliararzt, der als erster eine eugenisch motivierte Sterilisation an einer Burghölzlipatientin vorgenommen hatte.[24]

Sabina Spielreins Gedanken kreisen um drei Themen: um Jung, um ihre Abschlußprüfungen und um die Frage, wie es mit ihr weitergehen soll. Was Jung anbelangt, schwankt sie wie eh und je. »Ich liebe ihn und ich hasse ihn, weil er nicht der Meine ist«, schreibt sie ins Tagebuch. »Es ist nicht leicht, den Gedanken an das Knäblein [...] aufzugeben, aber was tun?«[25]

Jung spielt mit. Wenn er sagt, daß er sie liebe wegen des »merkwürdigen Parallelismus« ihrer beider Gedanken und wegen ihres »großartigen, stolzen Charakters«, dann entbrennt sie. Er sagt auch, daß er ab und zu den Gedanken an eine Schicksalsänderung erwäge, sie aber nie heiraten würde, weil ein »großer Philister« in ihm stecke und er das enge, spezifisch Schweizerische brauche.[26]

Bei anderer Gelegenheit belehrt er die Freundin, daß sie zu der Kategorie der Frauen gehöre, die nicht für das Muttersein, sondern »für die freie Liebe« geschaffen seien. Nach derartigen Don-Juan-Reden ist Sabina jeweils tief enttäuscht: »Ich will Frau und Mutter sein und nicht eine zum Zeitvertreib.«[27] Vielleicht, so phantasiert sie, leben sich Jung und seine Frau auseinander, und Emma Jung brennt mit einem Franzosen durch. Doch sie sieht selber ein, daß das »bei einer Schweizerin geradezu unmöglich« ist.[28]

Als Dissertationsthema hat Sabina Spielrein ein klinisches Thema gewählt. Sie geht so vor, daß sie Gespräche mit einer Patientin führt und diese wortwörtlich protokolliert.[29] Auf den ersten Blick muten die Äußerungen der Patientin den Leser wirr und unverständlich an. Vorsichtiges Nachfragen ihrer Therapeutin hilft der Kranken, mit ihren Komplexen und Gefühlen in Kontakt zu kommen. Die Art und Weise, wie Spielrein ihre Funde gruppiert und dem Leser näherbringt, zeugen von großer sprachlicher Sensibilität und Begabung im Erfassen und Entziffern unbewußter Prozesse. Bezugnehmend auf Arbeiten von Freud, Jung, Riklin, Otto Rank (auch Rosenfeld) und Abraham unternimmt Sabina Spielrein eine Entzifferung und Deutung des Materials und gelangt dabei zu zahlreichen Belegen für die Verwandtschaft der seelischen Mechanismen in Traum, Psychose und Mythos.

Sabina Spielreins Dissertation wird eine überzeugende Einzelfallstudie und Pionierleistung auf dem Gebiet der Erforschung der Psychose.

Als Nikolai Spielrein erfährt, daß Sabina die Doktorarbeit bei Bleuler eingereicht hat, ist er begeistert:

»Mein liebes Töchterchen, meine liebe Freude«, schreibt er ihr. »Umsonst hast Du an Deinen Kräften gezweifelt! Ich glaube an Dich, mein liebes Kind.« Dann kommt er auf das andere wichtige Thema zu sprechen: »Das, was Du brauchst, um zufrieden zu sein, findet sich nicht so leicht. Aber es findet sich schon – ohne Zweifel. Schon jetzt haben verschiedene Herren Heiratsvermittlerinnen zu Mama geschickt, und wenn Du Dein Studium beendet und einen Namen [Doktortitel] bekommen hast, dann wird man Dich erst recht suchen. Vergiß nicht, Sabinchen, daß Du eine ordentliche Mitgift hast. Mama und ich haben für Dich dreißigtausend Rubel zurückgelegt. Das beträgt ein ordentliches Kapital von achtzigtausend Franken, mit dem man viel anfangen kann. Mein Kind! Bald wirst Du Mama sehen. Ich würde sogar raten, daß Du in Karlsbad oder Kolberg einen ganzen Monat mit Mama verbringst, um Dich auszuruhen. Und im Herbst denke ich, werde ich zu Dir fahren und vielleicht die gesamte Zeit der Examina mit Dir verbringen [...] Ich schreibe jetzt an Großvater und schicke ihm einen Brief von Mama. Bei dieser Gelegenheit berichte ich von Deinen Fortschritten. Ich schreibe in jüdisch [...] Wie glücklich wird er sein, wenn seine Sabinotschka [das Studium] beenden, heiraten und ein fröhliches Leben führen wird!«³⁰

Doch bis es soweit ist, muß die Arbeit erst ganz fertiggestellt, müssen die Prüfungen bestanden sein. Bleuler verlangt, daß Sabina das Manuskript nochmals überarbeitet: »Die Verzweiflung gab mir Muth, ich rannte zu meinem Freunde, mit welchem ich so lange Zeit nicht reden wollte.«³¹

Zuerst reagiert Jung abweisend, und er spottet er über Bleulers analytische Kompetenz, was Sabina als sehr roh empfindet. Dann bietet er an, den Text zu korrigieren. Warum sie die Arbeit nicht längst geschickt habe? Ob sie kein Vertrauen habe? Nun wird er innig, drückt Sabinas Hände an sein Herz und beteuert, daß er noch keiner Frau begegnet sei, die ihre Stelle bei ihm vertreten könne: Es sei, als hätte er einen Halsschmuck, in welchem alle übrigen Verehrerinnen Perlen, Sabina aber das Medaillon wäre. Jung spricht von einer »neuen Ära« zwischen ihnen. Dann wieder meint er, man müsse immer »auf der Hut« sein, um sich nicht wieder ineinander zu verlieben. Sabina ist ratlos. Wie er das wohl meint? Wird man sich wiedersehen oder nicht?³²

Sabina Spielrein bangt dem nächsten Termin bei Bleuler entgegen. Doch der ist mit ihrer Überarbeitung zufrieden, die Dissertation wird angenommen. Sabina Spielrein wird als erste Frau überhaupt mit einem psychoanalytischen Thema zum Doktor der Medizin promoviert.³³

Und es kommt noch besser. Bleuler, »das gute Väterchen«, fragt Sabina an, ob sie die Arbeit in einer Freudschen Zeitschrift drucken lassen möchte. Man verbleibt so, daß Bleuler bei Jung nachfragen und Bescheid geben wird. Wieder gilt es abzuwarten. Sabina ist ehrgeizig, gerne würde sie ihren Eltern eine solche Freude bereiten. Doch wird Jung die Arbeit überhaupt annehmen? Ist sie nicht viel zu lang für das *Jahrbuch*?

Am nächsten Tag bekommt sie Bescheid von Bleuler: »Sehr geehrtes Fräulein. Möchte Sie ersuchen, die Arbeit an Herrn Dr. Jung in Küssnacht zu schicken, damit er prüfen kann, ob dieselbe für das Jahrbuch paßt. Hochachtungsvoll ergebenst grüßend, Bleuler.«³⁴

Deuticke, der Leipziger Verleger, erhebt Einwände, daß Jung eine Dissertation ins *Jahrbuch* aufnehmen will. »Deuticke ist kleinlich wie so oft. [...] Die Arbeit der Spielrein gehört doch gewiß *nur* ins ›Jahrbuch‹«, lautet Freuds Machtwort.[35] Sabinas Untersuchung *Über den psychologischen Inhalt eines Falles von Schizophrenie (dementia praecox)* ist die erste Dissertation und der zweite Beitrag einer Frau im *Jahrbuch*.[36]

Am 3. November 1910 stellt Sabina Spielrein »An das Hohe Dekanat der medizinischen Fakultät Zürich« das handschriftliche Gesuch um Zulassung zur Doktorprüfung.[37] Dem Antrag wird stattgegeben, Sabina ist als »Candidatin« zugelassen. Die schriftlichen Prüfungen finden am 9. und 15. Dezember 1910 statt:

»Morgen habe ich die erste Schlußprüfung. All die großartigen Empfindungen sind bereits im Klavierspielen abreagiert. Ich spielte heute den ganzen Tag und dachte dabei an Siegfried. Weiter habe ich Angst zu denken, weil ich grimmiges Kopfweh kriege. Mein ganzes Wesen ist von Liebe erfüllt. Was Großes und Gutes möchte ich schaffen. Hilf mir, Schutzgeist! Hilf mir, Schicksal. Zeige mir [...] mein Wirkungsfeld und gehorsam will ich die Freuden und Schmerzen ertragen.«

Neben den großen Gefühlen versäumt die Examenskandidatin jedoch nicht, ans Praktische zu denken: Das Schicksal möge ihr verzeihen, wenn sie eines höheren Zieles wegen den kleinen Schwindel begehe, den auch alle anderen begehen, »daß ich nämlich das Thema auf dem Examen abschreiben will«.[38]

Das Thema der ersten Klausur ist »Regeneration. Begriff und Vorkommen«. Sabina stellt sich beim Schummeln nicht besonders geschickt an, denn Professor Arnold Cloetta notiert auf den Rand von Seite eins:

»Zur gefälligen Begutachtung; ist die Arbeit selbständig gemacht?« Der Gutachter vermutet, daß die Arbeit nicht ganz aus dem Stegreif geschrieben ist, »namentlich die Einleitung sieht sehr nach Abschreiben aus; indessen stimmt der etwas zusammengewürfelte Inhalt mit keinem mir bekannten Lehrbuch und nicht mit meinem Kolleg überein, so daß ich eine mißbräuchliche Benutzung nicht nachweisen kann u. die Arbeit für zulässig erklären muß.«[39]

Wie angekündigt, kommt Nikolai Spielrein für die Examenszeit nach Zürich. Sabina beklagt sich im Tagebuch darüber, daß es mit ihrer Freiheit jetzt vorbei ist. Andererseits ist sie ganz froh, weil sie sich so weniger ablenken kann und funktioniert, wie man es von einer »rechten Studiermaschine« erwartet. Der Vater versucht seine

Tochter dazu zu überreden, nach Rußland zurückzukommen. Das stößt auf wenig Gegenliebe:

»Der Vater macht mich müde mit seiner individualistischen, realistischen Philosophie, die meinen Schwärmereien allen Zauber nehmen möchte. Nach Rußland will ich nicht! Die deutsche Sprache, die ich in meinem Tagebuche angenommen habe, zeigt es deutlich, daß ich Rußland möglichst fern bleiben möchte. Ja, ich möchte frei sein! Wo gehe ich hin? Was fange ich an?«[40]

Nun geht alles sehr schnell! Am 15. Dezember schreibt Sabina ihre zweite Klausur; das Thema ist »Kurze Schilderung der verschiedenen Formen des Puerperalfiebers«.[41] Sabina ist als erste fertig. Als sie den Prüfungsraum verläßt, wird sie auf dem Korridor von Freundinnen und Bekannten umringt. Nach und nach versammelt sich die ganze Clique, plappert, tauscht sich aus. Nur Sabina tut so, als ob sie das Ganze leicht nehme, marschiert auf und ab und singt dazu Liedchen, die sie aus dem Stegreif erfindet: »Oh schau mal, bin ich bleich, oi oi oi. Ich habe mich in eine Person verliebt oh Herrgott emoi [...] armes, armes Ich.« Ich glaube, ich habe alles bestanden, heißt es im Brief nach Hause.[42]

»Ich bin sicher, daß Du nicht weniger leisten wirst als Madame Curie!« schreibt Eva Spielrein. Sie ist begeistert, daß ihre Tochter ihren Mut wiedergefunden hat, und findet es schade, daß sie noch nicht alles hinter sich hat. Sobald die Prüfungen ganz überstanden sind, will Eva Spielrein von verschiedenen Städten Heiratsangebote einholen. Es wäre besser, sich nicht mit Jung zu treffen, mahnt sie.[43]

Mitte Januar besteht Sabina auch die mündlichen Examina. Ihr Zeugnis kann sich sehen lassen: Sie hat in Psychiatrie eine sechs, je eine Fünf in Chirurgie, Innerer Medizin und Hygiene, der Rest sind Vierer. [44]

Jascha und Isaak Spielrein schicken gemeinsam ein Telegramm: »doktor spielrein zuerich = mediziner hoch!«[45] Am 8. März 1911 meldet Sabina Spielrein sich von Zürich ab. Auf ihrer Meldekarte steht unter der Rubrik »Wohin abgemeldet« lediglich »auf Reisen«.[46] Auf der Universitätskanzlei wird Sabina Spielrein am 18. Mai 1911 gestrichen.[47]

# III

## München/Wien/Rostow/Berlin 1911–1914

### 14
### »Die Destruktion als Ursache des Werdens«

Sabina Spielrein geht nicht freiwillig von Jung, von Zürich fort. Es ist ein gewaltsames Sich-Wegreißen angesichts der Realitäten: Jung ist verheiratet und wird seine Frau nicht verlassen. Es ist ihr klar, daß ein uneheliches Kind von Jung und das Los als alleinerziehende Mutter den sozialen Tod bedeuten würden. Sabina verbringt einige Wochen zur Erholung in dem Örtchen Chailly s. Clarens am Genfer See, nahe bei Montreux. Dann fährt sie nach München, um ihre neue Arbeit »Über den Destruktionstrieb« fertigzustellen und Kunstgeschichte zu studieren. Gegenüber den Eltern hat sie durchgesetzt, daß sie im Westen bleibt.

Das Thema Heirat bleibt aktuell. Jascha Spielrein hat an der Sorbonne und in Leipzig Ingenieurwissenschaften studiert und im Frühling 1910, noch während seiner Abschlußprüfungen, in Rußland Silvia Ryss geheiratet, eine Jüdin aus einer angesehenen, reichen Familie. In der für ihn typischen distanziert-ironischen Art berichtet Jascha der Schwester von seiner Verlobung, von den tagelangen Besuchen bei Verwandten und Bekannten der Braut, von der Diskussion mit den Schwiegereltern über das Hochzeitsfest. Eigentlich wollte Jascha kein Hochzeitsfest, zuletzt hat er jedoch nachgegeben, und es ist ein großes Hochzeitsfest organisiert worden, »zu dem im großen und ganzen nur Juden eingeladen wurden, freundliche und unfreundliche Juden«. Jascha und Silvia werden unter die Chuppa gestellt, den Hochzeitsbaldachin: »Alle Juden zusammen mit Silvia tanzten um mich herum.« Danach wurde getrunken, wurden Reden gehalten. »Auch Papa hielt eine besondere pathetische Rede, die war ziemlich schön, leider schrie er so dabei. Danach war ich also ein verheirateter Mann und trug einen

Goldring«, stellt Jascha fest und mokiert sich darüber, »wie primitiv und kleinbürgerlich diese Traditionen sind.«[1]

Im März 1911 freuen Eva und Nikolai Spielrein sich über die Geburt ihres ersten Enkelkindes – Irene, die Tochter von Jascha und Silvia.

Sabina ist jetzt sechsundzwanzig – höchste Zeit, zu heiraten und selber Kinder zu bekommen. An Verehrern mangelt es nicht. Ein Dr. L. Schlesinger aus Berlin himmelt sie in seitenlangen Briefen an.[2] Auch Dr. Emil Lenz, ein Schüler von Jung und Mitglied der Berliner Psychoanalytischen Ortsgruppe, macht ihr den Hof.[3] Sabinas Berichte über ihre »neue Liebe« werden von Eva Spielrein skeptisch aufgenommen. Wieso sie noch nie von diesem Herrn Lenz gehört habe, will sie wissen, und wie es geschehen konnte, daß er sich auf einmal in Sabina verliebt hat. Die Mutter hat Angst, daß alles zu schnell geht. Besteht da nicht die Gefahr flüchtiger Gefühle, die ebenso schnell wieder verschwinden, wie sie gekommen sind? Was für einen Charakter hat er? Ist er verheiratet oder ledig? Ist er Jude? Wenn er als Person etwas wert sei und Sabina ihn heiraten wolle, dann soll er erst um ihre Hand anhalten, rät sie. Eva Spielrein kennt das Temperament ihrer Tochter: »Denk daran, mein liebes, kleines Kind, daß ein einziger kleiner Fehler Deinen Untergang bewirken kann.« Schone dich, bittet die Mutter, warte noch ein bißchen, auch wenn's schwerfällt.[4] Für Eva Spielreins Geschmack ist die Tochter allzu sparsam mit Informationen. Deshalb schickt sie ein Telegramm an Jascha, er soll Sabina in München aufsuchen und nach dem Rechten sehen.

In der erwachsenen Sabina entdeckt Nikolai Spielrein eine aufgeweckte, eigenständige Gesprächspartnerin. An ihren vielfältigen Projekten und Tätigkeiten nimmt er lebhaften Anteil und berichtet seinerseits von eigenen Erfahrungen, von seinen Plänen, seinen philosophischen und wissenschaftlichen Visionen. Mit Sabina erörtert er die Bedenken, die er hinsichtlich Jaschas »sehr schwachem Charakter« hegt und der »unsympathischen Verwandtschaft« seiner Frau. Er erzählt ihr sogar seine Träume. Sabinas massive Prüfungsängste haben ihm zu denken gegeben, und er bringt diese mit seinen früheren radikalen Erziehungsmethoden in Zusammenhang. Er erkennt, daß er ihr als Kind zu viel abverlangt hat. Wenn sie eine Eins hatte, dann forderte er stets eine Eins plus.[5] Ändern kann sich der Vater durch diese Einsichten nicht. Als die Tochter ihm eines ihrer

Lieder zuschickt, wird er davon »stark berührt«. Aber es wäre gut, fährt er sogleich fort, »wenn Du die passenden Noten dazu schreiben würdest«; außerdem moniert er einige Fehler der deutschen Rechtschreibung.[6] Der Vater selber schreibt seine Briefe auf russisch, deutsch, französisch.

Nikolai und Sabina Spielrein sind beide kreative Menschen, voller Pläne und neuer Ideen, und sie haben vieles gemeinsam. Nikolai berichtet ihr von Büchern, die er gelesen hat. Er philosophiert seitenlang über den Zusammenhang von »Leben und Tod, Tod und Leben«[7] – das Thema, das auch die Tochter bewegt und das ihrer neuen wissenschaftlichen Arbeit über den »Destruktionstrieb« zugrunde liegt. Nikolai Spielrein besitzt ein ausgeprägtes Interesse an pädagogischen Experimenten und psychologischen Fragestellungen, das er sich bis ins hohe Alter bewahren wird. Auf seinen zahlreichen Reisen besucht er interessante Menschen und interessante Projekte.

So berichtet er Sabina von der Begegnung mit dem Warschauer Arzt, Schriftsteller und Pädagogen Janusz Korczak. Janusz Korczak war als Henryk Goldzmit[8] als Sohn einer assimilierten jüdischen Familie in Warschau geboren worden. Er hatte Medizin studiert und 1901 auf den Spuren Pestalozzis eine Reise in die Schweiz gemacht. Er verzichtete auf eine bürgerliche Karriere, um den Armen und Waisen in den Warschauer Elendsvierteln zu helfen. Ab 1911 leitet Korczak das mit Spendengeldern und nach seinen Plänen erbaute jüdische Waisenhaus Dom Sierot (= Haus der Waisen) an der Krochmalnastraße 92. Hier realisiert er seine Vorstellungen von einer demokratischen Kinderrepublik mit einem Parlament, einer Kinderzeitung und anderen Einrichtungen, in denen Kinder und Erzieher lernen, so miteinander zu leben, daß niemand unterdrückt oder dominiert wird. Dr. Korczak, den Nikolai als Dr. Goldberg kennenlernt, erforscht die verschiedenen Phasen der kindlichen Entwicklung, indem er Daten erhebt und Schemata erstellt über das Gewicht des einzelnen Kindes, wieviel und wie tief es schläft, wie Sexualität und Homosexualität sich bei Mädchen und Jungen entwickeln.

Goldberg sei kein trockener Mensch, berichtet Nikolai Spielrein von seinem Besuch in der Krochmalnastraße, sondern neben seiner wissenschaftlichen Arbeit gleichzeitig sehr lebenslustig und fröh-

lich; außerdem teilt er Nikolais Ansichten über Ästhetik. Dr. Goldberg kennt Freud persönlich und vergöttert ihn: »Aber er stimmt
ihm nicht in allen Punkten zu, er vergöttert ihn nur, weil er so mu-
tige Forschung betreibt, auf diesem dunklen Gebiet der Psychiatrie,
vor dem sich die meisten fürchten.«[9] Nikolai Spielrein wird es
sich auch nicht nehmen lassen, Freuds persönliche Bekanntschaft
zu machen, und konsultiert ihn im Rahmen eines Kuraufenthaltes,
den er wegen Nervosität und depressiven Verstimmungen in Wien
verbringt.[10]

Ein München und die Menschen dort gefallen Sabina Spielrein, sie
sind »recht gesellig und freundlich«. Sie besucht Vorlesungen bei
dem renommierten Kunsthistoriker Fritz Burger und ist von seinen
lebendigen, psychologisch feinfühligen Erklärungen ebenso fasziniert wie vom beißenden Humor, mit dem er das Philistertum ver-
spottet. Sabina kauft sich eine Jahreskarte für die »›K. alte Pinako-
thek‹ mit Führung von Dr. Fritz Burger« und findet, er ist »eine
ganz dämonische, entschieden gefährliche Natur«.[11] Doch München bleibt Übergangsstation; im Herbst wird sie nach Wien fahren, zu Sigmund Freud.

Ein reger Briefwechsel hält die Verbindung zwischen München
und Zürich aufrecht. Sabina korrespondiert mit Bleuler, weil sie
noch eine Druckbestätigung benötigt, bevor sie ihren Doktortitel
offiziell führen darf. Bleuler kümmert sich darum und erinnert sie
daran, die erforderliche Anzahl von Druckexemplaren bei der Fakultät einzureichen.[12]

»Liebe, liebliche Sabina«, beginnt ein warmherziger, offener
Brief von Rebekka Ter-Oganessian-Babizkaja an die Freundin. Rebekka möchte die alten Unstimmigkeiten bereinigen. Sie versichert
Sabina, daß sie gewiß nicht neidisch sei auf ihren wissenschaftlichen Erfolg und auf ihre Beziehung zu Jung, und daß sie ihr jeden
Erfolg von Herzen gönnt. Sie berichtet, daß Jung Sabinas Dissertation sehr gelobt hat. Als Liebesbeweis und um zu demonstrieren,
daß sie wirklich kein Interesse an Jung hat, verzichtet sie sogar darauf, ihre Dissertation *Versuch einer Analyse bei einem Falle von
Schizophrenie* bei Jung im *Jahrbuch* zu publizieren.[13] Rebekka hat
»die dunklen, düsteren Stunden«, die sie mit Sabina verbracht hat,
nicht vergessen: »Es wäre schrecklich, wann Sie an Ihrem Mißtrauen mir gegenüber festhielten [...] Schreiben Sie mir.«[14]

Rebekka ist derzeit ganz auf sich gestellt und muß sich um ihre Tochter Anna (Asja) kümmern, die am 3. April 1911 in Zürich zur Welt gekommen ist. Mikirtitsch hat das Medizinstudium inzwischen abgeschlossen und befindet sich auf Arbeitssuche in Rußland. Rebekka fühlt sich »absolut einsam«, kommt eine ganze Woche nicht aus der Wohnung heraus und leidet unter Streitereien mit der Hauswirtin. Für das Sommersemester hat sie sich beurlauben lassen, doch sie möchte möglichst rasch zum Studium zurück, um ihr Examen zu machen. Rebekka versucht, Sabina Mut zu machen: Sie solle nicht ständig darüber nachgrübeln, was für Fehler sie gegenüber Jung begangen haben könnte; sie solle fordern und sagen, was sie von ihm wolle. Sie erinnert Sabina an ihre Begabungen, an ihr wissenschaftliches Talent, ihr hübsches, jugendliches Gesicht: Das sind Mittel, die nicht jede Frau besitzt. »Also seien Sie nicht so mißtrauisch und vermeiden Sie nicht die Menschen, so wie Sie es zuvor immer gemacht haben.«[15]

Von Scheina Grebelskaja treffen verzweifelte Briefe in München ein. Sie vermißt ihre Gesprächspartnerin Sabina und möchte sie im Sommer gerne besuchen. Grebelskaja hat kein Zutrauen zu ihrer Arbeit und kommt mit ihrer Dissertation nicht voran. Am liebsten würde sie Zürich verlassen, zu ihrer Mutter heimkehren, sich umsorgen und verwöhnen lassen.[16] Scheina hat alle Vorlesungen verpaßt und sitzt depressiv zu Hause herum. Was wird mit mir passieren, fragt sie voller Angst: »Wenn ich nur jemanden hätte, mit dem ich sprechen könnte.« Scheina fürchtet, demnächst selber Patientin am Burghölzli zu werden. Außerdem macht sie sich Sorgen um die Freundin, die so lange nicht geschrieben hat: »Warum haben Sie so lange geschwiegen? Ist etwas passiert?«[17] Während der Sommermonate arbeitet Scheina als Unterassistentin am Burghölzli, eine Arbeit, die sie von ihren Grübeleien ablenkt und auf andere Gedanken bringt.[18] Sie hat sich nun darangesetzt, ihre Dissertation ins reine zu schreiben, hat aber jetzt Probleme mit dem Geld. Sabina hilft ihr aus. »Sie geben mir viel mehr als ich Ihnen gebe«, schreibt Scheina dankbar.[19]

Sabina hat sich räumlich von Jung getrennt, nun sucht sie die innere Ablösung. Oder vielleicht doch nicht? Ihre neue wissenschaftliche Arbeit *Die Destruktion als Ursache des Werdens* ist das symbolische, sublimierte Kind, das sie Jung schenken will. Es ist ein

Liebesbrief nach dem Ende der Liebe. Die Niederschrift kommt einem Stück Selbstanalyse gleich und wird von verstörenden Gefühlen begleitet.

»Ich trotze ungeachtet der heftigsten Angst, die mir Schlaf und Eßlust raubt und mich ganz verstört von einer Stille zur anderen rennen läßt. Ich trotze, weil ich was Edles und Großes zu schaffen habe und nicht für die Alltäglichkeit geschaffen bin. Es gilt der Kampf auf Leben und Tod. [...] Wenn es einen Gott-Vater gibt, so höre er mich: kein Schmerz ist mir unausträglich, kein Opfer zu groß, um meine heilige Bestimmung zu erfüllen! ›Er muß ein Helde sein‹, weil es mein Wille und der Wille meines Vaters Wotan ist. Lieber Tod als die Schmach. Wie in einem festen grauen Felsen seien diese Worte in mir eingeritzt [...] hilf mir, Schicksal.«[20]

Momente grandioser Selbsterhöhung wechseln ab mit Depressionen und dem Wunsch nach Selbstauslöschung. Als Sabina einen Arzt konsultiert, reagiert dieser völlig verständnislos. Jung empfiehlt, sich an seinen Schüler zu wenden, den Münchner Nervenarzt Leonhard Seif.[21]

In keiner ihrer über dreißig Publikationen wird Sabina Spielrein »jungianischer« argumentieren und im Stil »jungianischer« schreiben als hier. *Die Destruktion als Ursache des Werdens* (1912) liest sich als eine Bilanz, als Rückschau und Versuch, eigene schmerzliche Erfahrungen zu verstehen und zu verarbeiten.[22] Gleich zu Beginn des umfangreichen Textes erweist sie Jung Reverenz mit einem langen Zitat aus dessen *Wandlungen und Symbole der Libido*: »Die leidenschaftliche Sehnsucht, d.h. die Libido, hat zwei Seiten; sie ist die Kraft, die alles verschönt und unter Umständen alles zerstört.«[23] Es sei wichtig, fährt Spielrein fort, daß auch ein männliches Individuum sich einer unbekannten Gefahr von innen, einer nicht nur sozialen Gefahr bewußt sei.

Doch während Todesvorstellungen bei Jung im Gegensatz zu sexuellen Vorstellungen stehen, ist Spielrein der Meinung, daß der Fortpflanzungstrieb selber eine in sich widersprüchliche Einheit bildet: »Aus meinen Erfahrungen an Mädchen kann ich sagen, daß es normaliter das Gefühl der Angst ist, welches in den Vordergrund der Verdrängungsgefühle tritt. Wenn zum ersten Mal die Wunschrealisierungsmöglichkeit in Frage kommt, und zwar ist es eine ganz bestimmte Form der Angst: man fühlt den Feind in sich selbst, es ist die eigene Liebesglut, die einen mit der eisernen Notwendigkeit zu dem zwingt, was man nicht will; man fühlt das Ende, das Vergängliche, vor dem man vergebens in unbekannte Fernen die Flucht ergreifen möchte.« Dem Werden entsprechen die »Wonnegefühle im Fortpflanzungstriebe selbst«; Angst und Ekel sind die Gefühle, »welche der destruktiven Komponente des Sexualinstinktes entsprechen«.[24]

Sabina Spielrein verfolgt ihre Hypothesen auf einer Tour de force durch die verschiedensten Fachgebiete. Sie zieht »biologische Tatsachen« und individualpsychologische Überlegungen heran; sie bringt Beispiele aus Philosophie, Literatur, aus der jüdischen Mystik und den rabbinischen Schriften, sie bringt Material aus europäischen Mythen und klinischen Beobachtungen, aus Träumen und Kinderpsychologie. Theoretisch nimmt sie Bezug auf die Philosophen Ernst Mach und Friedrich Nietzsche, insbesondere auf seinen *Also sprach Zarathustra* (1883–1885), sowie auf psychoanalytische Arbeiten von Jung, Gross, Stekel, Bleuler, Herbert Silberer, Freud, Riklin, Rank, Binswanger und Oskar Pfister. Im letzten Abschnitt »Über Leben und Tod in der Mythologie« kommt die Autorin auf Freuds Konzept der »Liebe nach dem Rettertypus« zu sprechen,[25] das sie mit Richard Wagners Liebesmodell in Verbindung bringt: »Das Gemeinsame bei den Wagnerschen Helden ist, daß sie, wie Siegfried und Brünhilde, nach dem Rettertypus lieben, daß sie sich ihrer Liebe opfern und sterben.«[26]

Es wird Sabina Spielrein kaum entgangen sein, daß sie selber nach dem Rettertypus liebt und das Phantasiekind Siegfried seinerseits eine Retterfigur ist.

Sabina Spielreins Siegfried-Phantasie ist mehrfach determiniert und verändert sich über die Jahre. Als sie Jung im Alter von achtzehn Jahren kennengelernt hat, war sie – wie der junge Siegfried – ein Mensch auf der Schwelle zum Erwachsensein. Die Rolle der Natur bei Wagner kam Sabinas naturromantischen Vorstellungen entgegen, und vielleicht gefällt *Rheingold* ihr deshalb so besonders gut, weil hier, am märchenhaft unbeschwerten Anfang der Welt, noch heitere, spielerische Harmonie herrscht, bevor mit der Absage an die Liebe, mit dem Raub des Goldes und seiner technischen Nutzung das Böse in die Welt kommt. Ein Naturbursche ist auch der junge Siegfried, der inmitten des Waldes, fern von Zivilisation und menschlicher Gemeinschaft aufwächst. Siegfried ist – nach Wagner – der einzige wirklich freie Mensch, vom Instinkt, nicht von der Vernunft geleitet: Er ist naiv, spontan, rücksichtslos und unbeschwert von allen gesellschaftlichen Zwängen und Traditionen. Als Naturkind versteht er die Sprache der Tiere und drückt sich mittels Liedern aus – ein Medium, das Sabina selbst gern verwendet.[27]

Siegfried ist Sproß aus der unehelichen Beziehung von Sieglinde mit ihrem Zwillingsbruder Siegmund. Mit seiner Zeugung wird zweifach – wegen Inzests und wegen Ehebruchs – gegen göttliche und menschliche Ordnung verstoßen. Nur dadurch ist Siegfried so außergewöhnlich und kann der Held sein, den sein Großvater Wotan sich als »Retter der Welt« vorstellt. Auch Sabina Spielrein hat inzestuöse Wünsche: Sie möchte ein Kind mit ihrem analytischen Vater. Ihm, dem »Götterabkömmling«,[28] möchte sie etwas Besonderes schenken, einen Siegfried, das Kind, über das Jung und sie so oft gesprochen haben.

Daß die russische Jüdin Sabina Spielrein sich den blonden Siegfried zum Ideal wählt, daß sie sich mit der nordischen Brünnhilde identifiziert, wirft Fragen auf. Wagner vertritt das Ideal einer »aus sich selber begründeten, freien Liebe«. Die Frauenfiguren im *Ring* sind oft starke, eigenständige Persönlichkeiten, die zu kämpfen und mit den Waffen der Männer Politik zu machen verstehen. Der erste Tag des *Rings* ist nach der Figur der Brünnhilde benannt: *Die Walküre*.

Anfangs ist Brünnhilde ein rechter Rabauke, auf ihren Vater Wotan fixiert und zur Liebe noch nicht fähig. Wie Brünnhilde, so ist auch Sabina Spielrein eine Vatertochter. Wie Brünnhilde will sie zunächst nicht erwachsen werden und kennt die Liebe nicht. Als Brünnhilde sich Wotan widersetzt, wird sie zur Strafe oben auf einem Felsen in Schlaf versetzt, von Feuer bewacht und behütet. Auch Sabina Spielrein hat sich ihrem Vater widersetzt und ist im Burghölzli gelandet, oben auf einem Hügel, von hohen Mauern zugleich beschützt und gefangen. In Sabinas Phantasie ist Siegfried auch der Stellvertreter von Jung. So wie Siegfried Brünnhilde mit einem Kuß aus ihrem totenähnlichen Schlaf erweckt, hat der schneidige junge Arzt Sabina geholfen, ins Leben zurückzufinden. Brünnhildes Erlösungsszene mag Sabina Spielrein an ihr eigenes Märchen von Meri der Zarentochter erinnern, das sie 1904 im Burghölzli geschrieben hat. Auch Meri sitzt auf einem hohen Felsen gefangen, nicht wie Brünnhilde vom Feuer, dafür von schrecklichen Schlangen umzüngelt.

In der Schlußszene des *Siegfried* stirbt Brünnhilde im [Liebes-] Feuer. Sabina Spielrein erkennt darin ihr Liebesideal:

| | |
|---|---|
| Nicht Gut, nicht Gold. | Trügender Bund, |
| Noch göttliche Pracht, | Noch heuchelnder Sitte |
| Nicht Haus, nicht Hof, | Hartes Gesetz: |
| Noch herrischer Prunk, | Selig in Lust und Leid |
| Nicht trüber Verträge | Läßt – die Liebe nur sein! |

»Der Tod ist hier ein Siegeslied der Liebe!« schreibt Spielrein.[29] Brünnhildes Tod ist ein Verschmelzen mit Siegfried im Feuer. In der Schlußszene singen die Liebenden gemeinsam: »Er/Sie ist mir ewig, er/sie ist mir immer, Erb' und Eigen, ein' und all'; leuchtender Liebe, lachender Tod.«[30]

»Liebes!« schreibt Sabina an Jung: »Empfangen Sie nun das Produkt unserer Liebe, die Arbeit [...] Ihres Söhnchens Siegfried. Das hat eine Riesenmühe gegeben; aber für Siegfried war mir nichts zu schwer [...] Wenn die Arbeit von Ihnen in den Druck aufgenommen wird, fühle ich meine Pflicht Ihnen und Ihrem Söhnchen gegenüber erfüllt. Dann erst bin ich frei [...] Der mythologische Teil ist wohl im allgemeinen bedeutend besser geraten, weil wir hier mit Siegfried allein waren.« Sabina erinnert Jung an sein Versprechen, ihre Arbeit im Juli ins *Jahrbuch* aufzunehmen. »Nun warte ich selbstverständlich mit großer Angst auf Ihre Antwort.«[31]

Auf die Lektüre des Manuskripts reagiert Jung mit hörbarer Bestürzung: »Ich bin überrascht durch die Fülle trefflicher Gedanken, die mir Verschiedenes vorwegnehmen«, schreibt er an Sabina. Er sei aber froh, daß andere die Dinge ebenso sehen wie er: »Hoffentlich hat der Großpapa Freud die gleiche Freude an dieser Frucht Ihres Geistes wie ich.«[32] Freud gegenüber äußert Jung sich ganz anders: »Man muß davon sagen: desinit in piscem mulier formosa superne.«[33] Im übrigen, so fährt Jung fort, sei die Arbeit »enorm komplexbedingt«.[34] Was er wirklich denkt, bleibt offen.

Der III. Internationale Psychoanalytische Kongreß findet am 21. und 22. September 1911 in Weimars bestem Hotel, Der Erbprinz, statt. Im Vorfeld der Zusammenkunft kündigt Jung an:

»Diesmal wird das weibliche Element via Zürich stark aufrücken.«
Es kommen Schwester Maria Moltzer, eine ehemalige Kranken-
schwester vom Burghölzli, die charmante Amerikanerin Beatrice
Moses Hinkle,[35] »Frl. Dr. Spielrein (!)« und eine »neue Entdek-
kung« von Jung, Antonia Wolff, eine Frau von bemerkenswerter
Intelligenz und großer Einfühlungsgabe ins Philosophisch-Reli-
giöse. Auch Emma Jung reist an.[36]

Toni Wolff, wie sie sich selber nennt, war 1909 mit einundzwanzig Jahren zu Jung in Behandlung gekommen. Sie hat einen jüdischen Vater. Unter ihrer Mitwirkung entsteht der erste Teil der
*Wandlungen und Symbole der Libido*.[37] Wolff wird Jungs engste
Mitarbeiterin und seine »femme inspiratrice« – diese Beziehung
wird über vierzig Jahre dauern, bis zu ihrem Tod. Emma Jung setzt
sich jetzt nicht mehr zur Wehr, als ihr Ehemann die Geliebte ins
Haus einführt.

Auf dem obligaten Gruppenfoto vom Weimarer Kongreß sucht
man Sabina Spielrein vergebens: Sie hat sich mit einem Fußleiden
entschuldigt und bleibt zu Hause. Jung nimmt ihr Fernbleiben persönlich und schreibt ihr noch aus Weimar: Er könne sich nicht vorstellen, daß mit dem Fuß etwas Organisches sei. Er deutet die Sache
so: Sabina wollte mit einer bestimmten Wunschphantasie nach
Weimar kommen, die sie verdrängen mußte, und hat sich dann
selbst bestraft. Sie hätte trotzdem kommen sollen, mahnt er, »denn
das Leben verlangt der Opfer und der Selbstverleugnung«. Er selber habe nach langer Überlegung all die Bitterkeit aus seinem Herzen entfernt, die gegen Sabina von früher her vorhanden war – wegen »all der innern Qual, die ich durch Sie – und Sie durch mich
erduldet haben«.[38]

## 15
## In Wien bei Sigmund Freud

Sabina Spielrein verläßt München und verbringt die Sommerfrische zusammen mit der Mutter in Kolberg. Im Oktober trifft sie in Wien ein und zieht in die Pension Cosmopolite, ein imposantes Jugendstilgebäude an der Alserstraße im IX. Wiener Bezirk. Gemäß polizeilicher Melderegistratur war Sabina Spielrein in Wien vom 14. Oktober 1911 bis zum 20. April 1912 gemeldet.[1] An der ersten Vereinssitzung der Wiener Psychoanalytischen Vereinigung (WPV) nach den Sommerferien, am 11. Oktober 1911 im Klublokal des Café Arkaden, geht einer ihrer beiden großen Wünsche in Erfüllung: Sabina Spielrein wird aufgrund ihrer Dissertation zum Mitglied in die Wiener Psychoanalytische Vereinigung gewählt.

In der Geschichte der Psychoanalyse spielen Frauen eine wichtige Rolle als Klinikerinnen, Theoretikerinnen und – wie zum Beispiel bei Melanie Klein und Karen Horney – als Begründerinnen eigener psychoanalytischer Schulen. Außerdem geben sie ein eindrucksvolles Beispiel für Frauen im Berufsleben. Im Gegensatz zu anderen qualifizierten Berufen mit relativ hohem Status ist die Psychoanalyse von Anfang an offen für Frauen. Sigmund Freud selber schafft eine wichtige Voraussetzung dafür, weil er Frauen schätzt und respektiert – obwohl er in vielem ein traditionell-konservatives Frauenbild bewahrt und seine Töchter, im Gegensatz zu den Söhnen, nicht zum Studium ermuntert. Die Frage der Weiblichkeit bleibt für ihn zeitlebens – in seinen eigenen Worten – »ein dunkler Kontinent«. Weitere Faktoren sind, daß die Psychoanalyse eine sehr junge Wissenschaft ist. Sie muß sich außerhalb der Universitäten etablieren und ermöglicht daher auch Frauen eine Karriere.[2]

Die meisten Psychoanalytikerinnen und Psychoanalytiker der Gruppe um Freud in Wien stammen aus jüdischen Familien, wobei die Frauen – im Gegensatz zu ihren männlichen Kollegen – den internationalen Charakter der psychoanalytischen Bewegung repräsentieren. Die wenigsten sind in Wien geboren: Sie kommen aus

Rußland und Polen, aus Galizien, Ungarn und Böhmen. Die Frauen müssen ihren Ausbildungsweg als Einzelgängerinnen organisieren. Im April 1910 wird mit der Kinderärztin Margarethe Hilferding, geborene Hönigsberg, erstmals eine Frau in die Wiener Psychoanalytische Vereinigung aufgenommen. Anfang Januar 1911 hält sie einen Vortrag »Zur Grundlage der Mutterliebe«, in der sie – ausgehend von Beobachtungen in der klinischen Praxis, daß viele Mütter feindliche Impulse gegenüber ihren Kindern haben – zu der damals revolutionären Feststellung kommt, daß es angeborene Mutterliebe nicht gibt.

Die Aufnahme von Hilferding in die WPV ist auf Vorschlag von Paul Federn und gegen den Einspruch von Isidor Isaak Sadger erfolgt, der eine Mitgliedschaft von Frauen aus »prinzipiellen Gründen« ablehnt. Neben Sadger und seinem Neffen Fritz Wittels macht auch Victor Tausk seinen Vorbehalten mit der skurrilen Argumentation Luft, daß Frauen, die Medizin studierten, in der Regel homosexuell seien. Hilferding entgegnet mit dem Hinweis, daß Frauen an der Universität Wien nur gerade zum Studium von Philosophie und Medizin zugelassen seien, viel eher »dürfte der Beobachter [Tausk] mit einer vorgefaßten Meinung an diese Dinge herangegangen sein«.[3]

»Unser einziges Doktorweib beteiligt sich an der Adlerschen Revolte«, beklagt Freud sich im Vorfeld des Weimarer Kongresses bei Jung, wir »Wiener sind überhaupt in vollem Zerfall.«[4] Alfred Adler ist einer jener Schüler-Söhne, von denen Freud sich aufgrund theoretischer Differenzen enttäuscht und in großem Streit getrennt hat und der daraufhin einen Verein für freie psychoanalytische Forschung und eine eigene tiefenpsychologische Schule gründen wird – die Individualpsychologie.

In derselben Sitzung, in der Sabina Spielrein aufgenommen wird, nötigt Freud »die ganze Adlerbande (6 Stück)« zum Austritt, darunter auch Margarethe Hilferding.[5] Zu diesem Zeitpunkt ist Sabina Spielrein demzufolge die einzige Frau in der WPV. Das neue Mitglied beteiligt sich lebhaft an den Diskussionen.[6] »Die Spielrein hat in letzter Sitzung zuerst das Wort ergriffen und war sehr klug und geordnet«, berichtet Freud nach Zürich.[7] Im Februar stößt mit Tatjana Rosenthal eine weitere Frau dazu; Rosenthal ist ebenfalls Russin und ehemalige Zürcher Medizinstudentin.

Unterdessen hat die intensive Freundschaft zwischen Freud und Jung Risse bekommen. Jung ist es allmählich leid, die Rolle des beflissenen, dem Vater ergebenen Sohnes zu spielen. In der psychoanalytischen Bewegung wird zunehmend erbittert über die Rolle der infantilen Sexualität bei der Neurosenentstehung gestritten. Auch ist man sich keineswegs einig darüber, was unter metapsychologischen Begriffen wie Trieb oder Libido zu verstehen ist. Von Spielrein weiß man, daß sie Jung-Schülerin ist, sie macht daraus auch gar keinen Hehl. Bei der Mehrzahl der Wiener ist dieser jedoch alles andere als beliebt. Das hatte auch Freud erfahren müssen, als er am II. Internationalen Psychoanalytischen Kongreß am 30. und 31. März 1910 in Nürnberg den Versuch unternahm, die Ernennung von C. G. Jung zum Präsidenten auf Lebenszeit in der neu gegründeten Internationalen Psychoanalytischen Vereinigung (IPV) durchzusetzen. Fritz Wittels, damals selber einer der »ahnungslosen Wiener«, schildert die Begebenheiten: »Freud benahm sich wie der Vater der Darwinschen Urhorde: ebenso gewalttätig und naiv. Als er die Erregung der Wiener Herren bemerkte und ihre Entschlossenheit, sich dem Antrag Ferenczis mit allen Mitteln zu widersetzen [...] vertagte er die Abstimmung über den Antrag auf die nächste Sitzung. [...] Am Nachmittag dieses denkwürdigen Tages versammelten sich die Wiener Herren in einem Seitensaale des Grand-Hotels zu Nürnberg, um die unerhörte Situation zu beraten. Auf einmal erschien Freud uneingeladen unter ihnen. Er war in großer Erregung, wie ich ihn niemals gesehen habe, und sagte: ›Ihr seid zum größten Teile Juden und deshalb nicht geeignet, der neuen Lehre Freunde zu erwerben. Juden müssen sich damit begnügen, Kulturdünger zu sein. Ich muß den Anschluß an die Wissenschaft finden; ich bin alt, will nicht immer nur angefeindet werden. Wir alle sind in Gefahr.‹ Er faßte seinen Schlußrock beim Revers: ›Nicht einmal diesen Rock wird man mir lassen‹, sagte er. ›Die Schweizer werden uns retten. Mich und Sie alle.‹«[8]

Indem Sabina Spielrein sich in ihrer neuen Arbeit ihrerseits am Schibboleth der Psychoanalyse – an Libido und Triebtheorie – zu schaffen macht, manövriert sie sich ins Fadenkreuz der Kritik. Das bekommt sie an der Sitzung vom 29. November zu spüren, als sie »Über Transformation« referiert, über Ausschnitte aus »Leben und Tod in der Mythologie«, dem dritten Teil der neuen Arbeit. Das ist eine unglückliche Wahl, da das mythologische Material dieses Kapitels für sich genommen willkürlich zusammengesucht wirkt. Außerdem präsentiert sie sich damit »jungianischer«, als ihre Arbeit insgesamt angelegt ist. Entsprechend rege wird die anschließende Diskussion als Gelegenheit zur Kritik an Jung benutzt.[9] Am nächsten Tag schreibt Freud nach Zürich: »Die Spielrein hat gestern ein Kapitel aus ihrer Arbeit vorgetragen (bald hätte ich das Ihrer groß geschrieben), woran sich eine lehrreiche Diskussion schloß. Mir fielen einige Formulierungen gegen Ihre (jetzt ernsthaft) Arbeitsweise in der Mythologie ein, die ich der Kleinen auch vorbrachte. Sie ist übrigens recht nett, und ich fange an zu begreifen.«[10]

Die Beziehungsdynamik zwischen Freud, Jung und Spielrein besteht nicht länger aus dem Block der beiden einander umwerbenden Männer, die sich auf Kosten der Dritten stabilisieren, wie ehemals 1909. Nun versucht jeder auf seine Weise, sie im schwelenden Konflikt auf seine Seite zu ziehen. Jung ist fest entschlossen, die Psychoanalyse wenn nicht vor Freud, so doch vor den Wienern zu retten. »Es freut mich, daß Sie mich in Wien vertreten«, läßt er Spielrein wissen.[11] Er ist besorgt, wie Freud den zweiten Teil seiner *Wandlungen und Symbole der Libido* aufnehmen wird; er bringe da allerhand »Korrekturen« an der Sexualitätslehre an und fürchte »Mißverständnisse«.[12]

Frauen gegenüber – vor allem, wenn sie hübsch und gescheit sind – ist Freud toleranter als gegenüber seinen Schüler-Söhnen. Er bleibt Spielrein gewogen, nimmt Anteil an ihrem Schicksal, schickt ihr sogar Patienten, die sie ohne Honorar behandelt. Freud ist mit ihrer Arbeit zufrieden. In den Weihnachtsferien fährt Sabina für zwei Wochen nach Rostow und wird »förmlich von einer Liebesflut seitens der Eltern, Bombuchna, Bekannten, Verwandten umgeben«.[13] Am Vorabend der Rückreise hält sie einen öffentlichen Vortrag über Psychoanalyse; unter den begeisterten Zuhörern befindet sich Foiwel Naumowitsch Scheftel.

Zurück in Wien, zieht sie Bilanz: »Wien. Fast ein ganzes Jahr um. Wie viele schwere Zeit ist verflossen. Der Leser würde fragen ›Wie ist denn der Schluß?‹ Es war kein Schluß, es war Vieles und noch kein Schluß.« Sabina Spielrein hat beruflich viel erreicht: Sie ist Mitglied der WPV, sie arbeitet erfolgreich als Analytikerin, und ihr neuer Aufsatz soll diesen Sommer im *Jahrbuch* publiziert werden. Alle ihre Wünsche haben sich erfüllt, mit Ausnahme des einen: »Wo ist der, den ich lieben könnte, den ich als Frau und Mutter unserer Kinder glücklich machen könnte? Immer noch ganz einsam.«[14] Eines Nachts träumt Sabina: »Ein Mädchen (offenbar mein Schicksal) betrachtete meine Hand und sagte mir, ich werde mit siebenundzwanzig Jahren einen älteren Menschen heiraten.« Kollege Dr. Viktor Tausk betrachtet Sabinas Hand und verkündet, mit siebenundzwanzig Jahren werde sie eine Schicksalsänderung erfahren: 2 = Mond plus 7 = Mutterschaft macht 9 = Ehe! Spielrein, die sich verschiedentlich mit Zahlenmystik beschäftigt, erinnert sich daran, daß Jung mit siebenundzwanzig geheiratet hat.[15] Ihre Träume bestätigen, daß sie weiterhin an der verlorenen Liebe hängt.

Am 17. April 1912 nimmt Sabina Spielrein zum letzten Mal am Vortragsabend teil.[16] Kurz bevor sie nach Rostow reist, schreibt sie noch an Ludwig Binswanger, er möge ihr einige Sonderabdrucke seiner Arbeit »Analyse einer hysterischen Phobie«, Jahrbuch III, Band I, zusenden; sie benötige »vor allem ein Exemplar für die medizinische Vereinigung in Rostow a/D.«.[17] Auch bittet Sabina Freud um eine Unterredung. Sie hat geträumt: »Es ist Dir beschieden, einen großen arysch-semitischen Helden zu schaffen.«[18] Von Freud möchte sie nun wissen, was der Traum ihr sagen will: Ob es sich bei dem Traumkind um den Wunsch nach einem symbolischen Kind handelt oder nach einem leiblichen Kind von Jung? Freuds schlichte Worte: »Sie könnten es ja haben, wenn Sie es wollten, aber es wäre viel zu schade um Sie«, machen einen nachhaltigen Eindruck. Man verbleibt mit dem Projekt einer Analyse.

Emil Oberholzer,[19] ein junger Schweizer Arzt, der Sabina vom Medizinstudium und von der gemeinsamen Assistenzzeit am Burghölzli her kennt, plant zwecks Analyse bei Freud nach Wien zu kommen. Er möchte Sabina gerne treffen und erkundigt sich, ob sie bei der Suche nach einer Unterkunft behilflich sein kann. Als sie ihre eigene Pension Cosmopolite empfiehlt, findet er das etwas teuer: »Sie wissen ja, wie wir Psychiater zweiter Ordnung in der Schweiz gestellt sind.« Er ist enttäuscht, daß Sabina voraussichtlich nicht in Wien sein wird.[20] Als er eintrifft, ist sie längst abgereist. Warum sie einfach aus Wien verschwunden sei, ohne sich bei ihm zu melden, möchte Wilhelm Stekel wissen, Herausgeber des *Zentralblatts für Psychoanalyse*. Er vermutet »Jungismus oder Phobie?«[21]

Kurz vor den Sommerferien kommt Freud auf das Vorhaben zurück: »Liebe Frau Doktor. Vorgestern war Ihre blonde Patientin bei mir, um mich ihres Wohlbefindens zu versichern und für die Empfehlung des Arztes zu danken. Das hat auch mich sehr gefreut. Ich bleibe bis 13 Juli in Wien, unterbreche dann bis 1 Oktober [...] Wenn der Oktober herannaht, werde ich Ihre Äußerung erwarten, ob Sie nach Wien u zur Correktur Ihrer Abhängigkeit von Jung kommen werden. Ich danke Ihnen sehr für Ihre klugen Worte an Jung; es fehlt ohnedieß nicht an Anderen, die sich bemühen, eine solche Rhagade zum Riß zu erweitern. Mit herzlichem Gruß und besten Wünschen für Ihre Arbeiten.«[22]

Freuds Wertschätzung und Anteilnahme sind deutlich zu spüren. Und vermutlich ist er nicht wenig überrascht, als er in der Karlsbader Kur, wenige Wochen später, von Ludwig Jekels aus Wien die »große Neuheit« erfährt: Sabina Spielrein hat geheiratet!

# 16

# »Dr. Paul Scheftel geheiratet. Fortsetzung folgt.«

Sabina Spielrein hat sich in Zürich für die aufgeklärte, väterliche
Welt des Westens entschieden; sie will nicht zu »Mütterchen Rußland« zurück. Auf den Meldeämtern in München und Wien hat sie
auf die Frage nach der Religionszugehörigkeit mit »religionslos«
geantwortet.[1] Doch in der bedeutsamen Angelegenheit ihrer Ehe-
schließung kehrt sie in die mütterliche Welt des Ostens und der Religion zurück. Am 1. Juni 1912 werden Sabina Spielrein und Pawel
Scheftel in Rostow am Don von Rabbiner S. J. Brailowski getraut.
Im Eheregister der jüdischen Gemeinde wird festgehalten, daß der
praktische Arzt und Tierarzt »Foiwel Notowitsch Scheftel, Junggeselle« sich mit der »Jungfrau Sabina Naphtelewna Spielrein« in Ehe
verbunden hat. Trauzeugen sind Isaak Epstein und [?] Zin. Außerdem wird der traditionelle Ehevertrag oder Brautkaufvertrag –
Ketuba – ins Register eingetragen, wonach der Mann Geld ein-
zubringen hat, die Frau quasi »kauft«. Pawel bezahlt für Sabina
200 Zloty oder polnische Gulden, das sind 30 Rubel (oder 150
Mark) – eine symbolische Handlung.[2] In Sabinas Tagebuch wird
das denkwürdige Ereignis knapp und kryptisch vermerkt als »Dr.
Paul Scheftel geheiratet. Fortsetzung folgt.«[3]
Paul Scheftel ist fünf Jahre älter als Sabina, ein großer, attrakti-
ver Mann, gut gebaut, mit blaßem Teint und Bart. Sein Vater Naum
Scheftel ist früh gestorben, seine Witwe mußte ihre vier Kinder,
zwei Jungen und zwei Mädchen, in materieller Enge mit einer kleinen Rente aufziehen. Als Schüler hat Pawel Nachhilfeunterricht gegeben, damit die Schwestern lernen konnten. Als ältester Sohn ist er
verantwortlich für Mutter und Geschwister. Er hat nicht an der
Universität studiert, sondern seine medizinischen Kenntnisse in der
Praxis erworben, und er ist ein guter Arzt. Im Gegensatz zu den
brillanten, ehrgeizigen Spielrein-Kindern, die alle vier erfolgreich
um einen Platz in der Wissenschaft kämpfen, ist er eher passiv veranlagt, neigt stark zum Grübeln und ist weit weniger anspruchsvoll
hinsichtlich dessen, was er vom Leben erwartet. Pawel ist nicht sehr

zielbewußt und will dies auch gar nicht sein: Für ihn ist seine Familie wichtig, seine gewohnte Umgebung. So machen Sabinas Brüder sich ein wenig lustig über den Schwager, der nicht einmal Russisch ohne jiddischen Akzent spricht. Als Pawel die hübsche, gescheite und reiche Sabina Spielrein kennenlernt, unterstützt seine Schwester Anja die Heirat. Die Mutter hingegen fühlt sich verletzt von Pawels Entscheidung und verreist, ohne sich zu verabschieden.[4]

Was hat Sabina Spielrein veranlaßt, auf den Wagnerianischen Liebesrausch, auf den Siegfried, auf die Analyse bei Freud zu verzichten? Handelt es sich um eine jener überstürzten Handlungen, die Eva Spielrein bei ihrer Tochter fürchtet? Ist es eine Flucht nach vorn, um den alten Konflikt mit Jung hinter sich zu bringen, um endlich Ehefrau und Mutter zu werden? Wirklich sicher ist sich Sabina ihrer Wahl nicht. Deshalb wendet sie sich an eine Bekannte, der sie hellseherische Fähigkeiten zutraut. Sabina unterrichtet Frau Kleiper von ihren Plänen und bittet sie darum, die Fotografie des Bräutigams genau anzuschauen und ihre Meinung mitzuteilen.[5] Sie vergißt jedoch, das Foto beizulegen!

Pawel Scheftel ist ein frommer Jude; Sabina ist eine »aufgeklärte«, westlich geschulte Wissenschafterin, die nichts mit Religion zu tun haben will. Pawel hat ein gewisses Interesse für die Wissenschaft, und er unterstützt seine Frau darin. Beide sind verhältnismäßig spät dran mit Heiraten. Zwischen Sabina und Pawel besteht eine starke erotische Anziehung. Spielrein ist eine sinnliche Frau, sie braucht einen Mann und möchte unbedingt Kinder.[6]

»Unsere Träume nach der heutigen stürmischen Nacht«, schreibt Sabina am Morgen nach der Hochzeit ins Tagebuch: »Ich muß Vater und Mutter Tee einschenken, zuerst gieße ich ihn in eine Flasche ein, dann in Gläser, ich finde aber kein Glas, denn die Gläser sind schmutzig und meist geplatzt. Ich glaube, ich habe nur ein Glas gefunden aber nicht 2 und wurde daran irgendwie gehindert.«[7] Die jüdische Trauungszeremonie endet damit, daß der Bräutigam ein Glas zertritt, um zu symbolisieren, daß die Freude aus Trauer um das verlorene Jerusalem gedämpft sei. Das geplatzte/schmutzige Teeglas hat hier jedoch auch individuelle Bedeutung. Bereits als Kind hatte Sabina darunter gelitten, daß sie kein eigenes Teeglas besitzt. Und als Vierzehnjährige hat sie sich eine idyllische

Zukunft als Ehefrau ausgemalt, wo alle ihre Kinder ein eigenes Teeglas besitzen.[8] Daß der Konflikt um die Teegläser in der Hochzeitsnacht wieder auftaucht, steht möglicherweise im Zusammenhang damit, daß die Gläser nicht perfekt sind, daß sie zersprungen, gerissen sind: Die Braut ist keine Jungfrau. In der gleichen Nacht träumt Sabina auch von Rebekka Ter-Ogannessian und ihrer Tochter Anna. Im Traum ist das Mädchen zuerst häßlich und dann bildschön. Asja, so nennt Rebekka ihre kleine Tochter Anna. Sabinas Traum ist ein Reifungstraum: Eine ambivalente Gegenphantasie zum nordischen Siegfried ist entstanden.

Die Jungvermählten müssen sich aneinander und an ihre neue Situation gewöhnen: »Gestern Nachmittag bat mich mein Mann ihm schnell ein Glas Tee einzuschenken, bevor er ins Gebetshaus wegen seines Vaters geht. Ich wollte es bald tun, scherzte ein wenig mit ihm; allein ich wußte nicht, daß es so pressiert und er ging weg ohne Tee zu trinken.« Es gibt Mißverständnisse; doch im Tagebuch steht auch verheißungsvoll: »Nachts – ›Freud‹ …«[9]

In den Tagen und Wochen jenes heißen südrussischen Sommers 1912 sitzt das Paar gerne in dem kleinen Lusthaus hinten in einer Ecke des elterlichen Gartens. Man spricht miteinander bis zum Morgengrauen über Träume und Ideen, über Ziele und über Sabina Spielreins wissenschaftliche Karriere. Zehn Jahre später wird Pawel Scheftel sich an diese Zeit inniger Nähe und Verbundenheit erinnern: »Das war eine Zeit, die man nicht in Stunden und Minuten rechnen kann. Wenn das Schweigen mehr sagt als Worte. Du redetest damals mit meinen Worten. Lasest in ihnen, wie in einem Buch.«[10] Doch es gibt bereits Konflikte oder zumindest offene Fragen. Sabina kann sich nicht vorstellen, in der klaustrophobischen Enge des zaristischen Rußland zu leben. Pawel Scheftel hat sein ganzes Leben hier verbracht, und die Vorstellung, seine Verwandten und seine Heimat zu verlassen, das Glück im Westen zu suchen, fällt ihm sehr schwer.

»Liebe Frau Doktor«, beginnt Freuds Gratulationsschreiben. »Sie sind also jetzt Frau, u das heißt für mich von Ihrer neurotischen Anhänglichkeit an Jung halb geheilt. Sonst hätten Sie sich ja nicht zur Heirat entschlossen. Bleibt noch die andere Hälfte; die Frage ist, was geschieht mit der. Ich wünsche, daß sie ganz geheilt sein sollen. Nachträglich gestehe ich ein, daß mir Ihre Phantasie von der Geburt des Heilands aus einer Mischvereinigung gar nicht sympathisch war. In seiner antisemitischesten Zeit hat ihn der Herrgott aus bester jüdischer Rasse geboren werden lassen.« Freud kommt auf die Abmachung zu sprechen, daß Sabina ihn bis zum 1. Oktober wissen lassen will, ob sie ihre Absicht, »den Tyrannen durch Psychoanalyse zu beseitigen«, durchführen möchte. Angesichts der neuen Lebenssituation meint Freud jedoch, daß der Mann, von dem Sabina soviel Sympathisches zu sagen hat, ebenfalls Rechte besitzt. Eine Psychoanalyse, so unmittelbar nach der Heirat, würde diese doch arg zurücksetzen: »Er soll es zuerst versuchen, wie weit er Sie an sich fesseln u alte Ideale vergessen machen kann. Erst der Rest der ihm nicht gelingt, gehört der Analyse. Unterdeß erscheint vielleicht auch noch ein anderer, der mehr Rechte hat als der alte u der neue Mann zusammen. Es ist der Moment für die Analyse, sich im Hintergrund zu halten.« Freud verbleibt mit der Versicherung stärksten Anteils an Sabinas Lebensplänen und mit herzlichen Grüßen an sie und ihren Lebensgefährten.[11]

Freuds Formulierung, »sonst hätten Sie sich ja nicht zur Heirat entschlossen«, kann Feststellung, Frage oder Mahnung sein. Auch sein Rückzug in Sachen Spielreinscher Analyse mutet eigentümlich an. Hat er Zweifel am Gelingen des Unterfangens? Ist er es überdrüssig, sich mit Spielreins Anhänglichkeit an Jung herumzuplagen, wo er selber immer schlechter zu ihm steht? Oder ist Freud, der die Macht unbewußter Phantasien so gut kennt, allen Ernstes davon überzeugt, die hastig geschlossene Ehe und ein Kind könnten Sabina von der hartnäckigen alten Liebe kurieren?

# 17

# Berliner Jahre 1912–1914

Die Aversion gegen ein Leben im Zarenreich ist tief in Sabina Spielrein verankert. Ihrem ersten Aufenthalt in Zürich hat sie die Begegnung mit Jung, mit der Psychoanalyse und eine echte Lebensperspektive zu verdanken. In Moskau und St. Petersburg interessiert man sich neuerdings lebhaft für die Freudschen Schriften; in Odessa diagnostiziert Freud gar »eine lokale Epidemie« in Psychoanalyse.[1] Doch generell bevorzugen russische Ärzte eklektizistische Konzepte gegenüber einer einheitlichen psychologischen Lehre. Sabina Spielrein und Pawel Scheftel wollen nach Berlin ziehen, denn die Stadt gilt als offen und großzügig. Sabina kennt Berlin von früheren Aufenthalten her, und um Karl Abraham – Bleulers ehemaligen Assistenten – existiert eine funktionierende psychoanalytische Gruppe. Pawel Scheftel kann sich eine Stelle als Arzt an einer Klinik suchen. Außerdem hat er die Möglichkeit, für eine private russische Klientel ein medizinisches Kabinett zu eröffnen. Über die Hälfte der russischen Emigranten in Westeuropa leben auf deutschem Gebiet, viele davon in Berlin – da gibt es Bedarf an tüchtigen Ärzten.

Bereits vor dem Ersten Weltkrieg war Berlin eine brodelnde Metropole, im Spannungsfeld einer halbabsolutistischen, vom Soldatengeist geprägten Militärmonarchie einerseits und einer liberalen, kulturell offenen Gesellschaft andererseits. Berliner Hochschulen, allen voran die Friedrich-Wilhelms-Universität und die Technische Hochschule zu Charlottenburg, sind für ihr hohes wissenschaftliches Niveau bekannt; viele junge Leute aus Rußland machen dort ihre Ausbildung. Es gibt eine beträchtliche Anzahl von Zeitungen und Verlagen in der Stadt, darunter auch russische Verlage. So wird zum Beispiel die Übersetzung und Herausgabe von Tolstois Gesamtwerk auf deutsch von einem Berliner Verleger unternommen, von Raphael Löwenfeld, dem Gründer des Charlottenburger Schiller Theaters und Vater des Psychoanalytikers Henry Lowenfeld.[2] Das Berliner Theater setzt – neben Wien, München, Dresden und Leipzig – im deutschsprachigen Raum die Akzente. Der neue realistische Theater- und Schauspielstil strebt die ungeschönte, pathos-freie Darstellung der Wirklichkeit an. Man wendet sich der sozialen Frage zu, den Menschen am Rande der Gesellschaft.

Um 1900 sind auf allen Gebieten des Denkens und der Kunst, der Wissenschaft und Lebenspraxis Erneuerungsbewegungen im Gang, die – teils rückwärtsgewandt, teils progressiv – Kritik an den Auswüchsen der modernen Gesellschaft üben, an der erregten Atmosphäre der Großstadt mit ihrem zwiespältigen Charakter zwischen Reiz und Bedrohung, an dem hastenden, gesichts- und beziehungslosen Menschentypus der Moderne.

Die Psychoanalyse kann durchaus in diesem Kontext gesehen werden, zumal Freud verschiedentlich zu kulturtheoretischen Fragen Stellung nimmt.[3] Die frühen Psychoanalytiker sympathisieren mehrheitlich mit sozialistischen Ideen, viele sind politisch engagiert. Otto Fenichel und Wilhelm Reich unternehmen Versuche, Psychoanalyse und Marxismus theoretisch zu verbinden.[4] Allerdings sieht Freud es nicht gern, wenn seine Leute sich politisch exponieren. Wenn die Psychoanalyse verboten wird, dann wenigstens um ihrer selbst willen, ist seine Meinung. Die Vernetztheit der Psychoanalyse mit anderen Reformbewegungen spiegelt sich in der Zusammensetzung der Berliner Gruppe, der führende Persönlichkeiten des Monistenbundes angehören, des Vereins Sozialistischer Ärzte sowie der Sexualreform- und der Abstinenzbewegung.[5]

1912 leben nahezu zwei Millionen Menschen in Berlin. Die aufstrebenden Vororte im Westen und Süden gelten als attraktive Zuzugsgebiete für bessergestellte Kreise. Die selbständige Stadt Charlottenburg, wo die Scheftels zunächst wohnen, wird von den schlagfertigen Berlinern Charlottengrad genannt.

Auch Isaak Spielrein zieht nach Berlin. Nach einem Semester Heidelberg hatte er an die Universität Leipzig gewechselt, einem beliebten Zentrum russischer Studierender seit den Tagen von Katharina der Großen. Isaak Spielrein studierte bei Wilhelm Wundt am Institut für experimentelle Psychologie. Er belegte bei Wundt »Psychologie«, »Geschichte der neuesten Philosophie von Kant bis zur Gegenwart« sowie »Völkerpsychologie«, bei Max Brahn »Psychologie« und »Experimentelle Pädagogik«, bei Eduard Spranger »Philosophie« und »Pädagogik«. Er interessierte sich auch für viele

Themen außerhalb seines Fachgebiets und besuchte Veranstaltungen wie »Allgemeine Volkswirtschaftslehre«, »Finanzwissenschaft«, »Kriminalpsychologie«, »Griechische Kunstgeschichte«, »Ästhetik«.[6] Im Frühling 1913 reist Isaak für einige Monate nach Rostow, um empirisches Material für eine vergleichende Untersuchung von Kindern im Schulalter zu erheben. Er führt Messungen zum physischen Zustand von zweitausend Rostower Kindern durch und macht mit ihnen psychologische Tests. Anhand seiner Daten beschreibt er die Unterschiede zwischen russischen, jüdischen und armenischen Kindern im Schulalter. Die Studie »Psychologisches aus Kinderuntersuchungen in Rostow am Don« erscheint 1916 in der *Zeitschrift für angewandte Psychologie*; Isaak schickt einen handschriftlich signierten Separatdruck an C. G. Jung.[7]

Als in Rußland erneut massive Judenverfolgungen organisiert werden, die im berüchtigten Bejlis-Prozeß (1911) – einer Anklage wegen Ritualmordes an einem christlichen Kind – einen Höhepunkt finden, besinnt Isaak Spielrein sich seiner Wurzeln. Er beginnt Jiddisch zu studieren und sucht jüdische Fachleute auf. Er wird zwar kein Zionist, wohl aber ein sehr bewußter Jude. Obwohl er sich jahrelang Oskar genannt hat, führt er jetzt wieder den Namen Isaak Napthulewitsch. Isaak ist mit der russischen Jüdin Rakhil Iosifowna Potschtarjowa verheiratet, die an der Sorbonne Medizin studiert hat und nun Ärztin ist. Jetzt in Berlin besucht Isaak religionsphilosophische Veranstaltungen bei Hermann Cohen an der Lehranstalt für die Wissenschaft des Judentums. Dank des linguistischen Talents, das er mit der Schwester gemeinsam hat, entstehen mehrere Arbeiten über Transkription, Aussprache und Orthographie des Jiddischen. Diese Texte werden in der kulturzionistischen Monatsschrift *Der Jude* (1916–1928) publiziert, die von Martin Buber herausgegeben wird.[8] Außerdem setzt Isaak sich mit Louis William Stern in Verbindung, dem Direktor des Berliner Instituts für angewandte Psychologie. Stern ist ein Pionier der psychologischen Testmethodik und hat den Begriff Intelligenzquotient geprägt. 1903 hat er den Begriff Psychotechnik eingeführt, eine Weiterentwicklung der Taylorschen Konzepte zur Rationalisierung von Arbeitsabläufen, nicht nur in technischer, sondern auch in menschlicher Hinsicht. (Von Taylor stammt der Begriff »the one best way« respektive »der rechte Mann am rechten Platz«.)[9]

Es mangelt Sabina Spielrein in Berlin nicht an alten und neuen Verwandten und Bekannten. Pawels Mutter und seine Schwester reisen für längere Aufenthalte an; Karl Liebknecht heiratet die bekannte Kunsthistorikerin Sophie Ryss, eine Schwester von Jaschas Frau Silvia. Liebknecht und seine Frau leben ebenfalls in Berlin und haben mit Isaak besonders viel Kontakt.

Eva Spielrein hält sich vorübergehend in der Nähe von Berlin in einem Sanatorium auf. Was Sabina und Pawel anbelangt, ist sie ein wenig besorgt: »Ich habe da eine Sache für Dich, Sabinotschka, und ich will, daß Du mir einmal eine Analyse von Dir machst. Ich wurde traurig als ich hören mußte, daß Du mager geworden bist.« Sabina soll versprechen, sich einen neuen Hut und ein neues Kleid zu kaufen; die Mutter wird ihr das Geld schicken und sie dann mit solchen Dingen nicht länger belästigen. Auch mit Pawluschka ist sie nicht zufrieden. Er ist deprimiert, er kränkelt und weigert sich, einen Arzt aufzusuchen. Eva Spielrein versucht, ihm Mut zu machen: »Du bist doch ein starker Mensch, Kinn hoch! Ich finde, Du solltest Professor werden.« Pawel solle bitte zum Arzt gehen, um sicher zu sein, daß er ganz gesund ist. Tochter und Schwiegersohn sollen ins Theater gehen, ins Konzert: die Mutter wird alles mit Freude bezahlen.[10]

In Sabinas und Pawels Haushalt lernt Eva Spielrein Rachel Leibowitsch kennen,[11] die sogar Sabinas kritischer Mutter gefällt. Eva Spielrein ist angetan von dieser Freundin, die sie gescheit findet, so diskret und verständnisvoll, und die sich ihren Glauben bewahrt hat.

Sabina Spielrein ist in der Hoffnung in den Westen zurückgekehrt, im anregenden, liberalen Klima Berlins wissenschaftlich zu arbeiten. Zunächst muß sie aber zusehen, daß sie Patienten findet. Um Kontakte zu knüpfen, schreibt »Frau Doktor Spielrein-Scheftel« sich im Herbst 1912 an Ferienkursen für praktische Ärzte der Berliner »Dozenten Vereinigung« ein.[12] Sie setzt sich mit Ärzten an der Charité in Verbindung, von denen sie weiß, daß sie der Psychoanalyse gegenüber offen sind, etwa Friedrich Kraus, dem innovationsfreudigen Leiter der II. medizinischen Klinik.[13]

»Daß ich Ihnen Kranke zuweise, kann sich wohl treffen«, antwortet Freud auf Sabinas Anfrage. »Der Zufluß aus der Fremde ist bei mir eigentlich reichlich, obwohl launenhaft. Ich bin sehr zufrieden damit, wenn Sie sich etwas mehr an Abraham anschließen. Es ist viel von ihm zu lernen u seine nüchterne Art ist ein gutes Gegengewicht gegen manche Versuchung, der Sie in Ihrer Arbeit ausgesetzt sind. Warum Sie sich so sehr isolieren, weiß ich nicht, auch von Ihrem Mann steht zuwenig in Ihrem Brief.«[14]

Für Freuds Geschmack läßt Sabina zu vieles im dunkeln. Warum sie im Sanatorium war, fragt er, und woran sie sich habe operieren lassen. »Sie schreiben nichts darüber u ich muß mich mit der Thatsache begnügen, daß es Ihnen gutgeht.«[15]

Die Psychoanalyse wird ohne Bindung an die Universität und im Stile einer Privatwissenschaft betrieben. Patienten für Psychoanalysen werden von Kollegen aus der Privatpraxis zugewiesen, von befreundeten Ärzten, die an Institutionen arbeiten, oder sie kommen über sonstige Empfehlungen. Indem Spielrein sich von Abraham fernhält, verzichtet sie auf einen nützlichen Überweisungskanal. Der Aufbau einer psychoanalytischen Praxis erweist sich als schwierig. Es hilft auch nichts, wenn die Verwandten in Rußland Visitenkarten verteilen oder wenn Scheina Grebelskaja versucht, interessierte Personen nach Berlin zu Sabina in Behandlung zu schicken.

Pawel Scheftel hat ebenfalls kein Glück auf der Suche nach Arbeit. Hin und wieder kann Nikolai Spielrein ihm einen Auftrag für eine seiner Firmen zuhalten. Der Lebensunterhalt läßt sich davon jedoch nicht bestreiten.[16] Die Scheftels leben von Sabinas Mitgift.

Sabina stellt eine Budgetrechnung über monatlich 477,22 Mark für die Deckung der Grundkosten des Lebensunterhalts auf: Die Miete beträgt 141 Mark; Elekrizität, Gas und Heizung kosten zusammen 34 Mark, ferner Wäsche (23,45 Mark), Bedienung (18 Mark), Telefon (15 Mark) sowie 215,77 Mark für »Ernährung und Wirtschaft«.[17]

Mittlerweile lebt Jascha Spielrein mit seiner Frau Silvia und der kleinen Irene in Stuttgart, wo er beruflich gut vorankommt. Er schreibt für Fachzeitschriften und wird gut dafür bezahlt. Friedrich Emde, Professor für theoretische Elektrotechnik an der Technischen Hochschule Stuttgart, hat Jascha als Doktoranden angenommen. Zum Jahreswechsel 1912/13 wünscht er seiner Schwester und dem Schwager alles Gute und vor allem Erfolg: Es möge Sabina gelingen, den deutschen Reichskanzler Theobald von Bethmann-

Hollweg persönlich zu analysieren; Pawluschka solle den Polizeichef kurieren und alle Minister samt Frauen, Töchtern, Hunden, Katzen und Kanarienvögeln. Jascha spottet gerne und weiß, daß seine Schwester sich finanziell nicht ernstlich Sorgen machen muß, denn ihre Mitgift beträgt 30000 Rubel.[18] Wie es Pawel in Deutschland gefällt, möchten Jascha und Silvia wissen.[19]

Im September 1912 erscheint »Die Destruktion als Ursache des Werdens« im *Jahrbuch*, gleich nach dem zweiten Teil der »Wandlungen und Symbole der Libido«, wo Jung sich vierzehn Mal auf Sabina Spielrein bezieht. Dies ist ein letzter gemeinsamer Auftritt. Die wissenschaftlichen und persönlichen Differenzen zwischen Freud und Jung haben eine Dimension erlangt, die den Zusammenhalt, ja das weitere Bestehen der psychoanalytischen Bewegung gefährdet. Ohne Jungs Wissen wird im Sommer 1912 ein »Geheimes Komitee« gegründet, ein Männerbund – ausgezeichnet mit einem goldenen Ring mit antiker Gemme aus Freuds Antiquitätensammlung – als Beweis für Zuneigung und Vertrauen. Komiteemitglieder sind neben Freud Karl Abraham, Sándor Ferenczi, Ernest Jones, Max Eitingon, Otto Rank und Hans Sachs. Die Mitglieder des Komitees wissen sich einig »in der Hingabe an die Analyse« und haben versprochen, »deren Entwicklung zu überwachen und untereinander eine Art von analytischer Brüderlichkeit zu pflegen«.[20] Das Komitee ist als vereinspolitisches Steuerungsorgan konzipiert und soll die Politik der Leitung nach innen und nach außen hin planen und durchsetzen. Als Gegengewicht zu Jungs Einfluß im *Jahrbuch* wird ein neues Periodikum lanciert, die *Internationale Zeitschrift für ärztliche Psychoanalyse* (IZP). Außerdem wird ein Referierkomitee geschaffen, das zur Aufgabe hat, sämtliche neuen Publikationen zu kritisieren. So werden gleich im ersten Jahrgang der IZP mehrere Zürcher Arbeiten besprochen, die im *Jahrbuch* erschienen sind. Sándor Ferenczi bespricht Jungs »Wandlungen und Symbole der Libido«; es ist der zu erwartende Verriß.[21]

Viktor Tausk bespricht die Dissertation von Scheina Grebelskaja, »Psychologische Analyse eines Paranoiden«, und ist des Lobes voll: »Die Arbeit ist vorzüglich disponiert und der Mangel an Kühnheit kommt ihrer Verständlichkeit und Glaubwürdigkeit sehr zu statten.« Grebelskaja hält sich an die Freudsche Linie. Sehr einleuchtend, so fährt Tausk fort, ist »die Deutung der Luftschiffphantasie als eines Wunsches, ein großes und potentes Glied zu besitzen, respektive ein Mann zu sein«.[22] Esther Aptekmanns Dissertation »Experimentelle Beiträge zur Psychologie des psycho-galvanischen Phänomens«, in *Jahrbuch* Bd. III erschienen, wird von Jos. B. Lang rezensiert.[23]

Freud persönlich kündigt Spielrein eine Kritik ihrer neuen Arbeit an: »Wir haben uns gestattet, frei zu kritisieren, da die Züricher es direkt von uns verlangt haben. Zürnen Sie nicht u lesen Sie es wohlwollend durch. Mein persönliches Verhältnis zu Ihrem germanischen Heros ist definitiv in die Brüche gegangen.«[24] Paul Federn hat diese Aufgabe übernommen und geht sehr detailliert auf Spielreins »ausführliche und interessante Arbeit« ein. Er würdigt deren Originalität, die interessanten Analyseversuche und die Fähigkeit der Autorin, anregende Hypothesen zu formulieren. Erwartungsgemäß bemängelt er jedoch, daß Spielrein den einheitlichen Freudschen Libidobegriff um eine destruktive Komponente ergänzt und daß sie eigene, neue Triebkonzepte wie Destruktionstrieb und Transformationstrieb einführt, um gewisse klinische Phänomene zu erklären. Die Spielreinsche Arbeit, so Federns Fazit, »orientiert sich am ehesten bei Jung«. Im Gegensatz zu einer verstandesmäßigen Durchdringung, so fährt er fort, erinnern die weit ausholenden, vielsagenden Gedankengänge – wahrscheinlich ohne Wissen der Autorin – an die Werke großer Mystiker. Dank des feinen Spürsinns der Autorin für Gefühlszusammenhänge liefere die Arbeit auch einen Beitrag zur Analyse »der für die Menschheit so bedeutsamen mystischen Denkungsweise«.[25]

Die psychoanalytische Erforschung von Ich und Über-Ich steckt noch in den Anfängen; Masochismus gilt als eine rein sexuelle Perversion. Wenn Sabina Spielrein in der Arbeit über Destruktion sagt, daß es Triebkräfte gibt, die unseren psychischen Inhalt in Bewegung setzen, »unbekümmert um das Wohl und Wehe des Ich«, daß wir »direkt Lust an der Unlust haben und Lust am Schmerze«, dann ist das ein völlig neuer Gedanke.[26] Freud ist zu dieser Zeit noch nicht bereit, sich auf derartige Überlegungen einzulassen. Er findet Spielreins Destruktionstrieb nicht sehr sympathisch und hält ihn für persönlich bedingt: »Sie scheint mehr Ambivalenz als normal ist, zu führen.«[27] Die theoretischen Voraussetzungen zum Verständnis komplexer Phänomene wie Masochismus müssen erst noch geschaffen werden. Mit ihren ich-psychologischen Überlegungen ist Sabina Spielrein auf dem richtigen Wege – bis sie krampfhaft versucht, ihre Annahmen in der Freudschen Triebtheorie unterzubringen. Auf dieser Ebene ist das Problem des Masochismus jedoch nicht zu lösen, und sie verrennt sich in einer spekulativ-metaphysischen Beispielhaftigkeit. Die Rezeption ihrer Überlegungen zum Destruktionstrieb wird in der psychoanalytischen Literatur nur punktuell respektive verspätet erfolgen. Otto Gross läßt sich zu einer philosophisch-sozialpsychologischen Arbeit »Über Destruktionssymbolik« (1914) anregen.[28] Sándor Ferenczi erwähnt Spielrein im Aufsatz »Das Problem der Unlustbejahung« (1926).[29] Sigmund Freud seinerseits wird in »Jenseits des Lustprinzips« (1920) seine dritte und letzte Triebtheorie formulieren – mit »Eros« und »Thanatos« als Gegenspielern. Hier endlich wird er Spielreins Pionierrolle bei der Thematisierung destruktiver seelischer Komponenten in einer Fußnote würdigen.[30]

Zwischen Spielreins Destruktionstrieb und Freuds Todestrieb gibt es grundlegende Unterschiede. Freuds Triebmodell bleibt – über mehrere Neuformulierungen hinweg – stets ein Konfliktmodell, das mit zwei antagonistisch gedachten Grundtrieben operiert. Spielrein hingegen spricht von einer aus zwei Komponenten gebildeten Einheit – gerade so, wie Mephisto sich im *Faust* als jene Kraft definiert, »die stets das Böse will und doch das Gute schafft«. Dazu sagt Spielrein: »Diese dämonische Kraft, die doch ihrem Wesen nach Zerstörung ist (das Böse) und zugleich auch die schöpfende Kraft ist, indem aus der Vernichtung (von 2 Individuen) ein neues entsteht. Das ist eben der Sexualtrieb, der seinem Wesen nach ein Zerstörungstrieb, Vernichtungstrieb für das einzelne Individuum ist und daher auch meiner Ansicht nach einen so großen Widerstand bei jedem Menschen zu überwinden hat.«[31] Mit solchen Denkfiguren bewegt sie sich in der Tradition russischer Philosophen wie Wladimir Solowjew,[32] Wjatscheslaw Iwanow[33] und – das explizit – Ilja Metschnikoff[34].

Im gleichen Jahr erscheint Spielreins erste kinderanalytische Arbeit, einer der frühesten Texte zur Kinderanalyse überhaupt. Nach der Münchner Arbeit über Destruktion lesen sich die »Beiträge zur

Kenntnis der kindlichen Seele« (1912) wie ein theoretischer Abgesang auf Jung.[35] Spielrein hat sich von Freuds Krankengeschichte des Kleinen Hans (1909) anregen lassen, eines fünfjährigen Knaben, der an einer Pferdephobie erkrankt war.[36] Jetzt geht sie der Frage nach der Entstehung kindlicher Ängste anhand eigener Fallbeispiele nach. Anhand von Material aus der Kindheit eines Mädchens – ihren eigenen Kindheitserinnerungen – sowie zweier Knabenanalysen zeigt sie anschaulich, lebendig und nicht ohne Humor, wie die kindlichen Ängste und Phobien sich jeweils auf unbewußte sexuelle Vorstellungen zurückführen lassen. Außerdem entwickelt Spielrein eine elegante Herleitung des Interesses an wissenschaftlicher und intellektueller Arbeit aus der Sexualneugierde. Mit dieser Publikation betritt Spielrein jenes wissenschaftliche Feld, dem sie einen großen Teil ihrer Tätigkeit widmen wird.

Die spezifischen Wissensbereiche, in denen Frauen maßgeblich Einfluß nehmen, sind die psychoanalytische Pädagogik, die Erforschung der Mutter-Kind-Beziehung, die praktische Entwicklung und theoretische Reflexion von Behandlungsmethoden für Kinder sowie die Anwendung von Psychoanalyse auf Kindergärten, Schulen und Heimerziehung. Der zweite Themenbereich, in dem Frauen reüssieren, ist die Erforschung der Psychologie der Frau. Das erste Buch über die weibliche Entwicklung wird von Helene Deutsch, geborene Rosenbach publiziert.[37] Aber auch in den Bibliographien nahezu aller anderen Analytikerinnen gibt es Texte zu frauenspezifischen Fragestellungen. Mit solchen Inhalten knüpften die Pionierinnen der Psychoanalyse an traditionelle Frauenthemen an. Nun geht es inhaltlich in der Psychoanalyse – von Frauen wie von Männern – grundsätzlich um kindliche Entwicklung, um die Mutter-Kind-Beziehung sowie um Sexualität und Geschlechtlichkeit. In der Psychoanalyse sind diese Themen von zentraler, nicht etwa peripherer Bedeutung. Den Frauen wird eine besondere Fähigkeit zum Verständnis dieser Bereiche zugeschrieben, hier haben sie die Möglichkeit, sich zu profilieren.

In Berlin verbringt Sabina Spielrein zwei sehr produktive Jahre. Zwischen 1912 und 1914 erscheinen insgesamt elf Beiträge in den psychoanalytischen Zeitschriften. Gegenüber den beiden ersten

Arbeiten haben diese neuen Texte eher den Charakter von Fall-vignetten oder Notizen; manche sind nicht länger als eine halbe Seite. Um kinderanalytische Fragestellungen geht es in »Mutter-liebe« (1913),[38] in »Tiersymbolik und Phobie bei einem Knaben« (1914)[39] sowie in »Selbstbefriedigung in Fußsymbolik« (1913).[40] Sabina Spielrein schreibt über ihre Beobachtungen und Gespräche mit Kindern und deren Träume und teilt ihre eigenen tiefenpsycho-logischen Erklärungen dazu mit. Der zweite Interessensschwer-punkt wird die Traumanalyse. Spielrein publiziert den »Traum vom ›Pater Freudenreich‹« (1913),[41] »Zwei Mensesträume« (1914)[42] und »Das unbewußte Träumen in »›Kuprins Zweikampf‹« (1913).[43]

In ihren Publikationen greift sie des öfteren persönlich moti-vierte Themen auf. Als es Schwierigkeiten mit Pawels Mutter gibt, diskutiert Sabina die Angelegenheit mit Rebekka Ter-Oganessian-Babizkaja, die ähnliche Probleme mit der eigenen Schwiegermutter hat. Bald nimmt Sabina sich der Sache auch theoretisch an. »Es ist eine der traurigsten Tatsachen und zugleich eine der interessante-sten psychologischen Probleme das Problem der Schwiegermama«, so beginnt der Aufsatz über »Die Schwiegermutter« (1913).[44] Spielrein beschreibt die Rivalitäten junger Ehefrauen mit ihren Schwiegermüttern sowie Konflikte, die sich aus einer Fixierung des Ehemannes/Sohnes an seine Herkunftsfamilie ergeben. Das Ver-hältnis zwischen den Geschlechtern wird thematisiert, ebenso die psychologischen Unterschiede zwischen Männern und Frauen. Letztere erklärt sie nicht psychologisch oder biologisch, sondern leitet sie von der sozialen Ordnung der Gesellschaft ab. Die Frau, sagt Sabina Spielrein aus eigener Erfahrung, habe viel weniger Möglichkeiten, ihre persönlichen Wünsche in der Wirklichkeit um-zusetzen: Als Entschädigung dafür besitze sie ein viel größeres Ver-mögen, sich in andere Persönlichkeiten einzufühlen und auf diese Art deren Leben mitzuerleben.[45]

Als Jung-Schülerin und als Frau hat Sabina Spielrein in der Ber-liner Psychoanalytischen Vereinigung einen schweren Stand. Abra-ham, der Präsident, kennt sie noch vom Burghölzli her, und er weiß um ihre Beziehung zu Jung. Spannungen und Rivalitäten mit jenem hatten seinerzeit dazu beigetragen, daß Abraham – höchst ungern – nach Deutschland zurückkehrte. Er hat sich in Berlin als Spezialist für nervöse und psychische Krankheiten niedergelassen, und Freud gibt dem zuverlässigen, analytisch begabten Mann gerne den offiziellen Segen, als sein Schüler und anerkannter Vertreter der Psychoanalyse in Deutschland zu wirken. Von Abraham hatte Freud stets verlangt, auf Jungs Eigenheiten Rücksicht zu nehmen. Abraham kann Jung nicht ausstehen; Spielrein mag er ebenfalls nicht, was auf Gegenseitigkeit beruht.

Abgesehen von Abrahams persönlichem Groll tut sich die Berliner Gruppe – im Gegensatz zu den Zürchern – überhaupt schwer mit der Aufnahme von Frauen und Nichtärzten. Es sind zwei Russinnen, ehemalige Zürcher Medizinstudentinnen, die das Eis gebrochen haben. Anfang 1911 nimmt Tatjana Rosenthal als erste Frau an einem Vereinsabend teil. Sie referiert über den Roman *Das gefährliche Alter* (1910) der dänischen Schriftstellerin Karin Michaelis. Während dreier Jahrzehnte ist Michaelis die populärste dänische Schriftstellerin. Ihre fortschrittlichen Mädchenbücher *Bibi* werden in zahlreiche Sprachen übersetzt, *Das gefährliche Alter* ist das sensible psychologische Porträt einer Frau in den Wechseljahren. Michaelis gilt als Autorin der weiblichen Erotik. Rosenthals Referat seinerseits ist einer der frühesten Versuche, die Psychoanalyse auf Literatur anzuwenden.[46]

Im März 1911 nimmt die Berliner Ortsgruppe das erste weibliche Mitglied auf. Es ist Mira Gincburg, eine polnisch-russische Jüdin aus Lodz, die bei Bleuler und Jung studiert hat und auf Kinderanalyse spezialisiert ist.[47]

Eine Zeitlang betreibt die Berliner psychoanalytische Ortsgruppe um Abraham eine gezielte Anwerbepolitik, um einflußreiche neue Mitglieder zu gewinnen, und lockert dafür die Aufnahmebestimmungen. Beispielsweise wird die bekannte bürgerliche Frauenrechtlerin Helene Stöcker zu den Sitzungen eingeladen und im April 1912 als außerordentliches Mitglied aufgenommen. Stöcker ist die erste promovierte Philosophin Deutschlands – sie hatte in Bern promoviert – und Privatassistentin des Philosophen Wilhelm Dilthey, Professor in Berlin. Sie ist Gründerin des radikalbürgerlichen Bundes für Mutterschutz und Sexualreform, auf dessen Mitgliederliste so prominente Namen stehen wie Max Weber, Magnus Hirschfeld, August Bebel, August Forel und Sigmund Freud. In zahlreichen Publikationen, in gut besuchten Vorträgen und in ihrer eigenen Zeitschrift *Die Neue Generation* propagiert

Stöcker eine Neue Ethik und ist in ihrer Eigenschaft als Autorin und Agitatorin die international anerkannte Vordenkerin einer umfassenden Sexualreform der Gesellschaft. Stöckers Neue Ethik strebt nicht nur eine bessere und gerechtere Ordnung der sozialen Verhältnisse an, sondern zielt ab auf die Entwicklung der Persönlichkeit hin zu mehr Selbstbestimmung und Liebesfähigkeit. In Anlehnung an die Liebesphilosophie der deutschen Frühromantik sollen die Empfindungen der Menschen, soll das Innere der Menschen kultiviert werden. Stöcker besucht Freud im März 1913 in Wien und nimmt am Spaltungskongreß der Internationalen Psychoanalytischen Bewegung in München am 7. und 8. September 1913 teil.[48]

So wie die Dinge liegen, denkt Sabina Spielrein nicht daran, ihre Wiener Mitgliedschaft nach Berlin zu transferieren. Freuds Ermahnungen, sich Abraham anzuschließen, verhallen ungehört.

Zu den Schwierigkeiten der Ehepartner, sich beruflich zu etablieren, kommen wachsende Spannungen zwischen Mann und Frau. Ursprünglich hatte Pawel sich heftig dagegen gesträubt, aus Rußland fortzugehen. Jetzt müht er sich mit der deutschen Sprache ab; er vermißt seine vertraute Umgebung und klagt über Herzbeschwerden. Daß der Lebensunterhalt überwiegend aus Sabinas Mitgift finanziert wird, verletzt und kränkt ihn. Sabina ihrerseits ist enttäuscht und grollt. Daß ihr Mann an den Traditionen festhält, daß er betet und in die Synagoge geht, ist ihr ein Dorn im Auge. Sabina hat sich bei ihrem Vater beklagt. Er antwortet ihr:

»Meine Liebe! [...] Sei um Dein Schicksal nicht betrübt und trauere nicht wegen der materiellen Lage. Solange ich lebe wird sich alles regeln. Und wenn es mich nicht mehr geben wird, ist Dein Kapital heil, keine Kopeke wird berührt. Vielleicht in den nächsten Tagen lege ich Euer Geld an für drei Jahre lang, für jährlich 9,5 % unter sehr guter Gewährleistung. Also 2850 Rubel sind schon für alle Fälle bereit (das sind etwa 7500 Franken, und danach wird doch etwas folgen, etwas erreicht Ihr doch beide). Dem Ehemann mach' keine Vorwürfe: er ist bei Dir ein netter anständiger Kerl. Leider hast Du Dir das Wunschbild vom Ehemann nach dem Vorbild Deines Vaters geschaffen. Das ist schade: solche Ehemänner, Väter, überhaupt wenig anspruchsvolle und selbstlose Menschen wie ich, findest, meine Liebe, nicht so bald. Gib Dich damit zufrieden, meine Liebe, was das Schicksal gegeben hat. Du hast gut gewählt. Und überhaupt, wo ist die Garantie, daß Du mit einem anderen, ›Starken‹ glücklicher wärst? Sei getrost, die Jahre vergehen, Ihr werdet einander näher kommen, alles wird sich ebnen, Du wirst ein Ziel im Leben haben und wirst glücklich werden. Sei nur nicht ungeduldig, verlange nicht von einem von der Familie verwöhnten Menschen, daß er gleich alle vergessen und zu Dir stehen soll. Falls Du aber darauf bestehst, ziehe ihn derart an, daß er alles andere vergessen würde [...] Nein, meine Teuerste, nein, meine Liebe; Pawluscha ist sehr fein und Du könntest mit ihm glücklich sein. Versuch es, laß die Kleinigkeiten fallen [...] Denn bald muß ein Zeuge und Kritiker Eurer Beziehung das Licht der Welt erblicken. Seinetwegen bereitet Euch vor, um ihm die Grundlage des friedlichen Glücks zu geben, das vor allem auf der nachsichtig-geduldigen Einstellung basiert, daß der andere anders ist, versteht, gewöhnt ist als ich.«

Nikolai Spielrein rät Sabina, über die Unebenheiten in Pawels Charakter hinwegzusehen, und schlägt vor, nach Rußland zu kommen. Dort wird Pawel beruflich vorankommen und seine Familie ernähren, denn er ist arbeitsam und fleißig. Wenn Sabina nicht zurück nach Rostow will, dann soll sie einfach sagen, wohin sie lieber möchte, ob nach Odessa, Moskau, Petersburg, Warschau oder sonst eine beliebige Universitätsstadt. Wenn Sabina sich berufen fühlt, etwas Neues zu schaffen, dann soll sie es tun. Trage Licht in die russische Dunkelheit, rät der Vater: »dort im Ausland gibt es auch ohne Dich genügend Träger vernünftiger Ideen, die sie aus Unkenntnis der Gegend und der Sprache in Rußland nicht verbreiten können.«[49]

Nikolai Spielrein teilt die Vorliebe der Tochter für ein Leben im Westen nicht. Er versteht sich als Russe und möchte sie für das große Werk von Aufklärung und Reform in Rußland gewinnen. Als er diesen Brief schreibt, ist Sabina im dritten Monat schwanger. Verwandte, Bekannte und Freundinnen gratulieren.

»Nicht alle haben das Glück, sich zuzulassen ein Kind zu haben«, schreibt Esther Aptekmann, »laßt’ dieses kleine Wesen Eure Freude und Euer Glück sein.« Esther hat das Studium gleichzeitig mit Sabina abgeschlossen und ist dann nach Rußland zurückgekehrt. Sie arbeitet jetzt an einem psychiatrischen Krankenhaus mit 1300 Patienten in der südrussischen Provinz, acht Werst von Chersson entfernt. Es gebe jede Menge interessanter Patienten, schreibt sie, aber es sei mühsam, das Material zu deuten, weil die Psyche der meisten sehr arm sei und ihre Krankheit sich auf wenige fixe Ideen beschränke. »Ich war nur sehr erstaunt«, fährt sie fort, »als ich diesen Wahn und diese Hysterie sehen durfte, das ich noch nicht mal im Ausland gesehen habe. Sie waren wie die Tiere, die alles, was sie sehen, in Stücke reißen. Und die anderen versteckten sich und warteten nur auf den richtigen Moment, um sich auf alles zu stürzen und alles zu zerstören was in ihren Weg kam. Es ist eine Art Hölle, wo alle schreien und brüllen und weinen und singen und überall hört man auch Fluchwörter. Sehr virtuos – wie man es eigentlich nur in unserem Mütterchen Rußland hört. Manchmal sieht man auch, wie sie einander beißen und kratzen, wenn sie sich verteidigen und auf dem Boden rollen und nachher sind sie müde und warten, bis jemand anderer auf eine andere Idee kommt und dann fängt man wieder von vorne an.« Am Anfang war die Arbeit an der Klinik sehr anstrengend und belastend für Esther, und sie kam jeweils fix und fertig nach Hause. Nun, wo die schlimmste Julihitze vorbei ist, geht es besser und sie ist etwas ruhiger geworden.[50]

Auch Jung gratuliert zur Schwangerschaft: »Ich habe Ihren Brief mit Interesse gelesen und bin froh zu wissen, wie es um Sie steht. Ich wünsche Ihnen von Herzen viel Glück. Wenn Sie Ihr Kindchen recht lieben, so wird gewiß Alles gut gehen. Und warum sollten Sie Ihr Kindchen nicht lieben?«[51]

Freud verliert allmählich die Geduld: »Ich kann es gar nicht hören, wenn Sie noch von der alten Liebe und den verflossenen Idealen schwärmen und rechne auf einen Bundesgenossen in dem großen, kleinen Unbekannten. Selbst bin ich wie Sie wissen, von jedem Rest von Vorliebe fürs Ariertum genesen u will annehmen, wenn es ein Junge wird, daß er sich zum strammen Zionisten entwickeln soll. Schwarz muß er oder es auf jeden Fall werden, kein Blondkopf mehr, lassen wir die Irrlichtereien fahren! [...] Wir sind u bleiben Juden. Die Anderen werden uns immer nur ausnützen und uns nie verstehen oder würdigen.«[52]

Aus den Äußerungen ihrer Briefpartner entsteht in den folgenden Wochen und Monaten ein angestrengtes, zerrissenes Bild von Sabina Spielreins Befindlichkeit. Die Zeit der Schwangerschaft ist von Ängsten und Zweifeln überschattet. Sie trägt ein Kind von Pawel, und sie denkt bereits daran, aus Berlin wegzugehen, ihn zu verlassen. Warum sie in die Schweiz und nicht nach Wien wolle, wo es doch so viel interessanter sei, möchte Rebekka Ter-Oganessian wissen. Sabina sehnt sich nach Jung, nach dem Mann, von dem sie den Siegfried begehrt. Sie träumt einen »mächtigen Siegfried-Traum« und verliert beinahe ihr Kind.[53] Fast gleichzeitig wird Jung von einem szenisch-halluzinatorischen Traum heimgesucht, in welchem er den braunen Siegfried tötet – das Symbol seiner geistig-seelischen Verbindung zu Spielrein.[54]

In ihrer Not, aus Angst um das Leben ihres Kindes, beschließt Sabina zu liegen, was ihr nicht sonderlich bekommt. Im Aufsatz »Beiträge zur kindlichen Entwicklung« (1912) hat Spielrein Ängste von schwangeren Frauen beschrieben, welche Schwangerschaft und Geburt als gefährliche, sogar tödliche Krankheit auffassen. Sie schreibt, daß diese Frauen sich bewußt oder unbewußt vorstellen, daß das neue Wesen auf Kosten des alten wächst und eine Gefahr bedeutet.[55] Vielleicht hat sie selber ähnliche Phantasien? Doch es sind auch alte Ängste, die jetzt hochkommen, Ängste davor, für das Leben unbrauchbar zu sein, steril zu sein, nicht fruchtbar werden zu können.[56] »Denke nicht abergläubisch und habe keine Angst«, schreibt Rebekka Ter-Oganessian. Sie hat ein Jahr nach Sabina promoviert und ist mit ihrer kleinen Tochter Anna (Asja) nach Rußland zurückgekehrt, wo ihr Ehemann Mikirtitsch Ter-Oganessian als Landarzt arbeitet. Das Leben auf dem Dorf verläuft sehr eintönig. Rebekka hat die Zeitschrift *Psichoterapija* (1909–1914) abonniert, die über die Aktivitäten der russischen Psychoanalyse informiert. Sie fühlt sich von allem abgeschnitten und sehnt sich nach interessanten Menschen, nach sinnvoller Beschäftigung. Sie denkt viel an Sabina, an die gemeinsame Zeit in Zürich; sie vermißt ein anregendes, intellektuelles Milieu.[57] Rebekka liebt ihren Mann und hat an der koketten kleinen Tochter große Freude. Aber daheim fühlt sie sich in Rußland nicht. Als Rebekka von Sabinas Problemen und Ängsten erfährt, rät sie, an die frische Luft zu gehen, bewußt zu atmen, sich zu bewegen.

Sabinas nächste Sorge gilt der Geburt, denn sie ist klein und schmal gebaut. »Hab' keine Angst vor der Geburt, Sabina«, wird sie von Rebekka ermutigt: »Du sagst, Kinder sind das halbe Leben, die andere Hälfte ist eine interessante Arbeit. Und Dein Mann, welchen Teil nimmt der ein?« Sabina solle versuchen, Pawel mehr zu vertrauen und ihre psychoanalytischen Interessen mit ihm zu teilen. Sie kenne ihn natürlich nicht, schreibt Rebekka, aber sie sei überzeugt, daß Sabina ihm gegenüber nicht so mißtrauisch und kurz angebunden sein solle, denn »als Ihr Mann und als Jude könnte er doch schnell die psychischen Argumente und Freuds Argumente verstehen«. Was Pawels jüdische Traditionen und Gewohnheiten anbelangt, so dürfe man dem nicht zuviel Gewicht beimessen. Auch Mikirtitsch habe anfänglich so manches ungeschliffen »Kaukasische« an sich gehabt, das Rebekka nach und nach habe verändern können.[58]

Am 1. August 1913 ziehen Sabina Spielrein und Pawel Scheftel an die Thomasiusstraße, eine kleine, ruhige Wohnstraße, die am Ufer der Spree endet. Das Haus Nummer 2 ist ein vierstöckiges Mietshaus, dessen aufwendige Ausstattung – farbige Jugendstilfenster im Treppenhaus, geschnitzte Wohnungstüren aus massivem, dunklem Holz, dekorative Namensschilder und Garnituren aus getriebenem Messing – die bürgerliche Gediegenheit seiner Bewohner bezeugt. Neben Scheftels wohnen ein Stabsarzt im Haus, ein Lyzeallehrer, vier Kaufleute, ein Schneider- und ein Bodenmeister; die Dienstboten sind in Dachkammern untergebracht. Sabina Spielrein und Pawel Scheftel leben im zweiten Stock. Hier befindet sich Pawels »russisches, medizinisch-diagnostisches Kabinett«, seine Telefonnummer lautet MB [Moabit] 8118.[59] In dieser Wohnung bringt Sabina Spielrein ihr Kind zur Welt.

»Der oder richtiger ›die große kleine Unbekannte‹ ist da«, teilt Sabina Freud die Neuigkeit mit. Die Kleine sei energisch und süß, »ein großes, kräftiges Tierchen«, durchaus autoerotisch und absolut asozial. Sabina stillt ihr Baby selbst und hat eine Pflegerin, die ihr hilft. Das Kind ist ein Ebenbild seiner Mutter, berichtet Sabina, nur das Mündchen hat sie von Eva Spielrein.[60] Freud schickt herzliche Glückwünsche: »Es ist besser, daß es eine ›Sie‹ [Hinweis auf Rider Haggards Roman *She*] ist. Da kann man sich den blonden Siegfried noch überlegen.«[61]

In die Geburtsurkunde Nr. 4393/1913, Standesamt Berlin 12a, wird eingetragen: »Irma-Renata Scheftel, weiblichen Geschlechts, am 17. Dezember 1913 in Berlin-Tiergarten geboren«.[62] Bei »Eltern«

stehen »Foiwel Paul Scheftel, mosaisch, und Sabina Scheftel geb. Spielrein, mosaisch«. Beim Beruf des Vaters steht »Arzt«, bei der Mutter fehlt die entsprechende Angabe. Der Beamte vermerkt am Rand des Dokuments, daß das Kind bei der Beurkundung noch keinen Vornamen hat, und setzt eine Frist. Als Rebekka gratuliert, ist sie erstaunt, daß Sabina nicht geschrieben hat, wie sie ihre Tochter getauft hat: Hat sie einen jüdischen Vornamen? Oder heißt sie vielleicht Kleopatra, Carmen, Mignon?[63] Doch das Kind ist namenlos, weil seine Eltern sich nicht einigen können. Pawel möchte seine Tochter Irma nennen; Sabina besteht auf Renata, der Wiedergeborenen. Man einigt sich auf Irma-Renata.

Eva Spielrein kommt nach Berlin, um der Tochter beizustehen und Irmchen kennenzulernen, das neue Enkelkind. Zurück in Rostow, bleiben die Nachrichten aus: »Liebe Sabina! Von Dir kommen keine Briefe – das beunruhigt mich sehr. Ich denke, daß es im Haus Probleme gibt, Du bist beschäftigt und schreibst deshalb nicht. Wie ist Deine Gesundheit? Wie geht es dem Kind? Ob es immer noch krank ist? Das arme Kleine! Es ist wichtig, daß man ein gutes, ein erfahrenes Kindermädchen hat, weil Du selbst unerfahren bist.« Die Großmutter möchte wissen, wie sich das Enkelkind entwickelt, was es alles gelernt hat, seit sie es gesehen hat. Ob es schon lächelt? Ob es Töne von sich gibt? Wie es auf die Umgebung reagiert? Was würde sie nicht opfern, um es für eine Stunde sehen zu können.[64]

Obwohl Pawel und Sabina 15000 Mark pro Jahr zur Verfügung stehen, fehlt es ständig an Geld.[65] Sabina Spielrein ist auf das Leben als Ehefrau, Hausfrau und Mutter schlecht vorbereitet. Bis vor kurzem konnte sie immer noch keinen Borschtsch kochen, ein so einfaches, volkstümliches Gericht. Eva Spielrein versucht, ihrer unpraktischen, verwöhnten Tochter bei den ersten Schritten der selbständigen Führung eines standesgemäßen Haushalts behilflich zu sein. Ob es sich um die Auswahl geeigneten Hauspersonals oder die Suche nach vertrauenswürdigen Ärzten handelt, um die Frage, ob man Gästen Kaviar vorsetzen soll (»zu teuer!«), wie man Dienstboten anleitet und worauf man bei der Wahl des Kindermädchens zu achten hat (»zwischen dreißig und sechzig, erfahren, zuverlässig, aktiv«).[66] In detaillierten Briefen gibt Eva Spielrein ihre Anweisungen. Damit nicht genug, scheut sie weder Zeit noch Geld, um Sabina, um allen ihren Kindern und Enkeln eine Freude zu bereiten, um ihnen das Beste zu bieten. Sie schickt südrussische Spezialitäten, selbstgebackene Triangel und Pfefferkuchen.[67] Für Irmchen und die anderen Enkel näht Eva Spielrein mit Hingabe und Begeisterung je eine vollständige Garderobe.[68] Ihre Tochter bittet sie regelmäßig und inständig, sich ein neues Kleid, einen neuen Hut zu kaufen, sie schicke das Geld. Durch einen Bekannten läßt sie ihr einen Brillantring überbringen – und spart bereits wieder für Sabinas Winterhut.

Als es zwischen Sabina und Pawel zum Eklat kommt, mischen sich Pawels Verwandte ein, und die Auseinandersetzungen werden erbitterter. Eva Spielrein stärkt der Tochter den Rücken. »Beunruhige Dich nicht, Sabina«, schreibt sie, »Du hast Deine Freunde und Eltern und Deinen Bruder – wir schauen nach Dir.« Sie spricht ihr Mut zu und bietet an, die Erziehung des Kindes selber zu übernehmen.[69] Nikolai hingegen äußert auch Verständnis für Pawels schwierige Situation zwischen seinen Verwandten, die dauernd finanzielle Ansprüche an ihn stellen, und seiner reichen Frau.[70] Er macht sich Gedanken über ein mögliches Einlenken. Ein Familienrat soll nach Lösungen für die verfahrene Situation suchen. Es wird diskutiert, ob Sabina sich sofort scheiden lassen soll oder es besser ist, wenn die zerstrittenen Eheleute zunächst eine Weile getrennt leben.

Die psychoanalytische Bewegung wird derweil von schweren Konflikten erschüttert. Freud hat Jung in Zürich besucht und ist »schrecklich von ihm zurückgekommen«. Er hat keinen freundlichen Gedanken mehr für ihn, findet seine Theorien schlecht, seinen Charakter unangenehm. Freud ahnt, daß – nach Adler – jetzt eine weitere Abspaltung bevorsteht. »Ich bin ziemlich überarbeitet«, schreibt er Abraham.[71]

Sezessionen in der psychoanalytischen Bewegung – von Adler, von Stekel, von Jung und später von Wilhelm Reich – erfolgen stets unerbittlich, abrupt und über Schwarz-Weiß-Zuordnungen. Im Konflikt zwischen Freud und Jung stellt Sabina Spielrein sich in ihrer wissenschaftlichen Arbeit auf Freuds Seite. Sie ist jedoch nicht bereit, den persönlichen Bruch mit Jung zu vollziehen: eine differenzierte Position, die ihre Kollegen nicht goutieren.

Anfang 1914 initiiert Karl Abraham in der Berliner Vereinigung eine Jung-Debatte, die sich über mehrere Sitzungen erstreckt und auf Jungs wissenschaftliche Liquidierung hinausläuft. In diesem aufgeregten Klima referiert die ehemalige Jung-Schülerin Spielrein im März 1914 über »Ethik und Psychoanalyse«. Jung legt die Redaktion des *Jahrbuchs* nieder, und der Machtkampf mit Freud endet damit, daß Jung als Präsident der Internationalen Psychoanalytischen Vereinigung (IPV) demissioniert.

Im April 1914 reist Sabina Spielrein auf Erkundungsfahrt in die Schweiz. Im gleichen Monat ersucht Jung beim Dekanat der medizinischen Fakultät der Universität Zürich um Entlassung zum Sommersemester.[72] Daß er das kurzfristig tut, wird von der Fakultät gelassen hingenommen: »Der Unterricht erleidet keine nennenswerte Störung, wenn die Vorlesungen des Herrn Dr. Jung auch schon in diesem Semester ausfallen.«[73] Jung gibt die akademische Laufbahn vorerst auf. Er tritt seine Nekyia oder Nachtmeerfahrt an, eine »schöpferische Krankheit«,[74] die ihn später zur Formulierung seiner eigenen tiefenpsychologischen Lehre führen wird.

Im Mai fragt Sabina Spielrein bei Freud nach, warum er ihr keine Patienten schicke, ob er etwas gegen sie habe? Der ist empört: »Jetzt fangen Sie auch an meschugge zu werden [...] Ich habe seit gewiß einem halben Jahr keinen Pat. aus Berlin gesehen, oder sonst einen, den ich Ihnen hätte schicken können.«[75]

Am 10. Juli 1914 tritt die Zürcher Ortsgruppe aus der IPV aus. Freud ist erleichtert: »So sind wir ihn endlich losgeworden, den brutalen, heiligen Jung und seine Nachbeter.«[76] Er wird die schwierige, schmerzliche Trennung von Jung in zwei Aufsätzen verarbeiten. In der »Geschichte der psychoanalytischen Bewegung« (1914) würdigt er den Zürcher Beitrag zur Entwicklung der psychoanalytischen Theorie und Bewegung.[77] Gleichzeitig rechnet er mit den Dissidenten ab.[78] Anna Freud zufolge hat ihr Vater Jungs Namen danach nie wieder ausgesprochen. In dem zweiten Artikel – »Einführung in den Narzißmus« (1914) – gelangt Freud über die Triebtheorie hinaus zur Vorstellung eines primären und normalen Narzißmus.[79]

Am 28. Juni 1914 fallen die Schüsse in Sarajewo. Der Plan der Spielreins, den Sommer wieder einmal zusammen zu verbringen, wird zunichte gemacht. Sabina Spielrein ist mit ihrer Tochter zur Kur auf dem Land, Pawel in Berlin macht sich große Sorgen. Seine Mutter und Schwester halten sich ebenfalls in Berlin auf. Es kursieren Gerüchte, wonach der Weg nach Rußland kompliziert und gefährlich ist. Am 28. Juli erklärt Österreich-Ungarn Serbien den Krieg. Rußland macht teilmobil, so auch der Militärverband Kiew, wo Pawel registriert ist. Er fürchtet, daß er deswegen nach Rußland zurückkehren muß. Sabina solle vorerst auf dem Land bleiben, wo sie frische Luft habe und weit weg sei von den Unruhen in den Großstädten, schreibt er ihr.[80] Am 1. August macht Deutschland mobil und erklärt Rußland den Krieg.

# Der zweite Schweizer Aufenthalt 1914–1923

## 18
## Lausanne – »Les Vents«

Als die Nachricht in Rostow eintrifft, daß Sabina und Irmchen heil in der Schweiz eingetroffen sind, herrscht große Erleichterung. »Wie hast Du es geschafft, mit dem Kind umzuziehen?« möchte Eva Spielrein wissen. »Wie hat die Kleine eine so lange und anstrengende Reise ausgehalten?«[1] Sabina Spielrein hat sich alle wichtigen Dokumente von Pawel zuschicken lassen und ist von ihrem Kuraufenthalt aus direkt losgereist, ohne noch einmal nach Berlin zurückzukehren.[2] Pawel mußte erst noch verschiedenes regeln, dann gelingt auch ihm die Flucht in die Schweiz. Von Mannheim treffen weitere, entfernte Warschauer Verwandte in Zürich ein: Kaufmann Heinrich Spielrein mit seiner Ehefrau Eva und ihren drei kleinen Kindern.[3]

Sabinas Mutter hat unendlich viele Fragen und bekommt von Sabina keine richtigen Antworten. Sie will wissen, wie Pawel jetzt nach Rußland reisen möchte – zumal bei seinem Rheuma und dem schwachen Herzen? Ist das Kindermädchen mit in die Schweiz gekommen? Und was ist mit den Sachen, mit dem Silber geschehen? »Ich rate Dir davon ab, Sabina, J[ung] zu treffen. Mußt Du das? Für mich ist das unangenehm, daß Ihr ausgerechnet Zürich als Aufenthaltsort ausgesucht habt. Ich schreibe das nicht, weil ich Dir mißtraue, ich finde es nur unangenehm, daß Ihr Euch trefft. Sei es wie es wolle. Das ist die Sache von Dir und Deinem Mann, macht es wie Ihr wollt.«[4]

Rachel Leibowitz ist bereits seit Ende Juni 1914 wieder in Zürich. Als sie erfährt, daß Pawel vorhat, ohne Frau und Kind nach Rußland zu fahren, sagt sie ihm tüchtig die Meinung.[5] Sabinas Ehemann befindet sich in einem Dilemma. Er hat den Mobilisierungsbefehl seines Kiewer Regiments erhalten, und wenn er dem nicht nachkommt, darf er nicht mehr nach Rußland zurückkehren – im Westen aber kann und will er nicht leben. Als Pawel Sabina verläßt, ist sie neunundzwanzig, seine Tochter Irmchen gerade ein Jahr alt. Das Kleinkind leidet an einer schlimmen Grippe mit starkem Husten und Erbrechen, und der Vater steht nachts auf, um ihr löffelchenweise Flüssigkeit einzuflößen; die Kleine zupft ihn dabei am Bart. Die Erinnerungen an diese Nächte werden ihn viele Jahre quälen. Schließlich trifft Pawel Scheftel eine Entscheidung und reist am 14. Januar 1915 ab. Nach nur zweieinhalb Jahren Ehe hat sich das Paar getrennt. Als Adresse hinterläßt Pawel »Rostow am Don, poste restante«.

Als Jascha und Silvia Spielrein davon erfahren, können sie es kaum fassen: »Ganz erstarrt waren wir zu erfahren, daß Paul abgereist ist und daß Renatchen sechs Wochen krank war.«[6]

Sabina Spielrein ist sich unschlüssig, wie es weitergehen soll. Sie fertigt Abschriften von Jungs Briefen an sie und ihren eigenen Briefen an Jung und schickt sie nach Odessa, an Scheina Grebelskaja. Scheina war direkt nach der Promotion am 14. März 1912 von Zürich nach Rußland zurückgekehrt und arbeitet jetzt als Gynäkologin an einem Krankenhaus in Odessa. Ihr größter Wunsch ist es, zu heiraten und Kinder zu bekommen. Sie hat sich in einen armen, aber warmherzigen Studenten verliebt, der kein Geld hat, um sie zu heiraten. Scheinas Schwägerin hat versucht, ihr einen Ehemann zu vermitteln – jedoch vergebens.[7] Scheina rät Sabina ab, die alte Beziehung mit Jung wieder aufzunehmen.[8]

Sabina hat neue wissenschaftliche Pläne und setzt sich mit Professor Bleuler in Verbindung, der ihr antwortet: »Sehr geehrte Frau Doktor! Wir sind natürlich sehr gerne bereit, Ihnen bei Ihren Studien zu helfen, so weit wir können. Aber Morphinisten haben wir zur Zeit keine und überhaupt sehr selten in der Anstalt sodaß ich nicht recht weiß, was wir tun können. Wenn Sie eine Besprechung wünschen, bitte ich Sie um telefonische Verabredung.«[9]

Bleuler ist nett, aber weiterhelfen kann er nicht. Anfang April 1915 reist Sabina Spielrein ab.[10]

Für Sabina Spielrein und ihre Angehörigen bedeutet der Beginn des Ersten Weltkrieges, daß sie über Jahre auseinandergerissen und in ihrer Bewegungsfreiheit eingeschränkt sind. Die Eltern mit Bruder Emil sind in Rostow. Sabina befindet sich in der neutralen Schweiz. Jascha und Isaak Spielrein leben in Deutschland, auf dem Gebiet des Kriegsgegners.

Die große Zahl von Russen in Deutschland stellt die Behörden während des Ersten Weltkrieges vor besondere Probleme. Je nach Aufenthalt und Status der verschiedenen Personengruppen, wie zum Beispiel Kurgäste, Arbeiter, Flüchtlinge oder Botschaftspersonal, werden unterschiedliche Maßnahmen – Internierung, Duldung, Abschiebung, Abtransport – ergriffen.[11]

Jascha hat in Stuttgart milde Auflagen, er muß sich lediglich einmal pro Woche bei der Polizei melden. Dank Professor Emde, dem Direktor des elektrotechnischen Instituts, kann Jascha zu Beginn des Krieges inoffiziell weiterarbeiten. Doch seine Anwesenheit provoziert Unruhe und Anfeindungen, und Emde muß seinen geschätzten Mitarbeiter bitten, dem Institut fernzubleiben.

Jascha und Silvia Spielrein haben eine zweite Tochter bekommen. Auf Silvias ausdrücklichen Wunsch hin heißt sie Marianne, ein Name, der dem Vater nicht gefällt. Die Ältere, Irenchen, kann bereits schreiben und schickt der kleinen Cousine ein Brieflein in die Schweiz. Zwischen Jascha Spielrein und seiner Frau gibt es zahlreiche Unstimmigkeiten, und irgendwann setzt Silvia sich mit den Kindern nach Rußland ab.

Im Jahr 1916 erscheint Jascha Spielreins *Lehrbuch der Vektorrechnung nach den Bedürfnissen in der technischen Mechanik und Elektrizitätslehre,* das er seinem »verehrten Lehrer Herrn Professor Dr. Ing. e.-h. Fritz Emde in Dankbarkeit« gewidmet hat.[12]

Isaak und Rakhil Spielrein haben gerade Ferien in Kolberg gemacht, als sie vom Krieg überrascht werden. Sie sind schleunigst nach Berlin gereist, wo sie Sabinas und Pawels ehemalige Wohnung an der Thomasiusstraße in Moabit übernehmen. Isaak und Rakhil werden während der ganzen Dauer des Ersten Weltkrieges in Berlin bleiben, wo 1916 ihre einzige Tochter Menicha zur Welt kommt.

Ein Teil der Korrespondenz zwischen den Eltern in Rostow und den Brüdern in Deutschland wird über die Schweiz, über Sabina abgewickelt. Als wegen des Krieges und der chaotischen Verhältnisse in Rußland immer mehr Post verlorengeht, einigt man sich darauf, alle Briefe zu numerieren und wichtige Fragen so lange in jedem Brief zu wiederholen, bis man Antwort erhält.

»Jeden Tag warte ich auf Deinen Brief wie auf Manna vom Himmel. Aber er kommt nicht«, schreibt Eva Spielrein. Sie hat erfahren, daß Sabina sehr gelitten hat. Sie ist in großer Sorge und schreibt täglich Briefe mit den immer gleichen Fragen: Wie geht es Sabina? Wie geht es der kleinen Renata?[13] Wie ist es mit der Gesundheit? Eva Spielrein berichtet, daß Pawel jetzt in Rostow ist, zwei Zimmer gemietet hat und auf Patienten wartet. Er schwankt wie eh und je. Mal spricht er von Scheidung, mal sehnt er sich nach seiner Frau. Eva Spielrein legt in jeder freien Minute Karten, um zu erfahren, was geschehen wird.[14]

In Rostow machen Gerüchte die Runde, wonach die Ehe nicht funktioniert, weil die Ehefrau zu gescheit ist.[15] Sabina möge sich in der Schweiz eine neue Arbeit suchen und die ganze Sache vergessen, findet die Mutter. Sie befürchtet einen Kampf um das Sorgerecht für Renata und möchte sicherstellen, daß Renata bei der Familie ihrer Mutter verbleiben wird. Deshalb denkt sie sich taktische Schachzüge für Sabinas Umgang mit Pawel aus.[16] Sabina hat ein Foto von Renata geschickt. »Ich war so furchtbar glücklich«, schreibt die Mutter. »Aber wieso sieht sie auf allen Fotos so traurig aus?«[17]

Geldsendungen in den Westen werden komplizierter, aber Sabina muß sich deshalb keine Gedanken machen, meint Eva Spielrein: Es ist genügend da, die Geschäfte des Vaters gehen bereits wieder besser!

Eva Spielrein hat körperliche Beschwerden mit starken Schmerzen, Beine und Hände sind oft geschwollen.[18] So sie es vermag, stürzt sie sich in Arbeit für die Familie und in ehrenamtliche Tätigkeiten, um Kummer und Angst um ihre Kinder und Enkel zu vergessen.[19] »Arbeit rettet mich«, schreibt sie Sabina.[20] Sie engagiert sich beim Aufbau eines Kinderheims in Marioupol, einem Städtchen am Asowschen Meer.[21] Zusammen mit anderen Freiwilligen schneidert sie tagelang Kleider für bedürftige Kinder. Emil, der jüngste Sohn, ist ihr einziger Trost: Wenn er auf dem Klavier spielt, besonders wenn er improvisiert, kann sie für kurze Zeit alles vergessen und glücklich sein.[22]

Während der ersten drei Jahre in Lausanne wohnt Sabina mit Renata in einer hellen Wohnung mit Parkett und Balkon an der Avenue Solange 4, einer ruhigen Wohnstraße oberhalb der Bahngleise. Es ist der längste Aufenthalt an einer einzigen Adresse in nahezu zwanzig Jahren, die sie im Westen verbringt. Eine Zeitlang arbeitet Sabina Spielrein als Ärztin am »Asile des aveugles«[23] an der Avenue de France 13. Das Blindenasyl umfaßt eine Klinik für Augenheilkunde, Werkstätten sowie ein Wohnheim für die Blinden. Später übernimmt sie für kurze Zeit eine Stelle als Chirurgin. Sie habe »überhaupt der Psychoanalyse genug« und wolle was »wirklich Brauchbares leisten«, schreibt sie an Jung.[24]

Als Eva Spielrein von Sabinas neuer Tätigkeit erfährt, ist sie entsetzt. Als Ärztin weiß sie, was für eine harte Arbeit das ist. »Arbeite um Himmels Willen nicht in der Chirurgie, sondern kümmere Dich um Dein Kind. Renata ist doch jetzt in einem Alter, wo sie nicht nur Pflege braucht!« Und am Salär des Kindermädchens möge Sabina ja nicht sparen, es muß tüchtig und erfahren sein.[25] Doch auch Sabinas Gesundheit macht der Mutter Sorgen: »Höre doch bitte auf mit Deiner Chirurgie, das macht Deine Gesundheit kaputt.«[26] Haupteinkommen bleibt das Geld, das die Eltern monatlich schicken.

Sabina Spielrein und Renata werden fünf Jahre in Lausanne bleiben. Während dieser Zeit wird sie von der Police de Sûreté, Lausanne, überwacht. Inspektor Amstutz schreibt in der Zusammenfassung seiner Beobachtungen an die Genfer Behörden:

»Frau SCHEFTEL Sabine ist mit Datum vom 14. Okt. 1920 bereits Gegenstand eines Berichts von Insp. Lagnaz, der infolge einer verlangten Aufklärung seitens des Direktors der Kantonspolizei Genf erstellt wurde.

Die Besagte bewohnte unseren Kanton von Okt. 1915 bis Sept. 1920, als sie sich nach Holland begab. Sie war im Besitze einer Niederlassungsbewilligung, ausgestellt nach Hinterlegung eines russischen Heimatscheins und gültig vom 29. Okt. 1919 bis 29. Okt. 1920.

Frau Scheftel ist seit mehreren Jahren ohne Nachricht von ihrem Mann. Dieser scheint sich in Rußland aufzuhalten, doch ist weder seine Beschäftigung bekannt, noch ob er noch lebt. Die Betreffende ist Ärztin und scheint auf ihrem Gebiet (Psychiatrie) sehr fähig zu sein. Sie hat in Kliniken in Lausanne und Leysin lange Zeit ohne Erfolg eine Arbeitsstelle gesucht. Erst im Verlaufe des letzten Jahres hat sie eine Stelle als Lehrkraft am Institut Rousseau in Genf gefunden. Letzten Herbst ist sie anscheinend für einen Ärztekongreß nach Holland gereist.

Frau Scheftel ist Mutter einer kleinen Tochter, Irma Renata, geb. 17. Dez. 1913, welche kränklich und in Behandlung bei Dr. Brüstlein in Château d'Oeux ist. Vom 31. Aug. bis 30. Okt. 1918 hat die Erwähnte ihr Kind selbst gepflegt und es zu diesem Zweck in die Klinik Bois-Cerf in Lausanne gebracht. Sie bezahlte pro Tag 7,– Franken Pension für ihre Tochter. Sie ist ihren Verpflichtungen immer nachgekommen und macht den Eindruck einer sehr fähigen Frau mit hoher Intelligenz.

Wo immer Frau Scheftel Wohnsitz nahm, war sie als Person mit tadellosem Benehmen und Moral bekannt, die sich gänzlich der Wissenschaft widmete. Obwohl nicht vom Glück begünstigt und in sehr dürftigen Verhältnissen lebend, hat sie sich den Herausforderungen immer gestellt, und es wird ihr keine Schuld angelastet. Nach den Auskünften ihrer jeweiligen Vermieter hat sie sich ebenso in keiner Weise mit Politik beschäftigt.

Unsere Abteilung mußte sich nie in unvorteilhafter Weise mit ihr beschäftigen, und sie ist nicht im Waadtländischen Justizregister eingetragen.                                    Amstutz«[27]

Renata ist ein zartes Mädchen und ständig krank, genau wie ihre Mutter als Kind. Nachdem der Vater eines Tages plötzlich abgereist ist, bekommt sie stundenlange nächtliche Hustenanfälle mit Erbrechen. Der psychische Anteil der Symptomatik ist Sabina nicht entgangen; außerdem sorgt sie sich wegen einer möglichen Tuberkulose. Sie versucht erfolglos, im Luftkurort Leysin in den Waadtländer Alpen eine Anstellung als Ärztin zu finden. Aber sie bringt Material für die Kurzanalyse einer Fehlleistung, »Ein unbewußter Richterspruch«, mit.[28] Zudem publiziert sie eine kinderanalytische Arbeit über »Die Äußerungen des Ödipuskomplexes im Kindesalter«.[29]

Während der Kriegsjahre diskutieren die Geschwister brieflich über wissenschaftliche Fragen. Isaak und Jascha Spielrein experimentieren beide mit dem Assoziationsexperiment. Isaak Spielrein führt Assoziationsexperimente auf der Basis von Zahlen durch und bringt die so ermittelten »Komplexzahlen« (= schwer zu merkende Zahlen) mit der alttestamentarischen Zahlensymbolik in Verbindung. Sabina diskutiert mit ihm brieflich über die schwierigen Stellen seiner Arbeit und schreibt eine Rezension für die *Internationale Zeitschrift für ärztliche Psychoanalyse*.[30] Danach stagniert Sabinas wissenschaftliche Arbeit.

»Ich will gerne glauben, daß Sie nur zum Schein unproduktiv sind und daß sich in Ihnen Veränderungen vorbereiten, die der neuen Sachlage entsprechen«, schreibt Freud, als er ihr den Empfang des halbjährigen Mitgliederbeitrages für die Wiener Psychoanalytische Vereinigung bestätigt. »Gerne wüßte ich, was Ihr Vater macht, den ich so sehr interessant – allerdings auch unveränderlich – gefunden habe. Ob ihn der Krieg nicht besonders hart getroffen hat?« Freud berichtet, daß die Wiener Gruppe nach den stürmischen Auseinandersetzungen des Vorjahres wieder lebhaft und in gutem Einvernehmen arbeitet. Freud selber hat allerdings weniger zu tun, als ihm behagt, außerdem ist er in Sorge um Ernst und Martin, seine beiden Söhne, die im Felde stehen: »Nach dem Ablaufen der Sintflut hoffen wir auch unser Schiffchen wieder flott zu steuern. Leider ist noch keine Taube mit Ölzweig in Sicht.«[31]

Wie Zürich und Berlin ist auch Lausanne eine Universitätsstadt mit einer ansehnlichen russischen Kolonie. Sabina macht neue Bekanntschaften, beispielsweise mit Madame Strasjunska.[32] Rachel Leibowitsch hat in Zürich, Aarau und Luzern vergeblich nach einer passenden Arbeitsstelle gesucht. Im April 1917 kommt sie ebenfalls nach Lausanne, in die Nähe von Sabina. An der Zürcher Universität hatte Rachel seinerzeit mit einer Dissertation über Kurzsichtigkeit promoviert,[33] jetzt arbeitet sie an Sabinas ehemaliger Arbeitsstelle, am »Asile des aveugles«.[34] Im vorgegebenen intellektuellen Rahmen der Schweiz sind berufstätige Frauen nicht vorgesehen. Nur einige wenige Studienkolleginnen wie Mira Gincburg-Oberholzer oder Lydia Rabinowitsch haben Arbeit an einer Schweizer Klinik gefunden, doch das sind Ausnahmen. Um eine eigene Praxis zu eröffnen, reicht ein »Dr. med.« der Universität Zürich nicht aus; man muß zusätzlich das eidgenössische Staatsexamen machen, und das ist aufwendig – besonders für Ausländer.

Sabina hat angefangen, das »Fragment eines möglichen Romans« zu schreiben: »Les Vents«. In zögerlichem Französisch geschrieben, liest sich der Text wie die Chronik einer Depression. »Seit fünf Tagen wütete der Nordostwind mürrisch und wild. Der Himmel war aus einem unerbittlichen Grau, mehr grau als blau, obwohl sich in Wirklichkeit keine Wolke zeigte. Das Grau der Dinge, die keine Farbe mehr haben. Ein Grau ohne Schönheit, ein Grau undefinierbar und erdrückend.«[35] So unerbittlich wie der Wind aus Nordost wütet, wie er alles Leben einfriert und seiner Leidenschaft, seiner Farbe beraubt, so plötzlich kann er wieder vergehen: »Und diesen Morgen, beim Erwachen, hatten wir den Eindruck, in ein lauwarmes und duftendes Bad getaucht zu sein. Wir fühlten einen unsichtbaren Schraubstock um unseren Kopf sich lösen. Die Luft war plötzlich angenehm zu atmen [...] Das Rot erschien wieder in der Landschaft, die Natur fing wieder an zu träumen.«[36]

Zu den Naturmetaphern, die Sabina in Prosatexten oder Gedichten gerne verwendet, gesellt sich hier ein martialisches Vokabular. Es ist von Reitern und geschlagenen Kriegern die Rede, von mühsamen Märschen, von Tyrannei, Tod und Sklaverei. Ob die Autorin mit den »zerstörten Landschaften des Nordostwindes« ihr eigenes Inneres beschreibt oder von der russischen Heimat spricht, die im Nordosten liegt und von einem schrecklichen Krieg heimgesucht wird?[37] Das Schriftbild der Tagebuchaufzeichnungen sieht jetzt wie Gekrakel aus; die Zeilen, die Wörter, die Sätze fliegen in alle Richtungen auseinander.

Sabina Spielrein hat ihre musikalischen Interessen neu entdeckt, nimmt Kompositionsunterricht, schreibt Lieder, komponiert Choräle, beschäftigt sich mit dem Kontrapunkt. Mit Mollie, wie sie ihre Tochter zärtlich nennt, spricht sie französisch, damit die Kleine sich mit ihrer Umgebung verständigen kann. Das Klavierspiel wird ihre Zuflucht. Mutter und Tochter musizieren gemeinsam. Sie spielen und singen: *Fuchs, du hast die Gans gestohlen, O, du lieber Augustin, Ma douce Anette, Die Trommel schlug zum Streite*. Renatas musikalische Begabung zeigt sich früh. Beständig klimpert sie auf dem Klavier, komponiert kleine Melodien mit und ohne Worte, die – zur Verwunderung ihrer Mutter – »ganz dem Styl der alten Gebete entsprechen (sie hört es nie natürlich)«.[38]

Innerhalb des ersten Kriegsjahres waren vier Millionen russische Soldaten gefallen, verwundet, gefangen oder vermißt. Ohne Nachschub und Munition müssen die Russen sich aus Galizien und Polen zurückziehen. Warschau fällt am 5. August 1915 in die Hände der deutschen Invasoren. »Man muß schon sehr stark und gesund sein, um das tägliche Leben zu meistern, in dem wir nun leben«, schreibt Eva Spielrein an ihre Tochter. Ein furchtbares Bild jagt das andere. Hunderte von Flüchtlingen treiben ziellos durch die Städte, ohne Unterkunft, ohne Essen, physisch und psychisch erschöpft. »Das alles sind Opfer der deutschen Barbaren, Opfer des Krieges. Man bekommt Herzweh für alle. Ich schäme mich, an mich selber zu denken in solchen Momenten. Das einzige, was ich mir wünsche, daß ich gesund werde, daß ich für Menschen arbeiten kann, die mir nahe und lieb sind [...] Hier fehlen Ärzte und es ist leicht eine Arbeit zu bekommen, wenn Du möchtest.«[39]

Während Nikolaus II. im fernen Armeehauptquartier weilt, versieht Zarin Alexandra unter Rasputins Anleitung die Regierungsgeschäfte. Innerhalb von zehn Monaten wechseln fünf Innenminister sowie drei Kriegsminister einander ab. Militärisch gesehen hat Rußland in breiten Frontabschnitten eine gute Position. Doch die staatliche Lenkung der Kriegswirtschaft funktioniert schlecht, und Anfang 1917 bricht die Versorgung der Städte und Industriezentren zusammen. »Noch nie wurde soviel gelästert, gestritten und geklatscht«, wissen die Spitzel der Geheimpolizei Ochrana zu berichten. Eine kleine Menge Kartoffeln, die in der Vorkriegszeit fünfzehn Kopeken kostete, ist selbst für das Zehnfache kaum zu bekommen.

Am 9. Januar 1917, am Jahrestag des Blutsonntags von 1905, werden in Moskau und weiteren Städten Massendemonstrationen organisiert. Am 22. Februar 1917 treten die Arbeiter der Putilov-Werke, des renommierten Rüstungsbetriebs in Petrograd, in den Ausstand. Am nächsten Tag – dem Internationalen Tag der Frau – gehen Textilarbeiterinnen und Frauen aus den Warteschlangen vor den Lebensmittelläden auf die Straße. Sie rufen »Nieder mit dem Hunger! Brot für die Arbeiter!« und werfen Schneebälle an die Fenster der Maschinenfabriken, um ihre Männer ebenfalls auf die Straße zu holen. Aus dem Streik wird eine Revolution. In den frühen Morgenstunden des 1. März 1917 – nach 303jähriger

Herrschaft seiner Dynastie – flieht Zar Nikolaus II. vor seinem Volk.

»Zum ersten Mal in meinem Leben in Rußland gab es eine Demonstration, die bestand aus zwölftausend Menschen«, berichtet Eva Spielrein aus Rostow. Sie hat dem Umzug vom 1. Mai von einem Balkon an der Hauptstraße aus zugeschaut und ist ganz und gar überwältigt. Die verschiedenen Parteien marschierten vorüber mit wehenden roten Fahnen, mit ihren Liedern und Parolen »Für ein freies Rußland«, »Erde und Freiheit«, »Im Kampf bekommen wir für alle unsere Rechte!« Alle Bevölkerungsgruppen machten mit: Sozialdemokraten und Sozialrevolutionäre, Bauern und Arbeiter, Bankangestellte und Lumpensammler, Studenten und Schauspieler, Musikanten und Beamte – ein friedfertiger Zug, der kein Ende nahm. Zum allerersten Mal – so schreibt Eva Spielrein – erleben die Menschen in Rußland das Gefühl, daß etwas ganz besonderes geschieht, daß eine Neuordnung in Frieden und Gerechtigkeit möglich ist. »Es gibt sehr vieles zu tun, sehr vieles, was man machen müßte für die Neuorientierung von Rußland.«[40]

Im Herbst 1917 geht Sabina Spielrein daran, die von Krieg und persönlicher Fährnis abgerissenen Fäden zu ihren Freunden in Wien und Zürich wieder aufzunehmen. »Ich habe mich sehr gefreut, ein Zeichen Ihres Interesses, als Lebenszeichen, von Ihnen zu erhalten«, antwortet ihr Freud. »Sie haben recht, die Zeit ist schwer und der wissenschaftlichen Arbeit nicht günstig. Wir trachten hier in Wien, sie möglichst tätig auszuhalten.«[41]

Der Erste Weltkrieg hatte die Vereinstätigkeit der internationalen psychoanalytischen Bewegung nahezu völlig zum Erliegen gebracht. Die *Internationale Zeitschrift für ärztliche Psychoanalyse* und die *Imago* erscheinen in unregelmäßigen Abständen; das *Jahrbuch* sowie Stekels *Zentralblatt für Psychoanalyse* stellen das Erscheinen ganz ein. Viele Psychoanalytiker haben sich von der allgemeinen Kriegsbegeisterung anstecken lassen. Sie werden zum Kriegsdienst eingezogen oder bemühen sich freiwillig um verantwortliche psychiatrische Positionen in der Armee. Karl Abraham leitet die psychiatrische Station des XX. Armeekorps in Allenstein (Ostpreußen), Max Eitingon ist Oberarzt der psychiatrischen Abteilung am Reserve-Spital in Miskolcz (Ungarn), Ernst Simmel leitet das Speziallazarett für Kriegsneurotiker in Posen. Ihnen allen geht es darum, die Effizienz der Psychoanalyse bei der Therapie von Kriegsneurotikern unter Beweis zu stellen – mit dem Ziel, ihre Patienten so rasch wie möglich zurück an die Front zu bringen. Das gelingt so gut, daß hohe militärische Abgesandte der Mittelmächte am V. Internationalen Psychoanalytischen Kongreß in Budapest (28./29. September 1918) teilnehmen. Das Kriegsende ist nun absehbar. »Unsere Analyse hat eigentlich auch Pech gehabt, kaum, daß sie von den Kriegsneurosen aus die Welt zu interessieren beginnt, nimmt der Krieg ein Ende«, beklagt Freud sich bei Ferenczi.[42]

»Liebe Sabina, um Himmels Willen schreib' doch öfter und mehr an uns. Wir haben seit langem nichts mehr von Dir gehört, außer einer kleinen Ansichtskarte. [...] Schreib', schreib', schreib'.«[43] Sie habe eine schreckliche Laune, schreibt die Mutter, denn nun geht auch Emil fort – nach Charkow, um dort Agronomie zu studieren. Es wird so leer im Haus werden! »Laßt Euch nicht unterkriegen, meine Kinder.«[44]

Sabina versucht, vieles zu vertuschen, doch die Mutter läßt sich nicht täuschen. Es tut ihr weh, wenn sie Sabinas Briefe liest, sie fühlt, wie traurig sie ist. Und das Schlimmste – sie kann nicht helfen.[45] Sabina solle versuchen, ihre Diamanten ins Pfandhaus zu bringen. Aber Vorsicht, warnt die Mutter, man muß den Stempel vorzeigen, sonst besteht Gefahr, daß der kostbare Stein gegen einen wertlosen ausgetauscht wird. Die gesamte Post in Rußland läuft jetzt durch die Hände der Militärzensur, und der Zensor schreibt an den Rand eines Briefes von Eva an ihre Tochter: »Die Ratschläge Deiner Mutter sind sehr gut, aber es wäre viel besser, wenn Du versuchen würdest, Geld zu verdienen mit eigener Arbeit. Das ist mein bester Wunsch zum Neujahr.«[46] – »Was hältst Du von dieser Militärzensur«, empört sich die Mutter, »die mischen sich ja in ganz gewöhnliche Regeln der Post ein! [...] Leihe jetzt von Jung«, rät sie, »und Babywindeln von Strasjunska. Sie hat laut ihres Mannes Wort sehr viel Geld.«[47]

Nikolai Spielrein versucht, über diverse Kanäle Geld in die Schweiz zu schicken: »Ich hoffe, daß wenigstens einer davon ankommt. Aber es kann auch passieren, daß keiner ankommt, dann mußt Du arbeiten und das tut weh, wenn man an das Kind denkt.«[48]

»Ich lebe so in Idealen verwickelt, daß ich die Unbequemlichkeiten des realen Lebens, wie Hunger, Kälte bis 7° im Zimmer, recht ungenügenden Schlaf, infolge des Zeitmangels, nur vom humoristischen Standpunkt aus betrachte«, schreibt Sabina Spielrein Anfang 1918 an Jung.[49] Sabina schickt Jung einige französische Verse. Sie hat sich an einen Traum aus der Kindheit erinnert, worin Großvater oder Vater sie segnen und ihr »ein großes Schicksal« verheißen. Aber wo, so fragt sie sich, so fragt sie Jung, liegt ihre Bestimmung? Auf welchem Gebiete ist dieses Große zu leisten? Soll sie in der Musik mehr handeln als träumen oder in ihrer ärztlichen Tätigkeit? »Wer die Wahl hat – hat die Qual.« Die alte Siegfried-Obsession treibt Sabina Spielrein erneut um: Ist »Siegfried« nur ein jugendliches Gespinst gewesen? Ist es bloß das? Steckt nicht mehr dahinter als eine Wunscherfüllung im Traum, in der Phantasie?[50]

Im Herbst 1913, nach dem definitiven Bruch mit Freud, hatte Jungs Nekyia oder Nachtmeerfahrt begonnen – mit einem Strom von Visionen, Phantasien und Träumen: Europa wird von einer ungeheuren Flut überschwemmt, welche die Werke der Zivilisation zertrümmert und unzähligen Tausenden den Tod bringt. Es ist ein Meer, das sich in Blut verwandelt. In einer anderen Vision treibt die Leiche eines Jünglings mit blondem Haar vorüber; eine rote, neugeborene Sonne taucht aus der Tiefe auf. Jung ist Psychiater, und er weiß, daß er in großer Gefahr ist: »Daß ich es aushielt, war eine Frage der brutalen Kraft. Andere sind daran zerbrochen. Nietzsche und auch Hölderlin und viele andere.«[51]

Jung hatte sich von Freud trennen müssen, um zu seiner eigenen tiefenpsychologischen Lehre zu gelangen. Auf der Reise durch sein Unbewußtes begegnet er auch der Figur der Jüdin Salomé, für die Sabina Spielrein das Vorbild ist und die ihn zur archetypischen Figur der Anima inspiriert. Jetzt schickt Jung Spielrein seine neue Arbeit *Die Psychologie der unbewussten Prozesse. Ein Überblick über die moderne Theorie und Methode der analytischen Psychologie* (1917).

Spielrein ihrerseits übersendet Jung ihre Träume. »Möchte gerne mit Ihnen über recht verschiedene Dinge reden. Dies muß in eine Reihe von Briefen eingeteilt werden [...] Beste Grüße

S. Scheftel.«[52] In langen Monologen diskutiert sie die unterschiedlichen Auffassungen von Begriffen wie Verdrängung, Unbewußtes, infantile Sexualität und Ödipuskomplex bei Freud, bei Jung. Sie erörtert Jungs Neuerungen: die Symbollehre, das Konzept vom »extravertierten« und »introvertierten« Typus, seine prospektiv-visionäre Traumpsychologie. Jungs Interesse an mystischen, magischen Fragen treffen bei ihr durchaus auf Entsprechungen, nämlich Elemente, die ihr aus eigener religiöser Tradition vertraut sind. Dabei bleibt sie stets auch auf Freud bezogen – den Vertreter von Aufklärung und Ratio.

Jungs Briefe schwanken im Ton und im Grad ihrer Bezogenheit. Er ist verbittert und gekränkt, weil man ihn schmäht, weil man seinen Wert nicht anerkennt. Manchmal äußert er Sabina gegenüber wichtige Dinge über ihr eigenes Inneres.[53] Bei anderen Gelegenheiten kommt ihm seine Judenfeindlichkeit – von der klerikalen Herkunft eingefärbt und durch den tragischen Bruch mit Freud verschärft – in die Quere: »Liebe Frau Doktor!« schreibt er ihr. »Vergessen Sie nicht, daß der Jude auch Propheten hatte. Sie leben einen Teil der jüdischen Seele noch nicht, weil Sie zu viel nach Außen schielen. Das ist – ›leider‹ – der Fluch des Juden: sein eigenstes und tiefstes Seelisches nennt er ›infantile Wunscherfüllung‹, er ist der Mörder seiner eigenen Propheten, sogar seines Messias.«[54]

»Lieber Herr Doktor!« lautet Spielreins Antwort. »Es ist nicht nur das jüdische Volk, das seinen Propheten gemordet hat, sondern geradezu das Los der Propheten ist es, daß sie nie im eigenen Vaterlande zur Zeit des Lebens anerkannt werden. [...] Sie machen uns Juden mit Freud den Vorwurf, daß wir unseres tiefstes Seelenleben als infantile Wunscherfüllung betrachten. Darauf muß ich Ihnen erstens erwidern, daß kaum ein Volk so weit geneigt ist überall das Mystische und Schicksals verheißende zu sehen, wie das jüdische. Ein Gegensatz dazu ist der klare analytisch-empirische Geist Freuds.«[55]

Nach dem Spartakistenaufstand im Januar 1919 wird Karl Liebknecht, Jascha Spielreins Schwager, zusammen mit Rosa Luxemburg von Soldaten der Garde-Kavallerie-Schützendivision verschleppt, mißhandelt und erschossen. Sabina Spielrein ist betroffen. Als sie Jung davon berichtet, reagiert der grob, verständnislos: »Was geht Sie Liebknecht an? Er ist, wie Freud und Lenin, ein Verbreiter der rationalistischen Finsternis, welche die Vernunftlämpchen gar noch zum Erlöschen bringt.«[56]

Am 1. September 1919, in einem der wenigen Briefe von Jung, die frei sind von Bitterkeit, Belehrung und Sarkasmus, in einem kurzen Moment der Erkenntnis seiner Beziehung zu Spielrein, wird eine versöhnliche Haltung Jungs sichtbar – wenn auch in der dritten Person: »Die Liebe von S. zu J. hat in letzterem etwas bewußt gemacht, das er vorher nur undeutlich ahnte, nämlich eine Schicksals bestimmende Macht des Ubw. [Unbewußten], die ihn später zu den allerwichtigsten Dingen führte. Die Beziehung mußte ›sublimiert‹ sein, weil sie sonst in die Verblendung und in die Verrücktheit geführt hätte (Concretmachung des Ubw.). Bisweilen muß man unwürdig sein, um überhaupt leben zu können. Mit bestem Gruß Ihr ergebener Dr. Jung.«[57]

Das Ende des Krieges wird absehbar, und Sabina Spielrein beschäftigt sich mit der Frage der Heimkehr. Sie träumt: »Frau Bechtiereff geht mit dem Töchterchen nach Rußland.« Doch ob es Sabina gelingen wird, dort eine psychiatrische Größe wie Wladimir Bechterew zu werden? Und wie wird sich der Kontakt mit den russischen Landsleuten gestalten – nach zwanzig Jahren im Westen? Und das Töchterchen, wird sie die unheimliche Reise, die zahlreichen Entbehrungen heil überstehen? In einem weiteren Traum liegt Renata krank im Bett, und Sabina erwartet den Arzt um zwei Uhr; der Arzt erscheint – »wie es in Rußland geradezu Sitte ist« – eine Stunde zu spät. »Zwei« ist das Symbol des Ehelebens: Vielleicht fragt sich die Träumerin, ob ihre Ehe noch zu retten sei. Oder ist es für eine Heimkehr, eine Versöhnung inzwischen zu spät?[58]

Der Spielreinsche Familienrat, die Spielreinsche Familienpolitik laufen jetzt auf Hochtouren. Sämtliche diplomatischen, geschäftlichen und privaten Kanäle werden in Bewegung gesetzt auf der Suche nach Mitteln und Wegen, um alle Kinder nach Hause zu holen. »Unsere Abreise wird immer wahrscheinlicher«, schreibt Jascha Spielrein aus Stuttgart, »es ist sehr erwünscht, daß Du mitkommst, Sabina!« Sie soll sich mit einem ausführlichen Gesuch an die Deutsche Botschaft wenden. Ihr Vermögen in Rostow sei unangetastet: Nikolai Spielrein habe alles in Immobilien gesteckt, die an Wert sehr gestiegen seien.[59] Für Sabina und Renata werden für alle Fälle zusätzlich Reiserouten via Stockholm respektive über Konstantinopel geplant, wo eine entfernte Verwandte mit einem Bankier verheiratet ist. Alles ist vorbereitet.

Auch Pawel Scheftel läßt wieder von sich hören, nachdem er Sabinas Briefe lange Zeit nicht beantwortet hat. Doch jetzt hat er Fotografien von Renata bekommen und ist von ihrer Schönheit überrascht und berührt. Pawel ist im Einsatz an der Front gewesen, hat dort erneut gesundheitliche Probleme bekommen und sich an die Heimatfront versetzen lassen. Er berichtet, daß Eisenbahnfahrten unsicher geworden seien; außerdem sei es schwierig, eine bezahlbare Wohnung zu finden. Ob sie nach Rußland komme, fragt er seine Frau.

In Petrograd streiten die Provisorische Regierung der Duma und der Sowjet der Arbeiter und Soldatendeputierten miteinander um die Macht. An der Front verbrüdern sich russische und deutsche Soldaten. Russisches Papiergeld wird in verschwenderischen Mengen gedruckt, die Warteschlangen für Brot, Zucker, Tabak bilden sich bereits in den frühen Morgenstunden. Für die jüdische Bevölkerung bedeutet der Krieg eine besondere Katastrophe. Die Front wogt hin und her durch den Ansiedlungsrayon; Tausende fliehen oder werden von Kosaken wie Vieh ins Hinterland getrieben. Juden werden als »Verräter« und »Spione« verumglimpft und ermordet. Nationalismus, Rassenhaß und Pogrome erinnern an das blutbefleckte Gespenst mittelalterlicher Kreuzzüge. Die Kämpfe zwischen den Verbänden der Bolschewiki und der konterrevolutionären Freiwilligenarmee der Weißen verlagern sich in den Süden, in die Täler von Don und Kuban. Am 2. Dezember 1917 wird die Stadt Rostow nach heftigen Straßenkämpfen von der Weißen Armee eingenommen.

Renata erkrankt schwer an Bronchitis – damals eine ernste Erkrankung ohne wirkliche Behandlungsmöglichkeiten. Im August 1918 bringt Sabina sie für mehrere Wochen in die Klinik Bois-Cerf im Stadtteil Ouchy, unterhalb von Lausanne, am See. Sabina gibt die Wohnung auf, in der sie drei Jahre mit Renata gelebt hat, sie wohnt in der Klinik und pflegt ihre Tochter selbst. Rachel Leibowitsch kommt eigens nach Lausanne, um ihrer Freundin beizustehen; sie wohnt in der Pension des Alpes direkt neben der Klinik. Als man Renata aus der Klinik entläßt, bleibt sie kränklich, ist oft erkältet und bekommt schnell Fieber; auch sonst sorgt sich Sabina um ihr Kind.

Im Dezember 1919 – Sabina und Renata können sich keine eigene Wohnung mehr leisten, sie wohnen jetzt in der Pension Trémière am Chemin Pré-Fleuri – schreibt Sabina ins Tagebuch, daß Renata am Vortag ein kleines Mäuschen geschenkt bekam, welches läuft, wenn man es aufzieht. Renata spielt gerne damit, doch plötzlich wollte das Mäuschen nicht mehr laufen. Diesen Morgen hat das Dienstmädchen behauptet, die Maus sei ihr einmal unter dem Ärmel über den bloßen Arm gelaufen. Daraufhin schrie Renata derart fürchterlich, daß alle Pensionsgäste in bloßen Hemden in die Küche gelaufen kamen. »Möge das Schicksal meinem Renatchen helfen«, notiert Sabina.[60]

Sabina Spielrein schreibt ihre Beobachtungen und Gespräche mit Renata ins Tagebuch. Manches diskutiert sie brieflich mit Nikolai Spielrein. Später wird sie dieses Material für Publikationen verwenden.[61]

Sabinas eigene Gesundheit ist ebenfalls angeschlagen. Mal hat sie eine schwere Grippe, mal muß sie operiert werden, mal hat sie Zahn-, dann wieder Ohrenschmerzen. Nikolai Spielrein kann das alles schon nicht mehr hören. Er findet, Sabina solle mit dem ewigen Gekränkel aufhören. Warum vertraut sie nicht auf ihre beachtlichen intellektuellen Kräfte und blickt dem Leben mit mehr Mut, mit mehr Selbstvertrauen ins Gesicht? »Du schreibst, das ganze, Dich anziehende intellektuelle Leben ist in Zürich. Dann geh' doch dorthin, nachdem Dich kein Gelübde an Lausanne knüpft.« Außerdem fordert er die Tochter auf, die wenigen Monate bis zum Frühjahr zu nutzen und unbedingt das Schweizer Staatsexamen zu machen. »Seit sechs, sieben Jahren denkst Du daran, es ist Zeit, daß Du es fertig bringst.«[62] Sabina denkt daran, Jungs Bücher ins Russische zu übersetzen – des Verdienstes wegen, wie sie schreibt, läßt es dann aber bleiben.[63]

Am 9. November 1918 verzichtet Kaiser Wilhelm II. auf den Thron, der Sozialdemokrat Philipp Scheidemann ruft die deutsche Republik aus. Am 11. November 1918 tritt das Waffenstillstandsabkommen in Kraft. Im Frühsommer 1919 reist Jascha Spielrein auf abenteuerlichen Wegen zu Frau und Kindern nach Rostow. Er benutzt die Route durch die Ukraine, ein gefährliches Unterfangen angesichts eines Bürgerkrieges, dessen Fronten beständig wechseln, angesichts von Warlords, die miteinander um die Kontrolle streiten. Jascha steckt über neun bange Tage in der Ukraine fest, bis er eine Möglichkeit findet, sich nach Rostow durchzuschlagen.[64]

Isaak Spielrein, der mittlere Bruder in Berlin, zögert. Als ehemaliger Sozialrevolutionär muß er in Rußland mit Schwierigkeiten rechnen. Er hat ein Angebot für eine Professur in Australien bekommen. Er schlägt das Angebot aus und macht sich mit Frau und Tochter auf den Weg Richtung Heimat. Zunächst reisen sie nach Wien, wo Isaak Freud besucht. Anschließend geht es über Italien und Konstantinopel in die Unabhängige Republik Georgien, wo die Menschewiki an der Macht sind. Isaak Spielrein beherrscht elf Sprachen und lernt mit Leichtigkeit neue Sprachen hinzu. In Tiflis, der damaligen georgischen Hauptstadt, arbeitet er als Dolmetscher für die Ständige Vertretung der Russischen Sozialistischen Föderativen Sowjetrepublik (RSFSR). Bald wird er Mitglied der Kommunistischen Partei.[65]

Als Sabina Spielrein den Mitgliederbeitrag für die Wiener Psychoanalytische Vereinigung nicht mehr zahlen kann, legt Freud ein Wort für sie ein: »Liebe Frau Doktor. Auch ich war sehr froh, durch den Besuch Ihres Bruders etwas von Ihnen zu hören, konnte dann freilich nur bedauern, daß diese Kriegszeit auch Ihnen nur Böses gebracht hat. Ihre Anfrage beantworte ich dahin, daß Sie unser Mitglied und unsere Schuldnerin bleiben, so lange Sie wollen [...] In der Hoffnung, auch von Ihnen bald Froheres zu hören, grüße ich Sie herzlich Ihr Freud.«[66]

Sabina Spielrein denkt wieder an Zürich. Im September 1918 ist Rachel Leibowitsch nach Zürich zurückgekehrt und hat am 28. Januar 1919 Meer Simon Nachmansohn geheiratet. Nachmansohn stammt aus Jaffa in der damals Asiatischen Türkei und ist ebenfalls Jude und in der Schweiz eingebürgert. Er hat Philosophie und Rechtswissenschaften studiert und über das Thema *Zur Erklärung der durch Inspiration entstandenen Bewusstseinserlebnisse* promoviert. Er wird an der Gründungsversammlung der Schweizerischen Gesellschaft für Psychoanalyse 1919 in Zürich teilnehmen. Rachel und Meer Nachmansohn wohnen jetzt an der Kasernenstraße in Zürich. Rachel – die durch die Heirat Schweizerin geworden ist – hat ganz in der Nähe an der Stauffacherstraße ihre eigene Praxis eröffnet. Sie teilt der Freundin ihre neue Adresse mit und wünscht ihr alles Gute. »Jetzt haben wir Neujahr, es ist diejenige Zeit, in der wir Juden speziell an unsere Freunde denken und das Geschick gnädig für sie stimmen möchten.« Über ihre Pläne verrät sie: »Wir sind vorläufig Schweizer, aber ich hoffe, in Amerika oder Palästina meine Tage zu beschließen.«[67]

Sabina schreibt auch an Jung, ob er ihr wohl Patienten schicken wird, wenn sie nach Zürich kommt? »Wahrscheinlich nicht«, gibt sie sich selber die Antwort.[68] Den Sommer 1919 verbringen Sabina und Renata in Les Marecottes bei Salvan, einem kleinen Bergweiler hoch über der Rhône. Anfang 1920 geht es für einige Monate nach Château-d'Oex, in die kleine Privatklinik Bois Gentil zu Franz Brüstlein, einem Spezialisten für Kinderkrankheiten.

Rachel wird bald schwanger und bringt im Juli 1920 einen Sohn zur Welt, Elias.[69] Sabina berichtet Rachel, daß sie ihr Zimmer in Lausanne nicht mehr bezahlen kann und daß sie plant, nach Zürich zu kommen. Rachel ist darüber ganz bestürzt, freut sich aber sehr, daß Sabina kommen möchte. Sie schreibt der Freundin von ihrer gestörten Nachtruhe, von den Anstrengungen des Stillens. Sabina möchte in Erfahrung bringen, wie ihre Möglichkeiten stehen, in Zürich zu habilitieren. Wenn es ihr damit ernst sei, rät Rachel, solle sie sich am besten direkt mit Bleuler in Verbindung setzen.[70] Rachel Leibowitschs Ehemann war im März 1920 nach Frankfurt gezogen – ohne Rachel. Im Oktober 1920, drei Monate nach der Geburt seines Sohnes, meldet er sich in Zürich wieder an. Im März 1921 geht Meer Simon Nachmansohn erneut nach Frankfurt; Frau und Kind läßt er endgültig zurück, und am 19. Oktober wird die Ehe bereits geschieden.[71]

Ein ganzes Jahr haben die Eltern keine Nachricht von Sabina mehr. Die tückische Form von Gicht, an der Eva Spielrein leidet, ist stark fortgeschritten.[72] Sie weiß, daß sie bald sterben wird.[73] »Bis heute haben wir nichts von Dir erhalten, es ist exakt ein Jahr vergangen. Wir wären überglücklich, wenn wir nur wissen könnten, wie es mit Dir und der kleinen Renata steht.«[74]

Anfang September 1920 meldet Sabina Spielrein sich endgültig aus Lausanne ab – nach Holland.[75] Dort nimmt sie zum ersten Mal an einem psychoanalytischen Kongreß teil.

# 19

# Als Psychoanalytikerin in Genf

Es ist beschlossene Sache, daß der erste große psychoanalytische Kongreß nach Kriegsende in einem Land stattfinden soll, das neutral geblieben war. Die Niederländische Psychoanalytische Vereinigung hatte sich bereit erklärt, diese Aufgabe zu übernehmen. Und so findet der VI. Internationale Psychoanalytische Kongreß vom 8. bis 11. September 1920 in Den Haag statt, im Gebäude der Künstlervereinigung »Pulchri Studio«. Im Vorfeld der Tagung ist es zu einer Reihe von Neugründungen gekommen, welche zeigen, daß die psychoanalytische Bewegung den Krieg nicht nur überlebt hat, sondern dabei ist, mit neuen Impulsen in eine neue Phase, eine Phase der Konsolidierung, einzutreten. In Wien ist der Internationale Psychoanalytische Verlag gegründet worden, die Berliner Psychoanalytische Poliklinik hat ihre Tore geöffnet – die erste derartige Einrichtung auf der Welt; die British Psycho-Analytical Society ist gegründet worden, die Schweizer Gesellschaft für Psychoanalyse (SGPsa) wiederbelebt.

Letzteres geht auf eine Initiative von Emil Oberholzer und Mira Gincburg-Oberholzer zurück. Die erste Sitzung der neuen Schweizer Gruppe hatte am 24. März 1919, abends um 8 Uhr, in der Anwaltspraxis von Gilonne Brüstlein[1] an der Bahnhofstraße 102 in Zürich stattgefunden. Einundzwanzig Personen waren der Einladung gefolgt, darunter der Psychiater Ludwig Binswanger, der Zürcher Pfarrer Oskar Pfister, der Berner Reformpädagoge Ernst Schneider und der Genfer Psychiater Raymond de Saussure.[2]

Freud begrüßt die Neugründung, bleibt aber vorerst reserviert. Daß zur allerersten Sitzung mit Ernest Jones (London), Hans Sachs (Wien) und Otto Rank (Wien) gleich drei Repräsentanten der Internationalen Psychoanalytischen Vereinigung (IPV) angereist sind – alle drei Mitglieder des Geheimen Komitees –, soll Unterstützung signalisieren. Aber vielleicht haben die Schweizer gar nicht so unrecht, die darin auch Mißtrauen zu verspüren meinen. Oberholzer wird zum ersten Präsidenten der SGPsa gewählt, und man beschließt einstimmig den Beitritt zur IPV.

Der Haager Kongreß wird ein großer Erfolg, auch wenn die meisten Analytiker materiell noch unter den Folgen des verheerenden Krieges zu leiden haben. Die gastgebenden holländischen Analytiker bereiten ihren Gästen einen warmen Empfang. Sie haben eine Geldsammlung durchgeführt, um die Reisekosten der mitteleuropäischen Kollegen mitzutragen; viele von diesen können sich nach den mageren Kriegsjahren zum ersten Mal satt essen. Die Zweigvereinigungen Berlin, Holland, New York, Ungarn und Wien sind vertreten. Insgesamt nehmen 118 Personen – Mitglieder wie Gäste – am Haager Kongreß teil.

Auf dem obligaten Gruppenfoto der Tagungsteilnehmer steht Spielrein ganz rechts in der zweiten Reihe, eine gepflegte Frau, als einzige mit moderner Kurzhaarfrisur und Wasserwelle. Drei Herren weiter links steht Melanie Klein. Anna Freud ist ebenfalls anwesend – als Gast; sie sitzt als dritte vorne links.[3]

Die britische Psycho-Analytical Society und die SGPsa werden am Haager Kongreß in die IPV aufgenommen. Mit der Ausbreitung der psychoanalytischen Bewegung stellen sich neue Probleme. Wer darf sich Psychoanalytiker nennen? Nach welchen Kriterien werden neue Mitglieder ausgewählt? Wie soll man sich der »wilden« Psychoanalyse gegenüber verhalten, die vielerorts betrieben wird? Ist es sinnvoll, ein Diplom für Psychoanalytiker auszustellen? So lauten die Fragen.

Unter den Referenten im wissenschaftlichen Teil der Tagung befinden sich fünf Frauen, Helene Deutsch, Eugenia Sokolnicka, Margarethe Stegmann, Hermine Hug-Hellmuth[4] und Sabina Spielrein-Scheftel. Spielrein spricht über »Die Entstehung und Entwicklung der Lautsprache« – es ist der vorausschauende Entwurf zu einer Theorie der Sprachbildung sowie zur Bedeutung der mütterlichen Brust und des Saugens für die Entwicklung des Kindes. Spielrein unterscheidet hier zwischen primären, »autistischen Sprachen«, die es nicht auf Verständnis und Kommunikation seitens der Mitmenschen abgesehen haben, sowie »sozialen Sprachen«. Zu den sozialen Sprachen gehören Gesang und Wortsprache, aber auch »soziale« oder »gesellige« Künste wie Musik und Poesie. Speziell berücksichtigt sie die Fragen, ob das Kind die Sprache selbst erfindet und worauf die kindlichen »Wortumgestaltungen« zurückzuführen sind.[5]

An der Geschäftssitzung des Haager Kongresses teilt Spielrein mit, daß sie nach Genf übersiedeln wird, um am dortigen Institut Jean-Jacques Rousseau zu arbeiten. Außerdem macht sie den Vorschlag, die von Krieg und Revolution unterbrochenen Beziehungen mit der russischen Psychoanalyse zu erneuern, den Haager Kongreßbericht ins Russische zu übersetzen, russische Beiträge zur Psychoanalyse zu sammeln und eventuell zu publizieren.

Max Eitingon unterstützt die Idee, das russische Material zumindest zu sammeln. Eitingon stammt aus Mogiljow im russischen Ansiedlungsrayon, aus einer immens reichen jüdischen Kaufmannsfamilie. Er kennt Spielrein noch von Zürich her, wo er Medizin studiert hat und mit dem Dissertationsthema *Über die Wirkung des Anfalls auf die Assoziation der Epileptischen* (1909) bei Bleuler promoviert wurde. Eitingon ist Mitglied des Geheimen Komitees, und mit den privaten Einkünften aus der internationalen Pelzhandelsfirma seiner Familie werden die Berliner Psychoanalytische Poliklinik samt dazugehöriger Lehranstalt finanziert.[6] Im Burghölzli war es zwischen Eitingon und Jung zu Spannungen gekommen. »Ich halte Eitingon für einen absolut kraftlosen Schwätzer«, hatte Jung an Freud geschrieben, »kaum ist dieses lieblose Urteil heraus, so fällt mir ein, daß ich ihn um die rückhaltlose Abreagierung der polygamen Instinkte beneide [...] vielleicht wird er einmal Duma-Abgeordneter.«[7]

Freud unterstützt Spielreins Vorschlag ebenfalls und macht in diesem Zusammenhang auf den neu gegründeten psychoanalytischen Fonds aufmerksam, der sich für ein solches Projekt gewiß interessieren und es eventuell subventionieren werde.[8]

In Genf eingetroffen, mietet Spielrein ein Zimmer an der Rue Saint Léger no 2 bis bei Madame Rod. Renata, die jetzt sieben Jahre alt ist und weiterhin kränkelt, bringt sie in einiger Distanz von Genf in einem klinischen Internat auf Höhenlage unter.[9] Bevor die russische Ärztin mit der Arbeit beginnen kann, braucht sie die Genfer Aufenthaltsbewilligung. Sie stellt ein Gesuch »A Monsieur le président de justice et police à Genève«, in exzellentem Französisch abgefaßt, in ihrer gestochen scharfen, charakteristischen Handschrift:

»Herr Präsident, ich bin Russin von Geburt, Doktor der Medizin. Ich habe während sechs Jahren in Zürich studiert. Nach

Kriegsbeginn bin ich in die Schweiz zurückgekehrt, wo ich seit 1915 mit meinem Töchterchen in Lausanne wohnte. Mein Zertifikat, das mir Herr Garnosterieff vom russischen Konsulat in Genf ausstellte, ersetzt mir den Paß. Diese Bescheinigung ist bis zum 29. Oktober 1920 gültig. Jetzt würde ich mich gerne in Genf niederlassen, um am Institut J. J. Rousseau zu arbeiten. Ich wäre Ihnen sehr gewogen, wenn Sie mir eine Aufenthaltsbewilligung für Genf ausstellen würden. Ich verbleibe, sehr geehrter Herr, mit vorzüglicher Hochachtung, S. Scheftel-Spielrein Dr. med.«[10]

Vorab verlangt das Genfer Justiz- und Polizeidepartement von seinen Lausanner Kollegen Auskunft über die Gesuchstellerin. In Lausanne sind Frau Scheftels Unterlagen nicht aufzufinden, und die Behörden behaupten, die Dame sei »völlig unbekannt« und habe nie in Lausanne gelebt.[11] Bei der neuerlichen Vorladung in Genf kann Sabina Spielrein ihre Aussage mit einer Bescheinigung des russischen Konsulats in Genf bekräftigen, das mit einem Einreisevisum des Bureau des Étrangers de Lausanne versehen worden war. Daraufhin fragt Genf in Lausanne nochmals an. Als Mitte Februar 1921 der Bericht von Inspektor Amstutz eintrifft,[12] wird Frau Scheftel erneut vorgeladen. Jetzt benötigt sie einen Bürgen für allfällige Schulden, die aus Spitalkosten, Rückschaffung, Bussen etc. entstehen könnten. Professor Pierre Bovet, Professor für experimentelle Pädagogik an der Genfer Universität und Direktor des Instituts Jean-Jacques Rousseau, übernimmt das und verbürgt sich privat mit der Summe von tausend Franken Gewährleistung für Spielreins Aufenthalt.[13] Bevor Bovet als Bürge akzeptiert wird, wird er seinerseits von der Sicherheitspolizei überprüft. Am 8. März 1921 erhält Frau Scheftel-Spielrein endlich, nach monatelangem Ringen, die Genfer Aufenthaltsbewilligung.[14]

Das Institut Jean-Jacques Rousseau, École des Sciences de l'Éducation (IJJR), besitzt einen ausgezeichneten Ruf als Forschungs- und Lehranstalt für entwicklungspsychologische, erzieherische und reformpädagogische Fragestellungen – ein Renommee, das weit über die Schweizer Landesgrenzen hinausreicht. Das IJJR war 1912, anläßlich des zweihundertsten Geburtstages von Jean-Jacques Rousseau und nach dem Vorbild des Instituts für experimentelle Pädagogik und Psychologie von Wilhelm Wundt in Leipzig, ins Leben gerufen worden. Die Gründung des unabhängigen, mit privaten Forschungsgeldern finanzierten Instituts war auf Anregung von Professor Edouard Claparède erfolgt, Pierre Bovet übernahm die Leitung. Hauptadressaten sind Lehrer und Erzieher, die hier Möglichkeiten zur Aus- und Weiterbildung erhalten. 1913 ist zusätzlich eine Versuchsschule für Kinder im Vorschulalter gegründet worden – La Maison des Petits.[15] Auf dem Lehrplan des Instituts stehen Vorlesungen über Themen wie »Kinderkrankheiten« und »Psychopathologie des Kindesalters«, daneben werden moderne Fächer wie Graphologie, »Eugenik«, »Parapsychologie in der Schule« und »Psychanalyse« angeboten. Der erste Kurs über Psychoanalyse wurde 1916 von Ernst Schneider gelesen. Bovet war jedoch nicht zufrieden mit Schneider, und kriegsbedingt niedrige Teilnehmerzahlen hatten mit dazu beigetragen, daß der Kurs bald wieder abgesetzt wurde.[16]

Die Genfer sind offen für neue Theorien. Claparède hatte im Vorfeld der Gründung bei Jung angefragt, ob dieser als Vertreter der Psychoanalyse in den Stiftungsrat des IJJR kommen wolle. Direktor Bovet ist Mitglied der SGPsa. Als Sabina Spielrein Ende 1920 nach Genf kommt, existiert dort bereits eine psychoanalytische Gesellschaft unter Claparèdes Vorsitz. Sie steht allen denjenigen unbeschränkt offen, die sich für Psychoanalyse interessieren, sie gehört nicht zur IPV und strebt dort auch keine Mitgliedschaft an. Neben dieser größeren, nicht sehr aktiven Gruppe gibt es in Genf noch die kleine, strenger wissenschaftlich orientierte Groupe psychanalytique internationale, deren Mitglieder sich zu wöchentlichen Vorträgen in Claparèdes Laboratorium treffen.[17]

1920 haben Claparède und Bovet außerdem die erste Conférence internationale de Psychotechnique appliquée à L'Orientation professionelle organisiert, aus der sich eine weltweite psychotechnische Bewegung entwickeln wird.[18] Rührigkeit und Initiative der Genfer versprechen einiges für die Zukunft. Freud setzt denn auch große Hoffnungen auf Genf als »Einfallstor nach Frankreich«.[19]

Spielrein führt sich in Genf als IPV-Vertreterin ein. Sie hat etwas Geld als Starthilfe erhalten, von dem sie annimmt, daß es aus dem Unterstützungsfonds der IPV stammt. Das Geld kommt in Wirklichkeit aus privater Quelle, und es ist auch kein »offizieller« Auftrag damit verknüpft. Als Ernest Jones, machtbewußter Präsident der IPV, von Spielreins unorthodoxem Vorgehen erfährt, reagiert er sehr verärgert. Er beauftragt den Zürcher Pfarrer und Psychoanalytiker Oskar Pfister, »to inform Bovet privately of the state of affairs, including the lady's mentality«.[20]

Die Sache wirft einige Wellen. In einem Rundbrief an die Mitglieder des Geheimen Komitees stellt Freud den Sachverhalt richtig und versucht, die Wogen zu glätten: »Frau Spielrein ist auch unseres Wissens in keiner Weise offiziell zu irgend etwas delegiert worden, soll aber im ganzen schonend behandelt werden.«[21] Freud ist sehr zufrieden damit, daß Spielrein – nach drei Jahren Unterbrechung – wieder wissenschaftlich arbeitet: »Endlich eine reizende Kinderanalyse von Frau Spielrein, die bald veröffentlicht werden soll.«[22]

1920 publiziert Sabina Spielrein sechs kinderanalytische »Mitteilungen«. Die Beobachtungen und Verbatim-Protokolle, die Spielrein während Renatas gesamter Kleinkindzeit aufgezeichnet hat, sind ein unschätzbarer Fundus, aus dem Spielreins wissenschaftliche Arbeit noch viele Jahre schöpfen wird. Sie vertritt die Meinung, daß eine Erforschung der Psychologie des Kindes Wesentliches zur Psychoanalyse beiträgt. In »Das schwache Weib« (1920) berichtet sie vom kleinen Claude, 5 1/2 Jahre, sehr männlich, herrschsüchtig. Obgleich er gern mit Renata spielt, verachtet er die Mädchen »mit Schleifen in den Haaren« und möchte um nichts in der Welt ein Mädchen sein. Im Gegensatz dazu äußert Renata verschiedentlich den Wunsch, ein Junge zu sein. Dazu befragt, antwortet die Kleine, sie »möchte gerne Papa werden, es sei so schön, Frau und Kinder zu haben«. Spielrein knüpft daran die Frage, ob es eine allgemeine Erscheinung sei, daß kleine Mädchen Jungen sein möchten, während Jungen an ihrer männlichen Priorität festhalten. Sie erwähnt nicht, daß Renata ohne ihren Vater aufwachsen muß und wie sehr die Kleine ihren Vater vermißt. Renatas Phantasie, ein Junge zu sein, eine Familie zu haben, kann auch als Wunscherfüllung verstanden werden: Wenn Renata ein Junge wäre, dann könnte sie selber dafür sorgen, daß die Familie zusammenbleibt, daß sie nicht verlassen wird.[23]

»Renatchens Menschenentstehungstheorie« (1920) enthält Auszüge aus Gesprächen mit der viereinhalbjährigen Renata, die Sabina vor dem Hintergrund theoretischer Annahmen zur Ambivalenz und zur Einheit von Entstehen und Vergehen interpretiert.[24]

Weitere kinderanalytische Beiträge sind »Das Schamgefühl bei Kindern«[25] und »Verdrängte Munderotik«[26]. Die »Schnellanalyse einer kindlichen Phobie« (1921) basiert auf einer Falldarstellung von Spielrein in F. Navilles Vorlesung »Pathologie et clinique des enfants anormaux« am IJJR. Rudi, siebeneinhalb Jahre, hat Alpträume, Schlafstörungen und schreit in der Nacht. Der Aufsatz zeigt, wie Spielrein mit Kindern arbeitet, daß sie den psychoanalytischen Zugang mit anderen Methoden kombiniert. Zunächst wird das Kind körperlich untersucht. Danach macht sie mit Rudi den Intelligenztest nach der Methode von Binet-Simon.[27] In der eigentlichen psychoanalytischen Untersuchung befragt sie Rudi hinsichtlich seines eigenen Benehmens zu Mutter und Vater. Dabei achtet sie sorgsam darauf, die Antworten nicht zu suggerieren. Im nächsten Schritt verfertigt Spielrein aus Papier den Vater, die Mutter und den kleinen Rudi sowie die Figur eines zweiten, »bösen« Jungen. Sie fordert Rudi zum Spielen auf und begleitet sein Spiel mit weiteren Fragen. Mit Hilfe des zweiten »bösen« Jungen gelingt es Rudi, seine verdrängten feindseligen Regungen dem Vater gegenüber »auszuleben« – das Symptom verschwindet. »Es ist wohl kaum nötig hinzuzufügen«, sagt Spielrein, »daß der Schwund eines Symptoms noch keine Heilung bedeutet. Dazu wäre eine längere Analyse notwendig.«[28]

Daß Spielrein konzeptuell offenbleibt, daß sie Psychoanalyse nicht als ein geschlossenes System versteht und psychoanalytische Erfahrungen gerne mit anderen psychologischen Methoden überprüft und kombiniert, zeigt auch das Experiment mit zwei Serien von je drei Fragen, das sie mit vierzehn Studenten aus ihrem Kurs durchführt. Im ersten Durchgang werden die Studenten aufgefordert, schriftlich drei Fragen zu stellen, die sie unbedingt beantwortet haben wollen. In der folgenden Woche läßt Spielrein ihre Schüler ein bis zwei Minuten mit geschlossenen Augen verweilen; dann fordert sie diese auf, die ersten drei Fragen niederzuschreiben, die ihnen gerade einfallen. Die Auswertung ergibt, daß die spontanen Fragen nach dem Augenschließen sich deutlich von den bewußt überlegten Fragen unterscheiden. Alle spontanen Fragen beziehen sich ohne Ausnahme auf die unmittelbare persönliche Zukunft der Versuchspersonen. Und im Gegensatz zur ersten Serie bezieht sich keine der spontanen Fragen auf religiöse, moralische, philosophische oder wissenschaftliche Interessen. Mit der Bewegung weg vom bewußten Denken, so Spielreins Fazit, entfernen wir uns immer mehr vom »sozialen« Wissensdrang in Richtung einer egozentrischen, dem Augenblick angepaßten Wißbegierde.[29] Bis zu ihrer letzten im Westen erschienenen Arbeit – »Kinderzeichnungen bei offenen und geschlossenen Augen« (1931) – wird Spielrein daran weiterarbeiten, psychoanalytische Funde mit anderen Forschungsmethoden, insbesondere mit experimentellen Versuchsanordnungen, zu überprüfen und weiterzutreiben. Dabei bezieht sie zunehmend auch neuropsychologische und neurophysiologische Aspekte mit ein – ein Ansatz, der erst viele Jahrzehnte später von der übrigen Psychoanalyse aufgegriffen wird.

Der Genfer Aufenthalt wird sich als eine enorm produktive Zeit für Spielreins wissenschaftliche Tätigkeit erweisen. Am 12. Februar 1921 hält sie den ersten Vortrag am Institut J.-J. Rousseau. Ihre Ausführungen zu »L'âme enfantine« überzeugen die Genfer Kollegen von ihren profunden Kenntnissen der Psychoanalyse und der kindlichen Entwicklung. Auf Wunsch der Hörer trifft man sich zu wöchentlichen Diskussionen.[30] Im Sommersemester 1921 spricht Spielrein ergänzend zu Bovets Universitätskurs »L'éducation de l'instinct sexuel« über »Les ›mauvoises habitudes‹ de l'enfant et la doctrine de Freud« – auch dieser Vortrag wird sehr gut besucht.[31] Sabina ist zu schüchtern gewesen, um Professor Claparède einzuladen; der fühlt sich prompt übergangen und beschwert sich. Sabina holt das Versäumte nach, erklärt ihre Motivation und bittet »um Verzeihung für die Höflichkeit, an der es vielleicht gefehlt hat«.[32]

Ab Wintersemester 1921/22 wird das Institut J.-J. Rousseau mit Geldern von Staat und Stadt Genf subventioniert. Spielrein hält ihren ersten Kurs – acht Vorträge über »Psychanalyse et pedagogie«, jeweils am Freitag um 17 Uhr.[33] Sie ist erleichtert, daß sie endlich Geld verdient. Als Eva Spielrein erfährt, daß Sabina 1250,– Franken im Monat verdient, freut sie sich für ihre Tochter, gleichzeitig fragt sie sich besorgt, wieviel diese dafür wohl schuften muß.[34]

Krieg, Vertreibung und Ermordung des Zaren, Revolution und Bürgerkrieg haben das Gesicht Rußlands nachhaltig verändert. Nachdem der erste Schock über den blutigen Verlauf der Revolu-

Sabina Spielrein in Genf

tion überwunden ist, gibt es bei vielen, die im Lande geblieben sind, eine große Bereitschaft, an der demokratischen Umgestaltung des Landes mitzuarbeiten. Dafür ist man auch bereit, Opfer zu bringen.

Während Nikolai Spielrein sich in Moskau für die neue Gesellschaftsordnung engagiert, ist Eva Spielrein in Rostow geblieben. Sie ist sehr krank; was die Zukunft des Landes angeht, bleibt sie skeptisch. Das ehemalige Herrschaftshaus der Spielreins an der Puschkinskaja ist aufgeteilt und in Kollektivwohnungen umgewandelt worden. Eva Spielrein lebt jetzt zusammen mit Emil und dessen Frau Fanja in einem einzigen Zimmer, es ist Sabinas ehemaliges Zimmer. Fanja ist schwanger. (Mark Spielrein wird 1922 geboren; er stirbt 1944 als Soldat im Zweiten Weltkrieg, im Feld.) Die übrigen Räume sind von Fremden besetzt. Sabina soll ab jetzt schreiben an »Puschkinskaja 97, Wohnung 3, 1. Stock«.[35] Mit Briefen an Mann und Kinder hält Eva Spielrein ihre Hoffnungen auf eine bessere Zukunft lebendig. Pawel kommt beinahe täglich bei ihr vorbei; sie tauschen Erinnerungen aus, betrachten Fotos, lesen Sabinas Briefe wieder und wieder.

Eva Spielrein fühlt sich sehr einsam und traurig. Sie hat Pläne, Sabina und Renata bald zu besuchen – doch das wird aufwendige Vorbereitungen und langes Reisen erfordern. Sie erzählt von Pawel, daß er in der Bibliothek war und dort Sabinas Arbeit über den Destruktionstrieb gelesen hat. Pawel hatte versucht, in Moskau Arbeit zu bekommen – jedoch vergebens. »Wir haben seit Ewigkeiten nichts mehr von Dir gehört«, beklagt sich die Mutter. »Ich hoffe, daß wir bald einen Brief von Dir erhalten werden, aber – frage bitte nichts, nur mitteilen.«[36]

Zu Sabinas sechsunddreißigstem Geburtstag schickt Frau Spielrein Glückwünsche und gibt ihren Sorgen Ausdruck: »Alle meine Gedanken umkreisen nur Dich. Wir wünschen Dir alles Gute, aber in der Wirklichkeit geht es Dir Jahr für Jahr immer schlechter.« Ein französischer Franc kostet jetzt 10000 Rubel: »Wenn wir Dir eine Million Rubel geben, dann bleiben nur gerade Hundert Franken!«[37]

In diesem Herbst lernt Sabina Spielrein einen jungen Wissenschaftler kennen, mit dem sie eine Zeitlang parallel an ähnlichen Fragestellungen arbeiten wird. Claparède und Bovet haben Jean Piaget eingeladen, als Forschungsleiter ans IJJR zu kommen. Piaget stammt aus Neuchâtel. Nach dem Besuch des Gymnasiums hatte er sich an der Mathematisch-Naturwissenschaftlichen Fakultät der Universität Neuchâtel immatrikuliert. Mit 22 Jahren war er zum Dr. rer. nat. promoviert worden. Piaget ging nach Zürich, wo er bei Bleuler Vorlesungen über Psychoanalyse hörte; 1919 bis 1921 setzte er seine Studien in Paris an der Sorbonne fort. Bei Théodore Simon, dem Miterfinder des Simon-Binetschen Intelligenztests, arbeitete er mit Testmaterial, an der Salpêtrière mit gestörten Kindern. 1920 tritt Piaget der SGPsa bei; im gleichen Jahr veröffentlicht er den ersten psychoanalytischen Artikel »La Psychanalyse et les rapports avec la psychologie de l'enfant«.

Am IJJR liest Piaget über »L'intelligence de l'enfant«, zusätzlich bietet er einen Übungskurs zur Forschungsmethodik an. Am Maison des Petits und in Genfer Primarschulklassen führt er erste Untersuchungen zur Sprachentwicklung des Kindes und zum sozialen Milieu durch. Ein »wertvoller Forscher«, findet Spielrein.[38] Umfassend gebildet, gescheit und begabt, wie er ist, hat sie in Piaget trotz des Altersunterschiedes von elf Jahren seit langem wieder einen Menschen gefunden, der ihre wissenschaftliche Passion teilt, der sie anregt und inspiriert, mit dem sie sich über die Fragen austauschen kann, die sie jetzt vor allem beschäftigen – Fragen zur Entwicklung des kindlichen Denkens und Sprechens und zur Symbolbildung.

Im Wintersemester 1921/22 besucht Spielrein Piagets Vorlesung »La penseé autistique« an der naturwissenschaftlichen Fakultät der Universität Genf, ebenso seine beiden Vorträge in der Aula. In ihrem Bericht über die Genfer psychoanalytische Gesellschaft für die *Internationale Zeitschrift für Psychoanalyse* wird »Privatdozent Piaget« gleich zweimal erwähnt, da er die Position vertritt, »daß wir unsere ganze Kenntnis des Unbewußten und der primitiven kindlichen Denkmechanismen der Freudschen Psychoanalyse zu verdanken haben«.[39]

Sabina Spielrein hat den Haager Vortrag überarbeitet – endlich wieder eine ausführliche Arbeit. In »Die Entstehung der kindlichen Worte Papa und Mama. Einige Betrachtungen über verschiedene Stadien in der Sprachentwicklung« (1922) stellt sie ein dreistufiges Phasenmodell der Sprachentwicklung von Säuglingen und Kleinkindern vor. Es ist eine bemerkenswerte Pionierarbeit. In seiner frühesten Entwicklungsphase »spricht« der Säugling mittels früher, körpernaher Ausdrucksformen, wie Rhythmik, Höhe, Tonfall und Intensität des Schreiens. Darauf folgt das zweite, »magische Stadium«, als letztes das dritte, »soziale Sprechstadium«. Während Freud einen primären Autismus des Säuglings behauptet, geht Spielrein jetzt vom primären Bedürfnis des Kindes nach Kontakt und Kommunikation aus. Als erste Analytikerin beschreibt und analysiert sie die Bedeutung des Saugaktes als grundlegende Lebenserfahrung des Kindes und nimmt hierin Überlegungen vorweg, die Melanie Klein erst 1936 in einem Vortrag über »Entwöhnung« mit Hilfe der Begriffe »gute Brust« und »böse Brust« konzeptualisieren wird.[40] Anhand von Beispielen aus der Säuglingsbeobachtung zeigt Spielrein, wie das Kind »mömö« und »pöpö« – die ersten, vom Saugakt abgeleiteten Worte – zur Wunscherfüllung in der Phantasie benutzt. Mit dem Aussprechen des Wunschwortes soll das bedürfnisbefriedigende Objekt – die Brust mit der warmen, Hunger und Lust stillenden Milch – herbeigerufen werden. Auf diesem Wege entstehen die ersten Bildungen der sozialen Wortsprache; und im Wechsel von Befriedigung und Versagen lernt das Kind allmählich zwischen Innen und Außen, zwischen Phantasie und Realität zu unterscheiden. Spielreins Ausführungen nehmen wichtige Gedanken zur Entwicklung von Empathie, zu Individuation und Selbst, zu den Bedingungen von Kreativität vorweg.[41] Die Hypothesen, die Spielrein hier formuliert, wird Piaget in seinem Buch *Denken und Sprechen* (1932) seinerseits wieder aufnehmen.

Spielrein interessiert sich nicht nur für Piagets Forschungen, sie nimmt ihn auch in Analyse. Mit der Analyse wird kurz nach seiner Ankunft in Genf begonnen; sie dauert acht Monate und findet täglich morgens um 8 Uhr statt. Es wird berichtet, daß die beiden während der Analyse, die in den Räumlichkeiten des IJJR stattfindet, viel gelacht haben.[42] Erst viele Jahre später – 1975, im Interview mit Jean-Claude Bringuier – berichtet Piaget, daß er selbst als junger Mann einmal eine Analyse gemacht hat. Außerdem behauptet er bei dieser Gelegenheit, Spielrein habe die Analyse von sich aus beendet, weil sie ihn nicht zu einem strammen Freudianer machen konnte. Zwei Jahre später, in einem offenen Brief im *Journal de Genéve*, wird Piaget das genaue Gegenteil behaupten: Jetzt sagt er, daß seine Analyse eine Ausbildungsanalyse war und zur vollsten Zufriedenheit der Analytikerin – Spielrein – beendet wurde.[43]

Weitere Analysanden Spielreins sind Charles Odier, möglicherweise auch Bovet, Claparède,[44] Henri Flournoy und Fanny Lowtzky-Schwarzmann, eine Schwester des russischen Philosophen Lew Schestow.[45] Das bringt bescheidenes Einkommen, leben kann sie davon nicht.

In der Pionierzeit der Psychoanalyse dauern psychoanalytischen Behandlungen einige Wochen oder bestenfalls Monate. Es ist gar nicht vorgesehen, die Psychoanalyse als Broterwerb auszuüben. Man arbeitet als Arzt an einer Klinik oder in privater Praxis, als Pfarrer oder Lehrer; daneben hat man einen Psychoanalysefall, an dem man Erfahrungen sammelt. Wenn Sabina Spielrein ohne eidgenössisches Staatsexamen Patienten mit Psychoanalyse behandelt, dann bewegt sie sich in einer Grauzone in Richtung Psychiatrie, Psychologie, Pädagogik. Dies ist möglich, solange sie Lehranalysen mit Berufskollegen macht. Es erklärt auch, warum Sabina Spielrein in einer Annonce, die Ende Februar 1922 im *Journal de Genéve* erscheint, ihre Arbeit offiziell als unentgeltliche, pädagogische Beratung deklariert.[46]

Als Spielrein von der Wiener Psychoanalytischen Vereinigung in die SGPsa übertritt, bietet deren Präsident Emil Oberholzer an, den Mitgliedsbeitrag – zehn Franken – für sie zu übernehmen. »Warum können Deine Kollegen, die es in Mengen gibt, nicht ein Mindestgehalt für Dich und das Kind zahlen?« will Emil Spielrein von seiner Schwester wissen.[47] Eva Spielrein, eine begeisterte Schneiderin, hatte ihrer Tochter Nähen beigebracht. Das kann Sabina jetzt gut brauchen, um mit Näharbeiten das Allernötigste zu verdienen.[48]

Freud hatte Genf als »Einfallstor nach Frankreich« ausersehen, weil die französische Ärzteschaft sich gegenüber der Psychoanalyse als widerständig bis unzugänglich erwies. In der avantgardistischen Pariser Kunstszene hingegen werden die psychoanalytischen Gedanken und Methoden lebhaft diskutiert, ja, man entwickelt mit künstlerischen Mitteln selber experimentelle »Entdeckungsfahrten ins Unbewußte« (Max Ernst). Henri-René Lenormand, bekannter französischer Dramatiker, veröffentlicht 1920 in der *Comoedia* an leitender Stelle einen Artikel über »Dadaisme et Psychologie«, worin er den Dadaismus als eine Regression in die Kindheit im psychoanalytischen Sinne beschreibt. André Gide schreibt den experimentellen Roman *Die Falschmünzer* (1925), in dem er seiner Psychoanalytikerin Eugenia Sokolnicka in der Figur der Madame Sophroniska ein ambivalentes Denkmal setzt.[49] André Breton experimentiert mit *écriture automatique* und analysiert die Träume und Wachassoziationen psychiatrischer Patienten. Als er 1924 das erste

»Manifest des Surrealismus« veröffentlicht, verwendet er ein gesellschaftskritisch gewendetes Verständnis von Psychoanalyse.[50]

Henri-René Lenormand beschäftigt sich nicht nur theoretisch mit der Psychoanalyse, sondern experimentiert in seinen Stücken mit unbewußten Triebregungen und Motivationen. Er reist nach Genf, wo Claparède ihm gestattet, an einer Sitzung der Groupe psychanalytique international teilzunehmen. In Genf begegnet Lenormand dem Theaterregisseur und Bühnenbildner Georges Pitoëff, einem armenischstämmigen Russen, der 1915 nach Genf gekommen ist und zusammen mit seiner Frau die Theatergruppe Georges Pitoëff gegründet hat. Es wird beschlossen, die Uraufführung von Lenormands neuem Drama *Le mangeur de rêve* am Theater Pitoëff in Genf stattfinden zu lassen – es ist ein Stück mit psychoanalytischem Inhalt.[51]

Beide, Claparède wie Spielrein, sind vom Stück fasziniert, dennoch werden sich beide davon distanzieren. Der Held des Stücks, der »Traumesser«, ist der Psychoanalytiker Luc de Bronte, ein schwacher, triebgeleiteter Charakter, ein Don Juan in der Verkleidung eines Heilers. Luc hat seine Patientin Jeannine mit ihren ödipalen Wünschen konfrontiert und zu seiner Geliebten gemacht. Lucs ehemalige Patientin und frühere Geliebte, Fearon, die im Theaterstück als Lucs zweite Persönlichkeit fungiert, konfrontiert Jeannine auf brutale Weise mit den unbewußten Schuldgefühlen, die diese bezüglich des Todes ihrer Mutter hegt. Jeannine ist auf diesen Schock nicht vorbereitet. Mit dem Revolver, den Fearon ihr wie unabsichtlich in die Hände gleiten läßt, begeht sie Selbstmord.

Die Premiere findet am 11. Januar 1922 statt. Pitoëffs abstrakte Bühnenausstattung – u. a. eine Serie farbiger Bänder vor einem Hintergrund aus schwarzem Samt – unterstreicht das Spiel mit Symbolen, die Grausamkeit des Stücks. Claparède – als begnadeter Redner bekannt – führt das Publikum in den Theaterabend ein: »Er [Luc] hätte besser daran getan, sich für die Heilung seiner Kranken zu interessieren, als ihre Träume zu essen.«[52]

Spielrein ist betroffen und schreibt einen längeren Aufsatz für das *Journal de Genève*. »Qui est l'auteur du crime?«, wer hat Jeannines Tod verursacht, lautet ihre Ausgangsfrage. Ein fähiger Arzt hätte sich Jeannines zerbrechlicher und leidender Seele vorsichtig genähert, kritisiert Spielrein. Er hätte der Kranken seine Enthüllungen nicht aufgedrängt, sondern gewartet, bis sie selber spontan dahin gelangt, sich über sich selbst klarzuwerden: »Was für ein Unterschied trennt diese [Lucs] brutale Invasion von der feinfühligen Methode, welche die Wiener Psychologie nährt.« Luc kann Janine nicht helfen, weil er sich für Psychologie interessiert, aber nicht wirklich Psychoanalytiker ist: »Um Psychoanalytiker zu sein, muß man sich vor allem so weit freigearbeitet haben, daß man seine Triebe beherrschen kann.« Vielleicht hätte Janine sich in jedem Fall umgebracht, meint Spielrein. Aber vielleicht hätte man ihr helfen können, zu einem glücklicheren Leben zu gelangen – wie vielen Kranken, die heute mit Psychoanalyse behandelt würden.[53]

Sabina Spielrein ist vom Wert der psychoanalytischen Methode überzeugt, kennt aber auch deren Probleme und Grenzen. Im Hinblick auf die bei Laien verbreitete Befürchtung, die Psychoanalyse beraube den Menschen seiner Individualität, schreibt sie in einem Brief an Bovet: »Eine gut durchgeführte Psychoanalyse heilt ›niemanden und läßt jedermann seine Individualität‹«. Als Beispiele führt sie Piaget an, der trotz Psychoanalyse mystisch geblieben sei, und Madame W., eine weitere Patientin von ihr, die realistisch geblieben sei. Und sie, Spielrein selber, habe sich stets den »Respekt« vor Montagen und der Zahl 13 bewahrt: »Also ist es nicht so gefährlich«, behauptet sie.[54]

Spielreins Ausführungen in »Qui est l'auteur du crime?« und der Aufsatz »Quelques analogies entre la pensée de l'enfant, celle de l'aphasique et la pensée subconsciente« (1923) in Claparèdes Zeitschrift *Archives de Psychologie* enthalten Hinweise darauf, wie Spielrein analytische Behandlungen durchführt, welche therapeutische Grundhaltung sie einnimmt. Sie arbeitet mit der Couch, und um Außenreize möglichst auszuschalten, bittet sie den Analysanden, sich zu entspannen. Dann fordert sie ihn dazu auf, auf jeden bewußten Versuch, sein Denken zu steuern, zu verzichten. Sie erklärt die psychoanalytische Grundregel, er möge »alles sagen, was ihm durch den Kopfe geht, ohne die mindeste bewußte Kritik«.[55] Was Deutungen angeht, ist Spielrein vorsichtig, sie wartet ab, sie sagt nicht zu viel, sie hütet sich vorzupreschen, den Patienten mit vorschnellen Deutungen zu überfallen. Darin unterscheidet sie sich wesentlich von Melanie Klein, die sogar ihre sehr kleinen Patienten – Kinder unter drei Jahren – mit frühen und tiefen Deutungen ihrer Ängste konfrontiert und sehr schnell Übertragungsdeutungen macht. Während Klein der Meinung ist, die kindlichen Ängste auf diese Weise zu lindern, wird ihr seitens ihrer Analytikerkollegen vorgeworfen, die Bewußtmachung des Unbewußten könne der Entwicklung des Kindes schaden.

Am Ende des Artikels im *Journal de Genève* gibt Spielrein eine unerwartete, ganz und gar unanalytische Erklärung für den tödlichen Ausgang von Jeannines Behandlung: Beide, Luc wie Jeannine, seien Opfer einer falschen, lieblosen Erziehung, eines Verlustes auch der Religion in unserer Gesellschaft.

Hier wird deutlich, wie sehr Spielreins Vorstellung von Übertragung sich seit ihren frühen psychoanalytischen Arbeiten verändert hat. In ihrer großen Arbeit *Die Destruktion als Ursache des Werdens* (1912) hatte sie einen radikalen Übertragungsbegriff verwendet, wonach alles Übertragung ist, wonach wir psychisch überhaupt nichts in der Gegenwart erleben: »Ein Ereignis ist für uns nur insofern gefühlsbetont, als es früher erlebte gefühlsbetonte Inhalte (Erleben) anregen kann, welche im Unbewußten verborgen liegen.«[56] Im Text »Qui est l'auteur du crime?« spielen Übertragungsphänomene eine Nebenrolle. An die Stelle psychoanalytischer Überlegungen tritt ein leidenschaftliches Plädoyer für eine »gesunde und natürliche Erziehung« jenseits gesellschaftlicher Lügen und sozialer Konventionen. Der »zukünftige Mensch« – d. h. der Mensch, der seine Triebe zügeln kann – soll auf der Basis von Herzlichkeit und Vernunft, von Verständnis und natürlicher Offenheit zwischen Eltern und Kindern erzogen werden.

Während Sabina Spielrein sich hier für pädagogische und sozialpsychologische Ansichten öffnet, bleibt ihr Interesse an der psychoanalytischen Betrachtungsweise bestehen. Sie weiß aus eigener, bitterer Erfahrung nur zu gut, welche Bürde und Unfreiheit eine unaufgelöste Übertragung, eine unaufgelöste therapeutische Beziehung für den Patienten bedeuten. Die Beschäftigung mit dem »Traumesser« hat Erinnerungen wachgerufen, und vor dem Schlafengehen nimmt sie Jungs alte Briefe hervor. In dieser Nacht träumt Spielrein von Jascha, ihrem Bruder und Spielgefährten der frühen Kindheit, der schon in ihren früheren Träumen stets Jung vertreten hatte: »Man bringt mir einen Brief vom Bruder. Es sind keine Marken darauf, so daß ich 30 Pfennig Strafporto bezahlen muß. Im Brief sind Photographien vom Bruder; diese sind sehr schlecht, ganz verblichen; man kann den Bruder darauf kaum erkennen.«

Die Auflösung des Traumes hat Spielrein in der kurzen Mitteilung »Briefmarkentraum« (1922) publiziert, nur daß sie hier nicht von eigenen Erfahrungen spricht, sondern von denen einer »befreundeten Kollegin«.[57] Diese sei aus äußeren Gründen gezwungen gewesen, die analytische Behandlung bei einem männlichen Arzt frühzeitig abzubrechen, d.h. bevor ihre heftige, ambivalente Übertragung aufgelöst werden konnte. Am Vorabend besagten Traumes hat die »Kollegin« einer Falldemonstration der Medizinischen Gesellschaft beigewohnt, wo eine luetische Frau vorgestellt worden ist. Der »Kollegin« geht der Gedanke durch den Kopf, daß sie sich an keine einzige Frau mit Tabes (= Rückenmarksschwindsucht als Spätfolge von Syphilis) erinnern kann, und fragt sich, ob Frauen weniger stark zur Tabeserkrankung disponiert seien. Spielrein sagt dazu: Im Traum hat die »Kollegin« einen Brief vom Bruder (= Arzt) bekommen – ohne Marken (= ohne Mark): Er hat also Rückenmarksschwund oder Tabes. Die Fotografien sind ganz verblichen, d.h. die Erinnerungen an das Aussehen des Arztes sind für die Träumerin verblichen, deshalb kümmert es sie auch nicht weiter, was »dieser Don Juan und Luetiker« ihr schreibt.

Einige Zeit zuvor hatte die »Kollegin« einen anderen Traum, in dem sie sich an den Namen ihres früheren Analytikers nicht mehr erinnern konnte. Sie war am Morgen mit Nietzsches Worten erwacht: »War ich krank? Bin ich genesen? Und wer ist mein Arzt gewesen? – Jetzt erst glaub' ich dich genesen, denn gesund ist, wer vergaß.«[58]

Vom 22. bis 27. September 1922 nehmen Spielrein und Piaget gemeinsam am VII. Internationalen Psychoanalytischen Kongreß in Berlin teil. Piaget hat Lampenfieber, weil er, so jung, vor einer so großen Zuhörerschaft sprechen soll. Freud sitzt neben Piaget in einem Sessel, seine berühmten Zigarren rauchend. In Berlin nimmt Freud letztmals an einem Kongreß teil, danach wird seine schwere Krebserkrankung ihn an öffentlichen Auftritten hindern.[59] Am Kongreß referiert Sabina Spielrein über »Ein psychologischer Beitrag zum Problem der Zeit«.[60] Jean Piaget spricht über »La pensée d l'enfant«.[61] In ihren Vorträgen zitieren die beiden Wissenschaftler sich gegenseitig.[62]

Im Wintersemester 1922/23 und im folgenden Sommer liest Spielrein am IJJR je einstündig über »Psychanalyse éducative«.[63] Daneben hält sie zahlreiche Vorträge für Fachpublikum und Laien. Am

IJJR spricht sie über die Themen »Was die Kinder uns nicht sagen« und »Les enfants créateurs«; im Psychologischen Laboratorium sowie in der Vereinigung Vers l'unité spricht sie über den Traum; in der Groupe psychoanalytique internationale referiert sie über Verdrängung. Emil Oberholzer lädt Sabina Spielrein nach Zürich ein, wo sie über den »Gedankengang bei einem zweieinhalbjährigen Kinde« referiert. Der Anlaß wird in der *Neuen Zürcher Zeitung* angekündigt.

Doch Spielrein ist nicht zufrieden. Zu den zermürbenden finanziellen Sorgen kommt, daß sie in Genf eine Außenseiterin bleibt. Gewiß, man interessiert sich für ihre Ansichten, man lädt sie ein zu gemeinsamen Abendessen, zum gemeinsamen Musizieren, doch als Ärzte und Professoren sind die Schweizer in ihrer sozialen Situation wie in ihrem Denken unabhängiger als die Wiener um Freud. Die Mitarbeiter am IJJR interessieren sich für die Psychoanalyse, betrachten sie jedoch nicht als etwas Ausschließliches, sondern als eine Methode unter anderen. Ganz ähnlich verhält es sich auch in Rußland.[64] Mit dieser offenen wissenschaftlichen Einstellung ihrer Genfer Kollegen kann Spielrein sich nicht abfinden und bittet Freud um Intervention. Doch der winkt ab: »Die Leute in Genf sind samt u sonders Dilettanten, auf die Sie langsam etwas von Ihrer analytischen Bildung übertragen müssen. Claparède selbst macht davon keine Ausnahme [...] Wenn ich so täte wie Sie es vorschlagen, würde ich nichts erreichen als eine patriotisch-nationale Entrüstung gegen den Alten in Wien, der sich herausnimmt, den Ψα Papst zu spielen.«[65]

Sabina hat sich bei Pawel beklagt, daß sie in Genf angefeindet wird, daß sie wissenschaftliche Gegner hat. Wenn man aktiv sei und sich exponiere, meint Pawel, dann bekomme man sowohl Freunde wie Feinde, das sei kein Grund, sich zu beunruhigen: »Wenn es im wissenschaftlichen Leben Feinde gibt, so ist das nur ein Beweis dafür, daß man etwas Seriöses geschaffen hat, daß man andere berührt.« Pawel hat lange, naive Briefe von Renata erhalten, mit ernsthaften Berichten über alles, was sie so macht. »Es ist schrecklich, daß die Tochter von zwei Ärzten von geborgtem Geld leben muß«, schreibt Pawel seiner Frau.[66] Warum sie nicht mit Jascha oder Isaak nach Hause gekommen sei, fragt er. Statt dessen lebt sie in der Fremde, stellt sich in langen Schlangen bei verschiedenen Wohltätigkeitsorganisationen an und bettelt fast wie eine russische Emigrantin – wo sie dazu noch ein Kind hat. Und jeden Groschen muß sie zusammenkratzen, um Renata ab und zu besuchen zu können. »Und daß Du so gar nicht praktisch veranlagt bist und eine fast grausame Liebe für die Wissenschaft hast.«[67]

Nikolai Spielrein schreibt seiner Tochter, daß man in Moskau ein Forschungsinstitut für Kinderanalyse gegründet hat, die Regierung interessiere sich für Psychoanalyse und suche gut ausgebildete Spezialisten.[68]

Was die russische Psychoanalyse anbelangt, bekommt man im Westen Unterschiedliches zu hören. Eine Überprüfung der Situation ist selbst in Rußland unmöglich, wegen der Weite des Landes und wegen der unübersichtlichen gesellschaftlichen Verhältnisse. Nikolai Ossipow,[69] Mitbegründer der Zeitschrift *Psichoterapija* (1909–1914) und Übersetzer von Freuds Werken ins Russische, ist ein Gegner der Revolution und hat Moskau 1918 verlassen. Er ist auf abenteuerlichen Irrfahrten über Odessa und Istanbul nach Prag geflohen, wo er sich 1921 niederläßt und an der Prager Karls-Universität über Psychoanalyse liest. »Was für eine Überraschung! Glücklicherweise keine unerfreuliche«, schreibt Freud, »Sie sind in Sicherheit, zusammen mit guten Freunden und eifrig, wieder mit der Arbeit zu beginnen.«[70]

Ernest Jones hat den Mitgliedern des Geheimen Komitees davon berichtet, daß ein britischer Kollegen ganz begeistert aus Moskau zurückgekehrt ist: Die Situation sei für die Psychoanalyse dort augenblicklich sehr günstig, da jüngere Wissenschaftler sich gegenüber neuen Methoden in Wissenschaft und Medizin aufgeschlossen zeigen. Unglücklicherweise, so fährt Jones fort, kenne niemand in Moskau sich mit Psychoanalyse wirklich aus, ob es denn ganz unmöglich ist, daß Ossipow zurückgeht, jetzt, da die Angehörigen der Intelligenzija nicht länger eines »plötzlichen Todes« sterben.[71] Ossipows Briefen an Freud ist dagegen zu entnehmen, daß er die Verhältnisse in Moskau keineswegs so optimistisch beurteilt, wie Jones das tut.

Als die russisch-jüdische Psychoanalytikerin Tatjana Rosenthal sich 1921 in Petersburg mit 36 Jahren das Leben nimmt, ist das ein großer Schock und Verlust für die psychoanalytische Bewegung. Rosenthal stammte aus Petersburg und war mit siebzehn Jahren dem jüdischen Arbeiter-»Bund« beigetreten. Sie hatte in Halle und Berlin hospitiert, bevor sie sich im Wintersemester 1902 in Zürich für Medizin immatrikulierte. Mit Spielrein hatte sie dort keinen Kontakt gehabt. Rosenthal unterbrach ihr Studium mehrfach, u.a. um an der ersten russischen Revolution 1905 teilzunehmen. Nach der Promotion im Jahr 1909 war sie eine Zeitlang bei Abraham in Berlin gewesen und hatte als erste Frau an der Berliner Vereinigung einen Vortrag gehalten.[72] Rosenthal war kurz nach Spielrein nach Wien gekommen und wurde dort ebenfalls Mitglied der Wiener Psychoanalytischen Vereinigung. 1911 war sie nach St. Petersburg zurückgekehrt. Hier arbeitete sie zunächst als Psychoanalytikerin in privater Praxis. 1917 publizierte sie einen Band mit eigenen Gedichten. 1920 erschien ihr Aufsatz »Das Leiden und Schaffen Dostojewskis« in der Zeitschrift *Woprosi psychologiu litschnosty* (Fragen zur Individualpsychologie).

Als in Petersburg 1919 ein Institut zur Erforschung des Gehirns und der psychischen Funktionen gegründet wurde, betraute Direktor Wladimir Bechterew Rosenthal mit der Leitung der Poliklinik für die Behandlung von Psychoneurosen. Auf dem ersten Allrussischen Kongreß über die Behandlung psychisch behinderter Kinder in Moskau 1920 brach Rosenthal mit überzeugenden Argumenten eine Lanze zugunsten der erzieherischen und neurosenprophylaktischen Bedeutung der Psychoanalyse. Rosenthal behandelte ihre Patienten mehrheitlich mit psychoanalytischen Methoden, sie hielt Vorlesungen über psychoanalytische Themen und sorgte für die psychoanalytische Ausbildung von Kollegen und Assistenzärzten. Als eine Fürsorgeanstalt für retardierte Kinder eingerichtet wurde, beauftragte Bechterew Rosenthal mit der ärztlichen Leitung. Selber Mutter eines kleinen Kindes, setzte sie sich dafür ein, die neue Anstalt gemäß den heilpädagogischen Grundsätzen der Psychoanalyse aufzubauen.[73]

Sabina Spielreins verfahrene Situation in Genf setzt neuerliche diplomatische Aktivitäten seitens der Internationalen Psychoanalytischen Vereinigung in Gang. Freud in Wien, Oberholzer in Zürich, Abraham in Berlin versuchen, eine Lösung für sie zu finden. »Ich kann mich leicht nach der negativen Seite, schwerer nach der positiven zu ihrer Zukunft äußern«, schreibt Freud Ende Januar 1923. Er ist überzeugt, daß die russische Analytikerin in Wien keinerlei Chancen hat. Freud selber hat kaum genug zu tun. Alle Fremden – Ärzte wie Patienten – strömen nach Berlin. Die Wiener Analytiker können von den Wienern allein nicht leben. Überdies sind die Preise dermaßen gestiegen, daß selbst eine bescheidene Wohnung kaum zu finden ist. Außerdem ist Spielrein russische Staatsbürgerin und würde keine Einreisebewilligung nach Österreich erhalten. Freud favorisiert Berlin mit den unerschöpflichen Hilfsquellen aus der psychoanalytischen Poliklinik, mit seiner Konzentration russischer Landsleute, mit den zahlreichen russischen Verlagen – und das bei insgesamt sehr günstigen Lebenshaltungskosten.[74]

Jetzt setzt Sabina Spielrein sich mit der Berlin-Option auseinander. Sie ist verzweifelt. Sie hat kein Geld mehr, um das Zimmer in der Pension zu zahlen. Sie weiß nicht, was tun, wohin mit dem Kind? Von ihren Genfer Kollegen fühlt sie sich im Stich gelassen – man wolle ihr nicht wirklich helfen, weiche ihr aus.

Da sie am IJJR keinen Raum mehr hat, muß sie monatlich 50 Franken für ein Behandlungszimmer bezahlen – zuzüglich Holz zum Heizen. Ihre Patienten haben entweder kein Geld oder zahlen nicht. Sie wirft sich vor, daß sie nicht geschäftstüchtig sei, nicht wisse, wie man Geld verdiene. Leute, die Geld verdienen, würden auf dieser Welt viel mehr geschätzt und hätten das Recht, mit ihren Kindern zusammenzuleben. Leider könne sie sich nicht ändern, schreibt sie in einem bitterem, verzweifelten Brief an Bovet: »Man wird uns doch nicht einfach so sterben lassen.«[75]

## 20
## Ost oder West?

Ereignisreiche Jahre sind vergangen, seit Pawel nach Rußland gefahren ist und Sabina und Renata in Zürich zurückgelassen hat. Beinahe ebenso lange wird nun schon über die Frage ihrer Heimkehr diskutiert. Eva Spielrein hat sich damit abgefunden, aber wie gerne würde sie Tochter und Enkelin wiedersehen. Nikolai Spielrein ist überzeugt, daß das moderne Rußland seiner gescheiten Tochter gute Möglichkeiten biete und sie hier etwas beitragen könne. Szenarien werden durchgespielt, Reiserouten entworfen und wieder verworfen. Doch schlüssig oder einig wird man sich nicht. Die wechselhaften politischen Verhältnisse wollen bedacht sein. Internationales Reisen nach dem Ersten Weltkrieg ist verkehrstechnisch kompliziert und steht im Zeichen von Wechselkursturbulenzen, scharfen Vorschriften über Visa, Transitvisa etc. Die Sicherheitslage in Rußland bleibt vorerst prekär – es gibt zahlreiche Räuberbanden, die Überfälle auf Eisenbahnzüge verüben. Zudem ist es keineswegs sicher, daß die Kommunisten Sabina Spielrein in die Schweiz zurücklassen würden, wenn sie einmal sowjetischen Boden betreten hat.[1] Und dann ist da noch die ungeklärte Situation mit Pawel Scheftel, ihrem Ehemann, Renatas Vater.

In Rußland fehle es an Ärzten, schreibt Eva Spielrein, zur Zeit sei es ziemlich einfach, ein Doktordiplom zu bekommen, man müsse nicht einmal eine Prüfung machen.[2] »Es ist gut möglich, daß Ihr bald eine Reisegenehmigung bekommt«, schreibt der Vater. »Aber wenn Du Dir die Frage stellst, ob es eine gute Idee ist zu fahren, so glaube ich, Du solltest warten, bis sich alles beruhigt hat.«[3]

Der Bürgerkrieg hat mit dem Sieg der Roten Armee geendet. Im November 1920 werden die letzten Weißen Truppen von der Krim evakuiert. Rußland liegt verwüstet; Ackerland und Verkehrsverbindungen sind zerstört; wichtige Wirtschaftsgebiete können über längere Zeit nicht genutzt werden. Die neue Regierung setzt auf gewaltsame Problemlösungsstrategien, auf Zwangsrequisition von

Nahrungsmitteln bei den Bauern, auf Verstaatlichung der Industrie. In Verbindung mit Dürreperioden und Mißernten führt diese Politik zum Zusammenbruch der Wirtschaft. In Petrograd streiken die Arbeiter; eine Welle gefährlicher Bauernunruhen rollt über das Land; Kronstadts rote Matrosen meutern. Die Sowjetregierung beantwortet die politische Unrast mit der Verschärfung des Kurses gegen Menschewiki und Sozialrevolutionäre, Oppositionsgruppen innerhalb der Bolschewistischen Partei werden ganz verboten.

Der schwerfällige Verwaltungsapparat und ein harter Winter haben katastrophale Auswirkungen auf die Versorgung der Menschen in Rußland. Im Januar 1921 wird die Brotzuteilung in den Städten um ein Drittel gekürzt. Der Brotpreis steigt von 1920 bis 1921 auf das Elfeinhalbfache an. Der Schwarzhandel blüht. In den südöstlichen Gouvernements des europäischen Rußland herrscht Hunger; Typhus, Cholera und Ruhr raffen die geschwächten Menschen dahin. Im Februar 1921 sind 21 Millionen Menschen unmittelbar betroffen, fünf Millionen gestorben. In den Zentren des Getreideanbaus an der Wolga fällt im Frühjahr und Sommer 1921 kein Regen. Anfang August appellieren der sowjetische Regierungschef Wladimir Lenin und der Schriftsteller Maxim Gorki gemeinsam an die westlichen Industrienationen um materielle und finanzielle Hilfe. In einer großangelegten internationalen Kampagne werden Geld, Kleidung und Nahrungsmittel für die Hungernden in Rußland gesammelt. Im November 1921 begleitet der Zürcher Arzt und Sozialist Fritz Brupbacher[4] einen Lebensmitteltransport der Internationalen Arbeiterhilfe in die Hungergebiete bei Kasan an der mittleren Wolga. Er findet entsetzliche Verhältnisse vor: »In jedem Bauernhaus in den Betten und am Boden ein halbes bis ein ganzes Dutzend Menschen, die kaum mehr atmeten, die geschwollene Bäuche und geschwollene Glieder hatten, die im Sterben lagen, von denen man keine Auskunft mehr erhielt. Das Vieh war in der Gegend schon lange aufgegessen. Man nährte sich von Gras, Stroh, von allem, was man hinunterschlucken konnte.«[5] In Genf verfaßt Claparèdes Ehefrau Hélène Spir, ebenfalls Russin, einen sechzehnseitigen Aufruf *Au nom de l'humanité ... Il faut secourir la Russie*.[6]

Pawel versieht Dienst als Koordinator der zentralen Leitung der Kurorte auf der Krim. Er macht die Erfahrung, daß es besser ist, in privater Praxis zu arbeiten – da bekommt man von den Patienten etwas mehr Brot, Speck, Milch.[7] Pawel bemüht sich um eine Dienstreise ins Ausland – bisher vergebens. Vor sieben Jahren hat er Frau und Kind das letzte Mal gesehen. Auf den neuen Fotografien sieht Renata nicht wie ein achtjähriges Mädchen aus, sondern wie eine Fünfzehnjährige: mit ihren ernsten Augen, den feinen Gesichtszügen, dem lockigen Haar, dem konzentrierten, bewußten Blick, den zusammengepreßten Lippen. Vielleicht gibt es mehr Schuldige als nur den Krieg? fragt Pawel. Vielleicht sind wir Menschen viel mehr schuldig und nicht ausschließlich Opfer verschiedener Umstände und des Schicksals? Am meisten schmerzt Pawel, daß Renata fern von Eltern und Familie in einem klinischen Internat aufwachsen muß.[8] Pawel erzählt Sabina von der offenen Weite des Meeres, die er so sehr liebt; die einen glauben macht, man könne jederzeit abreisen. Manchmal wird er von furchtbarer Sehnsucht gepackt und möchte am liebsten gleich losfahren. Andererseits fehlen ihm Durchstehvermögen, Geduld und der Mut, ein solches Risiko einzugehen. Er findet es furchtbar, daß Renata – Sabinas einziger Trost in dieser düsteren Zeit – nicht bei ihr sein kann; daß Sabina gezwungen ist, für Geld zu nähen, um zu essen zu haben – und das nach sieben Jahren in der Schweiz. »Deine Einstellung zu dem, was in Rußland geschieht, stammt von 1912«, schreibt Pawel. Er schlägt Sabina vor, nach Rußland zu kommen. Hier können sie zusammenwohnen; es gibt Arbeit, wenngleich die Möglichkeiten begrenzt sind: »Hauptsache, Ihr werdet satt.«[9]

Nach der Machtergreifung der Bolschewiki haben zahlreiche Intellektuelle und Fachleute das Land verlassen. Die Flucht ins Exil wird bis 1926 andauern, als jede Emigration verboten wird. Pawel Scheftel berichtet seiner Frau, daß viele Rostower jetzt im Ausland leben.[10]

Sabinas Bruder Isaak hat es umgekehrt gemacht. Nach dem Überfall der Roten Armee auf Georgien im Februar 1921 ist die georgische Regierung nach Baku gezogen. Isaak Spielrein ist als Leiter der Abteilung Information an das Volkskommissariat für Auswärtige Angelegenheiten nach Moskau berufen worden. Zu seinen Aufgaben gehört die Durchsicht der Auslandspresse für den Morgenbericht an den Volkskommissar für Auswärtige Angelegenheiten. Außerdem zieht man Isaak als Experten heran, wenn es darum geht, Nationalität und Wohnort einer Person aufgrund ihrer Aussagen und ihres Dialekts zu überprüfen.

Nach der Revolution war Emil, der jüngste Bruder, nach Rostow zurückgekehrt, wo er Milizdienst in der Gemeinde Nachhitschewan leistete. Das bedeutete lange Dienstzeiten, chronische Übermüdung, ein Leben an der Grenze zum Hunger.[11] Die Schule, seine Musik hatte Emil ganz vergessen. Nikolai Spielrein fand, daß er ein schreckliches Leben führte.[12] Später hat Emil agronomische Kurse an der Rostower Universität besucht. Jetzt schreibt er dem Vater, daß man für Schwarzbrot, das gestern 250000 Rubel gekostet hat, heute bereits 320000 Rubel zahlen muß.[13]

Sabina Spielreins Vorbehalte gegenüber einem Leben in Rußland sind ungebrochen. Wenn sie umziehen muß, dann doch lieber nach Berlin.

Als vormalige Hauptstadt Preußens und des Wilhelminischen Reiches hatte Berlin sich der neuen Republik als Hauptstadt angeboten. Die ersten vier Jahre der Weimarer Republik sind gezeichnet von Gewalt im Inneren, von Unversöhnlichkeit in außenpolitischen Belangen.

Es gibt Bürgerkrieg, Fememorde und Inflation in Deutschland. Rheinland und Ruhrgebiet sind besetzt. Doch bei allen Befürchtungen sieht es für einen kurzen historischen Moment so aus, als ob etwas wirklich Neues entstehen könne: die soziale und ökonomische Umgestaltung der Gesellschaft sowie eine neue, liberaldemokratische Gesellschaftsordnung. Die animierte, oft hektische Atmosphäre in Berlin, der kurze, heftige Ausbruch von Kreativität und Experimentierfreudigkeit, denen die zwanziger Jahre den Beinamen »die Goldenen« verdanken, wird oft beschrieben werden. Mit großer Neugierde und Offenheit nehmen die Berliner Experimente und Neuerungen auf: die neue Literatur, die neue Musik, von der Zwölftonmusik über »Negerrevuen« bis zur Jazzoper. In Berlin gibt es drei Opernhäuser, 49 Theater, 75 Kabaretts, 363 Kinos, 120 Zeitungen und an die zweihundert Verlage. In dieser Umgebung werden die neue Behandlungsmethode und insbesondere das neue Menschenbild der Psychoanalyse mit Interesse aufgenommen.

An der kulturellen Blüte Berlins haben die russischen Emigranten lebhaften Anteil. Von 1919 bis 1923 ist Deutschland, insbesondere Berlin, ein Zentrum der russischen Emigration. Es leben derart viele Russen in der Stadt, daß man sie als »zweite russische Haupt-

stadt« bezeichnet; die eingesessenen Berliner taufen den Kurfür-
stendamm »NEP-ski-Prospekt« – in Anlehnung an Lenins »Neue
Ökonomische Politik« (NEP).

Jascha war nicht lange in Rostow geblieben. Er lebt jetzt mit seiner
Familie in Berlin. Nikolai Spielrein hält sich häufig in Berlin auf,
wo er sich um seine Auslandsgeschäfte kümmert und hochdotierte
Aufträge für die sowjetische Regierung ausführt. Auch Emil ist
manchmal monatelang auf Dienstreise in Berlin. Jascha ist in einer
Redaktion tätig, wo er »wie ein Pferd« arbeitet.[14] Er macht Karriere und verdient genug, um mit der Familie problemlos davon zu
leben und die Ausbildung seiner älteren Tochter zu finanzieren. Jascha schreibt Sabina, daß Irene jetzt elf Jahre alt ist, ein großes
Mädchen, das Trigonometrie lernt, Goethe und Schiller deklamiert;
daneben spielt sie leidenschaftlich gern mit Puppen.[15] Irene lebt
als interne Schülerin an der Freien Schul- und Werkgemeinschaft
Letzlingen, einer schul- und lebensreformorientierten Privatschule,
die in dem ehemaligen kaiserlichen Jagdschloß untergebracht ist.[16]
Die Letzlinger Schulverfassung basiert auf dem Prinzip der Urge-
meinde: Alle wichtigen Entscheidungen werden in Vollversamm-
lungen von Lehrern, wirtschaftlichen Angestellten und Schülern gemeinsam getroffen; Strafen sind grundsätzlich verboten. Neben
wissenschaftlichen Fächern und Kunst sieht der Lehrplan Werkun-
terricht in eigenen Werkstätten vor, Gartenarbeit, Feldarbeit und
Tierzucht.[17] Wenn Sabina nach Berlin ziehen wolle, so Jascha Spielrein, dann könne er für sie und Renata eine gute Wohnung be-
sorgen.[18]

Auch das Zentrum der Psychoanalyse ist nach dem Ersten Weltkrieg nicht mehr Wien, sondern Berlin. Die neue Psychoanalytische
Poliklinik und Lehranstalt für Psychoanalyse machen Berlin in kurzer Zeit zum internationalen Anziehungspunkt für angehende Psychoanalytiker. »Die Behandlungsräume reichen nicht mehr aus,
und ebenso geht es mit den Kursen nicht mehr in den alten Räumen«, schreibt Abraham Anfang 1923 an Freud.[19]

»In Wien ist es ziemlich stille, da Berlin uns den Wind aus den
Segeln genommen hat«, antwortet dieser.[20]

1923 wird in Berlin der erste systematische Ausbildungsgang

für angehende Psychoanalytiker entwickelt. Das Curriculum basiert auf den drei Säulen Lehranalyse, Theorie und Supervision, die bis heute gelten. »Berlin schreit förmlich nach Psychoanalyse«, meldet Abraham nach Wien.[21]

Das Berliner Institut wird seinerseits in personeller und wissenschaftlicher Hinsicht wesentlich bereichert durch die Analytiker, die von überall her hier eintreffen. Um sich in Berlin ausbilden zu lassen, kommen allein aus London Ella Sharpe, die Brüder James und Edward Glover, Sylvia Payne, Barbara Low und Alix Strachey, welche zum Bloomsbury-Kreis gehört. Da sind die Ungarn, die nach der Niederschlagung der ungarischen Räterepublik und dem Sieg der Konterrevolution 1921 fliehen müssen, darunter Alice und Michael Balint sowie Melanie Klein. Da sind die jungen, engagierten Analytiker der zweiten Generation aus Wien – u.a. Otto Fenichel, Wilhelm und Annie Reich, Siegfried Bernfeld, die in Berlin bessere Verdienstmöglichkeiten finden und das liberale politische Klima zu schätzen wissen.

Nach Rosenthals Suizid ist auch Sara Neiditsch nach Berlin gegangen, um an der psychoanalytischen Poliklinik unter Eitingon zu arbeiten. Neiditsch pflegt weiterhin ihre Kontakte nach Rußland und bietet an, regelmäßig über die russische psychoanalytische Literatur zu berichten. Sodann kündigt sie an, daß ein Einkäufer der Russischen Regierung kommen wird und einen größeren Posten psychoanalytischer Literatur für die Universitäten ankaufen soll.

Fanny Lowtzky, Sabinas Genfer Bekannte, trifft 1922 ebenfalls in Berlin ein. Sie macht bei Eitingon eine Analyse und wird Mitglied der Deutschen Psychoanalytischen Gesellschaft. In russischen Vereinen und vor der russischen Sektion der Internationalen Föderation der Frauen mit akademischer Bildung Berlin hält sie Vorträge über Psychoanalyse.

Sabina hat den Umzug nach Berlin bereits geplant, doch daraus wird nichts. Sabina bleibt in Genf.

Dann geschieht das für die ganze Familie Unfaßbare: Eva Spielrein stirbt.

Die letzten Tage ihres Lebens verbringt Eva Spielrein im Haus von Pawels Schwester, wo sie von Pawel und Emil gepflegt wird. Sie stirbt am frühen Morgen des 25. März 1922 und wird auf dem

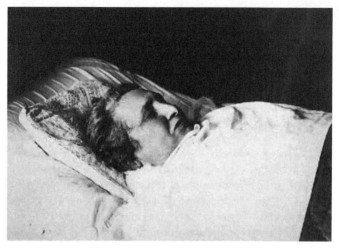

Eva Spielrein auf dem Totenbett (1922)

jüdischen Friedhof von Rostow begraben.[22] Isaak darf nicht zum
Begräbnis fahren, weil Alexej Gastew, Direktor des Zentralinstituts
für Arbeit, wo Isaak jetzt arbeitet, dies für einen »bourgoisen Brauch«
hält.

Es ist Pawel, der Eva Spielrein ein liebevolles, charakteristisches
Denkmal setzt: »Das Schicksal wollte den Wunsch unserer lieben
Mutter nicht erfüllen«, schreibt er in einem berührenden Brief an
Nikolai Spielrein nach Berlin. »Nach all der Sorge und Unruhe für
die Kinder und dem Willen, die ganze Familie für eine kurze Zeit
noch mal um sich zu sammeln. Das Schicksal wollte es anders.«
Wozu brauchen wir den Tod? hadert Pawel. Wenn der Tod zwei,
drei Monate später eingetreten wäre, dann hätte die Mutter Sabina
und Renata treffen können. »Ich weiß nicht, wen ich mehr ›Mutter‹
nennen könnte als sie – mit ihrem Humanismus und ihrer Empfindsamkeit. Sie wollte einfach ihren Kindern Glück schenken – wie
eine Erdenmutter«, sagt Pawel. Und das habe sie auch für ihn getan – über seine Eigenarten, seine Launen stets gütig hinwegse-
hend.[23]

Mit Eva Spielreins Tod bricht das Familiengefüge auseinander.
Die Kinder trauen sich zuerst gar nicht, den Vater zu benachrichti-

gen. Der reagiert dann allerdings sehr gefaßt, denn in seiner Weltvorstellung gehören Leben und Tod zusammen. Er findet Trost im Gedanken an die Kinder und Enkel – sie werden sein Werk weiterführen.

Emil Spielrein – bisher das Nesthäkchen – gewinnt an Konturen. Er möchte die Lücke ausfüllen, die der Tod der Mutter hinterlassen hat. Er kümmert sich um das, was an Besitz in Rostow übriggeblieben ist; er versucht, die Kommunikation zwischen den verstreuten Familienmitgliedern aufrechtzuerhalten. »Du hast keine Pläne, Dir einen anderen Mann anzuschaffen, also mußt Du nach Rußland zurückkommen«, schreibt er Anfang 1923 an seine Schwester : »Es ist nicht länger Zar-Rußland und die Kommunisten sind der Psychoanalyse gegenüber positiv eingestellt.«²⁴ In Rußland könne Sabina ihre Ideen im Schulmilieu verwirklichen, sie könne an der Organisation von Hochschulen für Psychoanalyse und am Aufbau von psychoanalytischen Laboratorien mitarbeiten.

Emil bringt hier ein interessantes Thema zur Sprache – Spielreins Verhältnis zum Mann. Als Pawel fortging, war Sabina keine dreißig, eine junge Frau. Schwer vorzustellen, daß ihr all die Jahre niemand gefallen hat. 1923 publiziert Spielrein im *International Journal of Psycho-Analysis* den Aufsatz »Rêve et vision des étoiles filantes«. Es handelt sich um die Analyse eines Traumes – möglicherweise mit autobiographischem Inhalt. Fräulein N. (= Sabina?) hat sich in einen jungen Mann verliebt. Man hat ihr in R. eine gute Stelle angeboten, und sie wird bald abreisen. Sie träumt, daß sie am geschlossenen Zimmerfenster steht, hinausschaut und plötzlich ganz viele Sternschnuppen sieht: »Ich fand das wunderbar, es wollte gar nicht aufhören, es ging immer weiter.« Plötzlich merkt sie, daß es gar keine Sternschnuppen sind, sondern Regenwasser, das außen am Fenster hinunterläuft. Beim Aufwachen ist die Träumerin enttäuscht darüber, daß es »nichts als Wasser« war. Doch dann tröstet sie sich mit dem Gedanken, daß es trotzdem »sehr schön« war. Die Träumerin, so deutet Spielrein, sucht das Paradies auf Erden, eine ideale Liebe, »etwas Ungeheuerliches und Reines«. Gleichzeitig zweifelt sie daran, ob so etwas überhaupt existiert. Frl. N. hat in der letzten Zeit die Wirrnisse der Liebe kennengelernt. Doch sie wird abreisen und ihre Liebe bezwingen. Der Traum zeige Wunsch und Zweifel, sagt Spielrein. Frl. N. tröstet sich damit, daß die große Liebe wie ein Feuerwerk ist, das schnell vorübergeht; wenn man hinschaut, ist es »nichts als Wasser«. Gleichzeitig ist es »sehr schön« gewesen.[25] Sabina Spielrein hat zu einer versöhnlichen Einstellung gefunden.

Daß ein innerer Konflikt an Spielreins Entscheidungsschwierigkeiten bezüglich ihrer Zukunft beteiligt ist, darauf verweist ein weiterer Traum: Eine »Dame« (= Sabina?) sieht sich im Traum an einem Haken hängen und traut sich nicht, auf den Boden zu springen. Verzweifelt sieht sie sich nach Hilfe um. Sie sagt sich: »Ich brauche es nicht einmal, daß man mir wirklich hilft; wenn ich bloß die Sicherheit hätte, daß mir im Notfalle jemand helfen könnte, dann würde ich den Sprung wagen.«[26] Spielrein sagt, die Dame habe Angst vorm Leben, fühle sich allein, hilfebedürftig. Das Thema »einen Sprung wagen« hatte schon die adoleszente Sabina beschäftigt, als sie Bleuler dazu brachte, über die Bank im Korridor des Burghölzli zu springen, selber aber »nicht den kleinsten Sprung wagen« wollte. Die Dame im aktuellen Traum hängt am Haken, d. h. sie kann sich nicht rühren. In ihr sind widerstreitende Kräfte am Werk, so daß sie in keine Richtung gehen, sich nicht entscheiden kann: Sie ist blockiert.

In Spielreins Leben aber stehen Entscheidungen an.

Nikolai Spielrein lebt inzwischen wieder in Moskau, ist aber meist unterwegs, auf Dienstreisen. »Planst Du nach Rußland zu kommen?« will er von Sabina wissen. »Hier gibt es viel Arbeit innerhalb der Psychotherapie für Dich und Du könntest hier arbeiten. [...] Aber«, gibt er zu bedenken, »Du müßtest auf vieles verzichten, was Lebensmittel und Wohnverhältnisse anbelangt.« Sabina könne ein Zimmer mieten, aber keine ganze Wohnung.[27]

Pawel ist des Herumziehens müde und schickt seiner Frau einen langen Brief. Dieses Jahr ist etwas Besonderes, schreibt er ihr, es ist das Jahr 1923 – das bedeutungsvolle neunte Jahr seit der Trennung. Pawel verlangt eine Entscheidung: Wollen wir wieder zusammenkommen, unsere Familie zusammenschweißen, mich, dich und Renata? Oder wollen wir ganz entschlossen »nein« sagen? Pawel erinnert Sabina an Iwan Aiwasowskis Gemälde »Das unruhige Meer« – wo der Sturm die Wellen hochpeitscht und eine Flotte zu vernichten droht. Auf diesem Gemälde, so Pawel, hält ein Mann das Ruder, und neben ihm steht eine Frau, die ihm zu helfen versucht; aber man sieht, wie ihre Kräfte zusehends schwinden. »Und jetzt kommt die geheimnisvolle 9. Welle. Was geschieht jetzt?« Wird die Welle die Menschen über das unruhige Wasser hinaus in die Freiheit führen, ihnen das Leben schenken? Oder wird sie alles ohne Gnade verschlingen?[28]

Natürlich könne man das Gemälde verschieden deuten, meint Pawel; man könne in der Frau und dem Mann Sabina und ihn sehen. Es gebe viele Gemeinsamkeiten, aber es sei nicht dasselbe Thema: »Ich bin nicht der Mann, der mit starker Hand das Ruder hält. Und Du bist nicht die schwache Frau auf dem Gemälde.« Pawel sieht keine Möglichkeit, seinerseits an eine Ausreisegenehmigung aus der Sowjetunion zu kommen. Er gibt auch zu, daß er sich nur sehr schlecht vorstellen kann, im Ausland und auf Kosten anderer zu leben. Isaak und Jascha haben versprochen, Sabina in Moskau Arbeit zu beschaffen, eine Wohnung sowie Zugang zu einer Bibliothek, damit sie weiter wissenschaftlich arbeiten kann. Pawel möchte wieder eine eigene Familie haben, für die er arbeiten kann. Er stellt Sabina vor die Alternative, wieder zusammenzukommen – oder sich definitiv zu trennen.[29]

Sabina Spielrein hat Freud darüber orientiert, daß sie nach Rußland gehen wird. »Ich [...] glaube wohl, daß Sie Recht haben«, antwortet dieser, »Ihre Absicht, nach Rußland zu gehen, scheint mir viel besser als mein Rat, es mit Berlin zu versuchen. In Moskau könnten Sie neben Wulff bei Ermakow Ausgezeichnetes leisten. Und endlich sind Sie auf vaterländischem Boden. Es sind schwere Zeiten für uns alle. Ich hoffe, bald von Ihnen zu hören.«[30]

Vorerst sind umfangreiche Vorbereitungen für Sabinas Umzug zu treffen. Isaak läßt seine Verbindungen spielen. Dem Narkompros – dem Volkskommissariat für Aufklärung – sind die Universitäten, die wissenschaftlichen Institute und damit auch die psychoanalytischen Einrichtungen untergeordnet. In jedem Fall ist das Narkompros sehr an der Anwendung der Psychoanalyse auf die Erziehung interessiert, informiert Isaak die Schwester.[31] Er verschafft ihr eine offizielle Einladung von Professor Grigori Rossolimo, dem Leiter des Laboratoriums für experimentelle Psychologie und Kinderpsychoneurologie am Neurologischen Institut der Ersten Moskauer Universität. Damit kann sie in Genf ein Rückreisevisum in die Schweiz bei »Monsieur le Directeur du Bureau du Permis du Séjour« beantragen: »Ich wurde von Herrn Prof. Rossolimo zu wissenschaftlichen Zwecken ein paar Monate nach Rußland eingeladen. Ich möchte gerne fahren, zumal sich meine ganze Familie in Rußland befindet, die ich seit acht Jahren nicht mehr gesehen habe, doch ich möchte nicht dort bleiben. Ich wohne seit 1904 in der Schweiz und habe in Zürich studiert. 1911 bin ich weggezogen, um meine Studien im Ausland zu vervollständigen und bin 1914 zurückgekehrt und seither immer in der Schweiz verblieben. Ich habe mein neunjähriges Töchterchen bei mir, die in Genf zur Schule geht.[32] Ich arbeite bei Herrn Prof. Claparède und im Institut J. J. Rousseau. Der beigelegte Brief von Herrn Prof. Claparède bezeugt die Nützlichkeit meiner Arbeit sowie Prof. Claparèdes Wunsch, mich an seiner Forschungsanstalt zu behalten. Der Zweck meiner Reise nach Rußland ist ausschließlich wissenschaftlicher Art und persönlich: ich habe mich nie mit Politik beschäftigt und verstehe nichts davon. Ich muß meine Bescheinigung gegen einen bolschewistischen Paß eintauschen, ohne den ich nicht nach Rußland reisen könnte. Das ändert nichts an der Tatsache, daß ich nie etwas mit Politik zu tun hatte. Da ich mein ganzes Leben im Ausland und davon meist in der Schweiz verbrachte, kenne ich Rußland nicht und möchte keinesfalls dort bleiben. In Anbetracht dieser Umstände wäre ich Ihnen unendlich verpflichtet, Herr Direktor, wenn Sie mir ein Visa ausstellen würden, das mir nach meinem Aufenthalt in Moskau die Rückreise in die Schweiz ermöglicht.«[33] Mit Unterstützung eines Zeugnisses von Claparède über ihre hervorragenden wissenschaftlichen Leistungen[34] wird das Rückreisevisum erteilt.

Jascha hat die beste Reiseroute für Sabina und Renata eruiert – über Berlin und Riga und dann ohne Umsteigen direkt nach Moskau.[35] Doch bevor Sabina abreist, packt sie Tagebücher, Dokumente, persönliche Papiere, die Briefe von Eltern und Brüdern, die Briefe von Freundinnen und Fachkollegen, ihre Korrespondenz mit Sigmund Freud und C. G. Jung in einen mittelgroßen braunen Koffer.[36] Das gewichtige Gepäckstück deponiert sie bei Professor Claparède am Genfer Psychologischen Institut.[37]

# V

## Laboratorium Sowjetunion 1923–1942

### 21
### »Maschinisazija« –
### Der Traum vom neuen Menschen

>»Der Mensch wird endlich daran gehen, sich selbst zu
>harmonisieren. Er wird es sich zur Aufgabe machen,
>der Bewegung seiner eigenen Organe – bei der Arbeit,
>beim Gehen oder im Spiel – höchste Klarheit, Zweck-
>mäßigkeit, Wirtschaftlichkeit und damit Schönheit zu
>verleihen [...] Der Mensch wird sich zum Ziel setzen,
>[...] sich auf eine höhere Stufe zu erheben – einen hö-
>heren gesellschaftlich-biologischen Typus, und wenn
>man will – den Übermenschen zu schaffen.«
>
>*Leo Trotzki, Kunst der Revolution und*
>*die sozialistische Kunst (1924)*

Sabina Spielrein lebt jetzt in Moskau. Im September 1923 beginnt
sie, in der Russischen Psychoanalytischen Vereinigung (RPV) und
am Staatlichen Psychoanalytischen Institut zu arbeiten.

In den ersten Jahren nach der Russischen Revolution kann von
einer ungeheuren euphorischen Aufbruchstimmung gesprochen
werden. Diese kommt in Kunst und Wissenschaft, in angeregten
Debatten und zahllosen Experimenten, kurz, in der gesamten Kultur zum Ausdruck und lockt zahlreiche westliche Wissenschaftler
und Intellektuelle ins Land. Man möchte die neue sozialistische Gesellschaft aufbauen. Man will verwirklichen, wovon die Philosophen und Dichter des Westens nur geträumt haben: nämlich den
»neuen Menschen« zu erschaffen. Das soll auf dem Wege einer tief-
greifenden Umgestaltung der menschlichen Natur geschehen.

Unter bolschewistischer Herrschaft wird Rußland einer brutalen Modernisierung unterworfen und zum Experimentierfeld der

Ideen der Moderne – zum Labor ihrer naturwissenschaftlichen, biologischen, sozialen und technischen Visionen und Alpträume. Als Vorbild des neuen sozialistischen Menschen gilt die perfekt funktionierende Maschine. »Maschinisazija« heißt das Zauberwort der Stunde. »In Maschinen und Instrumenten hat man alles berechnet und justiert. Wir werden das gleiche machen mit der lebenden Maschine«, schwärmt Alexej Gastew, »Barde des Maschinenzeitalters«, Dichter von Zeilen wie »In meinen Adern rinnt eisernes Blut« – und ab sofort Arbeitswissenschaftler.[1] Die Erziehbarkeit alles Lebenden scheint grenzenlos: Nicht nur die Menschen, auch die Tiere – ja sogar die Erbeigenschaften der Pflanzen sollen auf dem Wege der Veränderung ihrer Umweltbedingungen »umerzogen« werden. Man will Wintergetreide zu Sommergetreide »erziehen«, man will Bananen dazu bringen, in Mittelrußland zu gedeihen, Apfelbäume sollen zukünftig in Sibirien wachsen.[2]

Die wirtschaftliche Lage bleibt derweil verzweifelt. Rasche Erfolge sind daher vonnöten, und die Bolschewiki greifen zu allem, was ihren Zielen zu dienen verspricht. Eine große Anzahl von Personen wird daran gesetzt, mit Biologie und »Eugenik«, mit Pädagogik, mit Psychotechnik, Psychologie, Physiologie, Chirurgie, Ernährungswissenschaften, Hygiene und in einem begrenzten Rahmen mit der Freudschen Psychoanalyse zu experimentieren. Aus diesem Impetus heraus werden in der ersten Dekade nach der Revolution zahlreiche neue Institutionen gegründet. Doch das geht alles viel zu langsam.

Die Stimmung draußen im Lande ist schlecht. Zwischen 1918 und 1922 sind in Rußland an die zwölf Millionen Menschen getötet worden oder verhungert. Und die Menschen hungern weiter. Aus Furcht vor einer Konterrevolution beschließt der X. Parteikongreß der Kommunistischen Partei (1921) die Neue Ökonomische Politik (NEP), eine teilweise Rückkehr zu kapitalistischen Wirtschaftsformen. Politisch stellt man sich jetzt auf eine längere Übergangszeit zur neuen Gesellschaftsordnung ein. Lenin betont einmal mehr die Notwendigkeit, die Erfahrungen der kapitalistischen Wissenschaften für den Aufbau der sozialistischen Gesellschaft zu nutzen. 1921 organisiert Leo Trotzki die I. Allrussische Konferenz zur wissenschaftlichen Organisation von Arbeit (SOL). Unter dem Begriff Psychotechnik wird in Rußland eine Bewegung zur Erfor-

Die drei Brüder
Jascha, Isaak und Emil Spielrein (um 1930)

schung und wissenschaftlichen Organisation von Arbeit ins Leben gerufen, Hunderte psychotechnischer Institute und eigene Beratungszentren werden im ganzen Lande gegründet.

Sabinas Vater Nikolai und ihre drei Brüder sind hochqualifizierte Fachleute und machen Karriere.

Nikolai Spielrein ist ein Mann mit Visionen. Die Aussicht, am Aufbau der neuen russischen Gesellschaft mitzuarbeiten, beflügelt ihn, erfüllt ihn mit Freude und Stolz. Viele Menschen in Rußland müssen hungern – er ist Agronom und Spezialist für Insektenkunde; viele Menschen in Rußland müssen ohne Schulbildung auskommen und können nicht einmal lesen – Nikolai hat sich lange mit pädagogischen Fragen und mit Schulreform befaßt. Er wird etwas beitragen können, dessen ist er gewiß. Er hat sich bereits mit der Abteilung Pflanzenschutz am Volkskommissariat für Landwirtschaft in Verbindung gesetzt und seinen Plan vorgelegt, eine Hochschule für Pflanzenkunde zu gründen. Jetzt, nachdem der schreckliche Sturm vorüber ist, so schreibt er seiner Tochter, müsse die Wiedergeburt des ganzen Landes ganz allein auf der Landwirtschaft beruhen.[3]

Isaak Spielrein, der mittlere Bruder, begibt sich ins Zentrum der Macht. »Über Isaak steht jeden Tag etwas in der Zeitung«, weiß Emil der Schwester zu berichten.[4]

1922 wird Isaak Spielrein Leiter des psychotechnischen Laboratoriums am neu gegründeten Zentralinstitut für Arbeit unter Gastew. Von hier aus werden die Lehren von Biomechanik und Taylorismus in die Fabriken eingeführt. Es ist vorgesehen, die Bewegungen der Arbeiter dem Rhythmus der Maschinen optimal anzupassen, um so eine bisher unbekannte Effizienz und eine neue Art von Schönheit zu erzielen. Gastew und Isaak Spielrein kommen jedoch nicht miteinander aus. Spielrein findet Gastews Ansatz zu mechanistisch. Er wechselt an die Forschungsabteilung der Luftfahrtschule Moskau, um den Einfluß von Alkohol auf die Leistungen von Piloten zu erforschen. Daneben lehrt er Jiddisch an der Zweiten Moskauer Universität. Es dauert nicht lange, und Isaak erhält den Auftrag, eine psychotechnische Abteilung an der Ersten Moskauer Universität einzurichten. 1923 wird der Bund Wremja (Die

Zeit) gegründet, der für die wissenschaftliche Organisation von Arbeit Propaganda machen soll. Im Präsidium sitzen Isaak Spielrein, Alexej Gastew und Wsewolod Meyerhold, Ehrenvorsitzende sind Lenin und Trotzki.[5] 1924 wird Isaak Professor an der Ersten Moskauer Universität. Er pflegt weiterhin seine Kontakte zum Ausland und wird an den Psychotechnikkongressen in Paris (1927), Utrecht (1928) und Barcelona (1930) teilnehmen; 1930 wird man ihn zum Präsidenten der Internationalen Vereinigung für psychotechnische Konferenzen (IAAP) wählen.

Jascha Spielreins Kenntnisse als Ingenieur, Mathematiker und Fachmann für Elektrotechnik werden in der jungen Sowjetunion besonders dringend benötigt. Angesichts des wirtschaftlichen Tiefstandes – die Großindustrie produziert 1920 zirka 15 Prozent von dem, was 1913 produziert worden ist – legt die Staatliche Kommission zur Elektrifizierung Rußlands (GOELRO) einen Gesamtwirtschaftsplan vor. Danach sollen mit Hilfe modernster Technologie – der Elektrotechnik – innerhalb zehn bis fünfzehn Jahren die materiellen Voraussetzungen für den Sozialismus geschaffen werden. »Kommunismus – das ist Sowjetmacht plus Elektrifizierung des ganzen Landes«, lautet die Devise.[6] Jascha Spielrein hält Vorlesungen über Vektorrechnung; er wird Professor an der elektrotechnischen Abteilung am Moskauer Institut für Energie; bald ist er Dekan. 1934 wird er zum Korrespondierenden Mitglied der Akademie der Wissenschaften der UdSSR ernannt.

Emil Spielrein hat seine agronomischen Studien beendet und sich auf experimentelle Biologie spezialisiert. Er bleibt in Rostow, wo er Professor für Biologie und Zoologie an der Universität wird. Auch er wird Dekan werden.

In Rußland wird die Psychoanalyse von Anfang an mit dem Namen ihres Begründers bezeichnet – als »Freudismus«, die Anhänger dieser Lehre heißen »Freudisten«. Trotzki hat die Psychoanalyse während seines Wiener Exils kennengelernt, und dank seiner Protektion erlebt der Freudismus zu Beginn der zwanziger Jahre eine kurze, spektakuläre Blüte. In Moskau und Kazan entstehen psychoanalytische Vereinigungen, an staatlichen Institutionen werden psychoanalytische Kurse eingerichtet. An einigen psychiatrischen

Kliniken und Ambulatorien behandelt man Patienten mit psychoanalytischen Methoden.

Bei der Gründung psychoanalytischer Institutionen spielt Alexander Bernstein, Direktor des Moskauer Psychoneurologischen Instituts, eine herausragende Rolle. Bernstein interessiert sich sehr für Psychoanalyse und hat bereits 1913 einen Beitrag über Theorie und Praxis der Psychoanalyse in der Zeitschrift *Woprosy nautschnoi mediziny* (Fragen der wissenschaftlichen Medizin) veröffentlicht. Im März 1921 gründen Bernstein, Iwan Jermakow, Otto Schmidt, Moshe Wulff[7] und weitere Kollegen die erste psychoanalytische Gruppe in der Sowjetunion, genannt Psychoanalytische Vereinigung zur Erforschung des künstlerischen Schaffens. Diese Namensgebung verweist auf eine Besonderheit – Freudismus ist nicht in erster Linie Angelegenheit von Ärzten und Psychologen, sondern Gegenstand eines allgemeinen Diskurses, an dem Intellektuelle, Dichter, Religionsphilosophen, Pädagogen, Literaturtheoretiker und Berufsrevolutionäre teilhaben.

Bernstein ist außerdem am Narkompros tätig – zu dieser Zeit ein heterogen zusammengesetztes Zwitterwesen zwischen aufgeblähtem bürokratischen Verwaltungsapparat einerseits, experimentierfreudiger Utopienwerkstatt andererseits. Als er im Mai 1921 das Gesuch um Einrichtung eines psychoanalytischen Kinderheims für gesunde Kinder im Vorschulalter stellt, wird dem umgehend entsprochen. Bereits im August nimmt das Kinderheim-Laboratorium seine Tätigkeit auf. Ziel dieser speziellen Einrichtung ist die »Erziehung einer sozial wertvollen Persönlichkeit im Kollektiv«.[8]

Das Heim basiert auf Grundsätzen der psychoanalytischen Entwicklungstheorie und Elementen psychoanalytischer Sozialpädagogik, wie sie von August Aichhorn und Siegfried Bernfeld formuliert und in Versuchen mit Heimkindern ausprobiert werden.

Professor Jermakow, Leiter der psychologischen Abteilung am Moskauer Psychoneurologischen Institut, ist an der Gründung des psychoanalytischen Kinderheim-Laboratoriums beteiligt und fungiert offiziell als dessen Leiter. Faktisch liegt die gesamte organisatorische und praktische Verantwortung bei der Pädagogin Vera Schmidt.[9]

Dem Kinderheim–Laboratorium wird der zweite Stock der Rjabuschinski-Villa zur Verfügung gestellt, ein imposanter Jugendstilbau an der Uliza Malaja.[10] Dreißig Kinder[11] aus unterschiedlichen sozialen Schichten werden aufgenommen und auf drei Altersgruppen verteilt. In der ersten Gruppe sind sechs Kinder im Alter von 1 bis 1 1/2 Jahre; in der zweiten Gruppe sind neun Kinder im Alter von 2 bis 3 Jahren; die dritte Gruppe besteht aus fünfzehn Kindern zwischen 4 und 5 Jahren. Da es in Moskau kein psychoanalytisch geschultes Personal gibt, muß man sich vorerst damit begnügen, Pädagogen herbeizuziehen, die daran mitarbeiten wollen, auf der Basis psychoanalytischer Erkenntnisse neue Wege in der Erziehung zu suchen. Diese Mitarbeiter sollen eine berufsbegleitende psychoanalytische Ausbildung erhalten.[12]

Die Erzieherinnen werden auf eine Reihe von Grundsätzen verpflichtet, nach denen die Arbeit im Kinderheim zu erfolgen hat. Es gibt keine Strafen, mit den Kindern soll nicht einmal in strengem Ton gesprochen werden. Jede subjektive Beurteilung der Kinder soll unterbleiben, da das Kind sie nicht versteht und sie doch nur dazu dient, Ehrgeiz und Selbstgefühl des Erwachsenen zu befriedigen. Nicht das Kind selbst, sondern die Ergebnisse des kindlichen Han-

Die Rjabuschinski-Villa

delns sollen beurteilt werden – zum Beispiel bezeichnet man ein vom Kind gebautes Haus als »schön« oder »nicht schön«. Wenn die Kinder raufen, wird der Beleidiger nicht getadelt, sondern man schildert ihm den Schmerz, den er dem anderen zugefügt hat. Die Erzieherinnen müssen sich in Gegenwart der Kinder größte Zurückhaltung auferlegen. Mit Zärtlichkeiten und Liebkosungen solle man zurückhaltend sein; streng verboten sind stürmische Liebesäußerungen seitens der Erwachsenen – heiße Küsse, innige Umarmungen.[13]

Im Parterre der Rjabuschinski-Villa befindet sich das Büro von Otto Schmidt. Schmidt – Mathematikprofessor, Polarforscher, Mitarbeiter mehrerer Volkskommissariate – gibt die *Bolschaja Sowezkaja Enziklopedija* heraus, die erste Edition der Großen Sowjetischen Enzyklopädie. In seiner Eigenschaft als Leiter des Staatsverlages ermöglicht er die Herausgabe der *Psychologischen und Psychoanalytischen Bibliothek* – wo russische Übersetzungen von Freuds Schriften und Werke anderer psychoanalytischer Autoren erscheinen, darunter auch Arbeiten seiner Frau, Vera Schmidt.[14] Mit den Einkünften des Staatsverlages aus diesen Veröffentlichungen wird ein Teil des Unterhalts des psychoanalytischen Kinderheims bezahlt.

Im Sommer 1922 wird die Psychoanalytische Vereinigung zur Erforschung des künstlerischen Schaffens umgetauft in Russische Psychoanalytische Vereinigung (RPV). Gemäß Gründungsdokumenten der RPV ist die Psychoanalyse »ihrem Wesen nach eine Methode zur Erforschung und Erziehung des Menschen in seinem sozialen Umfeld, die zur Auseinandersetzung mit primitiven, asozialen Antrieben diesbezüglich unterentwickelter Persönlichkeiten beiträgt und sowohl als reine Wissenschaft als auch für angewandte Bereiche von immensem Interesse ist«.[15] Als die Gründung der RPV auf dem Berliner Psychoanalytischen Kongreß bekanntgegeben wurde, war das auf gemischte Reaktionen gestoßen. Während Freud und Spielrein das russische Gesuch um Aufnahme in die IPV unterstützten, hatte Jones sich mit dem Argument widersetzt, die RPV erfülle die formalen Kriterien noch nicht.[16]

Als Sabina Spielrein in Moskau eintrifft, ist man seitens der RPV gerade dabei, die wissenschaftlichen Aktivitäten in mehrerer Hinsicht zu erweitern. Spielrein ist zu diesem Zeitpunkt die am besten ausgebildete Psychoanalytikerin in Rußland, und sie arbeitet in allen wichtigen Ausschüssen mit.

Sie gehört dem fünfköpfigen Präsidium an, das mit der geschäftlichen Leitung von Verein und Institut betraut ist.

Zusammen mit Jermakow und Wulff leitet Spielrein die neugegründete psychoanalytische Poliklinik und zusätzlich ein spezielles Kinderambulatorium.

Sie ist mitverantwortlich für das wissenschaftliche Kursprogramm am Staatlichen Psychoanalytischen Institut, wo ihr »Seminar für Kinderanalyse« im Bereich »Grundprobleme der Psychoanalyse für Anfänger« – mit 30 Teilnehmern – am besten besucht wird. Im Bereich »Wissenschaftliche psychoanalytische Kurse für Ärzte, Pädagogen, Psychologen und Studierende« liest sie einstündig über »Psychologie des unterschwelligen Denkens«.[17]

Sie nimmt an den wissenschaftlichen Sitzungen des Vereins und seiner verschiedenen Sektionen teil, wo über medizinische, pädagogische, soziologische und kunstanalytische Themen diskutiert wird. An Spielreins erster Sitzung berichten Otto und Vera Schmidt von ihrer kürzlich erfolgten Auslandsreise zu IPV-Präsident Karl Abraham nach Berlin, zu Freud nach Wien. Schmidts berichten, daß das Moskauer Kinderheim und die Tätigkeit des Moskauer Psychoanalytischen Instituts bei den Kollegen im Westen auf reges Interesse gestoßen sind. Professor Freud, Doktor Otto Rank und Doktor Karl Abraham haben interessante Stellungnahmen abgegeben. Besonders intensiv hat man die Frage nach dem Verhältnis von Kollektiverziehung und Psychoanalyse diskutiert – wie es dem Ödipuskomplex im Rahmen der Kollektiverziehung ergeht.[18] Bei ihrem Besuch hatten Schmidts außerdem die provisorische Aufnahme der russischen Vereinigung in die IPV erwirkt. Damit ist das Moskauer Psychoanalytische Institut – nach Berlin und Wien – das dritte von Freud anerkannte Ausbildungsinstitut für Psychoanalyse.

Am 15. November 1923 referiert Spielrein an der RPV über »Das aphasische Denken und das Denken des Kindes«. Es handelt sich um Gedankengänge, die sie im Januar vor der SGPsa in Zürich und im März in der Genfer Groupe psychanalytique bereits vorgestellt hat.[19] Spielrein beschreibt eine Reihe von Ähnlichkeiten zwischen aphasischem Denktypus, kindlichem Denken und dem Denken im Traum.

Beispielsweise lassen sich bei der Aphasie – ebenso wie in den freien Phantasien der Kinder – Phänomene wie Verdichtung und die Existenz latenter Vorstellungen nachweisen. Aphasisches Denken und kindliches Denken sind beides primitive Denkformen, wo – nach Freud – das Lustprinzip über das Realitätsprinzip herrscht. Wie das kindliche Denken, so steht auch das aphasische Denken in engem Zusammenhang mit der Sprachentwicklung, sagt Spielrein.

Im Gegensatz etwa zu Piaget ist Spielrein der Meinung, daß es gerade die »unterbewußten, kinästhetisch-visuellen Bilder« sind, die unserem bewußten Denken Kraft geben, daß unser Denken ohne sie entwurzelt, »entrindet«, »enthirnt« wäre. Nur durch das Zusammengehen von bewußtem und unbewußtem Denken kann auf dieser Welt ein schöpferischer Akt in Gang gesetzt werden. Ihre eigene Tätigkeit ordnet Spielrein als »wissenschaftlich und künstlerisch zugleich« ein.[20] An weiteren Sitzungen der RPV berichtet Spielrein aus ihrer kinderanalytischen Praxis, und sie beteiligt sich an der Diskussion über Jermakows Ausführungen zur Hypnologie.

Die weltweite Besonderheit der russischen Psychoanalyse ist ihre Liaison mit der Macht. Die Unterstützung durch die offizielle bolschewistische Kulturpolitik ist ein singuläres Phänomen und wird teilweise entgegen heftiger Kritik von psychiatrischer Seite umgesetzt. Von Anfang an stehen RPV und Staatliches Psychoanalytisches Institut im Spannungsfeld politischer und ideologischer Kontroversen. Das Regime will die Psychoanalyse für politische Zwecke instrumentalisieren, mit Hilfe psychoanalytischer Methoden soll die Schaffung des »neuen Menschen« vorangetrieben werden. Entsprechend stark wird das pädagogische Element in der russischen Psychoanalyse gewichtet.

Neben ideologischen haben die Kommunisten weitere handfeste Motive für die Beschäftigung mit Erziehungsfragen. In den Wirren von Krieg, Bürgerkrieg und Revolution haben schätzungsweise sieben bis neun Millionen Kinder und Jugendliche ihre Eltern und Angehörigen verloren. Horden von Waisenkindern, von verwahrlosten Jugendlichen machen die Städte unsicher oder irren auf den Landstraßen umher, wo sie unter elenden Bedingungen, mit Gelegenheitsarbeiten, Diebstahl und Raub ums Überleben kämpfen – von Hunger und Kälte bedroht, an denen viele von ihnen sterben. Diese jungen Menschen stellen die Behörden vor immense Probleme, die mit neuen pädagogischen Mitteln gelöst werden sollen. Für diese Aufgabe sind die psychoanalytischen Forschungen insofern interessant, als hier Voraussetzungen und Bedingungen der Entwicklung des Kindes zu einem sozialen Wesen untersucht werden. Ein weiterer praxisrelevanter Auftrag an das psychoanalytische Kinderheim ist es, Methoden zur Prophylaxe krankhafter psychischer Erscheinungen auszuarbeiten.

Durch ihre Nähe zur Macht sind die psychoanalytischen Einrichtungen gegenüber Veränderungen in den politischen Machtverhältnissen sehr anfällig. Das zeigt sich an den Debatten um das psychoanalytische Kinderheim-Laboratorium, die zeit seines Bestehens nicht verstummen werden.

Von Anfang an machen Gerüchte über sexuelle Mißbräuche die Runde, die dort vor sich gehen sollen. Das Kinderheim wird mehrfach von Untersuchungskommissionen überprüft; schließlich stellt das Narkompros seine Zahlungen ein. Im April 1922 steht man kurz vor der Schließung, als ein Vertreter der deutschen Bergarbeitervereinigung »Union« eintrifft. Im Namen des deutschen und des russischen Bergarbeiterverbundes bietet er an, das Kinderheim künftig mit Lebensmitteln und Heizmaterial zu versorgen. So geschieht es denn auch. Das Kinderheim-Laboratorium ändert seinen Namen in Kinderheim-Laboratorium »Internationale Solidarität« und wird mit der Hälfte des Personals weitergeführt.[21] Jetzt leben hier noch acht bis zehn Kinder im Alter von zwei bis fünf Jahren, darunter Wladimir Schmidt (Alik), einer der beiden Söhne von Vera und Otto Schmidt. Über Aliks Entwicklung hat Vera Schmidt in mehreren psychoanalytischen Fallstudien berichtet.[22]

Wladimir Schmidt erinnert sich an sein Leben im Kinderheim: »Wir durften selten nach Hause, alle. Es war ein Heim. Wir haben dort gelebt. Wir hatten nicht das Gefühl, daß das nicht in Ordnung war. Übrigens waren dort unter uns auch Kinder, die Eltern hatten. Sie konnten sie besuchen. [...] Eine meiner lebhaften Erinnerungen sind diese riesigen Fenster. Die hohen Fensterbretter – für uns damals in Augenhöhe, wenn nicht höher, und natürlich die großen Zimmer, die Höhe der Räume haben wir gar nicht wahrgenommen. Aber die Fläche war groß. Hier in diesem Zimmer war offenbar unser Schlafraum. Sieben Bettchen hatten hier leicht Platz. Nebenan war das Spielzimmer. Wo wir gegessen haben, weiß ich nicht mehr, aber im wesentlichen haben wir uns dort nebenan aufgehalten. Wir waren sieben oder acht Kinder in der Gruppe, eine kleine Gruppe, deshalb lebten wir konfliktfrei. Die Erzieher waren ständig anwesend, aber für uns waren sie keine Erzieher, es war normal, daß meine Mutter hier war, zu der alle sieben genau wie ich ›Mama‹ sagten, und andere nette Menschen – Lana, Lida. Es war normal, daß sie bei uns waren. Ich wage nicht zu sagen, was sie für Beobachtungen durchgeführt haben, ich weiß, daß sie Tagebücher geführt haben, daß sie viel fotografiert haben, aber ob hier auch andere Leute herkamen, weiß ich nicht mehr. Ich denke, daß Iwan Jermakow häufig hier war, damals der Kopf der Moskauer psychoanalytischen Schule.«[23]

Vorschulerziehung gilt als Frauensache, und so werden alle acht Erzieherstellen mit Frauen besetzt.[24] »Es gab sehr wenig Verbote und dergleichen«, fährt Wladimir Schmidt fort. Den größten Teil des Tages haben die Kinder im Spielzimmer verbracht, wo es auch Kindermöbel gab. Am liebsten aber spielten sie mit großen Bauklötzen auf dem Fußboden. Oder aber sie haben irgendwelche Kugeln hin und her gerollt. Der Fußboden war auch deshalb so beliebt, weil es zu Hause verboten war, auf dem Fußboden zu spielen. »Überhaupt wurden in diesem Kinderheim die Emotionen und die Initiativen der Kinder nicht unterdrückt«, sagt Schmidt. Im Gegenteil, die Erzieherinnen haben zugelassen, daß alles sich frei entwickelte; sie haben beobachtet. Schmidt erinnert sich, daß es kaum ernsthafte Konflikte zwischen den Kindern gab. Es gab selten Schlägereien oder Schimpfwörter. Das Ärgste war, wenn ein Kind zu einem anderen »Bäh« sagte, das war das schlimmste Schimpfwort.[25]

Bereits im Frühling 1923 werden seitens hoher Regierungskreise erneut schwere Bedenken gegenüber der Arbeitsweise des Kinderheims geäußert. Die Debatten darüber ziehen sich bis in den Herbst hinein, als eine weitere Untersuchungskommission eingesetzt wird. Sabina Spielrein und Alexander Lurija sollen als Berater hinzugezogen werden. Aber es kommt anders. Ehe die Kommission mit der Arbeit beginnen kann, wird von hoch oben ein fertiger Beschluß vorgelegt, der den hohen pädagogischen Wert dieser »nicht nur in Rußland, sondern in Europa einzigartigen Einrichtung« ausdrücklich hervorhebt. Die Kommission spricht die Empfehlung aus, einen marxistisch geschulten Leiter in die Arbeit des Kinderheims einzubeziehen; der Anteil proletarischer Kinder soll verstärkt werden. Trotzki soll interveniert haben.[26]

Auf der Personalliste des Moskauer Psychoanalytischen Instituts und des Kinderheim-Laboratoriums stehen siebzehn Festangestellte.[27] An oberster Stelle fungiert Direktor »Iwan Dmitriewitsch Jermakow«, an zweiter Stelle »Sabina Nikolajewna Spielrein«. Es gibt eine »Leiterin Administration, wirtschaftlicher Teil«, eine Sekretärin, die beiden verantwortlichen Leiterinnen Vera Schmidt und Lydia Jegorowna; weitere sechs Erzieherinnen, zwei Putzfrauen, eine Waschfrau und eine Köchin; außerdem gibt es einen festangestellten »Agenten«. Es ist üblich, daß in jedem Betrieb jemand über die korrekte politische Gesinnung wacht. Weitere fünf Personen gehören – ohne feste Anstellung – zur Belegschaft: neben einer Ärztin sind das die wissenschaftlichen Mitarbeiter Moshe Wulff, Alexander Lurija, Boris Friedmann und Rosa Abramowna Awerbuch – letztere ist eine ehemalige Mitstudentin von Sabina Spielrein in Zürich, und sie hat Freuds Buch *Massenpsychologie und Ich-Analyse* (1921) ins Russische (Kasan 1923) übersetzt.[28]

Die Moskauer Analytiker haben – wie so häufig in der Frühzeit der Psychoanalyse – keine psychoanalytische Ausbildung gemacht. Von den Gründungsmitgliedern der RPV haben einzig Moshe Wulff, Jermakow und Juri Kannabich praktische Erfahrungen mit Psychoanalyse. Hinsichtlich der Behandlungstechnik und der inhaltlichen Ausrichtung sind die russischen Analytiker nicht ausschließlich auf Freud bezogen, sondern sie haben sich – wenn überhaupt – ihre Ausbildung bei Tiefenpsychologen unterschiedlicher Richtungen geholt, bei C. G. Jung, bei Alfred Adler, bei Wilhelm Stekel – oder bei nichtanalytischen Psychotherapeuten wie Paul Dubois in Bern. Spielrein tut sich bekanntermaßen schwer mit eklektizistischen Ansätzen. Umgekehrt sind nicht alle Kollegen mit den Ideen und Vorstellungen einverstanden, die sie aus dem Westen mitgebracht hat. Sabina ist der Meinung, daß sie von vielen beneidet wird, daß teilweise gegen sie gearbeitet wird.[29] Zu den internen Spannungen am Institut kommt hinzu, daß die Debatten um das Verhältnis von Marxismus und Freudismus, die 1922 in der Sowjetunion begonnen haben, an Schärfe gewinnen.

Spielrein leistet anspruchsvolle Arbeit, sie muß ein großes Arbeitspensum bewältigen. Hinsichtlich ihrer Arbeitszufriedenheit befragt, sagt sie: »Ich arbeite mit Vergnügen, ich fühle mich wie geboren und berufen zu diesen Tätigkeiten, ohne die hat mein Leben keinen Sinn.«[30] Sie ist dafür bekannt, sich bis an die Grenzen ihrer Kräfte zu verausgaben – so wie ihre Mutter es stets getan hatte. In ihre fachlichen Kompetenzen hat Spielrein großes Vertrauen. Nahestehenden Personen gegenüber äußert sie sich mehrfach zu Lenins Krankheit. Sie ist überzeugt, wenn man es ihr erlaube, könne sie Lenin heilen.[31] Ab Anfang 1924 arbeitet Sabina Spielrein zusätzlich als »wissenschaftlicher Assistent« an der Sektion Psychologie am Institut für wissenschaftliche Philosophie, wo auch ihr Bruder Isaak tätig ist. Am 3. März 1924 hält sie an einer der geschlossenen Konferenzen des Instituts einen Vortrag über »Unbewußtes Denken und die Gesetze des Verhaltens bei Kindern«; am 16. März 1924 referiert sie an einer größeren Konferenz über »Prozesse hinter der Türschwelle des Bewußtseins und das Verhalten des Kindes«.[32]

Da sie beruflich enorm eingespannt ist, hat Sabina Renata in Isaaks Familie untergebracht. Isaaks Ehefrau Rakhil ist von diesem Arrangement nicht besonders begeistert. Sie findet, daß ihre Nichte Renata ein ziemlich sonderbares Mädchen ist und keinen guten Einfluß auf ihre Tochter Menicha ausübt. Renata ist sehr verschlossen und erzählt viele Lügen. Oft sitzt sie einfach da, mit einem Block in der Hand, beobachtet und schreibt alles auf – so wie ihre Mutter das früher mit ihr gemacht hatte. Sabina macht sich Sorgen um ihre Tochter. Bei einer Gelegenheit fragt sie Rakhil, was sie nur tun könne angesichts von Renatas seltsamem Benehmen, ihren Lügengeschichten. Sie findet, Renata lebe viel zu sehr in ihrer eigenen Phantasiewelt.[33]

1924 fordert das Narkompros die Mitarbeiter des Staatlichen Psychoanalytischen Instituts auf, einen dreiseitigen Fragebogen auszufüllen. Die meisten halten sich in ihren Angaben sehr zurück. Nicht so Sabina Spielrein: Sie füllt den Personalbogen akribisch genau aus, bemüht sich, alle Fragen detailliert zu beantworten, um alles sagen zu können, schreibt sie sogar quer über den Blattrand. Bis auf wenige Antworten, in denen sie politisch opportune »Korrekturen« anbringt, zum Beispiel schreibt sie bei »soziale Herkunft« »Kleinbürger«, ist es die Antwort eines Menschen, der seiner vorgesetzten Behörde vertraut, der damit rechnet, gehört zu werden.

Im ersten Teil des Fragebogens geht es um persönliche Daten und Daten von Familienangehörigen. Bei »Eigentum von den Eltern, Kindern. Gibt es Häuser, Land, Kapital? Was und wo genau?« schreibt sie: »Niemand hat irgend etwas.« Die Punkte 10 bis 19 fragen u. a. nach »Ausbildung«, »Hauptbeschäftigung für den Lebensunterhalt«, »Zugehörigkeit zu einer politischen Partei oder zu Gewerkschaften«; dabei wird jeweils eingeteilt in »a. Vor der Februarrevolution«, »b. Vor der Revolution im Oktober« und »c. Seit der Oktoberrevolution«. Bei Frage 13 nach dem »Ort, wo der Dienst versehen wurde«, kann man auswählen zwischen »a. Sowjetischer Dienst«, »b. Dienst beim Zaren« und »c. Dienst beim Feind«.[34]

Bei den Fragen 20 bis 27 geht es um den beruflichen Werdegang, um Auslandsaufenthalte, um wissenschaftliche Tätigkeit, »eigene oder von Familienangehörigen«.

»In 1905 habe ich mit Medizin begonnen«, schreibt Spielrein, »einige Jahre später habe ich Harmonie und Contrapunkt gelernt (ich beschäftige mich ein wenig mit musikalischer Komposition).« Nach eigenen Forschungen gefragt, gibt sie an: »Ich habe sehr früh mit selbständigen Forschungen begonnen. Teils habe ich Themen eigner Wahl bearbeitet, teils Themen, die mir von Professor Bleuler oder Jung vorgeschlagen wurden.«[35] Neben selbständiger Arbeit, die Spielrein als Haupteinnahmequelle für die Zeit vor der Revolution bezeichnet, habe sie in der psychiatrischen Klinik Professor Bleulers, in der psychoneurologischen Klinik Professor Bonhoeffers (Berlin) sowie bei Doktor Jung in Zürich und bei Prof. Freud in Wien über Psychoanalyse gearbeitet. Weiter heißt es: »In München arbeitete ich mit Mythologie und Kunstgeschichte, am Institut Rousseau (Genf) als Arzt-Pädologe, im psychologischen Labor (psychologisches Institut) von Professor Claparède (Genf).«[36]

Als derzeitige Tätigkeit nennt Spielrein, erstens, »Arzt-Pädologe« in dem »Städtchen namens III. Internationale«. Der Begriff Pädologie wurde um 1900 von Stanley Granville Hall [37] geprägt. Es handelt sich um eine praxisbezogene, interdisziplinäre Wissenschaft von der kindlichen Entwicklung, die auf pädagogischen, psychologischen, psychohygienischen und psychoanalytischen Konzepten basiert.[38]

Als zweiten Tätigkeitsbereich nennt Spielrein »wissenschaftliche Mitarbeiterin am Staatlichen Psychoanalytischen Institut«. Seit kurzem leitet sie zusätzlich die Sektion Kinderpsychologie der Ersten Staatlichen Universität.[39]

Charakteristisch für Spielreins Engagement, für das Bedürfnis, selber zu gestalten, ist die Antwort auf die letzte Frage nach Vorschlägen zur Reorganisation der betreffenden Arbeitsstelle. Erstens, sagt Spielrein, sei sie dabei, zahlreiche Neuerungen einzuführen, und benötige dafür mehr Zeit. Aus diesem Grunde möchte sie ihre Arbeit mit schwierigen Kindern und deren Familien zeitlich begrenzen. Davon erwarte sie sich mehr Effizienz bei ihrer übrigen Tätigkeit. Zweitens wünsche sie sich größere Selbständigkeit. Sie möchte eigene Schüler haben können, die von ihr analysiert werden. Diese sollen sich mit pädagogischen Fragestellungen beschäftigen und unter ihrer Leitung an wissenschaftlichen Themen arbeiten, die von ihr vorgeschlagen werden. Was ihre Tätigkeit am Psychoanalytischen Institut mit den Erzieherinnen vom Kinderheim anbelangt, schlägt Spielrein vor, systematische Kinderbeobachtungen durchzuführen. Nur so, meint sie, könne sichergestellt werden, daß Besprechungen mit den Erzieherinnen sich nicht auf rein theoretische Überlegungen und »platonische« Fernbefunde beschränken – ohne daß man je zusammen ein Kind angeschaut hat.[40]

Spielreins Verbesserungsvorschläge haben interne Spannungen am Moskauer Psychoanalytischen Institut zum Hintergrund; außerdem gibt es Konflikte zwischen den Erzieherinnen des Kinderheims und Direktor Jermakow. Das Psychoanalytische Kinderheim-Laboratorium »Internationale Solidarität« bleibt wichtigste Forschungsanstalt für die Ausarbeitung einer wissenschaftlich begründeten psychoanalytischen Pädagogik. Es besteht bereits seit zwei Jahren, und es ist sehr viel Forschungsmaterial gesammelt worden: kostbare Tagebücher, in denen Beobachtungen über das Leben der Kinder detailliert festgehalten worden sind, Beobachtungen über die Sprachentwicklung der einzelnen Kinder, über sexuelle Äußerungen im Kindesalter, über Spiele und kindliches Schaffen.[41] Die Ordnung des interessanten Materials, seine systematische Auswertung stehen jedoch noch aus. Das sogenannte Archiv, kritisiert einer der Inspektoren, befindet sich in völliger Unordnung.[42] Das Beobachtungsmaterial steht jedoch nur Jermakow zur Verfügung, der nicht viel damit macht.[43] Unter solchen Bedingungen ist wissenschaftliche Arbeit auf hohem Niveau, wie Spielrein sie gewohnt ist, nicht möglich.

Auch die Arbeitsbedingungen der Erzieherinnen am Kinderheim bleiben schlecht, und die Spannungen zwischen ihnen und Direktor Jermakow werden im Verlauf des Sommers 1924 eskalieren. Die Erzieherinnen fordern eine fachlich kompetente Leitung, sie bemängeln das Fehlen von Möglichkeiten zur fachlichen Aus- und Weiterbildung, sie möchten Zugang zum Forschungsmaterial – doch zu diesem Zeitpunkt befindet sich Sabina Spielrein bereits nicht mehr in Moskau.

Pawel Scheftel hat geschrieben: In seinem Leben hat sich eine neue Situation ergeben, die auch von Sabina eine Entscheidung verlangt. Im Frühling 1924 verläßt Sabina Spielrein die sowjetische Hauptstadt und geht in ihre südrussische Heimatstadt Rostow zurück.[44]

## 22
# Nacht über Rußland

Pawel Scheftel arbeitet als Oberarzt an einer Rostower Kinderklinik mit 120 Patienten. Für die wissenschaftliche Arbeit hat er wenig Zeit; ab und zu hält er einen Vortrag. Zu seinem Leidwesen ist er vor allem mit der Behebung materieller Engpässe und mit organisatorischen Problemen beschäftigt – mit Heizung, Licht, mit der Wäscherei.[1] Pawel lebt im Haushalt seiner Schwester Fanja, einer wohlhabenden Frau, die Dienstpersonal beschäftigt und ihren Bruder unterstützt. Am Krankenhaus hatte Pawel die vierunddreißigjährige Internistin Olga Snitkowa kennengelernt. Sie hatte ihren Mann im »Ersten Imperialistischen Krieg« verloren: Er war in Gefangenschaft geraten und wurde geisteskrank; damals war Olga schwanger. Jetzt lebt sie zusammen mit ihrer verwitweten Mutter und einem jüngeren Bruder – für die sie auch sorgt. Pawel Scheftel und Olga Snitkowa haben ein Liebesverhältnis. Sie wohnen allerdings nicht zusammen, sondern besuchen einander nur.[2] Olga Snitkowa wird schwanger – und Sabina Spielrein kehrt nach Rostow zurück. Um ihr nicht zu begegnen, um die Beziehung zu Pawel definitiv zu beenden, zieht Olga nach Krasnodar. Hier arbeitet sie als Ärztin an den medizinischen Einrichtungen der staatlichen Eisenbahn; und hier kommt 1924 auch das Kind Nina Snitkowa zur Welt.

An der alten Adresse Puschkinskaja 97 wohnt jetzt wieder der alte Nikolai Spielrein, der einen Teil seines Besitzes über die NEP-Zeit hat retten können. Er ist immer noch ein engagierter Mann und arbeitet mit in der Gesellschaft zur Bekämpfung des Analphabetentums. Sabina Spielrein lebt nicht mehr in Rostows noblem Villenviertel, sondern in der Schaumjana uliza, in dem engen, bescheidenen Stadtteil zwischen Engels-Straße – vormals Bolschaja Sadowaja = Große Gartenstraße – und Don.

Sabina, Pawel und Renata leben in zwei Zimmern mit Küche im Parterre eines Backsteinhauses. Ein Zimmer ist für Pawel, sein Name steht draußen an der Tür, hier behandelt er seine Patienten. Das zweite Zimmer ist für Sabina und Renata. In einer weiteren Kammer, einem Zwischenzimmer ohne Fenster, steht Sabinas

Couch, steht auch ein selbstgezimmertes Regal mit vielbändigen Ausgaben auf deutsch und französisch – die Periodika der Psychoanalytischen Gesellschaft.

Das Zusammenleben ist nicht einfach. Pawel leidet nach wie vor unter Stimmungsschwankungen und ist oft depressiv. Er weiß um seine Probleme, seine krankhafte Beschäftigung mit sich selbst, sein Mißtrauen gegenüber anderen Menschen, seine »Launen«,[3] doch verändern oder kontrollieren kann er das nicht. Sabina ist älter und schwerer geworden. Mit ihrer strengen Frisur – Mittelscheitel, straff zurückgekämmtes, zusammengestecktes Haar –, mit den schmalen, fest verschlossenen Lippen, mit ihren hohen Wangenknochen und dem ernsten, in vage Fernen gerichteten Blick macht sie einen schwermütigen, ja nahezu hermetisch verschlossenen Eindruck. Auf ihrem Paßfoto trägt sie ein selbstgenähtes Kleid aus Baumwollstoff, mit Motiven russischer Volkskunst bedruckt, das sie beinahe wie eine Bäuerin aussehen läßt.

Sabina Spielrein (Paßfoto um 1924)

Am 18. Juni 1926 bringt Sabina, einundvierzigjährig, ihr zweites Kind zur Welt – das kleine Mädchen wird nach seiner Großmutter Eva genannt.

Das offizielle Interesse der Kommunisten am gesellschaftlichen Erneuerungspotential der Psychoanalyse respektive deren wohlwollende Duldung ist abgelöst worden von einer Haltung großen Mißtrauens und Verdachts gegenüber den »subjektivistischen« und »bourgeoisen« Tendenzen in psychoanalytischer Theorie und Methodik. Mit Lenins Tod im Januar 1924 und Josef Stalins Aufstieg zum Alleinherrscher und Führer der UdSSR ist der »Judas« Trotzki[4] in Ungnade gefallen; er verliert seinen Posten als Kriegskommissar, die Psychoanalyse verliert seine Protektion. Im Frühjahr 1925 findet am Moskauer »Haus der Presse« eine Diskussion über »Psychoanalyse und Marxismus« statt, die sich über zwei Abende erstreckt und mit der Psychoanalyse hart ins Gericht geht. Kurz darauf wird die »Liquidierung« des Kinderheim-Laboratoriums angeordnet; die verbleibenden Kinder werden auf andere staatliche Institutionen verteilt. Vera Schmidt setzt sich – vergebens – für den Fortbestand des Instituts ein. Im August 1925 wird das Staatliche Institut für Psychoanalyse per Dekret des Sowjets der Volkskommissare (RSFSR) ebenfalls abgeschafft. Der Staatsverlag stellt die Publikation psychoanalytischer Schriften ein.

Rostow liegt viele tausend Kilometer von Moskau, vom Zentrum der Machtkämpfe entfernt. Spielreins Tätigkeit bleibt vorerst vielfältig. Sie arbeitet als Pädologin am Rostower prophylaktischen Schulambulatorium. An der psychiatrischen Poliklinik behandelt sie Kinder und Erwachsene. Sie forscht, hält Vorträge, publiziert.

Zu ihren Aufgaben am prophylaktischen Schulambulatorium gehören Reihenuntersuchungen zur Früherkennung von Entwicklungsstörungen in den Kindergärten. Der Rahmen wird von den Behörden festgelegt: Pro Kind stehen 30 Minuten Untersuchungszeit zur Verfügung, wobei diese Zeit nicht aufgeteilt werden darf. Auch der Ort der Untersuchung steht fest: Zum Beispiel müssen sämtliche Kinder vom Kindergarten X in dessen Garten untersucht werden. Nach der Untersuchung findet eine Besprechung mit den Erzieherinnen in Abwesenheit des Kindes statt.

In der inhaltlichen Gestaltung der Untersuchung ist Spielrein frei. Im Aufsatz »Einige kleine Mitteilungen aus dem Kinderleben« (1927/28) beschreibt sie ihr Vorgehen: Georg ist acht, etwas klein, rothaarig, schwächlich und ein mittelmäßiger Schüler, Sohn eines Fabrikarbeiters. Bisher wurde an dem Jungen nichts Auffälliges beobachtet. Spielrein fragt Georg zuerst nach seinen Träumen. Georg erzählt, daß er manchmal träumt, es käme ein schwarzer Onkel, packe ihn beim Hemd, schleppe ihn und schneide seine Beine ab. Bisweilen träumt Georg auch, daß Bären gekrochen kommen. Aufgrund der Träume des Kindes bildet Spielrein spontan Hypothesen über mögliche Konflikte, die sie dann mit Fragen aus dem Binet-Simon-Test weiterverfolgt. Sie fragt Georg: Was machst du, wenn du den Zug versäumt hast? – Antwort: Ich will mich totschneiden. Weitere Testfragen bestätigen die masochistischen Neigungen des Jungen. Spielrein macht die Erzieherinnen auf Georgs Problem aufmerksam; seitdem berichten diese oft, daß Georg kein Vertrauen in seine Kräfte hat, daß er sich prügeln läßt.[5]

Neben extern durchgeführten Reihenuntersuchungen macht Spielrein in ihrer Praxis am prophylaktischen Schulambulatorium pädologische Untersuchungen an »pathologisch veranlagten Kindern«, die ihr – zum Beispiel wegen Bettnässens oder überstarken Onanierens – zugewiesen werden. Diese Kinder sind zwischen acht und dreizehn Jahre alt. Jedes dieser Kinder fragt sie, wie sein Schlaf ist, was es nachts träumt. Viele Träume sind Wasser- oder Flugträume – irgendeine Analyse darf nicht vorgenommen werden, damit, so Spielrein, falle auch jedwede Möglichkeit der suggestiven Beeinflussung weg.[6]

Beobachtungen an Kindern, kurze Fallvignetten, sind ein Ausdrucksmittel, das Spielrein gerne verwendet. Ihre Tagebücher und Korrespondenzen hat sie in Genf zurückgelassen, doch vor der Abreise nach Rußland hat sie Abschriften angefertigt, an denen sie jetzt weiterarbeitet. In »Mitteilungen aus dem Kinderleben« (1927/28) verwendet sie Beobachtungen aus der Kleinkinderzeit von Renata und Irene, Jaschas Tochter. Das, kombiniert mit Beobachtungen an ihrer zweiten Tochter, Eva, benutzt Spielrein, um die dynamische Entstehung einer frühkindlichen »Hustenunart« zu schildern. Mit sechs Monaten hatte »Kossia« (= Eva) gehustet; der Vater (= Pawel) macht im Scherz einen Schreckenslaut, woraufhin die Kleine lacht und noch ein paar Mal absichtlich hustet. Die Eltern wiederholen das Hustenexperiment, immer mit dem gleichen Resultat. Jetzt ist »Kossia« ein Jahr alt und hat das absichtliche Husten als Unart beibehalten, wobei sie die Eltern jeweils ansieht und schelmisch dazu lacht. »Olietschka« (= Renata), »Kossias« ältere Schwester, hatte als Kleinkind an hartnäckigen Hustenanfällen gelitten, die zum großen Teil nervös bedingt waren. Bei einer Gelegenheit hatte die Mutter (= Sabina) das Kind gefragt: »Weshalb hustest du so?« – Antwort: »Wenn die ›Olietschka‹ hustet – dann hat die Mama Angst, dann kommt der Arzt.«

Ein Beispiel für primitive feindselige Regungen des Kindes gibt Sabina Spielrein anhand der Briefe eines Vaters (= Jascha) und seines viereinhalbjährigen Töchterchens »Wiera« (= Irene). Die Briefe wurden 1914, während der Schwangerschaft von »Wieras« Mutter (= Silvia), geschrieben, respektive kurz nach der Geburt von »Wieras« Geschwisterchen »Mariechen« (= Marianne). Wieder arbeitet Spielrein mit Verbatim-Protokollen, die sie Jaschas Beobachtungen an seiner kleinen Tochter und den Brieflein der kleinen Irene an ihre Cousine Renata entnimmt, die diese ihrem Vater seinerzeit diktiert hatte.[7]

Neben den psychologischen Abklärungen am prophylaktischen Schulambulatorium hat Spielrein Dienst an der Rostower psychiatrischen Poliklinik. Da es keine Möglichkeit gibt, Patienten länger als sechs bis acht Wochen zu behandeln, hat sie eine spezielle Behandlungsmethode entwickelt, die sie »abortive Psychoanalyse« nennt. Das heißt, sie konzentriert sich auf vorrangige Gruppen von verdrängten Vorstellungen in Kombination mit kognitiven Elementen – »Erziehung des Willens« –, eine Technik, die beim Therapeuten besonders viel Erfahrung voraussetzt. Patienten mit klassischen Übertragungsneurosen behandelt Spielrein ausschließlich klassisch-psychoanalytisch, d. h. auf dem Wege der Aufklärung des Verdrängten – allerdings muß sie sich in der Mehrzahl der Fälle mit drei halbstündigen Sitzungen pro Woche und Patient, bei abgekürzter Behandlungsdauer, begnügen. Bei Patienten mit »Psychasthenie« kombiniert sie Psychoanalyse mit Sándor Ferenczis »aktiver Technik«.[8] In der Kindertherapie benutzt Spielrein weiterhin ihre eigene Technik, wo sie – in Abgrenzung zu Melanie Klein und Hermine Hug-Hellmuth – auf verbale Erklärungen ganz verzichtet und auf den Einfluß des Ausagierens von Verdrängtem setzt.[9]

Im Winter 1928 spricht Sabina Spielrein vor der Pädologischen Gesellschaft an der Nordkaukasischen Universität Rostow. Sie stellt neue Forschungsergebnisse vor: Es handelt sich um eine Untersuchung des Einflusses der kinästhetischen Erfahrungen auf die Struktur unseres Denkens. Auch der alte Nikolai Spielrein sitzt im Publikum. Gleich zu Beginn erklärt Spielrein,[10] daß sie sich an die gebräuchliche psychologische Terminologie halten werde – die zwar nicht ganz erschöpfend sei, aber jedenfalls zutreffender als die »reflexologische« Terminologie der von Iwan P. Pawlow und Bechterew begründeten reflexologischen Schule.

Im ersten Teil des Vortrags gibt Spielrein einen Überblick über die verschiedenen Formen unseres Denkens. In Anlehnung an Freud nennt sie die sprachliche Denktätigkeit des Erwachsenen sowie das »organische«, gesichtshalluzinatorische vorsprachliche Denken des frühkindlichen Alters. Im Traum, in der Narkose, beim Phantomschmerz, im Denken mancher Psychotiker und in hypnagogischen Zuständen, so lautet ihre Hypothese, stehen altersgemäße erwachsene Denkformen neben ontogenetisch früheren Elementen des Kleinkinderdenkens. Dieses Gemisch bringt Spielrein in Verbindung mit der Erregung kortikaler respektive subkortikaler Hirnstrukturen. Die Annahme einer gleichzeitigen Kooperation verschiedener Denkformen möchte Spielrein experimentell überprüfen. Dazu hat sie sich von Leonardo da Vincis Aussage anregen lassen, wonach die Hand eines Menschen stets instinktiv bemüht ist, die Formen und die Bewegungen des eigenen Körpers darzustellen. Spielreins Hypothese lautet: Reproduktionen von eigenen Zeichnungen nach dem Gedächtnis müßten in mancher Hinsicht wahrheitsgetreuer sein, wenn sie auf Grund kinästhetischer Erlebnisse, ohne Sehkontrolle, ausgeführt werden.

Das Material für diese Untersuchung stammt aus Spielreins pädologischen Untersuchungen am Rostower prophylaktischen Schulambulatorium. Versuchspersonen waren zwanzig Erwachsene und einige hundert Kinder im Alter von fünf bis vierzehn Jahren, zumeist Schulkinder, mit wenigen Ausnahmen proletarischer Herkunft. Die Versuchspersonen wurden in vier Gruppen eingeteilt und erhielten den Auftrag, beliebige Menschenbilder zu zeichnen –

teils mit offenen Augen, teils mit geschlossenen Augen, teilweise bei einer künstlichen Körperhaltung. Blindzeichnungen, so zeigt die Auswertung, unterscheiden sich von einer gewöhnlichen, bei Sehkontrolle ausgeführten Zeichnung. Die richtige oder unrichtige Ausgestaltung einzelner Körperteile, der ganze »Bewegungsrhythmus« des Individuums kommt bei Blindzeichnungen viel deutlicher zum Vorschein als bei Zeichnungen mit geöffneten Augen. Die kinästhetische Zeichnung reproduziert zuweilen äußerst genau die Körperlage der Versuchsperson während des Zeichnens.

Künftige Untersuchungen, sagt Spielrein, sollen die Frage klären, inwieweit Blindzeichnungen diagnostisch wertvoll sind für die Bestimmung der Persönlichkeit des Kindes und für die Früherkennung bestimmter psychischer Erkrankungen. Außerdem schlägt sie vor, kinästhetische Erfahrungen bei der Unterrichtsplanung zu berücksichtigen – zum Beispiel bei Gymnastik und rhythmischer Gymnastik, im Musik- und Zeichenunterricht, beim geometrischen Zeichnen.[11]

Der spannende, mit vielen Fallbeispielen und Zeichnungen versehene Vortrag wird von Nikolai Spielrein ins Deutsche übersetzt werden und 1931 in der *Imago* erscheinen sowie gleichzeitig in gekürzter Fassung in der *Zeitschrift für psychoanalytische Pädagogik*.[12] »Meinem Vater gewidmet«, wird Sabina hinzufügen.

An der Ersten Konferenz der Psychiater und Neuropathologen des Nordkaukasischen Landes referiert Spielrein über »Zum Vortrag von Dr. Skalkowski«. Sie stellt verschiedene Behandlungsmethoden vor und entwirft das Modell eines psychotherapeutischen Ambulatoriums auf der Grundlage Freudscher Vorstellungen. »Die Lehre Freuds ist weitgreifender als die Lehren all seiner Feinde und Anhänger«, so Spielrein – ein riskantes Bekenntnis![13]

In dem Maße, wie die Akzeptanz der Psychoanalyse in der Sowjetunion schwindet und der politische Druck wächst, tendieren auch die psychoanalytisch orientierten Psychiater dahin, sich in theoretischer Ausrichtung und in den Behandlungsmethoden den Erfordernissen der Zeit anzupassen. G. A. Skalkowski und Leonid Drosnes, ehemaliges Mitglied der Wiener Psychoanalytischen Vereinigung, hatten 1925 ein Buch *Grundlagen des durch das Milieu bedingten individuellen und kollektiven Entwicklungsprozesses. Lehre von der Homofunktion* publiziert. Die Autoren bekennen sich als überzeugte Marxisten und versuchen, ihre »Lehre von der Homofunktion« mit Ergebnissen der Pawlowschen Reflexologie zu untermauern. Die kritische Auseinandersetzung mit Skalkowskis »Homofunktion« benutzt Spielrein dazu, ihre eigene Auffassung von Neurosenentstehung und sozialer Fehlentwicklung zu erläutern.

Sie ist dazu übergegangen, die kulturkritische Seite der Freudschen Schriften in den Vordergrund zu stellen. Bereits vor Jahrzehnten habe Freud die Neurose als »soziale Untauglichkeit« definiert, als erfolglosen Versuch, Kontakt zum umgebenden Milieu herzustellen. In Spielreins Denken – soweit sie es öffentlich macht – ist der Übertragungsaspekt weiter in den Hintergrund getreten. Nach Freud – so interpretiert sie ihn – hängt das »Triebschicksal« nicht nur von den biogenen und physiogenen Faktoren ab, sondern wesentlich von soziogenen Umständen respektive vom Einfluß soziokultureller Bedingungen auf die familiale Umwelt des Kindes. Abweichungen von der normalen Entwicklung beschreibt sie jetzt in einer Terminologie, die von Alfred Adler beeinflußt ist und den Einfluß russischer Theoretiker wie Georgi V. Plechanow verrät. Spielrein unterscheidet zwei Hauptformen pathologischer Fixierung an die Elternfiguren, nämlich den »Plus-Typ« extremer Abhängigkeit sowie den »Minus-Typ«, der sich durch extremen Protest auszeichnet – beide seien Resultate einer falschen Erziehung.[14] Für diese Form von Polarität bietet Sabina Spielreins Kindheitssituation das Modell. Der junge Isaak Spielrein war ein Beispiel für den »Minus-Typ« extremer Rebellion gewesen – im Protest gegen den Vater wie im Kampf gegen das autokratische Zarenregime. Sabina selber hatte sich in eine Position extremer Abhängigkeit hineinmanövriert – konnte aber auch mit Protest reagieren.

Mit solchen sozialpsychologischen Konzepten bewegt Spielrein sich in eine ähnliche Richtung wie die jungen Psychoanalytiker der zweiten Generation, die sozialistisch oder kommunistisch orientiert sind und verschiedene Versuche unternehmen, Freud und Marx theoretisch zu verbinden – so etwa die Arbeiten von Karen Horney, Erich Fromm, Otto Fenichel und Wilhelm Reich. Als Spielreins letzter Aufsatz im Westen erscheint – »Kinderzeichnungen bei offenen und geschlossenen Augen« (1931) –, weist Otto Fenichel auf diese Arbeit besonders hin.[15]

Die sozialpolitische Situation in Rußland verschärft sich in den späten zwanziger und frühen dreißiger Jahren. Der 16. Parteikongreß erläßt Notstandsmaßnahmen. Stalins Reden enthalten Appelle, wissenschaftliche Methoden radikal zu überdenken und auf marxistische Grundlagen zu stellen. Er prägt die Slogans von »Arbeiterwissenschaft« und »Arbeitertechnologie« und fordert zur Produktion einer »proletarischen Intelligenz« auf, um »unsoziale Schädlinge«, wie die alte Bourgeoisie oder die früheren Angehörigen oppositioneller Gruppen (Menschewiki, Sozialrevolutionäre, Trotzkisten), zu ersetzen. 1930 beginnen in der Sowjetunion die Debatten um die Einführung des Marxismus-Leninismus in die Wissenschaften. Parallel dazu findet eine Welle repressiver Maßnahmen gegen Wissenschaftler, Ingenieure und Kulturarbeiter [= Künstler] statt. Auf dem I. Unions-Kongreß für Psychologie im Januar 1930 in Leningrad wird der »Freudismus« von offizieller Seite als besonders reaktionäre Theorie denunziert. Im Juli wird die Russische Psychoanalytische Vereinigung aufgelöst. Es ist ein Schicksal, das die Psychoanalyse mit vielen anderen Wissenschaften teilt – mit Gestaltpsychologie und Phänomenologie, mit Einsteins Relativitätstheorie und der Quantentheorie, bis hin zu westlicher Biologie, zu Statistik und psychologischen Testverfahren.

Auch Isaak Spielrein – er ist ein wichtiger Mann, man nennt ihn »Vater der Psychotechnik« – gerät in diesen Strudel. 1930 ist die sowjetische Psychotechnik eine Riesenbewegung mit 141 staatlichen Zentren, mit eigenen Beratungsstellen, eigenen Krankenhäusern für Berufskrankheiten, mit Börsen zur Vermittlung von Arbeitskräften, mit einem eigenen Berufsverband. Isaak ist Präsident, mit einer eigenen Zeitschrift, deren Herausgeber er auch ist. Er bezeichnet sich jetzt als »marxistischen Psychologen«; vertritt in der Praxis allerdings eher pragmatische Positionen. Psychotechnik wird von Isaak mit einem Gewehr verglichen, das in den Händen von Roten und Weißen gleichermaßen funktioniert. Außerdem faßt er Psychologie als eine Kette von Disziplinen auf, nicht als homogenes Gebilde. Die Vorstellung eines uniformen Wissenschaftskonzepts zur Lösung sämtlicher anstehender Probleme lehnt er ab.

Im Laufe der Debatten um die »richtige Wissenschaft« muß Isaak Spielrein seine Position überdenken. Er kommt zu dem Schluß, daß Psychotechnik in einer Klassengesellschaft nicht neutral sein könne. Seine erste »selbstkritische Rede« vor der Kommunistischen Akademie wird recht gut aufgenommen, und so kann er die erste Welle »wissenschaftlicher Säuberungen« überstehen. Doch die Änderung in der Haltung der Regierung gegenüber der Psychotechnik ist nicht rückgängig zu machen: Sie wird als potentiell regimefeindlich eingestuft und soll zurückgestutzt werden.

Die 7. Internationale Konferenz für Psychotechnik findet im September 1931 in Moskau statt. Es ist der erste internationale Kongreß auf sowjetischem Boden seit der 1917er Revolution – Höhepunkt der sowjetischen Psychotechnikbewegung und auch von Isaaks Karriere. Der hat seine Schwester Sabina eingeladen, und sie kommt eigens aus Rostow angereist.

Isaak Spielrein hatte die sowjetischen Psychotechniker und Psychophysiologen auf eine gemeinsame Plattform verpflichtet. Auf der Tagung agieren sie als Einheitsfront: Sie behaupten den Klassencharakter angewandter Psychotechnik und üben massive Kritik – sowohl an eigenen, früheren Arbeiten wie an den Forschungen westlicher Kollegen. Die ausländischen Gäste, darunter Claparède, reagieren schockiert. Sabina Spielrein schweigt und reist nach Rostow zurück. Es ist ihre letzte Reise nach Moskau gewesen.

Die Kontakte zwischen den russischen Psychoanalytikern und dem Westen sind eingeschränkt. Russische Psychoanalytiker können nur noch ausnahmsweise, mit Spezialbewilligung der Behörden, in den Westen reisen. Moshe Wulff und Vera Schmidt nehmen am IX. Internationalen Psychoanalytischen Kongreß in Bad Homburg (1925) teil.[16] Moshe Wulff fährt an den X. Internationalen Psychoanalytischen Kongreß in Innsbruck (1927) – und bleibt im Westen. 1928 informiert die *Internationale Zeitschrift für Psychoanalyse* erstmals offen über die Schwierigkeiten der russischen Analytiker.[17] Bald heißt es dazu: »Aus Rußland kommt in den letzten Jahren gar keine Nachricht. Die Psychoanalyse liegt wahrscheinlich nicht in der Richtung der Fünfjahrespläne, in denen sich so vehement die ganze politische Aktivität dieses seltsamen Staatsgebildes erschöpft.«[18] 1933 wird die Psychoanalyse in der Sowjetunion verboten. Jetzt sind es nur noch einzelne linke Psychoanalytiker wie Otto Fenichel und Wilhelm Reich, die versuchen, mit Rußland Kontakt zu halten.

Die linken Psychoanalytiker der zweiten Generation waren im Laufe der zwanziger Jahre nach Berlin gezogen. Jetzt, wo die politische Situation in Deutschland sich verändert hat, befinden sie sich – als Linke – in Opposition zum herrschenden Regime; außerdem sind sie großenteils Juden. Als Reichspräsident Paul von Hindenburg Adolf Hitler am 30. Januar 1933 zum Reichskanzler ernennt, ist das der Beginn von Verfolgung und Vertreibung der Psychoanalytiker aus Mitteleuropa.

Der Reichstagsbrand in der Nacht vom 27. Februar 1933 wird von der NSDAP zum willkommenen Anlaß genommen, um gegen Linke und Oppositionelle, später gegen Juden vorzugehen. Bereits in dieser Nacht werden Zehntausende von Kommunisten, SPD-Mitgliedern und anderen Demokraten verhaftet. Die Berliner Psychoanalytikerin Paula Heimann wird denunziert und mitten in einer Behandlungsstunde verhaftet. Wilhelm Reichs Wohnung wird von der SA mehrfach durchsucht und unter Dauerbewachung gestellt. Wie viele gefährdete Personen verbringt der Individualpsychologe und Schriftsteller Manès Sperber die Nächte nicht mehr zu Hause, um so den morgendlichen Hausdurchsuchungen von Polizei und SA zu entgehen.[19]

Auf Anordnung von Joseph Goebbels werden am 10. Mai 1933 in deutschen Universitätsstädten rituelle Bücherverbrennungen inszeniert. Auf dem Berliner Opernplatz werden unter dem Jubel der Menge um 11.20 Uhr die ersten von über 20000 Büchern in die Flammen geworfen, die allein an diesem Tag vernichtet werden. Dazu spielen SA- und SS-Kapellen vaterländische Weisen und Marschlieder. Goebbels »Feuerspruch« begleitet Freuds Schriften auf den Scheiterhaufen: »Gegen die seelenzerfasernde Überschätzung des Trieblebens, für den Adel des menschlichen Geistes! Ich überantworte den Flammen die Schriften von Sigmund Freud.«[20]

»Was wir für Fortschritte machen!« bemerkt dazu Freud. »Im Mittelalter hätten sie mich verbrannt, heutzutage begnügen sie sich damit, meine Bücher zu verbrennen.«[21] Max Eitingon und Moshe Wulff emigrieren nach Palästina; Ernst Simmel geht nach Los

Angeles, Otto Fenichel nach Oslo. Fanny Lowtzky reist über Paris nach Palästina. Im August 1934 haben 24 von 36 ordentlichen Mitgliedern der Deutschen psychoanalytischen Gesellschaft Deutschland verlassen.

C. G. Jung macht sich das Vakuum zunutze, das die Vertreibung der Psychoanalyse aus Deutschland hinterläßt. Mit antisemitischen Vorträgen, Radiosendungen und Artikeln verschafft er sich Einfluß im Reich. Als Ernst Kretschmer den Vorsitz der deutschen Allgemeinen Ärztlichen Gesellschaft für Psychiatrie (AÄGP) demonstrativ niederlegt, läßt Jung sich für dieses Amt gewinnen. Später wird er zu seiner Verteidigung vorbringen, er habe die Psychotherapie unter den gegebenen Bedingungen retten wollen.[22] Während die AÄGP als überstaatlicher Dachverband unter Jungs Leitung weitergeführt wird, wird eine neue Deutsche allgemeine ärztliche Gesellschaft für Psychotherapie gegründet – mit Mathias Heinrich Göring als »Führer«, ein Vetter des Ministerpräsidenten und späteren Reichsmarschalls Hermann Göring. In der Gründungserklärung heißt es: »Diese Gesellschaft hat den Willen und die Aufgabe, unter bedingungsloser Treue zu dem Führer des deutschen Volkes Adolf Hitler, diejenigen deutschen Ärzte zusammenzufassen, die willig sind, im Sinne der nationalsozialistischen Weltanschauung eine seelenärztliche Heilkunst auszubilden und auszuüben oder dieser Heilkunst wohlwollend gegenüberzustehen.«[23]

Am 21. Juni 1933 übernimmt Jung offiziell den Vorsitz der AÄGP. Am 26. Juni 1933 läßt er sich von Radio Berlin als »der bekannte Züricher Psychologe« vorstellen, der »der zersetzenden Psychoanalyse Sigmund Freuds seine aufbauende Seelenlehre entgegengestellt hat«. Dem nationalsozialistischen Sprachgebrauch und Gedankengut seines Interviewpartners – Jungschüler Adolf Weizsäcker – folgt Jung bereitwillig. Unter expliziter Berufung auf Aussagen von Adolf Hitler erläutert Jung seine Vorstellungen vom »wahren Führer«.[24]

Als die Redaktion des Verbandsorgans *Zentralblatt für Psychotherapie. Organ der Allgemeinen Ärztlichen Gesellschaft* zurücktritt, übernimmt Jung auch diese Funktion.[25] Im »Geleitwort« zum Dezemberheft 1933 präsentiert der neue Vorsitzende sein wissenschaftliches Programm und nennt als die Aufgabe des *Zentralblatts*:

»… unter unparteiischer Würdigung aller tatsächlichen Beiträge eine Gesamtanschauung zu schaffen, welche den Grundtatsachen der menschlichen Seele in höherem Maße gerecht wird, als es bisher der Fall war. Die tatsächlich bestehenden und einsichtigen Leuten schon längst bekannten Verschiedenheiten der germanischen und der jüdischen Psychologie sollen nicht mehr verwischt werden, was der Wissenschaft nur förderlich sein kann.«[26]

Deutlicher und noch erschreckender in ihrem Bestreben nach Anbiederung an die Macht sind Jungs Ausführungen »Zur gegenwärtigen Lage der Psychotherapie«, mit denen er Jahrgang 1934 des Zentralblatts einleitet: »Der Jude als relativer Nomade hat nie und wird voraussichtlich auch nie eine eigene Kulturform schaffen, da alle seine Instinkte und Begabungen ein mehr oder weniger zivilisiertes Wirtsvolk zu seiner Entfaltung voraussetzen [...] Das arische Unbewußte hat ein höheres Potential als das jüdische; das ist der Vorteil und auch der Nachteil einer dem barbarischen noch nicht völlig entfremdeten Jugendlichkeit.«[27]

Über soviel politische Naivität, zu diesem Zeitpunkt einen derartigen Text zu publizieren, kann man nur staunen. Doch Jung ist froh, da seine Theorien endlich von offizieller Seite anerkannt werden. Er verhält sich opportunistisch. Er möchte Karriere machen – und das mit den besten Absichten. So ist am subjektiven Wahrheitsgehalt nicht zu zweifeln, wenn er in einem Antwortschreiben auf B. Cohens Artikel »Ist C. G. Jung gleichgeschaltet?« im *Israelitischen Wochenblatt für die Schweiz* (16. März 1934) beteuert: »Ich bin ganz und gar nicht ein Gegner der Juden, wenn ich auch ein Gegner Freuds bin [...] Meine Beziehung zu Deutschland ist jüngsten Datums und beruht auf blödsinnigem Altruismus, aber keineswegs auf politischer Gesinnung.«[28] In diesem Zusammenhang berührt es unangenehm, daß der Vorstand des Jungianischen Psychologischen Clubs Zürich mit Jungs Wissen am 7. Dezember 1944 ein geheimes Quotensystem einführt, das bestimmt, daß Juden nicht mehr als zehn Prozent der Mitglieder und nicht mehr als 25 Prozent der Gäste ausmachen sollten. Diese sogenannte »Judenquote« wird erst 1950 stillschweigend aufgegeben.[29]

In dieser Zeit fragt Jolande Jacobi betroffen und besorgt bei Jung an, ob er denn nicht sehe und höre, was derzeit in der Welt passiere. Als Antwort empfiehlt Jung seiner Schülerin Jacobi, die

Augen aufzuhalten; man könne das Böse nicht ablehnen, denn das Böse sei der Bringer des Lichts – Luzifer = der Lichtbringer. Von dieser Vorstellung sei Jung zutiefst überzeugt, wird Jacobi später in einem Interview aussagen. Das zeige auch, daß er die äußere Welt nicht habe verstehen können; für ihn sei das alles ein inneres Geschehen gewesen, das man als psychologische Voraussetzung für eine Wiedergeburt habe akzeptieren müssen.[30]

Eine ganz andere Einschätzung von Jungs Verhalten wird in der Kriegsverbrecherakte FO 371/57639 (1946) formuliert, die sich bei den politischen Akten des Foreign Office, London, befindet. 1943 wird auf Initiative der Alliierten die United Nation War Crimes Commission (UNWCC) geschaffen werden, um Daten über Kriegsverbrecher zu sammeln und die Täter vor Gericht zu bringen. Der Internationale Militärgerichtshof von Nürnberg ist mit der Verurteilung von Kriegsverbrechern, von Verbrechen gegen die Menschlichkeit und Verbrechen gegen den Frieden beauftragt. Am 20. November 1945 wird der erste Prozeß gegen die 24 Hauptkriegsverbrecher des »Dritten Reiches« beginnen. Prozesse gegen NS-Juristen, SS-Ärzte, KZ-Aufseher, Diplomaten, Industrielle, leitende Beamte werden folgen. Lord Vansittart, englischer Diplomat und ein scharfer Gegner deutscher Politik, hat Maurice Léons Artikel »The Case of Dr. Carl Gustav Jung. Pseudoscientist Nazi Auxiliary« gelesen und schreibt einen Brief an das Foreign Office, Downing Street, in dem er auf die Rolle von Carl Gustav Jung und Mathias Göring im deutschen Nationalsozialismus aufmerksam macht.[31] Der Brief wird an Pat H. Dean Esq., den British War Crime Executive in Nürnberg, weitergeleitet. In den Protokollen der Kriegsverbrecherakte FO 371/57639, »The Case of Dr. Carl Gustav Jung«, gelangt man zum Schluß:

»It is clear that Dr. Jung provided much of the philosophical, or perhaps pseudo-philosophical, background to the Nazi movement. Dr. Göring also played a large part in his capacity as Reichsführer of the German General Medical Society. Dr. Jung is apparently a Swiss citizen and is presumably immune. As regards Dr. Göring, it might perhaps be worth while to see whether he can be prosecuted for any crime. I should not imagine that the holding of certain views, however odious and mistaken they might be, would of itself constitute a crime.«[32]

Die Psychoanalyse ist aus Mitteleuropa vertrieben. Obwohl aus Rußland nicht viel und vor allem wenig Gutes zu hören ist, halten linke Psychoanalytiker wie Otto Fenichel und Wilhelm Reich an ihren Hoffnungen auf eine Zukunft der Psychoanalyse in der Sowjetunion fest. Aus dem Osloer Exil schreibt Otto Fenichel an seine russischen Freunde. Die Antworten sind in vorgeschriebener Sowjetsprache gehalten. Als er Vera Schmidt 1934 einlädt, methodologische Fragen mit Analytiker-Genossen im Westen schriftlich zu diskutieren, antwortet diese, daß es »nach unserer Meinung [...] nur eine Partei [gibt], die Kommunistische Partei, die Marxismus und Leninismus richtig versteht, also wir können und wollen nicht methodologische Fragen mit Leuten, die, wie wir glauben, keine Marxisten und Kommunisten sind, zusammen besprechen. Wenn wir sowjetischen Analytiker ›Marxismus‹ sagen, dann verstehen wir unter diesem Wort nicht ›Marxismus überhaupt‹, sondern den revolutionären Marxismus, der von Lenin und Stalin weiter entwickelt wird.«[33]

Fenichel ist naiv. Er realisiert nicht, daß er Vera mit seinen Briefen in große Gefahr bringt. Als eine Ärztin aus dem Westen Vera Schmidt auf einer Intouristreise aufsucht und nach der Zukunft der russischen Psychoanalyse befragt, bekommt sie zur Antwort, daß es in der Sowjetunion keine Neurosen gebe, die eine Sorge nur kapitalistischer Länder seien; schon gar nicht käme aber eine Methode in Betracht, die sich jahrelang mit Einzelindividuen abgebe: ein Psychoanalytiker habe in der neuen Welt nichts zu suchen.[34] Auf spätere Briefe bekommt Fenichel aus der Sowjetunion überhaupt keine Antworten mehr.

Solange Sabina Spielrein als Pädologin arbeiten kann, kommt sie einigermaßen über die Runden. Doch im Sommer 1936 verabschiedet die Bolschewistische Partei eine Resolution gegen »pädologische Verzerrungen« im System des Narkompros. Pädologie und Psychotechnik werden als bürgerliche »Pseudowissenschaften« gebrandmarkt. Fachleute, die diese Richtungen vertreten, werden willkürlich angeklagt und der Unwissenschaftlichkeit bezichtigt. Nina Snitkowa – Pawels Tochter – berichtet über Spielreins berufliche Situation: »Ich wußte, sie war Psychologin. Aber dieses Wort wurde bei uns zu Hause damals nicht gebraucht. Man sagte, sie sei eine Freud-Schülerin. Das wußte ich. Ich wußte auch, wer Freud war, natürlich, meine Mutter war Ärztin, es gab zu Hause Gespräche zu diesem Thema. Wir wußten, daß sie sehr ärmlich lebte, noch schlechter als wir, weil niemand eine Pädologin brauchte. Es gab damals schon Maßnahmen dagegen. Die Pädologie galt als falsche Wissenschaft. Sie arbeitete in irgendeiner Schule als Ärztin, sie hatte da eine halbe Stelle. Das reichte gerade fürs Brot.«[35]

Es ist Nacht über Rußland geworden.

Für Isaak Spielrein sind diese Jahre angefüllt mit endlosen Überprüfungen, »Säuberungen« und »Revisionen« seiner Publikationen, seiner zahlreichen Tätigkeiten. Die psychotechnische Abteilung am Staatlichen Institut für Psychologie wird aufgehoben. Wenig später muß Isaak seine Vorlesungstätigkeit aufgeben. Seine Forschungen werden unterdrückt. Die von Spielrein betreute Zeitschrift *Psychotechnik* muß ihr Erscheinen einstellen. 1934 ist das weitverzweigte Netz psychotechnischer Institutionen bereits wieder abgeschafft. Am 25. Januar 1935 – es ist Menichas neunzehnter Geburtstag – wird Isaak Spielrein verhaftet. Die Anklage lautet auf »konterrevo-

Eva Scheftel, Sabinas jüngere Tochter

lutionäre Propaganda« und »Trotzkismus«. Außerdem hatte
Isaak – sprachversiert, wie er ist – die Kontakte mit dem Ausland
allzu gut gepflegt. Isaak wird aus der Kommunistischen Partei
ausgeschlossen und am 20. März 1935 von einem Spezialausschuß
des Volkskommissariats für Innere Angelegenheiten der UdSSR
(NKWD = Narodny Kommissariat Wnutrennich Del) zu fünf Jahren Arbeitslager verurteilt.[36] Nikolai Spielrein wird ebenfalls verhaftet, kommt aber wieder frei. Als ein gebrochener, verbitterter
Mann kehrt er nach Hause zurück.

Sabinas Töchter Renata und Eva sind beide sehr musikalisch, und
Sabina geht mit ihnen gerne ins Konzert. Renata spielt Cello. Nach
Beendigung der Schule geht sie nach Moskau, um am Konservato-
rium weiterzustudieren. Eva spielt Geige; verschiedene ehemalige Freundinnen haben ihr großes Talent bezeugt; David Oistrach
soll ihr einmal eine große Zukunft als Violinistin vorausgesagt
haben.

In diesen Jahren versucht Sabina Spielrein mehrfach, mit Olga
Snitkowa in Verbindung zu treten; sie möchte, daß die drei Töchter
sich kennenlernen. Snitkowa lehnt kategorisch ab. Sie möchte weder mit Sabina Spielrein noch mit dem Vater ihrer Tochter Nina etwas zu tun haben, doch 1937 stirbt Pawel Scheftel auf offener
Straße an Herzversagen. Für Sabina ist der Tod ihres Mannes ein
harter Schlag. Es ist ihr wichtig, daß auf seinem Schreibtisch alles
genau so bleibt, wie er es verlassen hat.

Ein halbes Jahr nach Pawels Tod macht Sabina Spielrein sich auf
den Weg nach Krasnodar, wo Olga Snitkowa mit Nina lebt. Nina
erinnert sich, daß es ein kalter Winter war und viel Schnee lag: »Ich
kam von draußen, war verfroren, wie alle Kinder waren wir rodeln.
Da klopft es, unser Eingang war unten, man mußte runtergehen, jemand hatte sie eingelassen. Unten lebte noch ein Onkel mit Frau
und Sohn ... Dann klopfte es direkt am Zimmer und eine Frau trat
ein. Man sagt, sie wäre nicht klein gewesen. Nach meiner Erinnerung und der meiner Moskauer Bekannten, die mit Eva befreundet
war, war sie klein. Vielleicht war sie schon vom Kummer gebeugt,
ich weiß es nicht. Sie trug Schuhe ohne Absätze. Der Eindruck von
ihr war gleich sehr ungewöhnlich. So zog man sich damals nicht an.
Sie trug einen langen schwarzen Rock wie meine Großmutter, so

gingen nur alte Frauen, und eine Jacke, obwohl es sehr kalt war. Und solche ... flachen Schuhe. Sicher stellte sie sich zunächst vor. Was sie sagte, weiß ich nicht mehr. Ich wurde gleich rausgeschickt, damit ich das Gespräch nicht hörte. Sie sagte meiner Mutter gleich eingangs: Pawel hat nur Sie geliebt. Und dann – das habe ich oft von meiner Mutter gehört –, daß sie verabredeten, uns miteinander bekannt zu machen. Das war 1937.«[37]

Sabina Spielrein lädt Nina zu Neujahr ein. Der Tannenbaum steht im Zimmer mit der Couch. Nina lernt Renata als eine schöne, kultivierte junge Dame im Abendkleid kennen: Renata fährt über das Wochenende zu Bekannten aufs Land. Sabina macht auf Nina großen Eindruck. Einmal beschreibt Nina sie als ein gebeugtes, vorzeitig gealtertes Weiblein, die nur solche Kleider anzieht, die man ihr geschenkt hat, dann wieder vergleicht sie Sabina mit Lidija Ginsburg, der bekannten russischen Literaturwissenschaftlerin und Memoirenschreiberin – eine grauhaarige, gebeugte Frau von ungewöhnlicher geistiger Klarheit und intellektueller Kraft. Etwas »Geheimnisvolles« sei an Sabina gewesen, meint Nina Snitkowa. Sabina habe nie über ihre Arbeit gesprochen. Einmal habe sie die Hände über den Kopf eines Mädchens gehalten, und sofort seien dessen Schmerzen verschwunden. Menicha Spielrein erinnert sich, daß Sabina mit einem Dichter in Leningrad korrespondierte. Er hatte den Spitznamen Krokodil und schickte Sabina seine Träume, die sie ihm deutete. [38]

1937 ist der Höhepunkt der »Großen Säuberungen« (1934–1939). Stalin läßt alle potentiellen und vermeintlichen Gegner in Schauprozessen anprangern, in Lager verschicken oder ermorden. Die Verhaftungen werden von Offizieren des NKWD vorgenommen. Sie haben rote Ausweise, fahren schwarze Limousinen, man nennt sie »Raben«. Sie kommen bevorzugt in der Nacht, zwischen elf Uhr und drei Uhr morgens. »Sie wissen, was das bei uns im Land für ein Jahr war«, sagt Nina Snitkowa. »Wir warteten jede Nacht, daß ein schwarzes Auto kommt und jemanden mitnimmt. Der Bruder meiner Mutter saß schon. Sie haben ihn auf Sachalin verhaftet. Er hat dort gearbeitet. Als er zurückwollte, haben sie ihn vom Schiff weg festgenommen. Er hat drei Jahre gesessen, dann wurde er freigelassen.«[39]

Isaak Spielrein hat weniger Glück. Er wird durch sieben Durchgangslager geschleust; dann bringt man ihn nach Pochka-Sudostroi in der Autonomen Republik Komi – einen Ort, der auf keiner Landkarte verzeichnet ist, den die Gefangenen in der monotonen, subarktischen Landschaft und im rauhen Klima der Taiga selber planen und aufbauen müssen.[40] Später kommt Spielrein ins Uchta-Petschora-Lager, dann ins Karaganda-Lager, den berüchtigten Karlag, wo die Häftlinge in der Landwirtschaft, in Fabriken und Fischereibetrieben arbeiten müssen. Isaak baut Straßen über Sumpf und Permafrost, er webt Matten, fährt Lastwagen. »Bitte schicke mir die Bücher, um die ich gebeten habe«, schreibt er seiner Frau. »Schicke mir neue Zeitschriften über Psychotechnik. Nur ein paar. Ich bin sicher, man wird sie mir lassen.«[41] Isaak ist überzeugt davon, daß er irrtümlich verhaftet wurde. »Bitte verliere nicht die Nerven«, schreibt er Rakhil. »Hefte Deinen Glauben an die sowjetische Justiz und Partei. Die Partei wird meinen Fall untersuchen und alles wird in Ordnung kommen. Vielleicht wird es eine Weile dauern und nicht so schnell gehen, wie Du und ich es wünschen.«[42]

Beide Eheleute richten Gesuch um Gesuch an die höchsten Staatsstellen. Isaaks Schreiben vermitteln den Eindruck, daß etwas in ihm nicht wahrhaben und verstehen will, was in der sowjetischen Gesellschaft vor sich geht. Als er aus der Bolschewistischen Partei ausgeschlossen wird, stellt er erneut ein Gesuch: »Ich bin nicht schuldig gegenüber der Partei. Während der fünfzehn Jahre, die ich Parteimitglied war, bin ich keiner Splitterpartei, Opposition oder Gruppierung beigetreten. Ich habe nie die Parteiresolutionen mißachtet.«

Isaak Spielrein möchte sich Gehör verschaffen, indem er seine – beachtlichen – Leistungen beim Aufbau der neuen Sowjetgesellschaft aufzählt: »In meiner erzieherischen, literarischen, wissenschaftlichen, organisatorischen und parteierzieherischen Arbeit wie in meinem Privatleben habe ich mich stets bemüht, den Grundsätzen der Partei zu folgen. Ich tue mein Möglichstes, um der Parteilinie sogar hier unter den schwierigen Bedingungen nachzukommen, in die ein eingekerkerter, wegen konterrevolutionärer Tätigkeit belangter Kommunist sich befindet.«[43]

Doch die Partei hat längst andere Pläne. Auf dem Kreml-Bankett 1937 zum Jahrestag der Revolution verkündet Stalin einen Trinkspruch, der auf Hitlers Pläne für den Ostfeldzug vorausweist:

daß alle »verborgenen Feinde mit Kind und Kegel bis ins letzte Glied ausgerottet« werden sollen.[44] Wenig später werden Rakhil und Menicha Spielrein dazu aufgefordert, ihre Wohnung und Moskau innerhalb von fünf Tagen zu verlassen. Am 26. Dezember 1937 wird Isaak Naphtulewitsch Spielrein vom Militärkollegium des Höchsten Gerichts der UdSSR wegen »Spionage und Teilnahme an einer konterrevolutionären Organisation« zum Tod durch Erschießen verurteilt und gleichentags hingerichtet an einem Ort, der in den Erschießungslisten mit »Moskauer Gebiet, Massengrab« angegeben wird. Jean Nikolajewitsch Spielrein, Professor am Moskauer Institut für Energetik, wird am 10. September 1937 verhaftet und am 21. Januar 1938 wegen »Teilnahme an der Demokratischen Partei« ebenfalls zum Tode verurteilt und gleichentags, mit der gleichen Ortsangabe, erschossen.[45] Emil Spielrein, Professor für experimentelle Biologie an der Universität zu Rostow, wird am 5. November 1937 verhaftet und am 10. Juni 1938 in Rostow erschossen.[46] Nikolai Spielrein stirbt am 17. August 1938 – vor Kummer.

Sabina Spielrein und Olga Snitkowa vereinbaren: Wenn eine von ihnen verhaftet werden sollte, dann wird Sabina Nina zu sich nehmen, respektive umgekehrt Olga Eva. Für den Fall, daß die Kommunisten die Kinder wegnehmen und in ein Lager schaffen wollen, versprechen die Frauen einander, ihre Kinder zu jemandem zu bringen oder sie zu verstecken.

Am 22. Juni 1941, zur Mittagsstunde in Moskau, geben Lautsprecher von allen Straßenecken bekannt, daß die deutsche Luftwaffe russische Flugplätze und Städte an der Westgrenze angreife und bombardiere. Gleichzeitig habe die Deutsche Wehrmacht an mehreren Stellen das Artilleriefeuer eröffnet und die Grenze zur UdSSR überschritten. Als Renata Scheftel diese Nachrichten hört, verläßt sie sofort Moskau und reist zu Mutter und Schwester nach Rostow. Das Leben ist hart für die drei Frauen. Sabina Spielrein ist jetzt 55 Jahre, Renata 27 Jahre, Eva 15 Jahre alt. Sabina verdient etwas als Ärztin; Renata nimmt eine Stelle als Kindergärtnerin an, und ab und zu können Eva und Renata mit Musizieren etwas dazuverdienen. Noch viele Jahre später werden Einwohner der Stadt sich an die klassische Musik erinnern, die an warmen Tagen aus dem geöffneten Fenster ihrer Wohnung dringt.

# »Der Tod ist ein Meister aus Deutschland«

*Paul Celan*

Rostow bildet als Tor zum Kaukasus mit seinen vier großen Eisenbahnlinien, mit zahllosen Wegkreuzungen nach Ost und West, nach
Nord und Süd – neben der Einnahme der Krim – ein strategisches
Ziel ersten Ranges in Hitlers Eroberungsplänen. Von hier aus soll
die Basis geschaffen werden, um das Donez-Becken, das Ruhrgebiet
der Sowjetunion, zu besetzen. Die Rostower Brücken sind wichtig
als Zugang zu den sowjetischen Ölfeldern und nach Persien, über
dessen Gebiet die einzige direkte Landverbindung und Nach-
schubstraße zwischen der Sowjetunion und ihren westlichen Ver-
bündeten verläuft.

Das »Unternehmen Barbarossa« ist von Hitler explizit als Erobe-
rungs- und Vernichtungskrieg mit rassistischer Zielsetzung geplant
worden. Und als solcher wird er von Anfang an geführt. Ziel ist
die Eroberung von »Lebensraum im Osten«; anvisiert, als Feind
schlechthin, der »jüdische Bolschewismus«. Am 27. September
1939 ist das Reichssicherheitshauptamt (RSHA) Berlin ins Leben
gerufen worden, in dem alle bisherigen Kommandostellen des SD,
der Kriminalpolizei und der Gestapo zusammengefaßt worden
sind. Das RSHA ist institutioneller Ausdruck der von Himmler vor-
angetriebenen Verselbständigung des nationalsozialistische Gewalt-
apparates und entwickelt sich unter seinem Chef, SS-Obergruppen-
führer Reinhard Heydrich, zur Schaltstelle von Unterdrückung,
Terror und Ermordung von Millionen von Menschen im In- und
Ausland. Für den geplanten Vernichtungskrieg im Osten sind vom
RSHA besondere mobile Einsatzgruppen aufgestellt worden, die –
so der einschlägige Jargon – als eine erste »Walze« mit der Durchführung der »völkischen Flurbereinigung« und – ab Sommer 1941 –
mit der »Endlösung der Judenfrage« beauftragt sind.[1] Die SS-Einsatzgruppen ermorden systematisch Juden, Sinti und Roma sowie
kommunistische Funktionäre. Die deutsche Militärverwaltung to-

leriert diese Verbrechen; an vielen Orten unterstützt die Wehrmacht die SS-Einsatzgruppen.

Die SS-Einsatzgruppe D unter SS-General Otto Ohlendorf ist mit der Durchführung von »Sonderaufgaben« in den Gebieten der südlichen Ukraine, auf der Krim und im Kaukasus betraut worden. Sie besteht aus den vier Sonderkommandos 10a, 10b, 11a, 11b sowie aus der Einsatzgruppe 12. In Ohlendorfs eidesstattlicher Erklärung bei den Nürnberger Prozessen sagte er zum Auftrag der Einsatzgruppen aus, sie sollten die eroberten Gebiete von Juden, kommunistischen Funktionären und Agenten »reinigen«: »Die letztgenannte Aufgabe sollte durch die Tötung aller erfaßten, rassisch und politisch unerwünschten Elemente gelöst werden.«[2]

Rostow am Don wird im Verlauf des Barbarossa-Feldzuges zweimal von deutschen Truppen besetzt. Am 8. Oktober 1941 ist Mariupol gefallen, die größte Stadt am Asowschen Meer – die Stadt, in der Eva Spielrein seinerzeit die Einrichtung eines jüdischen Waisenhauses mitgestaltet hat. Zehn Tage später fällt Taganrog, das Ausflugsziel jener Dampfschiffahrt auf dem Don mit Vater und Geschwistern im Sommer 1898, als Sabina zum erstenmal das Meer gesehen hatte.

Hitler hat befohlen, Rostow vor dem winterbedingten Übergang zum Stellungskrieg einzunehmen – von dort aus soll im Frühling 1942 mit neuen Operationen begonnen werden. Am 5. November 1941 rückt die 1. Panzerarmee auf Rostow vor, bleibt aber im Herbstschlamm stecken. Mit dem Einsetzen starken Frosts ab dem 13. November wird die Offensive wieder aufgenommen. Am 17. November beginnt der deutsche Angriff auf Rostow durch das III. Panzerkorps unter General von Mackensen – bestehend aus der 13. und 14. Panzerdivision und der Leibstandarte SS Adolf Hitler (LAH).

Verteidigt wird Rostow von General Remisow. In der Stadt leben zu diesem Zeitpunkt 500000 Personen, darunter viele Menschen auf der Flucht vor den deutschen Invasoren. Sabina Spielrein, Renata und Eva wohnen nach wie vor in dem Backsteinhaus an der Schaumjana uliza. Olga Snitkowa ist mit Nina von Krasnodar hierhergekommen und lebt jetzt ebenfalls in Rostow.[3]

Am 19. November 1941 wird das stark ausgebaute und schwer verminte Dorf Ssultan Ssaly nordöstlich von Rostow von der Leib-

standarte SS Adolf Hitler genommen. Am Tag darauf fällt der Rostower Flughafen. Ein LAH-Kommando in russischen Uniformen
unter SS-Sturmbandführer Heinrich Springer dringt bis zur Eisenbahnbrücke über den Don vor, die am Nachmittag besetzt wird,
während die Bevölkerung verzweifelt versucht, über den zugefrorenen Fluß zu fliehen. Angesichts fehlender Verstärkung und Angriffen der Roten Armee vom Südufer des Don muß die Brücke wenige
Stunden später wieder aufgegeben werden, und sie wird im Laufe
des folgenden Tages von russischen Einheiten gesprengt. Doch am
21. November steht das III. Panzerkorps in Rostow, und ein erbitterter Kampf um jedes Haus, um jede Straße beginnt. Dabei setzen
die deutschen Invasoren Flammenwerfer gegen »Versprengte und
Partisanen« ein. Am 22. November um 16.10 Uhr wird die endgültige Einnahme von Rostow nach Berlin gemeldet.

Die erste Besetzung hat zu erheblichen Zerstörungen in der
Stadt geführt. Die deutschen Invasoren richten nach dem üblichen
Vorgehen eine Ortskommandantur ein – ein erster Schritt zur Übernahme der städtischen Infrastruktur. Die Kontrolle über Rostow
bleibt jedoch eine relative. Es kommt häufig zu Schußwechseln, zu
Zusammenstößen mit Bewaffneten, zu Sabotageakten. Das SS-Sonderkommando 10a hat sich bei der Einnahme Rostows zwar
im Heeresgefolge befunden, ist jedoch in bewaffnete Auseinandersetzungen verwickelt worden und muß sich nach wenigen Tagen
fluchtartig nach Taganrog zurückziehen. Es hat darum nicht genügend Zeit, in Rostow – wie zuvor in Mariupol und Taganrog – die
systematische Ermordung der jüdischen Einwohnerschaft zu organisieren.[4]

Sowjetisches Störfeuer und Spähtruppaktionen im Süden der
Stadt halten jedoch an, die Angriffe russischer Truppen verstärken
sich von Tag zu Tag. Am 25. November 1941 beginnt ein konzertierter Angriff russischer Regimenter über den zugefrorenen Don,
der an dieser Stelle 1000 Meter breit ist.[5] Am 27. November 1941
erfolgt die Großoffensive der Roten Armee konzentrisch von Norden und Süden her. Am 28. November um 18.00 Uhr ergeht per
Funk der Befehl zur vorübergehenden Aufgabe von Rostow. Der
Ortskommandantur Rostow wird befohlen, die Stadt sofort zu verlassen und sich in Taganrog zu melden. Die Situation ist dermaßen
chaotisch, die Kommunikation zwischen den deutschen Einheiten

dermaßen gestört, daß Adolf Hitler am 2. Dezember persönlich im Hauptquartier der 1. Panzerarmee eintrifft. Am 8. Dezember erläßt er »Weisung 39«, welche alle weiteren Operationen auf Frühling 1942 vertagt.[6]

Sabina Spielrein und ihre beiden Töchter Renata und Eva haben die erste Okkupation Rostows überlebt. Olga und Nina Snitkowa befinden sich nach der ersten Besetzung ebenfalls noch in der Stadt.

Nina Snitkowa über die damalige Situation: »1941 sind wir nicht abgereist, wir packten es nicht, es war sehr schwierig, als die Faschisten sich der Stadt näherten. Sabina ist natürlich auch geblieben. Viele haben auch nicht geglaubt, was über die Faschisten gesagt wurde. Und Sabina, die ihr halbes Leben in Deutschland und der Schweiz verbracht hatte, glaubte es erst recht nicht. Aber sie hat über dieses Thema nie geredet. Alle hatten Angst. Die Deutschen blieben am Stadtrand von Rostow, sie standen faktisch acht Monate in den Vorstädten. Offenbar hatte es keinen Sinn anzugreifen, bevor Charkow nicht wieder genommen war.«[7]

Während der Wintermonate konzentriert die nachrichtendienstliche Tätigkeit von SS-Sonderkommando 10a sich darauf, über die allgemeine Lage und Stimmung in Rostow, über den potentiellen Widerstandswillen der Bevölkerung auf dem laufenden zu bleiben. Seine Informationen bezieht das SK 10a einerseits von eigenen Agenten, andererseits aus Verhören feindlicher Spione und Überläufer. Gemäß den »Ereignismeldungen UdSSR an den Chef der Sicherheitspolizei und SD« herrschen furchtbare Verhältnisse in Rostow. Nach Abzug der deutschen Truppen im November 1941 ist die Verwaltung der Stadt in die Hände des Volkskommissariats des Inneren (NKWD) gelangt. Zu dieser Zeit leben noch 50 000 Juden in der Stadt. Sie haben – laut SD-Berichterstattung – sämtliche kaufmännischen Berufe inne. Unter Ärzten, Apothekern und in den juristischen Berufen gebe es einen hohen Prozentsatz Juden; die Mehrzahl der Richter in Rostow sei ebenfalls jüdisch. Das NKWD – so heißt es weiter – habe »unter Heranziehung der Judenschaft Rostows« eine »große Säuberungsaktion« durchgeführt und zirka achthundert Personen erschossen, die der Kollaboration mit den

Deutschen verdächtigt wurden. Während des ganzen Winters und in der Folgezeit sei nahezu die gesamte Bevölkerung zu Zwangsarbeit an den Befestigungsanlagen um und in der Stadt herangezogen worden. Erfrierungen, Erschöpfung, Bestrafungen hätten zahlreiche Todesopfer gefordert. Die Stimmung in der Bevölkerung sei sehr gedrückt, heißt es in der ideologisch verzerrten SD-Berichterstattung, allein die jüdische Bevölkerung »habe von der Notsituation profitiert«. Aufgrund solcher »Analysen« gelangt man beim SS-Sonderkommando 10a zur Überzeugung, die Rostower Zivilbevölkerung werde sich bei einer neuerlichen Besetzung der Stadt als ungefährlich respektive kooperationswillig erweisen.[8]

Die Versorgungslage der Rostower Bevölkerung ist katastrophal. Wasser und Elektrizität funktionieren nur noch in wenigen Stadtteilen. Die Zivilbevölkerung hungert. Zivilisten dürfen keine Lebensmittel mehr kaufen. Zwangsverpflichtungen zu Befestigungsarbeiten – für die starken Verteidigungsanlagen vor der Stadt sowie die drei Ringstellungen mit breiten Minenfeldern, Panzergräben und Panzersperren – fordern ihre Opfer unter den geschwächten Menschen, die für diese harte Arbeit gerade mal 400 Gramm Brot Entlohnung erhalten. Als in einem Rostower Außenbezirk ein Aufstand gegen die unwürdigen Lebensbedingungen losbricht, greift das NKWD blutig durch. Neben den elenden materiellen Verhältnissen wird der Alltag der Menschen in der Stadt von Hausdurchsuchungen und Verhaftungen bestimmt. Als politisch verdächtig gelten dem NKWD die bevölkerungsstarke armenische Volksgruppe sowie die Volksdeutschen. Wer einer dieser Ethnien angehört – zumal alle Männer zwischen 17 und 50 Jahren – wird ins russische Hinterland deportiert. Als armenische Freunde von Sabina Spielrein aus der Stadt evakuiert werden, bieten sie an, Renata und Eva mit gefälschten armenischen Pässen aus Rostow herauszubringen: Alleine könne Sabina dann die Flucht besser gelingen. Doch Renata, jetzt eine achtundzwanzigjährige Frau, und die fünfzehnjährige Eva bleiben bei der Mutter und in Rostow.[9]

Die operativen Vorgaben des deutschen Diktators Adolf Hitler für die Sommeroffensive 1942 werden in der »Weisung 41« vom 5. April 1942 festgelegt. Der Deckname der Operation hatte zunächst »Siegfried« gelautet, war dann aber abgeändert worden in »Unternehmen Blau«.[10] Für den Vorstoß Richtung Süden besitzt die Eroberung Rostows absolute Priorität.

Nina Snitkowa: »Dann begann die Sommeroffensive. Das war im Juli [1942]. Meine Mutter schlug Sabinas älterer Tochter Renata vor, mit uns abzureisen. Das war damals sehr schwierig. [...] Und Sabina Spielrein würde es alleine schon irgendwie schaffen, das war leichter. Aber sie wollten nicht und blieben. Renata habe ich einen Tag vor unserer Abreise noch mal bei einer gemeinsamen Freundin der Mütter gesehen [...] Wir reisten ab. Wir kämpften uns durch, würde ich sagen. Später auf Pferden, durch Tschetschenien, über den Kaukasus, am Meer entlang, in die Berge von Dagestan.«[11]

Im Juli 1942 stoßen die 1. Panzerarmee, die 17. Armee mit dem LVII. Panzerkorps, die 13. und 22. Panzerdivision und die SS-Panzergrenadierdivision »Wiking« nach Rostow vor. Zusätzlich wird die Stadt großflächig bombardiert und brennt an vielen Stellen. Auch das Haus an der Schaumjana uliza, in dem Sabina Spielrein mit ihren Töchtern wohnt, wird während der furchtbaren Luftangriffe in Brand geschossen. Sabina, Renata und Eva verlieren ihre Wohnung und finden Unterschlupf in einem Keller. Am 19. Juli 1942 greifen deutsche Einheiten die Stadt von drei Seiten her an. Am 22. Juli erreichen sie das eigentliche Wohngebiet Rostows, wo die Gefechte in den unübersichtlichen Straßen- und Häuserkampf in einer verbarrikadierten Großstadt übergehen: Die Straßen sind aufgerissen, die Pflastersteine zu meterhohen Barrikaden aufgetürmt. Spanische Reiter und Minen erschweren den deutschen Truppen das Vorrücken; die Haustüren sind zugemauert, die Fenster mit Hilfe von Sandsäcken zu Schießständen ausgebaut, auf den Dächern befinden sich, gut getarnt, die Scharfschützen des NKWD. Die Kämpfe übertreffen alles Bisherige an Grausamkeit, und Rostow wird beinahe völlig zerstört. Elf Tage muß die Zivilbevölkerung in den Kellern ihrer Häuser dahinvegetieren. Am 27. Juli 1942 haben deutsche Einheiten Rostow unter ihre Kontrolle gebracht. Zu diesem Zeitpunkt befinden sich gemäß den unpräzisen Schätzungen des SS-Sonderkommandos 10a 200000 bis 300000 Einwohner in der Stadt.[12]

Als die Menschen nach elf schrecklichen Tagen in ihren Kellern die Straßen wieder betreten dürfen, sind sie »verschüchtert« und »sehr willig«, wie es in den Meldungen aus den besetzten Ostgebieten Nr. 16 heißt. »Bei der verbleibenden Bevölkerung ist die Wirkung der sowjetischen Propaganda noch spürbar, die Furcht vor der Rückkehr der Sowjets schwindet indessen zunehmend.«[13]

Diese SD-Version steht im Gegensatz zu dem als »Streng geheim« klassifizierten Dokument »Schriftlicher Bericht. Über die Greueltaten der deutschen faschistischen Okkupanten in der Stadt Rostow am Don während der Besatzung an den Sekretär des Rostower regionalen Komitees der Allunions-KP der Bolschewiki, Genosse Dwinski«. Auf den ersten Seiten dieses Berichts werden Mißhandlungen und willkürliche Morde der deutschen Besatzer an der Rostower Zivilbevölkerung beschrieben: Zum Beispiel werden Zivilisten in einem Schulhaus zusammengetrieben, die Faschisten markieren eine Scheinexekution und fotografieren anschließend die in Panik geratenen Menschen. Ein vierzehnjähriger Junge wird erschossen, weil in seiner Hosentasche drei Patronen entdeckt worden sind. Als ein getöteter Wehrmachtsangehöriger aufgefunden wird, nehmen die deutschen Besatzer 35 Einwohner als Geiseln und erschießen sie.[14]

Obersturmbannführer Heinz Seetzen, Führer des SS-Sonderkommandos 10a, ist mit zwanzig Mann seines Kommandos – und zusätzlich dreißig italienischen Soldaten, die sich auf Mussolinis Wunsch hin »bewähren« sollen – mit der kämpfenden Truppe in Rostow einmarschiert. Hier besetzt er eine alte, in der Nähe des Hotels Rostow am Budenow-Prospekt gelegene Villa als Dienstsitz. Die mit »Geheim« gestempelte Berichterstattung der Einsatzgruppe D erfolgt penibel und in anonymer Verwaltungssprache: »Die den Verbänden des Heeres angeschlossenen Sonder- und Einsatzkommandos der Einsatzgruppe D sind seit Beginn der Angriffsunternehmungen im Südabschnitt der Ostfront zur sofortigen Durchführung der sicherheitspolitischen Aufgaben mit der Truppe zum Vormarsch angetreten. Die sicherheitspolitische Arbeit in den neugewonnenen Räumen hat daher in vollem Umfang eingesetzt. [...] Von den Juden Rostows ist nur ein geringer Teil in der Stadt zurückgeblieben. Die ersten Maßnahmen zur Erfassung sind eingeleitet.«[15]

Neben den Willkürakten der Invasoren gegen die Zivilbevölkerung geht das SK 10a gezielt gegen Juden und Kommunisten, gegen Rotarmisten, psychisch Kranke und »Verdächtige« vor. Wie bei »Säuberungsaktionen« üblich, werden die Zielgruppen zuerst registriert, dann zu Sammelstellen gebracht und ermordet.

Anders als in vielen osteuropäischen Städten und im ehemaligen Ansiedlungsrayon, wohnt die jüdische Bevölkerung Rostows nicht in gesonderten Wohnquartieren oder Ghettos, sondern über die ganze Stadt verstreut. Zurück geblieben sind vor allem Alte und Kranke, Frauen und Kinder. Dazu sind viele Juden nach Rostow gekommen, die auf der Flucht vor deutschen Truppen in die Stadt geraten sind.[16] Am 1. August 1942 wird vom SS-Sonderkommando 10a ein jüdischer Ältestenrat organisiert. Am 4. August läßt Seetzen in der ganzen Stadt Plakate anbringen. Auf ihnen wird den Juden von Rostow mitgeteilt, daß sie unter dem Schutz des deutschen Kommandanten stünden, daß sie unbesorgt in der Stadt leben könnten, sich aber durch eigens in jedem Stadtteil eingerichtete Registrierungsstellen registrieren lassen müßten. Um die jüdische Bevölkerung zu täuschen, läßt Seetzen den Aufruf vom Vorsitzenden des »Rates der Ältesten« unterzeichnen, von Dr. Lurje, vormaliger Direktor des Hauses für Gesundheitsvorsorge [Sanitätswesen]. Diese Registrierung nimmt etwa fünf Tage in Anspruch. Sie wird – gemäß dem Geheimbericht an Genosse Dwinski – von eigens dafür von den Invasoren eingesetzten Juden durchgeführt und umfaßt Angaben zu Familiennamen, Vornamen, Vatersnamen, Geburtsjahr, Nationalität, Arbeitsort und Beruf, zur Wohnadresse.[17]

Das SK 10a bleibt derweil nicht untätig. Bis zum 2. August 1942 sind bereits 700 Personen verhaftet worden, davon werden 400 »liquidiert«, vor allem »versprengte Partisanen und Parteileute«.[18]

Anna I. Jewstafjewa, Oberärztin an der Staatlichen Psychiatrischen Klinik in Rostow, und M. K. Baschmakowa, Sanitäterin an derselben Klinik, berichten übereinstimmend: Am 2. August 1942 sind drei Deutsche ins Spital gekommen, wo sich zu diesem Zeitpunkt 72 schwerkranke Patienten befanden. Einer der Deutschen spricht sehr gut Russisch und stellt sich als Spezialist für Neuropsychologie vor. Nach einem Rundgang durch die Klinik schlägt der deutsche Arzt vor, eine Liste mit den Namen aller psychisch Kranken zusammenzustellen; er werde am 3. August kommen, um die Liste abzuholen. Am 3. August etwa um 2 Uhr nachmittags fahren zwei große Lastwagen beim Spital vor. Der deutsche Arzt erscheint in Begleitung von bewaffneten Soldaten und fordert die Oberärztin auf, dem medizinischen Personal Anordnung zu geben, die Kranken zu holen und in die Lastwagen zu setzen. Auf die Frage, wohin sie gebracht werden, antwortet der Deutsche, daß er das später mitteilen werde. Sobald die Kranken in den Lastwagen sind, durchsuchen die Deutschen alle Zimmer und Ecken im Spital und fahren dann ab. Ab dem nächsten Tag wird das Spital als Heim für deutsche Kommandanten benutzt.

Jewstafjewa sagt aus, sie habe danach erfahren, daß es sich bei den Lastwagen um *duschegubki* handelte, um die berüchtigten Gaswagen, die von der Einsatzgruppe D ab Ende 1941 benutzt wurden.[19]

Sobald alle jüdischen Menschen in Rostow registriert sind, wird ein zweites Plakat angeschlagen (siehe S. 297).

Am 11. August 1942 morgens um 8 Uhr kommen die Menschen mit jüdischer Nationalität in Gruppen oder allein, mit Kindern im Schulalter und Kleinkindern, mit Kranken und Alten zu den Versammlungspunkten. Sabina Spielrein und ihre Töchter sind im Stadtteil Andrejewski zu Hause; der dafür bestimmte Sammelplatz 2 befindet sich an der Sozialistitscheskaja 90, der ersten Parallelstraße südlich der Schaumjana uliza, Richtung Don.

Die Hausfrau Lina Jakowlewna Prawdijewa, wohnhaft im Stadtteil Andrejewski, eine Augenzeugin der Vorbereitungen für den Massenmord an Sammelstelle 2, hat ausgesagt:
»Am 9. August 1942 haben die Deutschen angeordnet, daß alle Juden am 11. August mit ihren Wertsachen und den Wohnungsschlüsseln an den Versammlungspunkten erscheinen müssen. An diesem Tag versammelten sich die Juden an den Sammelstellen (im Hof der Schule Ecke Sozialistenstraße und Gazednaja Gasse). Den Ankommenden wurden die Sachen und Schlüssel weggenommen, die auf einen Haufen gelegt wurden, und die Juden wurden in eine

*Aufruf an die jüdische Bevölkerung der Stadt Rostow*

In den letzten Tagen ereigneten sich mehrere Fälle von Gewalt gegen die jüdische Bevölkerung von seiten nichtjüdischer Einwohner. Auch in Zukunft kann nicht garantiert werden, daß solche Fälle nicht mehr vorkommen, solange die jüdische Bevölkerung auf die verschiedenen Stadtteile verstreut lebt. Die deutschen Polizeiorgane, die bisher diese Gewalttätigkeiten nach Möglichkeit zu verhindern suchten, sehen keinen anderen Ausweg zu deren Vermeidung, als die Juden in einem gesonderten Stadtteil zu konzentrieren. Deshalb werden alle Juden der Stadt Rostow am Dienstag, 11. August 1942, in einen eigenen Rayon gebracht, wo sie vor feindlichen Akten sicher sind. Um diese Maßnahme durchzuführen, müssen alle Juden beiderlei Geschlechts und jeglichen Alters sowie Personen aus jüdisch-nichtjüdischen Mischehen am Dienstag, 11. August 1942, bis 8 Uhr morgens an den entsprechenden Versammlungsorten erscheinen. Für die einzelnen Stadtteile gelten die folgenden Orte:

| Nr. | Stadtteil (Rayon) | Versammlungsort (Straße/Nr.) |
|---|---|---|
| 1. | Kirowski | Puschkinskaja 137/139 |
| 2. | Andrejewski | Sozialititscheskaja 90 |
| 3. | Leninski und Schelesnodoroschny | Engelsa 60 |
| 4. | Oktjabrski | Prosweschtschenskaja 23/73 |
| 5. | Proletarski u. Stalinski | 20. Linie 14/ Ecke Murlitschewskaja |
| 6. | Ordschonikidsewski | Stanislawskogo 188 |

Alle Juden müssen ihre Dokumente mitbringen und die Schlüssel zu ihren bisherigen Wohnungen an den Versammlungsorten abgeben. Am Schlüssel muß mit Draht oder Schnur ein Kartonschild mit dem vollen Namen und der genauen Adresse des Wohnungsinhabers befestigt sein.

Den Juden wird empfohlen, Wertsachen und Bargeld sowie das nötigste Handgepäck mitzunehmen. Wie die restlichen Sachen umgezogen werden, darüber wird später informiert.

Die reibungslose Durchführung dieser Verordnung liegt im Interesse der jüdischen Bevölkerung selbst. Jeder, der ihr und den entsprechenden Weisungen des »Rates der Ältesten« zuwiderhandelt, muß mit den unvermeidlichen Folgen rechnen.

Für den jüdischen Rat der Ältesten – Dr. Lurje[20]

andere Seite des Hofes getrieben. Nach einer Weile kamen deutsche Fahrzeuge bei der Schule an, in welche die Juden hineingestoßen wurden. Falls irgendein alter Mensch oder ein Kind nicht schnell genug einsteigen konnte, wurde er geschlagen und mit den Beinen voran ins Auto hineingestoßen.

Der bekannte Arzt-Therapeut Ingall Moishe Markowitsch hat beim Einsteigen ins Fahrzeug sein Gepäckstück genommen und wollte sich entfernen. Der Deutsche lief schnell zu ihm hin, nahm ihm sein Gepäck ab und hat ihn gezwungen einzusteigen. Als Doktor Ingall mit Mühe eingestiegen war und aus dem Auto herausschauen wollte, hat der deutsche Soldat mit der Faust so fest auf ihn eingeschlagen, daß seine Mütze fortflog. Die vollen Fahrzeuge mit den Juden haben die Deutschen in Richtung ›Arbeitsstädtchen‹ gefahren.«[21]

Daß es nicht um Schutz, sondern um Vernichtung geht, ist bald klar. Manche der Betroffenen begehen Selbstmord. Andere versuchen, sich in ihren Wohnungen zu verbarrikadieren. Die meisten fügen sich. Wer sich weigert oder zu schwach ist, um an die Sammelstellen zu kommen, wird »abgeholt«. Von den Sammelplätzen in der Stadt fahren die Wagen unablässig in nordwestlicher Richtung davon, wo sich in 5 Kilometer Entfernung das Dorf »2-ja Smijowka« und Smijewskaja Balka, die Schlangenschlucht, befinden.[22]

Ganz in der Nähe der Schlucht befand sich ein leerstehendes Haus inmitten einer Grünanlage. Leo Maar, Volksdeutscher, in der Ukraine geboren, war als Dolmetscher für das SS-Sonderkommando 10a tätig gewesen.

Er hat 1965 und 1966 im Ermittlungsverfahren der Staatsanwaltschaft beim Landgericht München I gegen Heinz Seetzen ausgesagt. Die Sprache der Vernehmungsprotokolle bezeugt die »Alltäglichkeit« des Mordens.

Leo Maar hat ausgesagt:

»Es handelte sich um ein einstöckiges Haus. Ich habe drei Räume in Erinnerung, die augenscheinlich schon vorbereitet worden waren. In jedem Raum standen ein Tisch und eine Kiste. Letztere in einem Ausmaß von einem Meter mal 50/50 Zentimeter. Das Haus hatte eine rückwärtige und eine vordere Tür. In jedem Zimmer waren zwei Fenster. An den beiden erwähnten Tischen stand je ein Hocker. Ansonsten waren die Räume dieses Hauses völlig leer. Der Sachbearbeiter, ein SS-Oberscharführer [...], dem ich dort zugeteilt war, wies mich an Ort und Stelle kurz in meine Tätigkeit ein. Der Oberscharführer sagte: ›Jetzt kommen die Leute gleich herein, sage ihnen, daß sie an meinem Tisch die Wertsachen abgeben und sich dann in einer Ecke des Zimmers ausziehen sollen. Sie kommen dann in eine Badeanstalt, werden neu eingekleidet und kommen dann weiter in ein Arbeitslager.‹ Diese Worte habe ich dann später den ankommenden Juden, daß es solche waren, davon konnte ich mich überzeugen, auch übersetzt.«[23]

Im Vorraum des Hauses wurden die hereinkommenden Juden getrennt in Männer und in Frauen mit Kindern. Leo Maar befand sich in dem Zimmer für Frauen:

»Ich habe nun auf Weisung des erwähnten Oberscharführers die Frauen aufgefordert, ihre Wertgegenstände, wie Ringe, Uhren, Gold und Geld, auf den Tisch zu legen. Das taten die Frauen in der Mehrzahl auch ohne jeden Widerstand, und der am Tisch sitzende Oberscharführer hat diese Dinge dann in die neben ihm stehende Kiste gelegt. Ich wies die Frauen dann an, in eine Ecke des Zimmers zu gehen und sich dort auszuziehen. Hierbei galt es natürlich, den Frauen begreiflich zu machen, daß sie es tun mußten, wenngleich sie sich schämten. Wenn es dann nicht so ging, wie es sollte, brüllte mich und die Juden der Oberscharführer an, so daß diese sich erschrocken schnell auszogen, obwohl sie die Worte des Oberscharführers nicht verstanden hatten. Die Lautstärke allein war es, die sie erschrecken ließ.

Es kamen jeweils immer 8 bis 10 Frauen mit ihren Kindern, sofern sie welche hatten, in den Raum, lieferten die Wertsachen ab, entkleideten sich und gingen dann wieder durch die gleiche rückwärtige Tür hinaus [...] Die Zeit, während der diese Juden, in meinem Falle Jüdinnen, dort in meiner Gegenwart ihre Wertsachen abgaben und sich entkleideten, dauerte vom frühen Vormittag bis zum Nachmittag. Es sind während dieser Zeit mehrere hundert Leute bei mir durchgelaufen. Es wurde uns seinerzeit nicht einmal Zeit gelassen, Mittag zu machen. Ich war erstaunt, wieviel Schmuck zusammengekommen war. Die Juden hatten teilweise sehr wertvolle Sachen bei sich. Ich erinnere mich in diesem Zusammenhang an eine schon ältere Frau, die ihren Büstenhalter abnahm und auf den Boden warf. Hierbei hörte man einen harten Gegenstand klingen. Der Oberscharführer wies mich an, ihm den Büstenhalter zu bringen, was ich auch getan habe. Der Oberscharführer riß ihn auf und fand eine ganze Menge goldener Rubelstücke vor. Er erboste sich sehr, daß die Juden so viel Gold hatten.

Als einmal eine kleine Pause während unserer Tätigkeit eintrat, sah ich durch die rückwärtige Tür des Hauses, und ich bemerkte, daß eine hohe Mauer am Haus entlangführte. In dieser Mauer war eine Tür, und hinter der Mauer, das konnte ich sehen, hielten Lastwagen.«[24]

Die entkleideten, beraubten Menschen mußten durch diese Tür gehen, wurden hinter der Mauer auf die Lastwagen geladen und abtransportiert.

Als Vorbereitung für den Massenmord wurden gefangene Soldaten der Roten Armee und verhaftete Parteileute von den deutschen Besatzern dazu gezwungen, fünf Kilometer nordwestlich von Rostow, wenige hundert Meter vom Dorf »2-ja Smijowka« entfernt, dreizehn Gruben auszuheben – mit den Ausmaßen 3 mal 5 mal 7 Metern.

Beloded Ignat Stepanowitsch, ein Dorfbewohner, hat ausgesagt: »Am 10. August um 6 Uhr abends wurde allen Bewohnern, auch mir, vorgeschlagen, das Dörfchen am 11. August von 7 Uhr morgens bis 19 Uhr abends zu verlassen. Begründet wurde das mit einer Schießübung. Es wurde gesagt, daß erschossen würde, wer dem Befehl nicht Folge leiste.«

Am Abend des 11. August, auf dem Heimweg ins Dorf, hat Stepanowitsch folgende Beobachtungen gemacht:

»Bei dem Dorf 2S sah ich auf dem Weg zum Wäldchen eine Partei von Frauen und Kindern mit etwa 150/200 Personen. Als ich dies sah, begriff ich sofort, wofür wir aus dem Dorf entfernt worden waren und wohin die ganze Kolonne von Frauen und Kindern getrieben wurde, und das auch, weil ich den Lärm von Gewehrschüssen hörte. Auf der Straße fuhren außerdem die mit Menschen voll besetzten Wagen.

Etwa am 14. August ging ich zu diesem Wäldchen, wo ich die Schießerei gehört hatte, und sah, daß die Gruben voll mit Leichen gestopft waren, die nur leicht mit Erde bedeckt waren, über denen man Rinnsale von Blut sah.«²⁵

Eine andere Dorfbewohnerin, Uljana Timofejewna Kirejewa, sagt aus:

»Ich ging weg, aber mein Mann Kirejew I. K. blieb im Dorf, und von ihm habe ich erfahren, daß die deutschen Mörder bis spät in der Nacht vom 11. August ein ungeheures Gemetzel am jüdischen Volk der Stadt Rostow begingen. Mein Mann erzählte mir, daß alle Juden im Wäldchen ausgezogen wurden, zum Graben getrieben und aus kurzer Distanz erschossen wurden. Es wurden auch die Frauen und Kinder und Ältere erschossen, die [lebendigen] Kinder wurden von den Okkupanten nach den erschossenen Müttern in den Graben gestoßen. Nach dem Tag des Massenmordes haben die Okkupanten bis zum September 1942 immer wieder die Menschen mit mehreren Wagen zum Wäldchen gebracht, wo sie ebenfalls am Graben erschossen wurden. Seit Beginn des Massenmordes bis zum September 1942 wurden von deutschen faschistischen Ungeheuern im Dorf 2S bis zu 13 000 sowjetische Menschen erschossen. All diese Menschen wurden in den im voraus vorbereiteten Gruben begraben, danach wurden auch die Festgenommenen erschossen [damit sind die Häftlinge gemeint, welche die Gruben gegraben hatten = Vernichtung der Zeugen]. Es gibt sieben solche Gruben, die mit sowjetischen Staatsangehörigen gefüllt wurden.«²⁶

Am folgenden Tag, dem 12. August 1942, wurde das Morden fortgesetzt. Jetzt kamen auch *duschegubki*, umgebaute, als Wohnwagen getarnte Lastwagen zum Einsatz, in die fünfzig respektive achtzig Personen hineingepfercht wurden. Das Innere der Laster war hermetisch abgeschlossen, und die Menschen wurden von den hereingeleiteten Abgasen langsam und qualvoll erstickt.

Die Augenzeugin Witwe I. Filjenko sagt aus:

»Neben den Erschießungen wurden von deutschen Mördern Hunderte und Tausende von Menschen in speziellen Fahrzeugen – ›Duschegubki‹ – umgebracht. Die Fahrzeuge sahen aus wie Busse ohne Fenster und faßten etwa fünfzig Personen. Nachdem die Duschegubki zum Erschießungsplatz gekommen waren, standen sie etwa zwanzig Minuten mit laufendem Motor. Danach wurden die Türen im hinteren Teil des Wagens aufgemacht, woraus dunkler Rauch kam. Nachdem der Rauch sich verzogen hatte, wurde das Fahrzeug mit dem hinteren Teil zur Grube gefahren und die nackten Leichen von Frauen und Männern hinausgezerrt und in die Gruben geworfen. Nach meinen Beobachtungen haben die deutschen Okkupanten zwischen zweitem und zehntem August im Dorf 2S mehr als viertausend Menschen erschossen oder durch Duschegubki getötet.«[27]

Auch am dritten Tag wurde die sogenannte »Aktion« fortgesetzt. Danach begannen die »Nachsäuberungen«, denen ebenfalls zahlreiche Menschen zum Opfer fielen: Juden, Kommunisten, erkrankte Rotarmisten, streunende Jugendliche.

Nach der Vertreibung der deutschen Truppen 1943 aus Rostow durch die Rote Armee haben Olga und Nina Snitkowa versucht, Informationen über das weitere Schicksal von Sabina Spielrein, Renata und Eva einzuholen. 1944 reiste Nina Snitkowa eigens dafür nach Rostow.

Nina Snitkowa sagt aus:

»Unsere Wohnungsnachbarin, die Sabina und die Töchter und auch meinen Vater gut gekannt hatte, wie das eben im Süden ist, man kennt sich, da sich das Leben auf den Höfen abspielt, weshalb ja auch meine Mutter so Angst wegen mir hatte. Und diese Nachbarin hat erzählt, sie hätte gesehen, wie die Juden in großer Zahl die Gartenstraße, die Hauptstraße, damals hieß sie Engels-Straße, entlanggetrieben worden waren. Die Leute standen natürlich auf den Bürgersteigen. Sie hat gesehen, daß auch Sabina Spielrein darunter war. Sie hatte die Töchter Eva und Renata bei sich, die sie stützten. Wir dachten immer, sie hätten sie zur Schildkrötenschlucht [auch Schlangen- oder Drachenschlucht] getrieben. 1981 war ich dort, ich bin extra deshalb hingefahren. Erst war dort gar nichts. Wie in Kiew. Verscharrt und Schluß. 70000 übrigens. Als ich dort war, stand dort schon ein Denkmal für alle, die dort umgekommen sind – Partisanen, Russen, die erschossen worden waren, aber die meisten waren natürlich Juden.«[28]

Im Holocaust-Archiv der Gedenkstätten Yad Vaschem in Jerusalem gibt es je einen Formularbogen zum Tod von Sabina Spielrein, Renata Scheftel und Eva Scheftel – diese wurden im Oktober 1995 von Valeria Elwowa ausgefüllt, einer Schulfreundin von Eva Scheftel. Bei den Fragen nach Zeit, Ort und Ursache des Todes gibt Elwowa die Auskunft »1942, gestorben mit allen Juden, Rostow am Don«.[29]

# Epilog

Am Yom Ha Shoa-Gedenktag vom 19. April 2004 sind die Mitglieder der jüdischen Gemeinde von Rostow am Don mit Rabbiner Chaim Fridman zur Smijewskaja Balka gegangen. Sie haben Kerzen angezündet und das Kaddisch gebetet, das Gebet um Frieden. Dann sind zwei Listen vorgelesen worden. Auf der einen Liste stehen die Namen der Opfer des Massenmordes an den Rostower Juden. Auf der anderen Liste stehen die Namen derjenigen, die den Mördern geholfen haben.

Am 20. Oktober 2002 ließ die Stadtverwaltung von Rostow am ehemaligen Haus der Spielreins in der Puschkinskaja eine Gedenktafel für die »Psychoanalytikerin Sabina Spielrein« anbringen.

Am 19. April 2003 ist in der Schlangenschlucht eine Eiche für Sabina Spielrein gepflanzt worden, so wie sie es sich in ihrem »Letzten Willen« 1904 im Burghölzi gewünscht hatte.

Anhang

# Editorische Notiz

Die Datierung von Quellentexten folgt dem jeweiligen Original, dabei ist zu beachten, daß in Rußland bis Februar 1918 der Julianische Kalender galt, der gegenüber dem Gregorianischen Kalender im 19. Jahrhundert um 12 Tage und im 20. Jahrhundert um 13 Tage nach hinten verschoben war.

Die Namen werden zur besseren Übersicht für den Leser vereinheitlicht. Russische Namen und Wörter folgen, wo sich im Deutschen nicht eine andere Schreibweise eingebürgert hat, im wesentlichen der Transkription nach Duden und nicht der Transliteration.

Der Zugang zu den Quellentexten ist nicht in allen privaten Archiven möglich; einige Dokumente unterliegen Begrenzungen beim Zitieren. Wann immer möglich, wurde auf die Quellentexte zurückgegangen.

Unbedeutende Schreibfehler in den zitierten Texten sind stillschweigend korrigiert worden, wobei darauf geachtet wird, Besonderheiten – wie etwa Spielreins Umgang mit der Fremdsprache Deutsch – beizubehalten. Auslassungen und Anmerkungen der Autorin sind durch eckige Klammern gekennzeichnet.

Die nachgelassenen Schriften von Sabina Spielrein befinden sich in einer Genfer Privatwohnung. Es ist geplant, sie nächstens einem öffentlichen Archiv zu übergeben.

# Verzeichnis der Abkürzungen

| | |
|---|---|
| Barch | Bundesarchiv Berlin, Abt. Reich |
| CAR | Aldo Carotenuto. Tagebuch einer heimlichen Symmetrie. Sabina Spielrein zwischen Jung und Freud. Freiburg i. Br. 1986 |
| Copierbuch | StAZ. P.U.K. Z99 Copierbuch [plus Bandnummer] |
| GW | Sigmund Freud, Gesammelte Werke |
| GWJ | C. G. Jung, Gesammelte Werke |
| IJJR | Institut J.-J. Rousseau, Genf |
| Imago | Imago. Zeitschrift für Anwendung der Psychoanalyse auf die Geisteswissenschaften |
| IPV | Internationale Psychoanalytische Vereinigung |
| IZP | Internationale Zeitschrift für ärztliche Psychoanalyse: offizielles Organ der Internationalen Psychoanalytischen Vereinigung (1913–1919); ab 1920: Internationale Zeitschrift für Psychoanalyse: offizielles Organ der Internationalen Psychoanalytischen Vereinigung |
| Jahrbuch | Jahrbuch für psychoanalytische und psychopathologische Forschungen |
| KG | StAZ. P.U.K. Krankengeschichte [plus Nummer] |
| LAH | Leibstandarte SS Adolf Hitler |
| NEP | Neue Ökonomische Politik [Lenin] |
| NKWD | Volkskommissariat für Innere Angelegenheiten der UdSSR |
| P.U.K | Psychiatrische Universitätsklinik Burghölzli, Zürich |
| RB | Rundbriefe des »Geheimen Komitees« |
| RPV | Russische Psychoanalytische Vereinigung |
| RSHA | Reichssicherheitshauptamt, Berlin |
| Sk 10a | SS-Sonderkommando 10a |
| StAnw | Staatsanwaltschaft |
| StAZ | Staatsarchiv des Kantons Zürich |
| StZ | Stadtarchiv Zürich |
| WPV | Wiener Psychoanalytische Vereinigung |
| WW | Irene Wackenhut/Anke Willke. Sabina Spielrein. Mißbrauchüberlebende und Psychoanalytikerin. Eine Studie ihres Lebens und Werkes unter besonderer Berücksichtigung ihrer Tagebücher und ihres Briefwechsels. Anhang A: Übersetzung und Edition der bisher unveröffentlichten Schriften (I. Wackenhut), Dissertation aus der Abteilung Geschichte der Medizin der Medizinischen Hochschule Hannover. Hannover 1994 |

# Anmerkungen

## Prolog

1 Vgl. Elisabeth Márton. *Ich hiess Sabina Spielrein.* Dokumentarfilm, 90 Minuten. IDÉ Film Felixson LTD Stockholm, Schweden, Schweiz, Dänemark, Finnland 2002

2 Vgl. Christopher Hampton. *The Talking Cure.* London/New York 2002

3 Vgl. Sabina Spielrein. *Ausgewählte Schriften.* Hg. von Günter Bose/ Erich Brinkmann. Berlin 1986; dies. *Die Destruktion als Ursache des Werdens.* Tübingen 1986; dies. II. *Sämtliche Schriften.* Freiburg i. Br. 1987

4 Vgl. Bernhard Minder. »Sabina Spielrein. Jungs Patientin am Burghölzli«. In: *Luzifer-Amor. Zeitschrift zur Geschichte der Psychoanalyse,* Jg. 7, Heft 14, 1994: 55–127

5 Vgl. Irene Wackenhut/Anke Willke. Sabina Spielrein. Mißbrauchüberlebende und Psychoanalytikerin. Eine Studie ihres Lebens und Werkes unter besonderer Berücksichtigung ihrer Tagebücher und ihres Briefwechsels. Anhang A: Übersetzung und Edition der bisher unveröffentlichten Schriften (I. Wackenhut). Dissertation aus der Abteilung Geschichte der Medizin der Medizinischen Hochschule Hannover. Hannover 1994. Die Dissertation enthält Materialien, die Aldo Carotenuto in seinen Publikationen (1982, 1984, 1986) nicht verwendet hat. Teile dieser Materialien sind außerdem veröffentlicht bei: Sabina Spielrein. *Ausgewählte Schriften.* Hg. von Günther Bose/Erich Brinkmann. Berlin 1986; Sabina Spielrein. »Extraits inédits d'un journal. De l'amour, de la mort, de la transformation.« Aus dem Deutschen von Jeanne Moll. In: *Le Bloc-Notes de la Psychanalyse,* no 3, 1983: 147–170; auf englisch: Sabina Spielrein. »Unedited extracts from a diary.« With a prologue by Jeanne Moll. In: *Sabina Spielrein. Forgotten Pioneer of Psychoanalysis.* Ed. by Coline Covington/Barbara Wharton. Hove/New York 2003: 15–31; Sabina Spielrein. »Les vents«. In: *Patio* I 1983: 84–87; Zvi Lothane. »Tender Love and Transference. Unpublished letters of C. G. Jung and Sabina Spielrein.« In: *International Journal of Psychoanalysis,* vol. 80, 1999: 1189–1204. Der Einheitlichkeit halber wird hier stets aus Wackenhut/Willke zitiert, im folgenden als WW bezeichnet.

6 Sabine Richebächer. »›Bist mit dem Teufel du und du und willst dich vor der Flamme scheuen?‹ Sabina Spielrein und C. G. Jung: Ein verdrängtes Skandalon der frühen Psychoanalyse.« In: Thomas Sprecher (Hg.). *Das Unbewusste in Zürich. Literatur und Tiefenpsychologie um 1900.* Zürich 2000: 147–187

# I
## Eine Kindheit in Rußland

### 1
### Nikolai Moschkowitsch Spielrein –
### Vom Landwirtssohn zum Großkaufmann

1 Vgl. 12. Januar 1917, Brief Eva Spielrein an Sabina Spielrein, Genf. Die Familienbriefe sind mit Ausnahmen auf russisch geschrieben.

2 Vgl. Karin Huser Bugmann. *Schtetl an der Sihl. Einwanderung, Leben und Alltag der Ostjuden in Zürich.* Zürich 1998: 35 ff.; Heiko Haumann. *Geschichte der Ostjuden.* München 1990: 14 ff.7

3 Vgl. Simon Dubnow. *Mein Leben.* Berlin 1937

4 Vgl. Karl Heinz Günther, Franz Hofmann, Gerd Hohendorf. *Geschichte der Erziehung.* Berlin 1976: 469 ff.

5 Vgl. Desanka Schwara. *»Ojfn weg schtejt a bojm«. Jüdische Kindheit und Jugend in Galizien, Kongreßpolen, Litauen und Rußland 1881–1939.* Köln 1999; Monica Rüthers. *Tewjes Töchter. Lebensentwürfe ostjüdischer Frauen im 19. Jahrhundert.* Köln/Weimar/Wien 1996

6 Vgl. Isaak Spielrein. »Zur Aussprache und Transkription des Jüdischen«. In: *Der Jude. Eine Monatsschrift.* Hg. von Martin Buber. 2. Jg., H. 1/2, April/Mai 1917: 286

7 Vgl. Andreas Nachama, Gereon Sievernich. *Jüdische Lebenswelten.* Katalog. Frankfurt/M. 1991: 13

8 Vgl. Nachama a.a.O. 10 ff.

9 Unter welchen Umständen Naphtul Spielrein und Eva Lublinskaja sich kennengelernt haben, ist nicht bekannt, aber es ist zu vermuten, daß es sich zeit- und traditionsgemäß um eine arrangierte Ehe handelt. Sabina Spielrein schreibt dazu: »Er wurde ihr vom Großvater zugeführt. Warum? Den Großeltern imponierte seine Intelligenz und seine Frömmigkeit.« 18. Oktober 1910, Tagebuch Sabina Spielrein. In: Aldo Carotenuto (Hg.). *Sabina Spielrein. Tagebuch einer heimlichen Symmetrie. Sabina Spielrein zwischen Jung und Freud.* Freiburg i. Br. 1986: 62; im folgenden als CAR zitiert.

10 So entfielen im Jahr 1903 1 320 200 Tonnen auf Weizen, Roggen, Gerste, Hafer – und das bei einem Gesamtexportvolumen von 1 344 340 Tonnen.

11 Chaim Weizmann. *Memoiren. Das Werden des Staates Israel.* Zürich 1953: 112 f.

12 Vera Weizmann. *The Impossible takes longer.* New York/Evanston 1967: S. 91 (Übersetzung aus dem Englischen SR)

13 Vgl. Magnus Ljunggren. »Sabina und Isaak Spielrein.« In: *On the Verge. Russian Thought Between the Nineteenth and the Twentieth Centuries.* Ed. by Fiona Björling. Lund 2001: 79 f.

2

Eva Lublinskaja –
Eine Pionierin des Frauenstudiums in Rußland

1 Der jüdische Name für Eva ist Khave. Zur einfacheren Lesbarkeit wurden hier die Namen vereinheitlicht.
2 Vgl. 17. April 1900, WW: 160. Vgl. auch 29. August 1918, Ärztliches Attest von Dr. Zeitlin, Genf. (Hausarzt der Spielreins)
3 Vgl. 18. Oktober 1910, CAR 60f.
4 Vgl. Haumann a.a.O. 51ff.
5 Vgl. 18. Oktober 1910, CAR 61
6 Vgl. 18. Oktober 1910, CAR 61
7 Vgl. 18. Oktober 1910, CAR 62
8 Was das für eine Pioniertat war, läßt sich daran ablesen, daß im Russischen Reich am Ende des 19. Jahrhunderts drei Viertel der Gesamtbevölkerung – bei den Frauen sogar 86,9 % – Analphabeten sind. Vgl. Daniela Neumann. *Studentinnen aus dem Russischen Reich in der Schweiz (1867–1914)*. Zürich 1987: 42ff.
9 Vgl. 18. Oktober 1910, CAR 62
10 Vgl. 23. September 1909, CAR 43f.
11 Vgl. 19. November 1918, Nikolai Spielrein an Sabina Spielrein, Genf
12 Interview Regine Kühn mit Nina Snitkowa: 26, Petersburg 2000; mit freundlicher Genehmigung von Regine Kühn und Eduard Schreiber. Nina Snitkowa ist die uneheliche Tochter von Pawel Scheftel, Sabina Spielreins Ehemann.

3

Große Göttin, Alchimistin, Angstanfälle –
Eine Kindheit in Südrußland

1 Vgl. Geburtsregister jüdische Gemeinde, Rostow. GARO, Fonds 72, Inventar 2, Akte 17
2 Vgl. 8. November 1917, Eva Spielrein an Sabina Spielrein, Genf
3 Vgl. 18. August 1904, Krankenakte Spielrein, StAZ. P.U.K. KG 8793: 2f.; im folgenden als KG 8793 zitiert
4 Sabina Spielrein, »Beiträge zur Kenntnis der kindlichen Seele«. In: *Zentralblatt für Psychoanalyse*. III. Jg., Heft 2, November 1912: 60
5 Vgl. Spielrein a.a.O. 60
6 Vgl. Spielrein a.a.O. 58
7 Spielrein a.a.O. 59f.
8 Vgl. Haumann a.a.O. 45f.
9 Spielrein a.a.O. 58.
10 Vgl. C. G. Jung. »Die Freudsche Hysterietheorie« (1908). In: GWJ IV. Hg. von Franz Riklin, Lilly Jung-Merkur, Elisabeth Rüf. Zürich 1969: 24
11 Vgl. KG 8793: 3
12 Spielrein a.a.O. S. 57

13  Spielrein a.a.O. S. 58
14  Vgl. 10. Juni 1897, WW 136
15  Vgl. Günther a.a.O. 261–268

## 4
## Am Katharinen-Gymnasium in Rostow

1  12. September 1896, WW 121
   Während der Schulzeit am Katharinengymnasium in Rostow am Don
   schreibt Sabina Tagebuch in drei dünnen Heften mit je fünfzehn, fünf-
   unddreißig und vierzehn Seiten. Die Eintragungen beginnen am 12. September 1896 und enden am 9. August 1902; es gibt mehrere längere Unterbrechungen. Neben den eigentlichen Tagebucheinträgen gibt es eine
   Reihe von kurzen Erzählungen und einen Aufsatz zum Geburtstag der
   Mutter. Das dritte Heft führt sie erst ab Herbst 1904 weiter. Zu diesem
   Zeitpunkt hält Sabina Spielrein sich in der Kantonalen Zürcher Irrenheilanstalt Burghölzli auf. Das Material wurde von Irene Wackenhut aus
   dem Russischen ins Deutsche übersetzt und im Anhang der Dissertation
   publiziert; außerdem einige Familienbriefe und Briefe von Sabina Spiel-
   rein mit psychoanalytischem Inhalt. Die Originale befinden sich in einer
   Privatwohnung in Genf. In den Beständen der Central Archives for the
   History of the Jewish People (CAHJP) in Jerusalem sowie am Yidisher
   Visenshaftlikher Institut (YIVO) in New York befinden sich zahlreiche
   Tagebücher von jüdischen Jugendlichen aus der Zeit von 1881 bis 1939.
   Als zeitgeschichtliches Dokument können Sabina Spielreins Tagebücher
   mit diesen Texten in eine Reihe gestellt werden. Aus der Perspektive von
   Heranwachsenden werden Lebenswelten und Alltagsprobleme unterschiedlicher sozialer Schichten in einer Zeit gesellschaftlicher, ökonomischer und politischer Umwälzungen geschildert.
2  Vgl. L. Kolodnyi. »Mit doppeltem Boden«. Moskau: Moskowskaja
   Prawda 1992, nach WW 13
3  Vgl. Spielrein. Beiträge a.a.O. 57, 61
4  30. März 1897, WW 130
5  Vgl. 3. Februar 1897, WW 124
6  Vgl. 20. [...] 1896, Sabina Spielrein an Nikolai Spielrein, Genf
7  Vgl. 20. April 1910; 9. November 1913, Nikolai Spielrein an Sabina
   Spielrein, Genf
8  Vgl. Victor Ovcharenko. »Le destin de Sabina Spielrein«. In: L'Evolution Psychiatrique, 60, 1, 1995: 116
9  18. Juli 1898, WW 150
10  26. Februar 1897, WW 126
11  Ein Werst entspricht 1066,78 Meter, also ungefähr 1,07 km.
12  11. August 1897, WW 140
13  11. August 1897, WW 140
14  16. Juli 1898, WW 149f.
15  Vgl. 29. Oktober 1897, WW 143

16  13. April 1898, WW 145
17  Vgl. 11. Mai 1898, WW 148f.
18  Vgl. 11. Mai 1898, WW 148f.
19  2. Januar 1899, WW 154
20  Vgl. Interview Snitkowa a.a.O.
21  2. Februar 1897, WW 123
22  22. Juli 1898, WW 152
23  1. Januar 1899, WW 153
24  19. August 1904, KG 8793: 4
25  8. Januar 1905, KG 8793: 12
26  26. Februar 1900, WW 158f.
27  25. Februar 1900, WW 157f.
28  19. Oktober 1910, CAR 64f.
29  Vgl. GARO, Fonds 72, Inventar 1, Akte 17; CAR 63
30  2. August 1902, WW 177

## II
Der erste Schweizer Aufenthalt 1904–1911

### 5
Das nervöse Zeitalter

1  11. Juni 1901, WW 161f.
2  Vgl. Karl Marx, Friedrich Engels. *Das Kommunistische Manifest*. Berlin [1848] 1945: 7
3  Vgl. Joachim Radkau. *Das Zeitalter der Nervosität. Deutschland zwischen Bismarck und Hitler*. München 2000; Dorion Weickmann. *Rebellion der Sinne. Hysterie – ein Krankheitsbild als Spiegel der Geschlechterordnung (1880–1920)*. Frankfurt/M. 1997; Alain Corbin. *Meereslust. Das Abendland und die Entdeckung der Küste. 1750–1840.* Berlin 1990
4  Ludwig Schleich. *Vom Schaltwerk der Gedanken. Neue Einsichten und Betrachtungen über die Seele*. Berlin 1926: 254
5  In:»Hysterie (in Villarets ›Handwörterbuch‹)«. In: GW Nachtragsband. Frankfurt/M. 1987: 72
6  In: Sigmund Freud. *Briefe an Wilhelm Fließ 1887–1904*. Hg. von Jeffrey Moussaieff Masson. Frankfurt/M. 1985: 149. Vgl. auch: Sigmund Freud. »Entwurf einer Psychologie« (1895). In: GW Nachtragsband. Frankfurt/M. 1987: 387–477
7  In: GW. Band XIV. Frankfurt/M. 1976: 419–506
8  Max Böhm. *Lehrbuch der Naturheilkunde vom Standpunkte der Erfahrung und Wissenschaft. Die Krankheiten der Frauen (Gynäkologie)*. Chemnitz 1897: 9
9  Vgl. Karl Wilhelm Ideler. »Vorwort«. In: E. F. Dubois. *Über das Wesen und die gründliche Heilung der Hypochondrie und Hysterie*. Berlin 1840: V, LIV, LV

10 Auch Sabina Spielrein ist mit der sozialen Akzeptanz der Nervenformel vertraut: »Ich war eine ganze Woche nicht im Gymnasium. Und mir gefällt es gar nicht, wenn man lügt. Papa schrieb einen Zettel und sagte [...] Quand on te demandra comment étais-tu malad, alors dis que le soeur te faisait mal. Und der Doktor sagte, ich hätte eine ideale Sehkraft. Was, wenn man mich fragt, bei welchem Doktor ich war, und erfährt, wie meine Augen sind? Lieber sage ich, es sei eine Nervenerscheinung.« Siehe 25. März 1897, WW 128

11 11. Juni 1901, WW 162

12 11. und 15. Juni 1901, WW 162

13 Vgl. 25. Juni 1901, WW 163

14 25. Juni 1901, WW 163 f.

15 Vgl. Johannes Haller. *Lebenserinnerungen. Gesehenes – Gehörtes – Gedachtes.* Stuttgart 1960: 74 f.

16 25. Juni 1901, WW 164

17 2. Juni 1901, WW 165

18 1. Juni 1901, WW 165

19 6. Juli 1901, WW 165

20 Vgl. 6. Juni 1901, WW 166. Auf einem zeitgenössischen Stadtplan lassen sich die Standorte, Spazierwege und Ausflugsziele der drei daher leicht rekonstruieren.

21 25. Juli 1901, WW 171

22 25. Juli 1901, WW 172

23 10. Juli 1901, WW 167

24 Vgl. 19. August 1904, KG 8793: 4

25 25. Juli 1901, WW 172

26 Vgl. 18. Oktober 1904, KG 8793: 10

27 16. Juli 1901, WW 168 f.

# 6
## Das Gelobte Land

1 18. Oktober 1910, CAR 63. »... es war etwa in der sechsten Klasse nach dem Tode meines Schwesterchens da meine Krankheit begann. Ich floh in die Einsamkeit.«

2 Vgl. persönliche Mitteilung von Menicha Spielrein. In: Magnus Ljunggren. »Sabina Spielrein mellan Jung och Freud«. In: *Expressen*, Stockholm, 15. Juli 1893: 4 (Übersetzung Marianne Kern); Ljunggren, Sabina and Isaak Spielrein a.a.O. 81 f.

3 Vgl. 25. September 1905, Jung an Freud. In: StAZ. P.U.K. Z99, Copierbuch 63: 471 f. Im folgenden als Copierbuch zitiert.

4 Vgl. 25. Februar 1900, WW 158

5 Vgl. Feiga Berg. »Korrespondenzija. Zjurichskie psichiatritscheskie wpecatlenija«. In: *Sowremenaja Psichiatrija.* Vol. 1, 1909: 9–15 (Übersetzung Irina Ariana Styblo)

6 Vgl. Wassilij Rosanov (1856–1919). Nach: Evgenij Neceporuk (Simero-

fopol). »Vasilij Rozanov und die Schweiz«. In: Peter Brang/Carsten Ge-
ohrke/Robin Kemball (Hg.). *Bild und Begegnung. Kulturelle Wechsel-
seitigkeit zwischen der Schweiz und Osteuropa im Wandel der Zeit.*
Basel/Frankfurt/M. 1996: 264

7 Vgl. H. Hartmann. *Führer durch Interlaken und seine Umgebung.* Ho-
tel-Verein Interlaken [o. J.]: 3, 4, 5

8 Daß Sabina Spielreins Spuren sich hier finden, ist einem dünnen Blatt
Papier im Format von 14 mal 22 Zentimetern zu verdanken – eingeklebt
auf Seite neun der Burghölzli-Krankenakte. Es handelt sich um eine
Quittung von »Dr. med. Moritz Heller, Arzt und Besitzer des Sanatorium Interlaken« über den Betrag von 100 Franken »im voraus erhalten«, ausgestellt am 21. Juli 1904 auf »Frl. Silberrein«. Vgl. KG 8793: 9

9 Bis zum Ersten Weltkrieg kamen auch Sigmund Freuds Patienten mehrheitlich aus osteuropäischen Ländern.

10 Aufgrund welcher Empfehlung oder Überweisung Sabina Spielrein zur
Behandlung in das Hellersche Sanatorium nach Interlaken kam, muß of-
fenbleiben. Der Aktenbestand des ehemaligen Sanatoriums ist nach Aussagen von Nachkommen erhalten geblieben, konnte jedoch nicht einge-
sehen werden.

11 Vgl. KG 8793: 9

12 18. August 1904, KG 8793: 2
C. G. Jung ist später im Burghölzli der Meinung, daß der Arzt ihren »geradezu dämonischen Launen & Chicanen« durchaus nicht gewachsen
war. Sie habe in Interlaken alle Leute zur Verzweiflung gebracht. Vgl.
25. September 1905, Jung an Freud, Copierbuch 63: 471

13 Vgl. F. Georgi. »Constantin von Monakow (1853–1930)«. In: *Große
Nervenärzte* Bd. 3. Hg. von Kurt Kolle. Stuttgart 1963: 149–163; Walter H. v. Wyss. *50 Jahre Psychophysiologie in Zürich. A. Forel, E. Bleuler, C. von Monakow, W. R. Hess.* 111. Neujahrsblatt. Zürich 1948:
37–54

14 Warum Monakow die Behandlung ablehnt, läßt sich nicht ganz klären:
In der Krankenakte vom Burghölzli steht lediglich, daß sie ihm »zu un-
ruhig« ist. Vgl. 18. August 1904, KG 8793: 2. Monakow mag aber die
Aufnahme mit der Begründung verweigert haben, »daß er Dementia
praecox nicht behandelt«. Vgl. Feiga Berg a.a.O. 14

15 17. August 1904, KG 8793

7

Das Burghölzli

1 Es wird hier die offizielle Bezeichnung von damals übernommen, um die
beklemmende Atmosphäre aufzuzeigen. Deshalb wird auf den politisch
korrekten Begriff verzichtet.

2 Ein Teil des Textes befindet sich im Entree des Gebäudes gleich rechts in
die Wand eingemeißelt – als steinerne Inschrift und Programm.

3 Auguste Forel. *Rückblick auf mein Leben.* Prag/Zürich 1935: 101

4 Wie ein Blick auf das »Verzeichnis der seit 1. Juli 1870 im Burghölzli tätig gewesenen Direktoren, Sekundar-, Assistenz- und Volontärärzte«
(1920) zeigt, begründet Forel eine Tradition der Mitarbeit von Frauen.
StAZ. P.U.K. 124.10

5 Vgl. Henry F. Ellenberger. *Die Entdeckung des Unbewußten. Geschichte
und Entwicklung der dynamischen Psychiatrie von den Anfängen bis zu
Janet, Freud, Adler und Jung.* Bern 1996: 9ff., 162ff.

6 Vgl. Ellenberger 1996: 143ff.; Joyce McDougall. *Theater der Seele. Illusion und Wahrheit auf der Bühne der Psychoanalyse.* München/Wien
1988.

7 Forel 1935: 133

8 Vgl. Gerhart Hauptmann. *Vor Sonnenaufgang.* Berlin 1889

9 Wilhelm Heinrich Ruoff, Stammtafeln des Bürgerverbandes Alt-Zolli-
kon. Bearbeitet von Wilhelm Heinrich Ruoff [o.O.] 1958: 20

10 Forel 1935: 131

11 Eintritt 16. April 1898. Vgl. Personalkarten, alphabetisch. StAZ. SS 50
1–2

12 Vgl. 15. Mai 1899. Protokollbuch der Irrenanstalt Burghölzli
(1899–1901). StAZ. SS 22.8

13 Vgl. Abraham A. Brill. *Lectures on Psychoanalystic Psychiatry.* New
York 1946: 24

14 Vgl. Eugen Bleuler. »Dr. Jos. Breuer und Dr. Sigm. Freud: Studien über
Hysterie (Rezension)«. In: *Münchener Medicinische Wochenschrift*,
No.22, 2. Juni 1896: 525

15 Der früheste nachgewiesene persönliche Kontakt zwischen Bleuler und
Freud war 1898. Freud wollte einen Patienten ins Burghölzli schicken.
Vgl. 28. September 1898, Bleuler an Freud, Copierbuch 42: 199

16 Vgl. Eugen Bleuler. »Freud'sche Mechanismen in der Symptomatologie
von Psychosen«. In: *Psychiatrisch-Neurologische Wochenschrift*, 8. Jg.
1906/7: 323

17 Vgl. Eugen Bleuler. »Die Psychoanalyse Freuds. Verteidigung und kritische Anmerkungen«. In: *Jahrbuch für Psychoanalytische und Psychopathologische Forschungen*, Bd. II, Heft 2/2, 1910: 660

18 Vgl. Bleuler a.a.O. 660

19 Vgl. Hilde Abraham. *Karl Abraham. Sein Leben für die Psychoanalyse.*
München 1976: 62

20 Sigmund Freud. »Zur Geschichte der psychoanalytischen Bewegung
(1914)«. In: GW X, Frankfurt/M. 1991: 65f.

21 Vgl. *Sigmund Freud, C. G. Jung. Briefwechsel.* Hg. von William
McGuire und Wolfgang Sauerländer. Zürich 1976

22 Vgl. C. G. Jung. *Erinnerungen, Träume, Gedanken.* Aufgezeichnet und
hg. von Aniela Jaffé. Zürich 1999: 25ff.

23 Vgl. Jung 1999: 15

24 Vgl. Jung 1999: 31f.

25 Vgl. Jung 1999: 51–94

26 Vgl. Jung 1999: 91

27 Vgl. Stefanie Zumstein-Preiswerk. *C. G. Jungs Medium. Die Geschichte der Helly Preiswerk*. München 1975: 59–65

28 Vgl. Jung 1999: 13–88

29 12. November 1900, StAZ. S 322.2

30 Jung 1999: 119

31 Vgl. Zumstein-Preiswerk a.a.O. 92

32 Vgl. 28. Januar 1975, Stefanie Preiswerk an Henry Ellenberger; H. F. Ellenberger. »The Story of Helene Preiswerk. A critical study with new documents.« In: *History of Psychiatry*, Vol. 2, Part 1, Number 5, March 1991: 41–52

33 Vgl. C. G. Jung. »Zur Psychologie und Pathologie sogenannter okkulter Phänomene«. In: GWJ I (Psychiatrische Studien). Hg. von Marianne Niehus/Lena Hurwitz-Eisner/Franz Riklin. Solothurn/Düsseldorf 1995: 19, 31, 97

34 Vgl. Zumstein-Preiswerk a.a.O. 95 ff.

35 Vgl. C. G. Jung. *Zur Psychologie sogenannter occulter Phänomene*. Inauguraldissertation zur Erlangung der Doktorwürde der hohen medizinischen Fakultät der Universität Zürich. Leipzig 1902; vgl. auch das Dossier Carl Gustav Jung. Medizinische Fakultät. »Einzelne Doktorpromotionen 1901–1902«. StAZ. U 106g 10.1

36 Vgl. Deirdre Bair. *Jung. A Biography*. Boston, New York, London 2003: 72 ff.

37 Vgl. Franz Riklin. »Analytische Untersuchungen der Symptome und Assoziationen eines Falles von Hysterie (Lina H.)«. In: *Psychiatrisch-Neurologische Wochenschrift* 46, 1905: 451

8
»Bist mit dem Teufel du und du
und willst dich vor der Flamme scheuen?«

1 Vgl. »Generalregister der Patienten vom 1. Juli 1870 an«. StAZ. SS 52 1: 334. Die Akte befindet sich in einer verblichenen, mehrfach geflickten, blauen Kartonhülle im Format von 25 mal 37 cm.

2 Das Aufnahmedatum ist der 17. August 1904. Bei »Entlassen« steht »1. Juni 1905« sowie »gebessert«. Vgl. KG 8793

3 Vgl. Bernhard Minder. »Sabina Spielrein. Jungs Patientin am Burghölzli«. In: *Luzifer-Amor. Zeitschrift zur Geschichte der Psychoanalyse.* 7. Jg., 14, 1994: 61

4 18. August 1904, KG 8793: 2

5 Vgl. Wägetabelle, KG 8793

6 Das Formular ist in drei verschiedenen Tinten ausgefüllt.

7 Vgl. 18. August 1904, KG 8793: 3

8 Vgl. 18. August 1904, KG 8793: 4

9 Vgl. 20. August 1904, KG 8793: 5

10 Vgl. 22. August 1904, KG 8793: 5

11  Sigmund Freud. »Zur Dynamik der Übertragung«(1912). In: GW VIII. Frankfurt/M. 1996: 364f.

12  Vgl. McDougall a.a.O.

13  Vgl. 22. August 1904, KG 8793: 5

14  24. August 1904, KG 8793: 7

15  Vgl. Marianne Brentzel. *Anna O. – Berta Pappenheim*. Biographie. Göttingen [o.J.]

16  Vgl. Eugen Bleuler. *Lehrbuch der Psychiatrie*. Berlin/Heidelberg/New York 1983: 557

17  Hinweis von Martha Eicke, Zürich 2001

18  28. August 1904, Copierbuch 59: 466

19  14. September 1904, Copierbuch 60: 52

20  Vgl. Eugen Bleuler. *Die allgemeine Behandlung der Geisteskranken (Erweiterte Antrittsvorlesung)*. Zürich 1898: 26

21  26. September 1904, Copierbuch 60: 104

22  12. Oktober 1904, Copierbuch 60: 180

23  Vgl. 28. November 1904, Copierbuch 60: 395

24  24. August 1904, KG 8793: 7

25  29. September 1904, KG 8793: 9

26  Vgl. Bericht über die Antrittsvorlesung von C. G. Jung vom 21. Oktober 1905. In: Akademisches aus Zürich. *Neue Zürcher Zeitung*. Beilage zu Nr. 295, 24. Oktober 1905

27  Vgl. C. G. Jung.»Psychoanalyse und Assoziationsexperiment. Diagnostische Assoziationsstudien I/VI, 1906«. In: GWJ Bd. II (Experimentelle Untersuchungen). Hg. von Lilly Jung-Merkur, Elisabeth Rüf. Olten, Freiburg i. Br. 1979: 325

28  Franz Riklin, Bleulers langjähriger Assistent, war der erste, der das Testverfahren mit Freuds Konzept von unbewußten Vorstellungsinhalten in Verbindung gebracht hatte. Später übernahm C. G. Jung die Leitung des Forschungslaboratoriums, und unter seiner engagierten Leitung erforschten Assistenten, Doktoranden und Praktikanten mit Hilfe des Assoziationstests die Unterschiede zwischen verschiedenen psychischen Krankheitsbildern, zwischen Kranken und Gesunden, Männern und Frauen, Gebildeten und Ungebildeten. Viele von Bleulers Mitarbeitern und Jungs Studenten promovierten mit einem Thema aus diesem Gebiet, darunter auch Studienkolleginnen von Sabina Spielrein. Die Resultate dieser Forschungen brachten Freud die dringend benötigte wissenschaftliche Bestätigung für seine Annahmen vom Unbewußten. Umgekehrt eigneten Bleulers Mitarbeiter sich Freuds neue Theorien an und lernten so, ihre Patienten besser zu verstehen.

29  Vgl. 10. Oktober 1904, KG 8793: 10

30  18. Oktober 1904, KG 8793: 10

31  Das Testergebnis befindet sich in Sabina Spielreins Nachlaß, Genf.

32  Vgl. Jung. Psychoanalyse und Assoziationsexperiment a.a.O.: 308–337. Inhaltliche Unterschiede zwischen Freud und Jung bei teilweiser identi-

scher Terminologie werden herausgearbeitet von K. R. Eissler. *Psycho-logische Aspekte des Briefwechsels zwischen Freud und Jung*. Jahrbuch der Psychoanalyse. Beiheft 7. Stuttgart/Bad Cannstadt 1982; Brigitte Boothe. »Der Traum im Gespräch: bei Freud – bei Jung«. In: Thomas Sprecher (Hg.). *Das Unbewusste in Zürich. Literatur und Tiefenpsycho-logie um 1900*. Zürich 2000: 189–216; Axel Hoffer. »Jung's analysis of Sabina Spielrein and his use of Freud's free association method«. In: *The Journal of Analytical Psychology*. Vol. 46, No 1, January 2001: 117–138; Marina Leitner. *Ein gut gehütetes Geheimnis. Die Geschichte der psychoanalytischen Behandlungs-Technik von den Anfängen in Wien bis zur Gründung der Berliner Poliklinik im Jahr 1920*. Gießen 2001

33   Jung. Psychoanalyse und Assoziationsexperiment a.a.O. 337

34   Vgl. Jung a.a.O. 324f.; 337

35   Sabina Spielrein. »Über den psychologischen Inhalt eines Falles von Schizophrenie (1911)«. In: dies. *Ausgewählte Schriften*. Hg. von Gün-ther Bose und Erich Brinkmann. [O.O.] 1986: 22f.

36   Vgl. Spielrein. Über den psychologischen Inhalt a.a.O. 12, 20ff.

37   Oktober 1904, WW 178

38   Es ist Sabina Spielreins allererster Text auf deutsch: »Letzter Wille. Wenn ich sterbe, erlaube ich nur den Kopf anotomieren, wenn er nicht zu häßlich aussieht. Der Jüngling darf nicht bei der Section sein. Von den Studenten dürfen zusehen nur die tüchtigsten. Meinen Schädel widme ich unserem Gymnasium, man soll ihn in ein Glaskasten reinthun und mit unsterblichen Blumen garnieren. Auf den Kasten schreiben sie fol-gendes: [russisch] ›und laß bei dem Eingang zum Grabe das junge Leben spielen und die gleichgültige Natur mit der ewigen Pracht glänzen‹. Mein Gehirn gebe ich ihnen, nur steckt ihn rein in ein hübsches Gefäß ebenso garniert und schreibt drauf die selben Worte. Den Körper soll man verbrennen, aber Niemand darf dabei sein. Die Asche machen sie in 3 Teile. Einen legen sie in eine Urne und schicken sie nach Hause, den andern streuen sie in die Erde, mitten von einem großen, großen Feld (bei uns), pflanzen sie dort eine Eiche und schreiben sie: ›Ich war auch einmal ein Mensch. Ich hieß Sabina Spielrein.‹ Was mit den dritten Teil tun, sagt ihnen der Bruder.« KG 8794

39   25. Oktober 1904, WW 179f.

40   WW 180f.

41   WW 182

42   Er habe »sie als ganz naives Kindchen in seine Behandlung« bekommen, wird sie später an Freud schreiben. Da sei sie noch »ganz Baby von neunzehn Jahren« gewesen, ging ganz einfach gekleidet mit einem hän-genden Zopf herum, da sie »die Seele über den Leib erhöhen wollte«. 10. Juni 1909, Sabina Spielrein an Sigmund Freud, CAR 91; Sabina Spielrein an Sigmund Freud, 13. Juni 1909, CAR 100

43   Vgl. C. G. Jung, Franz Riklin. »Experimentelle Untersuchungen über

Assoziationen Gesunder. Diagnostische Assoziationsstudien I/I 1906 (1904)«. In: GWJ Bd. II a.a.O. 13–213, insbesondere 95–102

44    13. Juni 1909, Sabina Spielrein an Sigmund Freud, CAR 100

45    Vgl. C. G. Jung. »Über das Verhalten der Reaktionszeit beim Assoziationsexperimente. Diagnostische Assoziationsstudien I/IV, 1906 (1905)«. In: GWJ Bd. II a.a.O. 254 ff. Hier sagt Jung: »Die Versuchsperson 1 ist eine verheiratete Dame, die sich meinem Experiment in entgegenkommendster Weise zur Verfügung gestellt.« Die Versuchsperson ist schwanger und fürchtet, daß die Schwangerschaft sie in den Augen ihres Mannes herabsetzen könnte; sie denkt an ein bestimmtes Ehepaar in Zolas Roman *Verité*: es war zuerst glücklich und hatte sich dann entzweit. Bei der Versuchsperson handelt es sich um Emma Jung.

46    Vgl. 13. Juni 1909, Sabina Spielrein an Sigmund Freud, CAR 100 f.

47    11. November 1904, KG 8793: 11

48    Vgl. 18. Oktober 1904, KG 8793: 10

49    Vgl. Sabina Spielrein. Beiträge a.a.O. 57

50    Vgl. 25. Oktober 1904, WW 181

51    Vgl. 20. November 1904, KG 8793: 11

52    Vgl. Dezember 1904, KG 8793: 11

53    Vgl. Stadtarchiv Zürich V. E. c. 100. Einwohner- und Fremdenkontrolle der Stadt Zürich, Periode 1901/1933

54    Vgl. 8. Januar 1905, KG 8793: 12

55    Vgl. 8. Januar 1905, KG 8793: 12

56    13. Januar 1905, KG 8793: 12

57    20. November 1904, StAZ, S 322.2

58    29. Januar 1905, KG 8793: 13

59    Vgl. Mikkel Borch-Jacobsen. *Anna O. zum Gedächtnis. Eine Hundertjährige Irreführung*. München 1997. In der Pionierzeit der Psychoanalyse hatte fast niemand eine Analyse gemacht, und es gab keinen regulären Ausbildungsgang für Psychoanalytiker. Man probierte aus, machte seine Erfahrungen. Und während die Wiener Psychoanalytiker sich mit Freud besprechen konnten, war Jung ganz auf sich gestellt mit seinem therapeutischen Experiment. Daß ihm die Sache nachging und er sich Gedanken machte, zeigt sich auch daran, daß er derjenige ist, der die Forderung nach einer persönlichen Analyse für alle Analytiker aufgestellt hat.

## 9
## Frühe Freundinnen

1    Vgl. »General-Register der Patienten vom 1. Juli 1870 an«, StAZ. SS 52 1: 283

2    StAZ. P.U.K. KG 8984: 2. Im folgenden als KG 8984 zitiert.

3    Pfarrer August Waldburger ist später berühmt geworden. Er erwarb große Verdienste um die Flüchtlinge im Zweiten Weltkrieg. Hinweis von Barbara Stadler, November 2003

4  5. Mai 1905, KG 8984
5  KG 8984
Der Krankenakte von Louise Rähmi liegen eine Reihe von Gedichten bei. Das folgende Gedicht zeigt, daß sie sich auch mit Sabina Spielreins Geschichte beschäftigt:

### An den Herrscher von Rußland

Wie saßest mächtig Du auf Deinem goldnen Throne,
S' war alles Deinem Willen untertan:
Du lebtest von den Steuern Deines Volkes,
Das Dir in aller Ehrfurcht zugetan.

Wie wenig Herz mußt Du im Leibe haben,
Du, den das Volk wie einen Gott verehrt;
Du lebtest fröhlich in den Prunkgemächern,
Indes das Volk das Nötigste entbehrt.

Nicht menschenwürdig war ihr elend Leben,
Dem Tiere gleich war dieses Volk gestellt,
Nach Deiner Willkür mußten sie sich richten,
Ums eig'ne Leben wurden sie geprellt.

Als endlich sie mit einer Bitt' Dir nahten,
Mit einer Bitt', die nur ein Recht verlang,
Da ließest Du die Armen niederschießen;
Und manche Opfer fielen durch den Strang.

Doch als Du sahst wie blutig Du gerichtet,
Da flohst Du von Deinem hohen Thron;
Und im Verborgnen lust'ge Lieder summend,
Häufst Du zu Deinen Greueln schnöden Hohn.

Doch bald wirst Du den Todesstoß erhalten,
Erzittre dann, Du grauser Henkersknecht;
Die Untertan', sie wollen Menschen werden,
Sie holen mit Gewalt ihr heil'ges Recht.

*Louise Rähmi, 1905*

6  Vgl. *Mitteilungen für russische Studierende, welche die Universität Zürich besuchen wollen.* Das Rektorat der Universität Zürich, Juli 1906, Universität Zürich, Archiv

7  In der Publikation *Perwy semestr Zjuriche. Pismo russkoj studentki* (1902). »Brief einer russischen Studentin. Das erste Semester in Zürich.« [Separatdruck] Odessa 1902; übersetzt von A. Lioudmilla Thalmann-Rakina.
Natalija Kirpitschnikowa blieb nach dem Medizinstudium in der Schweiz. Sie heiratete Emil Oettli, einen Lehrer der Naturwissenschaften, den sie in einem Abstinentenverein kennengelernt hatte. Beide Eheleute arbeiteten am Landerziehungsheim Glarisegg, und sie hatten fünf Töchter miteinander. 1930 wurde die Ehe geschieden. Kirpitschnikowa kehrte nach Zürich zurück, wo sie als Lehrerin an der

sozialen Frauenschule (heute: Schule für soziale Arbeit) arbeitete und in die SPS eintrat.

8 Kirpitschnikowa a.a.O.

9 Vgl. 17. April 1905, Anmeldung zur Immatrikulation, StAZ. UU 24 16; »Stud. Matrikelbuch, Beginn Oktober 1904, Schluss: Juni 1917«. StAZ. UU 24a 5: 61

10 24. April 1905, WW 185

11 Jungs russischer Patient und Freund Emil Medtner verwendet ebenfalls »iunga«. Vgl. Magnus Ljunggren. *The Russian Mephisto. A Study of the Life and Work of Emilii Medtner.* Stockholm 1994: 182

12 Vgl. Spielrein. Beiträge a.a.O. 57

13 25. April 1905, WW 185

14 Vgl. Stadtarchiv Zürich V.E.c.100, Einwohner- und Fremdenkontrolle der Stadt Zürich, Periode 1901/33. Lenggstraße 31 ist die offizielle Adresse des Burghölzli. Aber Sabina stellt es so dar, als ob sie privat bei Jung wohne. Das war vermutlich so abgesprochen, um sich vom Patientenstatus zu distanzieren.

15 18. April 1905, Copierbuch 62: 140

16 27. April 1905, Copierbuch 62: 182

17 28. April 1905, KG 8793: 13

18 Auch in Rostow am Don wird von einer randalierenden Menge sowie einer Armee-Einheit aus Kosaken ein Pogrom inszeniert, dem innerhalb von drei Tagen 150 jüdische Einwohner zum Opfer fallen. Vgl. Shmuel Spector (Hg.). *The Encyclopedia of Jewish Life before and during the Holocaust.* Vol. II. Jerusalem, New York 2001: 1094f.

19 Es handelt sich um fingierte Berichte von angeblichen Verhandlungen auf dem 1. Zionisten-Kongreß 1897 in Basel, welche das Programm einer »jüdischen Weltverschwörung« und einen »Geheimplan zur Unterminierung der christlichen Nationen« umreißen. Die Protokolle werden mehreren Autoren im Dunstkreis der Pariser Außenstelle der zaristischen Geheimpolizei Ochrana zugeschrieben. Obwohl der Inhalt des Pamphlets ausgesprochen inkonsistent und wahnhaft ist, wurde es zum weitverbreiteten Dokument des internationalen Antisemitismus. So galt der deutsche Außenminister Walter Rathenau bei seinen Mördern als einer der »Weisen von Zion«; im deutschen Nationalsozialismus wurden die Protokolle Pflichtlektüre an Schulen. Vgl. *Die Protokolle der Weisen von Zion. Die Grundlagen des modernen Antisemitismus – eine Fälschung.* Text und Kommentar. Hg. von Jeffrey L. Sammons. Göttingen 1998

20 Vgl. Magnus Ljunggren. Sabina und Isaak Spielrein a.a.O. 83

21 Vgl. Postkarte von Jean Spielrein an Vera Sokolowa. Persönliche Mitteilung von Elisabeth Martón, Januar 2004

22 31. Mai 1905, Copierbuch 62: 361

23 7. Juni 1905, Copierbuch 62: 397

24 Isaak war unter dem Namen »Oscar Spielrein« vom 10. Mai 1905 bis

zum 29. August 1905 in Zürich gemeldet unter der Anschrift »Dufourstr. 95/ bei Dr. Hadorn«. Vgl. Einwohnerkontrolle a.a.O.

25   23. Mai 1905, Copierbuch 62: 320
26   [1904] WW 182
27   Vgl. 7. Juni 1905, Copierbuch 62: 397 f.
28   Feiga Berg. »Zjurichskie psichiatritscheskie wpetschatlenija«. In: *Sowremennaja Psichiatrija.* Vol. 1, 1909: 13 f. (Übersetzung Irina Arianova Styblo)

10

»Kosakenpferdchen« –
Russische Studentinnen in Zürich

1   6. Juni 1905, WW 186
2   8. Juni 1905, WW 187
3   Vgl. 28. April 1904, Professor Wyss an den Dekan der medizinischen Fakultät. StAZ. U 106g 11. Vgl. auch Feiga Berg. *Pädatrophie.* Inauguraldissertation zur Erlangung der Doktorwürde der hohen medizinischen Fakultät der Universität Zürich. Zürich 1907
4   Vgl. Einwohnerkontrolle a.a.O.
5   *Neue Zürcher Zeitung.* Nr. 346, 14. 12. 1867
6   Vgl. Monika Bankowski-Zülle. »Nadezda Prokof'evna Suslova (1843–1918) – die Wegbereiterin«. In: *Ebenso neu als kühn. 120 Jahre Frauenstudium an der Universität Zürich.* Hg. vom Verein Feministische Wissenschaft Schweiz. Zürich 1988: 119–126; Bankowski-Zülle. Zürich – das russische Mekka. In: a.a.O. 127–146
7   Hinweis von Michail Schischkin, Juli 2002
8   Vgl. Vera Figner. *Nacht über Rußland.* Berlin 1926
9   Selbstverständlich hatte auch Sabina Spielrein ihren Tschernyschewski gelesen; und in der ratlosen, schwärzesten Zeit ihrer Beziehung zu Jung spielt sie darauf an: »Ach, wiederum dieses ›Was tun?‹«. Vgl. 14. September 1910, CAR 52
10   Vgl. Kirpitschnikowa a.a.O.; Franziska Tiburtius. *Erinnerungen einer Achtzigjährigen.* Berlin 1923; Käthe Schirmacher. *Züricher Studentinnen.* Leipzig/Zürich 1896; Elsa Winokurowa. »Elsa Winokurowa«. In: *Woman Physicians of the World. Autobiographies of medical pioneers.* Ed. by Leone Mc Gregor Hellstedt. Washington/London 1978: 10–15; Richarda Huch. *Frühling in der Schweiz. Jugenderinnerungen.* Zürich 1938; Johannes Scherr. *Die Nihilisten.* Leipzig 1938
11   Vgl. Daniela Neumann a.a.O. 17
12   Vgl. Richard Feller. *Die Universität Bern 1834–1934.* Dargestellt im Auftrag der Unterrichtsdirektion des Kantons Bern und des Senats der Universität Bern. Bern/Leipzig 1935: 440, 441, 442
13   »Die russischen schwarzen Banden in Genf«. *Neue Zürcher Zeitung.* 128. Jg., Nr. 348, 16. Dezember 1907, Erstes Abendblatt: 1
14ˑ   »Die Russinnen an deutschen und schweizerischen Hochschulen«. *Berner Volkszeitung.* 49. Jg., Nr. 99, 12. Dezember 1906: 1

15  Vgl. »Zur Russenfrage an der Berner Hochschule«. *Neue Zürcher Zeitung*. 129. Jg., Nr. 45, 14. Februar 1908, Zweites Morgenblatt: 1

16  »Kantone. Zürich«. *Neue Zürcher Zeitung*, 53. Jg., No 291, 11. Juni 1873: 2

17  Vgl. Tiburtius a.a.O. 102

18  Feller a.a.O. 441 f. Auch zu Sabina Spielreins Clique gehörten beinahe ausschließlich Jüdinnen.

19  Vgl. Feller a.a.O. 387

20  Vgl. Kirpitschnikowa a.a.O.

21  Kirpitschnikowa a.a.O.

22  Vgl. KG 8793

23  Vgl. StAZ. UU 24: 11, 15

24  Vgl. Kirpitschnikowa a.a.O.

25  [O.J.] Universität Zürich, Archiv

26  Kirpitschnikowa a.a.O.

27  Osteologie ist Knochenkunde; Syndesmologie ist die Kunde der bandhaften Verbindungen zwischen Knochen bei Gelenken. Es handelt sich um einen zentralen Bestandteil des Medizinstudiums.

28  Kirpitschnikowa a.a.O.

29  Im Abschlußexamen wird sie in Chirurgie die zweitbeste Note bekommen; später arbeitet sie eine Zeitlang als Chirurgin.

30  Sabina ist auf unbewußter Ebene mit dem Vater identifiziert, mit dem Vertreter von Aufklärung und Reform nach westlichem Vorbild. Das drückt sie auch in einem Aufsatz aus, den sie als Fünfzehnjährige geschrieben hat. Im Zentrum der Geschichte steht ein Mann, für den die Wissenschaft mehr bedeutet als alles andere auf der Welt; ein Mann, der bereit ist, das Familienglück für die Wissenschaft zu opfern. Sabina läßt den Mann in der Geschichte sehr alt werden und lange leiden. Er verliert seine Frau, seine einzige Tochter, den Schwiegersohn sowie ein Enkelkind an die Cholera. Als er sich voller Selbstmitleid über sein Schicksal beklagt, erscheint der Geist seiner Tochter. Sie mahnt ihn und erinnert ihn an seine eigenen Erziehungsmaximen: daß man private Gefühle und eigene Belange zurückstellen müsse zugunsten der Idee des gesellschaftlichen Ganzen und des Nutzens der gesamten Menschheit. Er möge seinem Ziel treu bleiben, unentgeltlich der Wissenschaft zu dienen. Vgl. 28. März 1901, WW 205

31  Vgl. Wilhelm Roux. *Die Entwicklungsmechanik ein neuer Zweig der biologischen Wissenschaften*. Leipzig 1905, und Oscar Hertwig. *Lehrbuch der Entwicklungsgeschichte des Menschen und der Wirbeltiere*. Jena 1893

32  Vgl. Eduard von Hartmann. *Philosophie des Unbewußten*. Leipzig 1890

33  8. Juni 1905, WW 187

34  Zu den von Sommersemester 1905 bis Sommersemester 1906 besuchten Veranstaltungen vgl. Kassabelege der Universität. StAZ. UU 25/41–42;

ab Wintersemester 1906/07 vgl. Kartei der Kassabelege, Universität Zürich, Archiv

35  25. April 1905, WW 185f.
36  26. August 1905, Sabina Spielrein an Eva Spielrein, WW 195
37  Vgl. 8. Juni 1905, Eugen Bleuler an die Armenpflege, Marthalen. Copierbuch 62: 411
38  In Jungs Assoziationstest war »Geld« als einer seiner Komplexe festgestellt worden. Sabina kannte die Testergebnisse.
39  Vgl. 29. August 1906, WW 222–224
40  29. August 1906, WW 224
41  Vgl. 17. Juli 1905, Bleuler an die Armenpflege Marthalen, Copierbuch 62: 115
42  30. Juli 1905, Bleuler an Sabina Spielrein, Copierbuch 63: 183
43  Vgl. 1. August 1905, Bleuler an Waldburger, Copierbuch 63: 188


11
»Ihr Charakter hat etwas entschieden rücksichtsloses ...«

1   25. September 1905, Jung an Freud, Copierbuch 63: 472
2   Vgl. Einwohnerkontrolle a.a.O.
3   8. Juni 1905, WW 188
4   31. August 1906, Sabina Spielrein an Jung, WW 222
5   25. April 1905, WW 185
6   8. Juni 1905, WW 188
7   25. April 1905, WW 185
8   6. Juni 1905, WW 186
9   Die vollständige Adresse von Pesia Liebe Katzmann lautet »Frl. L. Kazmann, Zürich, Clausiusstr. N3/I«. Vgl. KG 8793
10  8. Juni 1905, WW 186
11  Das zeigt auch der Eintrag ins Tagebuch während der Sommerferien 1909: »Immer später ... alles – später und jetzt auch sage ich – später [...] Mein Gemüth ist noch jugentlich frisch, mein Intellekt bereits sehr alt und dieses beständige Prüfen, Erwägen, Vorsicht, Mißtrauen« 21. September 1909, CAR 42
12  Sabina Spielrein ist auch mit dem prügelnden Vater identifiziert, der die ganze Familie schikaniert, aggressiv ist und mit Selbstmord droht.
13  17. Juli 1905, KG 8793
14  Sabina hat Louise vorgeschlagen zu studieren. Bleuler zeigt sich von dieser Intervention wenig begeistert. Er schreibt Sabina nach Weggis: »Liebes Fräulein. Ich glaube, wir müssen nun Frl. Rähmi etwas machen lassen. Wenn sie zum Vater gehen will, so können wir sie nicht verhindern, obgleich ich das nicht gerade für gut halte. Mit dem Studieren bin ich nicht einverstanden. Das gäbe ein Elend, wenn sie nun studieren & zugleich das Geld dafür verdienen müßte – bei ihrer geringen Energie: Man hätte ihr das nicht sagen sollen. Hinter dem Erbrechen muß noch etwas weiteres sein, was noch nicht herausgebracht ist vielleicht doch mehr se-

xuell?? Vielen Dank für Ihre Berichte, die uns sehr interessiert haben, & beste Grüße Bleuler.« Vgl. 20. August 1905, Copierbuch 63: 280

15  [O. J.] Sabina Spielrein an Bleuler, KG 8793
16  StAZ. UU 25 42: 435
17  29. August 1905, WW 214
18  26. August 1905, WW 195
19  29. September 1905, Copierbuch 63: 471 f.

12
»Wer kauft Liebesgötter?«

1  5. Januar 1905, Gutachten Bleuler, StAZ. U 106f. 2.76
2  Vgl. 17. Februar 1905, Schreiben des Dekans der medizinischen Fakultät an den Senatsausschuß der Hochschule, StAZ. U 106f. 2.76
3  27. Februar 1905, 233. (D.11.b.) Habilitation. Auszug aus dem Protokoll des Erziehungsrates des Kantons Zürich. StAZ. U 106f. 2.76
4  Vgl. »Kleine Chronik. Akademisches aus Zürich«. *Neue Zürcher Zeitung*. Beilage zu Nr. 295, 24. Oktober 1905
5  3. April 1905, StAZ. S 322.2
6  Vgl. 6. April 1905, 543. Burghölzli. Auszug aus dem Protokoll des Regierungsrates, StAZ. S 322.2
7  23. Oktober 1906, FJB 7
8  27. Oktober 1906, FJB 8 f.
9  Vgl. 7. Oktober 1906, FJB 6
10  Im Register des FJB gibt es vierzig Hinweise auf Sabina Spielrein; vgl. auch 716
11  C. G. Jung (1972 [1907]). *Über die Psychologie der Dementia praecox. Ein Versuch.* Frühe Schriften II. Der gefühlsbetonte Komplex, Dementia praecox und Hysterie u.a. Olten 1972: 7
12  Vgl. a.a.O. 56 f.
13  29. Dezember 1906, FJB 15
14  Jung. Dementia praecox a.a.O. 68
15  Vgl. 1. Januar 1907, FJB 20
16  Jung. Dementia praecox a.a.O. 72
17  29. Dezember 1906, FJB 15
18  Vgl. Ludwig Binswanger. »Diagnostische Assoziationsstudien: Über das Verhalten des psychogalvanischen Phänomens beim Assoziationsexperiment«, Teil I. In: *Journal für Psychologie und Neurologie.* Bd. X, Heft 4,5 1908: 165, 167, 171; vgl. auch Teil II., Bd. XI, Heft 1,2 1908: 65–95
19  Vgl. 14. Januar 1908, FJB 121
20  Vgl. 13. Juni 1909, Sabina Spielrein an Sigmund Freud, CAR 101
21  Vgl. Jung. Dementia praecox a.a.O. 72
22  Auch Jungs Briefe an Sabina Spielrein erblickten das Licht der Welt lange nicht. Sie wurden erstmals 1986 in der deutschen Ausgabe von Aldo Carotenutos *Tagebuch einer heimlichen Symmetrie* publiziert. In

englischer Übersetzung erscheinen sie erstmals in: *The Journal of Analytical Psychology,* vol. 46, 1, January 2001: 173–199.

23  Vgl. Binswanger. Über das Verhalten des psychogalvanischen Phänomens a.a.O. 170

24  Vgl. Jung. Dementia praecox a.a.O. 74

25  Vgl. 1. Januar 1907, FJB 19

26  Vgl. Ernest Jones. *The Life and Work of Sigmund Freud.* Harmondsworth 1981: 328

27  28. Oktober 1907, FJB 105; vgl. auch Kurt R. Eissler. *Psychologische Aspekte des Briefwechsels zwischen Freud und Jung.* Jahrbuch der Psychoanalyse. Beiheft 7. Stuttgart-Bad Cannstatt 1982: 18ff.

28  7. April 1907, FJB 29

29  6. Juli 1907, FJB 79f. Es müssen einige Verse rezitiert und durcheinandergekommen sein; dieses Gedicht jedenfalls ist nicht von Lermontow, sondern von Puschkin. Es wurde 1882 während Puschkins Verbannung in Kischinew geschrieben und handelt vom heimatlichen Brauch, einem Vogel im Frühling die Freiheit zu schenken. Vgl. Fußnote 2

30  6. Juli 1907, FJB 80

31  J. W. v. Goethe. *Sämtliche Gedichte.* In einem Band. Herisau 1873: 8

32  Vgl. Herbert Lehmann. »Jung contra Freud/Nietzsche contra Wagner«. In: *International Review of Psychoanalysis,* 13, 1986: 201–209

33  Vgl. 12. August 1907, an Freud, FJB 84

34  4. September 1907, FJB 92

35  Vgl. C. G. Jung. »Die Freudsche Hysterietheorie«. In: GWJ Bd. IV. Hg. von Franz Riklin, Lilly Jung-Merkur, Elisabeth Rüf. Zürich 1969: 24ff. Diese Darstellung von Sabinas Krankheit hatte fatale Folgen für sie, da spätere Autoren wie Aldo Carotenuto (»regelrechte schizophrene Episode«), Bruno Bettelheim (»schizophrene Störung«), Max Day (»borderline«) sie unhinterfragt übernommen haben.

36  20. August 1906, an Jung, WW 215

37  30. August 1906, WW 217

38  31. August 1906, WW 218

39  Vgl. 12. Februar 1908, 180. (D. 11. a. u. d.) Psychopathologisches Laboratorium. Auszug aus dem Protokoll des Erziehungsrates des Kantons Zürich. StAZ. U 106F 2.76

40  [O. J.] WW 237

41  Vgl. [o. J.] WW 242; Sabina Spielrein. *Ausgewählte Schriften.* Hg. von Günter Bose und Erich Brinkmann. Berlin 1986: 220f.

42  Vgl. 13. Juni 1909, Spielrein an Freud, CAR 99

43  [O. J.] WW 243

44  Bei Wagner heißt es Brünnhilde.

45  [O. J.] WW 247

46  Vgl. 21. Juni 1909, Jung an Freud, FJB 260f.

47  Vgl. C. G. Jung. »Die Archetypen und das kollektive Unbewusste«. In:

GWJ Bd. X, 1/2. Hg. von Lilly Jung-Merkur/Elisabeth Rüf. Olten/Freiburg i. Br. 1978

48  30. Juni 1908, Jung an Spielrein, CAR 189f.

49  Vgl. Einwohnerkontrolle Zürich a.a.O.

50  12. August 1908, Jung an Spielrein, CAR 191ff.

51  21. Oktober 1908, vgl. Einwohnerkontrolle a.a.O. In Preußen wurde 1908 das Frauenstudium erlaubt, und es ist denkbar, daß Sabina Spielrein sich in Heidelberg um einen Studienplatz bemühte.

52  Vgl. 10. Juni 1909, Spielrein an Freud, CAR 94; [o. J.] Sabina Spielrein an Eva Spielrein, Genf

53  [O. J.] Sabina Spielrein an Eva Spielrein, Genf

54  [O. J.] Sabina Spielrein an Eva Spielrein, Genf

55  Vgl. C. G. Jung. »Über die Bedeutung des Vaters für das Schicksal des Einzelnen«. In: Jahrbuch a.a.O. I. Hälfte, 1909: 155–173

56  [O. J.] Sabina Spielrein an Eva Spielrein, Genf

57  [O. J.] Sabina Spielrein [an Jung] WW 247ff.

58  Er stirbt am 13. Februar 1920 in Berlin an den Folgen seines Drogenkonsums. Vgl. Emanuel Hurwitz. *Otto Gross. Paradies-Sucher zwischen Freud und Jung.* Frankfurt/M. 1979

59  15. Mai 1908, FJB 169f.

60  29. Mai 1908, FJB 170f.

61  Vgl. 19. Juni 1908, FJB 172f., vgl. auch 30. Juni 1908, Bleuler an Herrn Prof. Hans Gross, Copierbuch 75: 487ff.

62  Vgl. 11. Juni 1909, Spielrein an Freud, CAR 92; 11. September 1910, CAR 50

63  11. September 1910, CAR 50

64  Vgl. 4. Dezember 1908, CAR 195f.

65  Zu dieser Zeit soll Jung von der Direktion des Burghölzli nahegelegt worden sein, den Dienst zu quittieren.

66  Vgl. 11. März 1909, 467. Irrenheilanstalt Burghölzli. Sekundararzt. Aus dem Protokoll des Regierungsrates 1909. StAZ. S 322.2

67  7. März 1909, FJB 229

68  Vgl. 9. März 1909, FJB 233

69  11. März 1909, FJB 234

70  Vgl. 10. Juni 1909, Sabina Spielrein an Freud, CAR 90
    In ihrem Brief an Freud verrät Sabina Spielrein nicht, wer diese Freundin ist. Sie hält es in ihrem Tagebuch ebenso wie Jung in seinen Briefen an Freud: So wie Freud lange nicht weiß, daß Jungs Briefe von derselben Patientin handeln, so kommt auch hier nur allmählich der Verdacht auf, daß Sabina Spielrein jeweils von ein und derselben Person spricht, eben von Rebekka Babizkaja.

71  [O. J.] Sabina Spielrein an Freud, WW 208

72  30. Mai 1909, Sabina Spielrein an Freud, CAR 89

73  3. Juni 1909, FJB 249f.

74  4. Juni 1909, FJB 252f.

75 Vgl. 4. Juni 1909, FJB 253. Jungs Einstellung zum Judentum, zum Juden Freud und zu jüdischen Frauen ist hoch ambivalent. Sabina Spielrein schreibt: »Er sagte mir, daß er die jüdischen Frauen liebe, daß er ein schwarzes jüdisches Mädchen lieben möchte. Also auch in ihm das Bestreben nach Beharrung in seiner Religion und Kultur wie auch daneben der Drang nach Erfrischung durch eine neue Rasse, der Drang nach Befreiung vom väterlichen Zwange in einer ungläubigen Jüdin.« Vgl. 19. Oktober 1910, CAR 70. Jolande Jacobi (1890–1973), selber Jüdin und eine von Jungs engsten Mitarbeiterinnen, erzählt in einem Interview, wie er einmal erklärte, daß ihre Vorfahren bereits vor sechstausend Jahren Heiler und Rabbiner und Wissenschaftler waren, während seine eigenen Vorfahren noch vor tausend Jahren, nackt bis auf ein paar Tierfelle, in den deutschen Wäldern herumrannten. Bei einer anderen Gelegenheit sagte er ihr aber auch, daß er niemals Kinder haben wolle von einer Frau »mit jüdischem Blut«. Vgl. 23. Dezember 1969, Interview mit Jolande Jacobi. Countway Library of Medicine. C. G. Jung Oral History Archive. Boston. Signatur H MS c 29: 24

76 Letzteres schreibt Freud auf englisch, eine Standardwendung seines Lieblingsautors Arthur Conan Doyle (1859–1930), dem Erfinder der Figur des Sherlock Holmes. (Sinngemäß auf deutsch: »er entkam nur knapp.«) Freud spielt hier auf Elfriede Hirschfeld (geb. 1873) an, die er beinahe sieben Jahre lang behandelte. Er hatte sie sehr gerne und nannte sie seine »Großpatientin« und »Hauptplage«, weil ihre Symptome sich einfach nicht bessern wollten. Elfriede Hirschfeld spielte auch beim Bruch Freud-Jung eine Rolle. Vgl. Ernst Falzeder. My Grand-Patient, my Chief-Tormentor: A hitherto unnoticed Case of Freud's and the Consequences. In: Psychoanalytic Quarterly, 63, 1994: 297–331

77 Sinngemäß auf deutsch: Ein Segen, der nicht sofort erkennbar, der ›getarnt‹ ist. Vgl. 7. Juni 1909, FJB 255

78 Vgl. 17. Januar 1909, FJB 218

79 3. Mai 1908, Freud an Abraham. In: *Sigmund Freud/Karl Abraham. Briefe 1907–1926*. Frankfurt/M. 1965: 47 Im folgenden als Freud/Abraham-Briefwechsel zitiert.

80 18. Juni 1909, FJB 259

81 Lassalle war ein deutscher Sozialist jüdischer Abstammung und mußte sich wegen seiner politischen Ansichten mehrfach vor Gericht verantworten; obiges Zitat wurde von ihm in einer seiner Verteidigungsreden verwendet. Lassalle war oftmals in amouröse Skandale verwickelt und starb mit erst neununddreißig Jahren in einem Duell um eine Dame. Ob Jung Freuds Anspielungen goutiert – oder überhaupt zur Kenntnis nimmt –, ist fraglich angesichts seiner Panik.

82 [O. J.] WW 209

83 10. Juni 1909, Sabina Spielrein an Freud, CAR 90f.

84 Der Absender ist nie eruiert worden; im allgemeinen nimmt man an, daß er von Emma Jung stammt, die um ihre Ehe bangt.

85 Vgl. 11. Juni 1909, Sabina Spielrein an Freud, CAR 92
86 Vgl. 13. Juni 1909, Sabina Spielrein an Freud, CAR 98

13
»doktor spielrein zuerich = mediziner hoch«

1 Vgl. 27. August und 28. August 1909, CAR 40
2 Heute Kotobrzeg, Polen
3 21. September 1909, CAR 42
4 21. September 1909, CAR 42 f.
5 Gemäß Isaaks Tochter Menicha Spielrein führte ihr Vater damals Aufträge für die PSR aus, soll aber selber nicht an Attentaten beteiligt gewesen sein. Mündliche Mitteilung von Elisabeth Márton, Dezember 2003
6 Vgl. Ljunggren 2001 a.a.O. 83 f.
7 Gemäß Menicha Spielrein. Mündliche Mitteilung von Elisabeth Márton, Dezember 2003
8 In Heidelberg war Sabina Spielrein nie gemeldet, und im Universitätsarchiv Heidelberg gibt es nur über Isaak Dokumente, nicht über Sabina. Vgl. 23. Oktober 1909, »Oskar/Isaak Spielrein«, Anmeldebogen und Studien- und Sittenzeugnis der Großherzoglich Badischen Universität Heidelberg, Ruprechts-Karls-Universität Heidelberg, Universitätsarchiv. Gemäß Schreiben vom 30. Juli 2002 vom Stadtarchiv Heidelberg hielt sich »Jean Spielrein, Ingenieur, geboren in Rostow, mit Frau und Tochter« von Mai bis Juli 1911 ebenfalls in Heidelberg auf.
9 »Der Unterzeichnete bezeugt, daß Fräulein Sabine [!] Spielrein die letzten zwei Monate als Unterassistentin [ungefähr dem deutschen ›famulus‹ entsprechend] auf der hiesigen psychiatrischen Klinik gearbeitet hat. Sie ist etwas nervös, hat aber fleißig gearbeitet. Ich kenne sie auch sonst als ein Fräulein von gutem Ruf, von hoher Intelligenz, & empfehle sie deshalb gerne zur Immatrikulation an der Universität Heidelberg. [Stempel] Prof. Bleuler«. 16. Oktober 1909, Bleuler; vgl. auch Lothane 1999 a.a.O. 1201
10 Während des Studiums wohnt Spielrein an zwölf Adressen. Vgl. Einwohnerkontrolle a.a.O.
11 Vgl. Immatrikulationsbogen 17739, StAZ. UU 24 21.
12 Vgl. StAZ. AA 16,7 1910–1915. In der Schweiz ist eine Sechs die beste Note.
13 Vgl. 12. März 1911, Scheina Grebelskaja an Sabina Spielrein, Genf
14 Vgl. [...] September 1910, CAR 55 f.; 22. Februar [1912], CAR 85. Vgl. auch Aptekmanns Promotionsakten StAZ. U 106g 15.1
15 In: *Zentralblatt für Nervenheilkunde und Psychiatrie*, 32. Jg., 1. Maiheft 1909, Neue Folge 20. Bd. 303–307. Kurt Mendel, ein Gegner der Psychoanalyse, hat diese Arbeit zusammen mit Arbeiten von Jung und Freud im *Neurologischen Centralblatt* kritisiert. Vgl. 28. Jg., 1909, 1. Juni, Nr. 11: 584–587
16 14. Oktober 1909, FJB: 277

17  [O. J.] Sabina Spielrein [an Jung] WW 247–249

18  Vgl. 19. Oktober 1910, CAR 67f., 71

19  19. Oktober 1910, CAR 67

20  Vgl. 19. Oktober 1910, CAR 69

21  19. Oktober 1910: Tagebuch CAR 69

22  Vgl. Thomas Huonker. *Anstaltseinweisungen, Kindswegnahmen, Ehe-verbote, Sterilisationen. Fürsorge, Zwangsmassnahmen, »Eugenik« und Psychiatrie zwischen 1890 und 1970.* Hg. vom Sozialdepartement der Stadt Zürich. Edition Sozialpolitik Nr. 7. Zürich 2002

23  Vgl. August Forel. *Malthusianismus oder Eugenik.* München 1911: 11

24  Die Schriftstellerin Ricarda Huch schreibt über ihn: »Der Gynäkologe, der ein Gegner des Frauenstudiums war und das auf sehr unfeine Weise äußerte [...] verflocht [...] unflätige, auf sein Fach bezügliche Witze in seinen Vortrag, die [...] den Zweck hatten, die anwesenden Studentin-nen zu verscheuchen oder mindestens zu beleidigen; denn sie konnten ja, ohne ihr Studium aufzugeben, auf diese Vorlesung nicht verzichten.« Nach Huonker a.a.O. 62.

25  11. September 1910, CAR 51

26  Vgl. 9. November 1910, CAR 74

27  21. Dezember 1910, CAR 79

28  Vgl. 14. September 1910, CAR 53

29  Vgl. auch Kapitel »Bist mit dem Teufel du und du und willst dich vor der Flamme scheuen?«

30  10. Juni 1901, WW 197

31  23. September 1909, CAR 45

32  Vgl. 23. September 1909, CAR 45

33  Vgl. Sabina Spielrein. *Über den psychologischen Inhalt eines Falles von Schizophrenie (Dementia praecox).* Inauguraldissertation zur Erlangung der Doktorwürde der Hohen Medizinischen Fakultät der Universität Zürich. Sonderabdruck Leipzig/Wien 1911

34  9. September 1910. CAR 47

35  16. November 1911. FJB 513

36  Vgl. *Jahrbuch für psychoanalytische und psychopathologische For-schungen.* Bd. III, 1/2, 1911: 329–400

37  3. November 1910, StAZ. U 106g/14.2

38  8. Dezember 1910, CAR 77

39  18. Dezember 1910, M. B. Schmidt, StAZ U 106g/14.2

40  26. November 1910, CAR 76

41  Vgl. StAZ. U 106g/14.2

42  Vgl. [O.J.] Sabina Spielrein an »Meine Lieben«, Genf

43  Vgl. [O.J.] Eva Spielrein an Sabina Spielrein, Genf

44  Vgl. 20. Januar 1911, StAZ. AA 16,7 1910–1915

45  Vgl. 22. Januar 1911, Jascha und Isaak Spielrein aus Leipzig an Sabina Spielrein, Genf

46  Vgl. Einwohnerkontrolle a.a.O.

47 Vgl. das Pedellenbuch Jahrgang 1910/11. Pedellenbücher sind eine zweite Version der Studentenverzeichnisse und enthalten Wohnadressen und Mutationen. Es handelt sich um Unikate. StAZ. Gedr. Studentenverzeichnis, Exemplare der Uni-Kanzlei, 1910/11

## III
### München/Wien/Rostow/Berlin 1911–1914

### 14
### »Die Destruktion als Ursache des Werdens«

1 Vgl. 7. Mai 1910, Jascha Spielrein an Sabina Spielrein, Genf

2 Vgl. 8. Dezember 1911, Schlesinger an Sabina Spielrein, Genf

3 Emil Lenz stammte aus Uesslingen im Thurgau und studierte Medizin in Berlin, München, Genf und Zürich, wo er auch promovierte. Er arbeitete als Volontärarzt an der Charité bei Professor Friedrich Kraus (1858–1936). Er kehrte 1912 nach Zürich zurück, arbeitete später als Kurarzt in St. Moritz und Brissago und war zuletzt Privatdozent für Pharmakologie in Bern. Vgl. StAZ. UU 24, 20 und 25; vgl. auch 28. November 1910, Jung an Freud, FJB 237

4 [O. J.] Eva Spielrein an Sabina Spielrein, Genf

5 Vgl. 9. Januar 1910, Nikolai Spielrein an Sabina Spielrein, Genf

6 Vgl. 20. April 1910, Nikolai Spielrein an Sabina Spielrein, Genf

7 Vgl. 9. Januar 1910, Nikolai Spielrein an Sabina Spielrein, Genf

8 Jüdische Menschen haben ihre Namen damals öfter verändert bzw. verwestlicht. Eine Zeitlang nannte Korczak sich Goldberg.

9 Vgl. 9. November 1913, Nikolai Spielrein an Sabina Spielrein, aus Warschau, Genf

10 Vgl. 29. Februar 1914, Eva Spielrein an Sabina Spielrein, Genf; vgl. auch 6. Juli 1914 und [...] Mai 1922, Nikolai Spielrein an Sabina Spielrein, Genf

11 Vgl. [o. J.] CAR 138. Fritz Burger ist Autor der *Einführung in die Moderne Kunst.* Berlin 1917. Er war ein Freund von Franz Marc (1880–1916) und starb 1916 auf den Schlachtfeldern von Verdun.

12 Vgl. 5. Mai 1911, 25. September 1911, Bleuler an Sabina Spielrein; Sabina Spielrein wird am 2. September 1911 promoviert. Vgl. Universität Zürich, Archiv, AA 15 2 (1833–1912)

13 Vgl. Zentralbibliothek Zürich, Jahresverzeichnis 1912/13, Nr. 96

14 Vgl. [...] 1911, Rebekka Ter-Oganessian an Sabina Spielrein, Genf

15 Vgl. [o. J.] Rebekka Ter-Oganessian an Sabina Spielrein, Genf

16 Vgl. 12. März 1911, Scheina Grebelskaja an Sabina Spielrein, Genf

17 Vgl. 18. August 1911, Scheina Grebelskaja an Sabina Spielrein, Genf

18 Vgl. 23. August 1911, Scheina Grebelskaja an Sabina Spielrein, Genf

19 Vgl. 12. März 1911, Scheina Grebelskaja an Sabina Spielrein, Genf

20 [...] Februar 1911, CAR 80f.

21 Leonard Seif war 1909 nach Zürich gekommen, um bei Jung die Psycho-

analyse zu erlernen. Er gehörte zu den Gründungsmitgliedern der Ortsgruppe Zürich und wurde Gründer (1. Mai 1911) und Obmann der
Ortsgruppe München der IPV. Seif trennte sich 1913 von Freud und
folgte Adler. Er war der Analytiker von Prof. Mathias Heinrich Göring
(1879–1945), dem Onkel von Hermann Göring, und »Führer« des
Reichsinstituts für psychologische Forschung und Psychotherapie. Vgl.
21. März 1909, FJB 237; Regine Lockot. *Erinnern und Durcharbeiten.*
*Zur Geschichte der Psychoanalyse und Psychotherapie im Nationalso-*
*zialismus.* Frankfurt/M. 1985: 328

22 Vgl. Sabina Spielrein. »Die Destruktion als Ursache des Werdens«. In:
   *Jahrbuch* a.a.O. Bd. IV, 1912: 465–503

23 Vgl. Spielrein. Die Destruktion a.a.O. 465

24 Spielrein a.a.O. 466f.

25 Vgl. Sigmund Freud. »Beiträge zur Psychologie des Liebeslebens. Über
   einen besonderen Typus der Objektwahl beim Manne« (1910). In: GW
   VIII, Frankfurt/M. 1996: 66–91

26 Vgl. Spielrein. Die Destruktion a.a.O. 496

27 Wie Sabina Spielrein einmal an Freud schreibt, war Wagner derjenige,
   der ihr »den Dämon«, den Sexualtrieb, »in die Seele führte«: »Ich will
   die Gleichnisse unterlassen, da Sie möglicherweise über die Über-
   schwenglichkeit des Gefühles lachen. Die ganze Welt wurde für mich zu
   einer Melodie: es sang die Erde, es sang der See, es sangen die Bäume
   und jeder einzelne Zweig am Baume.« 20. Juni 1909, Sabina Spielrein
   an Freud, CAR 106

28 Vgl. [o. J.] CAR 108

29 Wagner, nach Spielrein. Die Destruktion a.a.O. 494f.

30 Richard Wagner. *Der Ring der Nibelungen. Zweiter Tag: Siegfried.*
   Stuttgart 2002: 124

31 [O. J.] CAR 138

32 8. August 1911, CAR 199f.

33 »Es endet unten in einem Fisch, was oben ein wohlgestaltetes Weib ist.«
   In: Horaz. *De arte poetica.*

34 1. April 1912, FJB 552

35 Beatrice Moses Hinkle ist amerikanische Psychiaterin und Jungsche Psychologin aus Kalifornien.

36 Vgl. 29. August 1911, FJB 486

37 In: Jahrbuch a.a.O. Bd. III, I. Hälfte 1911: 120–227

38 21./22. September 1911, Jung an Spielrein, CAR 201

15
In Wien bei Sigmund Freud

1 Vgl. 30. Mai 2000, Schreiben des Magistrats der Stadt Wien, Magi-
  stratsabteilung 8, Wiener Stadt- und Landesarchiv. An letzterem Datum
  meldet sie sich »nach Rußland« ab.

2 Doch trotz stetiger Zunahme des Frauenanteils von 2,3 Prozent im Jahr

1910 auf 45,6 Prozent im Jahr 1937 bleibt das Verhältnis von Frauen und Männern unausgeglichen, und die Pionierinnen der Psychoanalyse haben einen schweren Stand. Vgl. Elke Mühlleitner. »Frauen in der psychoanalytischen Bewegung. Der Fall der Wiener Psychoanalytischen Vereinigung 1902–1938«. In: *Psyche*, 54. Jg., H.7, Juli 2000: 642–667, insbesondere 646

3  Vgl. 9. November 1911, 118. Protokoll. In: *Protokolle der Wiener Psychoanalytischen Vereinigung*. Bd. III 1910–1911. Hg. von Herman Nunberg und Ernst Federn. Frankfurt/M. 1979: 57, 59.

4  Vgl. 1. September 1911, FJB 488

5  Vgl. 12. Oktober 1911, FJB 493

6  Vgl. Protokolle der Wiener Psychoanalytischen Vereinigung a.a.O.

7  12. November 1911, FJB 506f.

8  Fritz Wittels. *Sigmund Freud. Der Mann. Die Lehre. Die Schule*. Leipzig/Wien/Zürich 1924: 123f.

9  Vgl. Frl. Dr. Spielrein: »Über Transformation.« In: *Zentralblatt für Psychoanalyse*. II. Jg. 1912: 478; vgl. auch »29. November 1911, 152. Protokoll. Über Transformation.« In: *Protokolle der Wiener Psychologischen Vereinigung*. Bd. III a.a.O. 314–320

10  30. November 1911, FJB: 519

11  Vgl. 25. März 1912, CAR 208

12  Vgl. 24. November 1911, Jung an Sabina Spielrein, CAR 204

13  7. Januar 1912, CAR 83

14  7. Januar 1912, CAR 82f.

15  Vgl. 17. Februar 1912, CAR 84

16  Vgl. 17. April 1912, Protokoll 169. *Protokolle der Wiener Psychoanalytischen Vereinigung*. Bd. IV 1912–1918. Hg. von Herman Nunberg und Ernst Federn. Frankfurt/M. 1981: 84f.

17  8. April 1912, Sabina Spielrein an Binswanger. In seinem Antwortschreiben bedauert Binswanger, daß er nur einen Sonderabdruck schicken kann, da er nur noch wenige Exemplare zur Verfügung habe. Er würde sich freuen, wenn er einen Sonderabdruck von Spielreins Dementia-praecox-Arbeit im *Jahrbuch* erhielte. Vgl. 10. April 1912, Binswanger an Spielrein. Universitätsarchiv Tübingen, Signatur 443/34

18  Vgl. 27./28. Januar 1918, Sabina Spielrein an Jung, CAR 184

19  Emil Oberholzer stammte aus Zürich, wo er Medizin studierte und bei Bleuler über *Kastration und Sterilisation von Geisteskranken in der Schweiz* (1912) promovierte. Von 1908 bis 1910 war er Assistent am Burghölzli; im Oktober 1911 wurde er in die Zürcher Ortsgruppe aufgenommen, wo er am 3. November »Über die Traumanalyse bei einer 33-jährigen Frau mit Introversionspsychose« referierte. 1912 kam Oberholzer nach Wien zu Freud, »Für eine leider sehr abgekürzte Analyse«. Vgl. 13. Juni 1912, Freud an Jung, FJB 566. 1913 heiratete er Mira Gincburg. Bei der Spaltung der Psychoanalyse blieb er bei Freud.

20  Vgl. 27. Mai 1912, Oberholzer an Spielrein, Genf

21  Vgl. 12. Mai 1912, Stekel an Spielrein, Genf

22  14. Juni 1912, CAR 119

16

»Dr. Paul Scheftel geheiratet. Fortsetzung folgt.«

1  Vgl. 31. Mai 1911, Meldebogen, Landeshauptstadt München, Direktorium, Stadtarchiv; vgl. 13. Oktober 1911, polizeiliche Melderegistratur Wien

2  Das Eheregister der jüdischen Gemeinde, Rostow am Don befindet sich im GARO. Auf diesem Dokument wird Sabina Spielrein als »Warschauer Bürgerin« bezeichnet; Doktortitel und Beruf sind nicht angegeben. Bezüglich Informationen zum Heiratsvertrag und Hinweisen zur Währung des Kaufpreises, 8. Juli 2005, schriftliche Mitteilung von Monika Bankowski sowie mündliche Mitteilung Michel Bollag.

3  Vgl. CAR 85: Hier ist das Datum der Hochzeit falsch.

4  Vgl. CAR 86

5  Vgl. [o .J.] Kleiper an Sabina Spielrein, Genf

6  Gemäß Menicha Spielrein. Mündliche Mitteilung von Elisabeth Márton, Januar 2004

7  CAR 86

8  Vgl. 25. Februar 1900, WW 158; 26. Februar 1900, WW 159. Vgl. auch das Kapitel 4

9  CAR 86

10  Vgl. 5./11. Januar 1922, Pawel Scheftel an Sabina Spielrein, Genf

11  20. August 1912, CAR 120

17

Berliner Jahre 1912–1914

1  21. März 1912, FJB 548

2  Vgl. Thomas Müller. *Von Charlottenburg zum Central Park West. Henry Lowenfeld und die Psychoanalyse in Berlin, Prag und New York.* Frankfurt/M. 2000

3  Vgl. Sigmund Freud. »Das Unbehagen in der Kultur«. In: GW XIV. Frankfurt/M. 1976: 419–506

4  Vgl. Sabine Richebächer. »Wie ein Hai im Karpfenteich ..., Wilhelm Reich: Ein Portrait«. In: *Journal.* Psychoanalytisches Seminar Zürich, 34, 1997: 36–55; dies. »Psychoanalyse im Exil. Otto Fenichel und die geheimen Rundbriefe der linken Freudianer«. In: *Jahrbuch der Psychoanalyse. Beiträge zur Theorie, Praxis und Geschichte.* 42, 2000: 125–164

5  Vgl. 21. August 1908, Abraham an Freud, Freud/Abraham-Briefwechsel a.a.O. 60

6  Vgl. 25. Oktober 1912, Verzeichnis der als gehört bezeichneten Vorlesungen, No. 834, Universität Leipzig, Universitätsarchiv

7  Isaak Spielrein. *Psychologisches aus Kinderuntersuchungen in Rostow*

*am Don.* Hg. von William Stern und Otto Lipmann. Bd. 11. Leipzig 1916

8  Vgl. Isaak Spielrein. »Ein jüdisches Wörterbuch«. In: *Der Jude.* Eine Monatsschrift. 1. Jg., 1916/17: 633–636; dies. »Zur Aussprache und Transkription des Jüdischen«. In: *Der Jude.* 2. Jg., 1917: 285–287

9  Louis William Stern war deutscher Philosoph und Psychologe. 1897 habilitierte er für Philosophie und Psychologie in Breslau. Von 1906 bis 1916 war er Direktor des Instituts für angewandte Psychologie der Gesellschaft für experimentelle Psychologie, Berlin. Stern nahm das Konzept einer wissenschaftlichen Betriebsführung auf, das der amerikanische Ingenieur Frederik Winslow Taylor (1856–1915) entwickelt hatte. Darin geht es um Rationalisierung von Arbeitsabläufen mit dem Ziel der optimalen Anpassung von Person-Technik und Technik-Person. 1903 forderte Stern in seinem programmatischen Aufsatz *Angewandte Psychologie* die Etablierung des Fachs Angewandte Psychologie, da die Psychologie wie alle anderen Wissenschaften auch die Aufgabe habe, ihre Leistungen in den Dienst der Kultur zu stellen. Mit diesem Aufsatz führt er den Begriff Psychotechnik ein. Hugo Münsterberg (1863–1917) popularisierte den Begriff Psychotechnik und richtete ihn an den Bedürfnissen der Wirtschaft aus. Gesellschaftlicher und ökonomischer Hintergrund für Taylors und Sterns Ideen war die Industrielle Revolution, d.h. die Verlagerung des Schwerpunktes der volkswirtschaftlichen Produktion auf den Industriebereich. Der industrielle Arbeitsprozeß konnte in Planung, Durchführung und Kontrolle zerlegt werden – Aufgaben, die von den Arbeitskräften unterschiedliche Qualifikationen verlangten. Hauptaufgaben der Psychotechnik wurden Arbeitsplatzanalysen, die Erstellung von Anforderungsprofilen sowie Auswahlverfahren für die einzelnen Berufe.

10  [O. J.] Eva Spielrein an Sabina und Pawel Scheftel, Genf

11  Rachel Leibowitsch war eine ehemalige Studienkollegin von Sabina Spielrein aus Zürich. Sie kam aus Kurland (Baltikum), war Jüdin und achtete die Traditionen. Rachel Leibowitsch hatte sich 1906 erstmals in Zürich angemeldet. Sie besuchte das Institut Dr. Lämmel und machte hier die eidgenössische Matur. Im Sommersemester 1907 immatrikulierte sie sich an der Universität Zürich, um Medizin zu studieren. Sie promovierte mit einer Arbeit über Kurzsichtigkeit bei Dr. Sidler, Augenklinik. Vgl. Rachel Leibowitsch. *Ein statistischer Beitrag zur Frage, ob die Vollkorrektur der Myopie diese zum Stillstand bringen könne.* Inaugural-Dissertation, Hohe Universität Zürich. Jahresverzeichnis der Promotionen 1914/15, Nr. 57. Während des Studiums hielt Rachel Leibowitsch sich zweimal für längere Perioden in Berlin auf, um an der Universität zu hospitieren.

12  Vgl. 5. Oktober 1912, Karte der Dozenten Vereinigung für die »Ferienkurse für praktische Aerzte«, Nr. 22, Genf. Das Honorar für die Herbstferien des Jahres 1912 beträgt 60 Mark.

13  Sabina Spielrein gibt 1924 auf dem Personalbogen des Volkskommissa-

riats für Aufklärung (Narkompros) in Moskau an, sie habe in Berlin bei Karl Friedrich Bonhoeffer (1868–1948) an der psychoneurologischen Klinik gearbeitet. Vgl. Fragebogen, GARF, Fonds A 2307, Verzeichnis 23, Akte 13, Blatt 20. Ein offizielles Anstellungsverhältnis hat es gemäß den vorliegenden Unterlagen jedoch nicht gegeben. Viele Ärzte und Psychologen haben an der Charité nur kurzzeitig hospitiert – ohne offizielle Anstellung. Vgl. 2. August 2003, Auskunft des Ärztlichen Direktorats. Charité. Universitätsklinikum, medizinische Fakultät der Humboldt-Universität zu Berlin.

14 13. Oktober 1912, CAR 121

15 20. Januar 1913, CAR 121

16 Gemäß Steuerformular bezahlte Paul Scheftel 52 Mark Staatseinkommenssteuer, veranschlagt für ein Jahreseinkommen zwischen 2700 und 3000 Mark. Vgl. Steuerveranlagung Nr. A 634 vom 9. Dezember 1913, Steuerdeputation des Magistrats, Bureau C2, Stadthaus, Stralauerstraße 15/22

17 Vgl. November 1914, Budgetaufstellung, Handschrift von Sabina Spielrein, Genf

18 Gemäß Wechselkurs von 1907 sind das rund 64800 Mark. Hinsichtlich der Höhe der Lebenshaltungskosten und der damaligen Kaufkraft ist das sehr viel Geld. 30. Januar 2004, Mitteilung von Monika Bankowski

19 Vgl. 13. Januar 1913, Jascha Spielrein an Sabina Spielrein, Genf

20 Vgl. 11. November 1928, Sigmund Freud an Ernst Simmel. In: Sigmund Freud. *Briefe 1873–1939*. Frankfurt/M. 1980: 397

21 Sándor Ferenczi. »C. G. Jung, Wandlungen und Symbole der Libido«. In: IZP, 1. Jg., 1913: 391–403. Ferenczi kritisiert unter anderem »Jungs impetuöse Neigung, von zwei Möglichkeiten die ihm sympathischere einfach zu dekretieren«. Siehe S. 400

22 Viktor Tausk. »Sch. Grebelskaja: Psychologische Aspekte eines Paranoiden«. In: IZP, 1. Jg., Bd. I: 88

23 Vgl. Jos. B. Lang. »Esther Aptekmann. Experimentelle Beiträge zur Psychologie des psycho-galvanischen Phänomens.« In: IZP, 1. Jg., 1913: 576–578

24 20. Januar 1913, CAR 122

25 Paul Federn. »Sabina Spielrein. Die Destruktion als Ursache des Werdens«. In: IZP. 1. Jg. 1913, Heft 1: 89–93

26 Vgl. Spielrein. Die Destruktion a.a.O. 471

27 21. März 1912, Freud an Jung, FJB 548

28 In: *Zentralbblatt für Psychoanalyse und Psychotherapie*. IV Jg. 1914: 525–534

29 Vgl. Sándor Ferenczi. *Schriften zur Psychoanalyse*. Bd. II. Frankfurt/M. 1982: 200–211

30 Vgl. Sigmund Freud. »Jenseits des Lustprinzips«. In: GW XIII. Frankfurt/M. 1972: 59

31  [O. J.] Sabina Spielrein an Freud, CAR 107f.

32  Solowjew wurde in Moskau als Sohn eines berühmten Historikers geboren. Er studierte in Moskau an der Physikalisch-mathematischen und an der Philosophischen Fakultät und danach als Laie an der Geistlichen Fakultät in Sergiew Posad. 1874 wurde Solowjew Dozent an der Moskauer Universität. Er wandte sich gegen die Todesstrafe, die an den Mördern von Zar Alexander II. vollstreckt werden sollte, wurde deshalb schwer angegriffen und reichte seinen Abschied ein. 1881 machte er die Bekanntschaft von Rabbiner Faivel' Gec und lernte bei ihm Hebräisch, um die Bibel und den Talmud zu lesen. Solowjew befaßte sich jetzt verstärkt mit religiösen Fragen und trat 1890 zusammen mit Lev Tolstoi öffentlich gegen den Antisemitismus auf. Als Gymnasiastin hatte Sabina Spielrein sich mit religiösen und philosophischen Themen beschäftigt. In späteren Tagebüchern, in Briefen und vor allem in »Die Destruktion als Ursache des Werdens« gibt es immer wieder Konzepte und Gedankengänge, die an Solowjews fünf Aufsätze Der Sinn der Liebe (1892–1894) erinnern. (Vgl. Vladimir Solov'ev. Der Sinn der Liebe. Hamburg 1985.) Der vierte Aufsatz beginnt mit: »›Dionysos und Hades sind ein und dasselbe‹ hat der tiefste Denker der antiken Welt [Heraklit] gesagt [...] Der Gott des Lebens und der Gott des Todes sind ein und derselbe Gott. Das ist eine Wahrheit, die für die Welt der natürlichen Organismen unbestreitbar ist« (35f.). Solowjew formulierte das »Gesetz der Identität von Dionysos und Hades«. Er übte Kritik an der bürgerlichen Doppelmoral und ihrer Trennung von Körper und Seele, in Heilige und Hure. Er entwarf eine dreistufige Liebestheorie, deren dritte, höchste und einzig wahre Stufe die »geistige, mystische oder göttliche« Liebe darstellt, welche die Ganzheit des menschlichen Wesens wiederherstellt und über den Tod triumphiert.

33  Iwanow war einer der führenden Dichter und Theoretiker der zweiten Generation russischer Symbolisten. Er hatte klassische Philologie und Geschichte an der Universität Moskau, in Berlin und in Paris studiert. 1904 kehrte er nach Rußland zurück und zog 1905 nach St. Petersburg, wo er unter dem Einfluß von Nietzsche, Schopenhauer und Dostojewski eine religiöse Philosophie aus der Synthese von Dionysos und Christus schuf. Vgl. Alexander Etkind. Eros des Unmöglichen. Die Geschichte der Psychoanalyse in Rußland. Leipzig 1996: 62ff.

34  Ilja Metschnikoff studierte Naturwissenschaften in Charkow, Gießen, Göttingen und München. 1867 habilitierte er sich an der neu gegründeten Universität Odessa, wo er 1870 Professor wurde für Zoologie und vergleichende Anatomie. 1875 heiratete Metschnikoff die siebzehnjährige Olga Belopytow aus reicher, landadeliger Familie. 1882 trat er aus politischen Gründen von seiner Professur zurück und verließ Rußland. 1888 gelangte er nach Paris, wo er am Institut Pasteur eine Professur erhielt und 1904 Vizedirektor wurde. 1908 erhielt Metschnikoff zusammen mit dem Deutschen Paul Ehrlich in Anerkennung ihrer Arbeiten

über das Immunsystem den Nobelpreis für Medizin und Physiologie. In späteren Jahren beschäftigte Metschnikoff sich mit dem Problem des Alterns, das er als einen chronischen Vergiftungsprozeß durch Verdauungsprodukte ansah. Zur Bekämpfung empfahl er Milchsäurebakterien, Sauermilch, Joghurt und Kefir. In seinem Spätwerk *Studien über die Natur des Menschen. Eine optimistische Philosophie* (Leipzig [1905] 1910) beschreibt Metschnikoff auffällige Disharmonien bzw. Unzweckmäßigkeiten in der Organisation der Lebewesen anhand von Beispielen aus der Evolution von den Pflanzen über die Eintagsfliege bis zum Menschen. Er stellt die These auf, daß nach einem normalen, heute allerdings nicht erreichbaren Alterungsprozeß sich ein natürlicher Todesinstinkt einstellen werde.

Sabina Spielrein verwendet in ihrer Arbeit »Über Destruktion« Beispiele aus Metschnikoffs *Studien*; anläßlich ihres Vortrags »Über Transformation« an der Wiener Psychoanalytischen Vereinigung bezieht sie sich explizit auf dessen Werk. Vgl. 152. Protokoll, 29. November 1911. In: *Protokolle*. Bd. III a.a.O. 314

35 Vgl. Sabina Spielrein. Beiträge a.a.O.

36 Vgl. Sigmund Freud. »Analyse der Phobie eines fünfjährigen Knaben« (1909). In: GW VII, Frankfurt/M. 1972: 243–377

37 Helene Deutsch galt als Freuds Lieblingsschülerin und war eine der wichtigsten Frauen in der Pionierzeit der Psychoanalyse. Sie machte sich als Theoretikerin der weiblichen Sexualität einen Namen und wurde durchaus kritisiert. 1944/45 erschien im amerikanischen Exil *The Psychology of Women: A psychoanalytic Interpretation*. Volume 1: Girlhood; Volume 2: Motherhood. New York; auf deutsch: *Die Psychologie der Frau*. Bern 1948/54

38 In: *Imago* Bd. II. 1913: 523 f.

39 In: IZP Bd. II. 1914: 375–377

40 In: *Zentralblatt für Psychoanalyse und Psychotherapie*. III. Jg. 1913: 263

41 In: IZP Bd. I. 1913: 484–486

42 In: IZP Bd. II. 1914: 375–377

43 *Imago* Bd. II. 1913: 524 f.

44 *Imago*. Bd. II. 1913: 589–592

45 Vgl. Spielrein. »Die Schwiegermutter« a.a.O. 589

46 Vgl. Tatjana Rosenthal. »Karin Michaelis: ›Das gefährliche Alter‹ im Lichte der Psychoanalyse«. In: *Zentralblatt für Psychoanalyse*. 1. Jg., Heft 7/8: 277–294

47 Vgl. 5. August 1909, Jung an Freud, FJB 268; Gincburg hatte das Lodzer Mädchengymnasium absolviert und danach zunächst in Bern, ab Wintersemester 1906 in Zürich das Medizinstudium gemacht. Im Sommer 1909 machte sie zusammen mit Rebekka Babizkaja das Praktikum am Burghölzli. Schon während des Studiums nahm Gincburg an den Sitzungen der Freudschen Vereinigung in Zürich teil. Bereits im Oktober 1911 wechselte Gincburg in die Ortsgruppe Zürich, wo sie am 17. No-

vember einen Vortrag hält »Zur Psychologie des Suizids«. 1913 heiratete sie Emil Oberholzer. Oberholzer und Gincburg werden die treibenden Kräfte bei der Neugründung der Schweizer Gesellschaft für Psychoanalyse (SGPsa) im Jahr 1919. Vgl. Annatina Wieser. *Zur frühen Psychoanalyse in Zürich 1900–1914*. Inauguraldissertation zur Erlangung der Doktorwürde der Medizinischen Fakultät der Universität Zürich. Zürich 2001: 187. Emil Oberholzer galt als ein sehr strenger Analytiker. Freud hielt Mira Gincburg für die begabtere Analytikerin. Mündliche Mitteilung von Kaspar Weber, 16. Februar 2004. Auf der Fotografie vom Weimarer Kongreß sitzt sie vorne in der ersten Reihe zwischen Maria Moltzer und Lou Andreas-Salomé (1861–1937).

48  Stöcker ist konsequente Pazifistin, und als zahlreiche Psychoanalytiker sich der Kriegsbegeisterung 1914 anschließen, geht sie zur Psychoanalyse auf Distanz. Nach der Machtübernahme der Nationalsozialisten 1933 emigrierte Stöcker nach Zürich. Vgl. Annegret Stopczyk. »Helene Stöcker. Philosophin der Neuen Ethik«. In: *Die Lebensreform. Entwürfe zur Neugestaltung von Leben und Kunst um 1900*. Bd. 1. Hg. von Kai Buchholz, Rita Latocha, Hilke Peckmann. Darmstadt 2001: 157–159

49  13. Juni 1913, Nikolai Spielrein an Sabina Spielrein, WW 13

50  1. Oktober 1913, Esther Aptekmann an Sabina Spielrein, Genf

51  24. August 1913, CAR 209f.

52  28. August 1913, CAR 124

53  27./28. Januar 1918, CAR 183

54  Vgl. C. G. Jung. *Erinnerungen, Träume, Gedanken*. Aufgezeichnet und hg. von Aniela Jaffé. Zürich/Düsseldorf 1999: 183f.

55  Vgl. Spielrein. Beiträge a.a.O. 60

56  Vgl. 19. Oktober 1910, CAR 71

57  Vgl. [...] 1913, Rebekka Ter-Oganessian an Sabina Spielrein, Genf

58  Vgl. [...] 1913, Rebekka Ter-Oganessian an Sabina Spielrein, Genf

59  *Das Adreßbuch der Stadt Berlin 1915* verzeichnet jeweils den Beruf des Haushaltsvorstandes.

60  Vgl. [...] Dezember 1913, Sabina Spielrein an Sigmund Freud, Genf

61  29. Dezember 1913, CAR 125

62  Vgl. 19. Juni 2002, Standesamt Mitte, Berlin, Abschrift der Geburtsurkunde

63  [O.J.] Rebekka Ter-Oganessian an Sabina Spielrein, Genf

64  17. Januar 1914, Eva Spielrein an Sabina Spielrein, WW 202

65  Vgl. 16. Februar 1914, Eva Spielrein an Sabina Spielrein, Genf

66  Eva Spielrein an Sabina Spielrein, Genf

67  Vgl. 25. März 1914, Eva Spielrein an Sabina Spielrein, Genf

68  Vgl. 16. Februar 1914, Eva Spielrein an Sabina Spielrein, Genf

69  15. März 1914, Eva Spielrein an Sabina Spielrein, Genf

70  Vgl. 21. Juni 1914; 6. Juli 1914, Nikolai Spielrein an Sabina Spielrein, Genf

71  27. Mai 1913, Freud/Abraham-Briefwechsel a.a.O. 137

72  Vgl. 18. April 1914, Dekanatsakten, Universität Zürich, Archiv
73  Vgl. 28. Mai 1914, Dekanat der Medizinischen Fakultät an die Erzie-
    hungsdirektion der Universität, StAZ. U 106f. 2.76
74  Vgl. Ellenberger 1996: 953
75  15. Mai 1914, CAR 125
76  26. Juli 1914, Freud/Abraham-Briefwechsel a.a.O. 137
77  Vgl. Kapitel 7
78  Vgl. Sigmund Freud. »Zur Geschichte der psychoanalytischen Bewe-
    gung«. In: GW X, Frankfurt/M. 1991: 43–113
79  Vgl. Sigmund Freud. »Einführung in den Narzißmus«. In: Jahrbuch
    a.a.O. Bd. VI, 1914: 1–24
80  [...] 1914, Pawel Scheftel an Sabina Spielrein, Genf

IV
Der zweite Schweizer Aufenthalt 1914–1923

18
Lausanne – »Les Vents«

 1  15. Dezember 1914, Eva Spielrein an Sabina Spielrein, Genf
 2  Vgl. 6. August 1914, Pawel Scheftel an Sabina Spielrein, Genf
 3  Vgl. Einwohnerkontrolle StZ. a.a.O. Möglicherweise war auch Naer
    Spielrein (*1881), Warschau, mit Nikolai Spielrein verwandt. Naer
    Spielrein lebte von Mai 1916 bis Oktober 1917 in Zürich.
 4  27. Dezember 1914, Eva Spielrein an Sabina Spielrein, Genf
 5  Vgl. 11. Oktober 1917, Pawel Scheftel an Sabina Spielrein, Genf
 6  15. November 1915, Jascha Spielrein an Sabina Spielrein, Genf
 7  Vgl. 16. Januar 1914, 7. Mai 1914, Scheina Grebelskaja an Sabina
    Spielrein, Genf
 8  Sie schreibt auch, daß sie unglücklich ist, weil sie sich eine romantische
    Liebe wünscht. Dann wieder meint sie, sie möchte lieber alleine bleiben.
    Das letzte, was über sie zu erfahren ist, ist, daß ihr demnächst ein wei-
    terer Ehekandidat vorgestellt wird – ein Cousin väterlicherseits, der
    achtzehn Jahre älter ist und bereits eine Tochter hat. Danach verlieren
    sich ihre Spuren. Vgl. [o.J.] Scheina Grebelskaja an Sabina Spielrein,
    Genf
 9  28. Dezember 1914, Copierbuch 116: 482
10  Auf der Registerkarte von »Sabina Scheftel, geb. Spielrein« steht »ohne
    Abmeldung fort nach Montreux«; dann gibt es einen Vermerk »15. X.
    1915 Lausanne« – ohne nähere Erklärung. Vgl. Einwohnerkontrolle
    StZ. a.a.O.
11  Vgl. Brief vom 11. Juni 2003, Geheimes Staatsarchiv Preußischer Kul-
    turbesitz, Berlin. In den Stuttgarter Adreßbüchern der Jahrgänge 1914
    bis 1918 ist »Diplomingenieur J. Spielrein« jeweils unter seiner Privat-
    adresse verzeichnet.
12  Vgl. Dipl.-Ing. J. Spielrein. *Lehrbuch der Vektorrechnung nach den Be-*

*dürfnissen in der technischen Mechanik und Elektrizitätslehre.* Stuttgart
1916

13  Jetzt, wo ihr Mann fort ist, benutzt Sabina Spielrein den von ihr favori-
sierten Namen Renata für ihre Tochter.

14  Vgl. 8. Februar 1915, 13. Februar 1915, 14. Februar 1915, Eva Spielrein an Sabina Spielrein, Genf

15  Vgl. 13. März 1915, Eva Spielrein an Sabina Spielrein, Genf

16  2. April 1915, Eva Spielrein an Sabina Spielrein, Genf

17  2. März 1915, Eva Spielrein an Sabina Spielrein, Genf

18  Vgl. 23. Oktober 1915, Eva Spielrein an Sabina Spielrein, Genf

19  Vgl. 20. Juli 1915, Eva Spielrein an Sabina Spielrein, Genf

20  6. September 1915, Eva Spielrein an Sabina Spielrein, Genf

21  Vgl. 4. Juli 1915, 6. Juli 1915, Eva Spielrein an Sabina Spielrein,
Genf

22  15. Februar 1915, Eva Spielrein an Sabina Spielrein, Genf

23  Vgl. 2. März 1915, Eva Spielrein an Sabina Spielrein; 20. Juni 1915, Nikolai Spielrein an Sabina Spielrein, Genf

24  Vgl. 27./28. Januar 1918, CAR 183

25  Vgl. 21. August 1915, Eva Spielrein an Sabina Spielrein, Genf

26  Vgl. 9. Dezember 1915, Eva Spielrein an Sabina Spielrein, Genf

27  15. Februar 1921, Dossier Scheftel, Spielzeiten [!] Sabine [!], Archives
d'Etat, Genf. Réferences: 1985 va 22.1.10 rép. + dossier de permis de séjour no 93420 + Permis de séjour étrangers du 8 mars 1921 no 1802
(Etrangers Dj 30). (Übersetzung Pepe Solbach) Im folgenden als Dossier
Scheftel zitiert.

28  In: IZP II 1915: 350

29  In: IZP IV 1916/17: 44–48

30  Vgl. Sabina Spielrein.»Isaak Spielrein. Über schwer zu merkende Zahlen und Rechenaufgaben«. In: IZP VI 1920: 172–174

31  20. April 1915, CAR 127f.

32  Vgl. 18. Dezember 1915, 16. August 1917, Eva Spielrein an Sabina
Spielrein, Genf

33  Vgl. Kapitel 17 Berliner Jahre, Fußnote 33

34  Vgl. 12. Februar 2004, Schreiben der Archives de la Ville de Lausanne

35  WW 256

36  WW 257f.

37  Vgl. WW 256–260, französisch und deutsch. In französischer Sprache
vgl. auch Sabina Spielrein.»Les Vents«. In: *Patio* I, 1983: 84–87

38  19. Januar 1918, Sabina Spielrein an Jung, CAR 176

39  Vgl. 7. August 1915, Eva Spielrein an Sabina Spielrein, Genf

40  Vgl. 18. April 1917 [nach alter Zeitrechnung], Eva Spielrein an Sabina
Spielrein, Genf

41  18. November 1917, CAR 128

42  17. November 1918, Freud an Ferenczi. Vgl. Karen Brecht/Volker Fried-
rich/Ludger M. Hermanns (Hg.). »*Hier geht das Leben auf sehr merk-*

*würdige Weise weiter ...«* Zur Geschichte der Psychoanalyse in *Deutschland.* [o. O.] 1985: 26ff., insbesondere 28

43  12. August 1917, Eva Spielrein an Sabina Spielrein, Genf

44  16. August 1917, Eva Spielrein an Sabina Spielrein, Genf. Die Briefe zum Teil weitergeschickt an die Brüder.

45  1. Oktober 1917, Eva Spielrein an Sabina Spielrein, Genf

46  Vgl. 28. November 1917, Eva Spielrein an Sabina Spielrein, Genf

47  28. November 1917, Eva Spielrein an Sabina Spielrein, Genf. Daß Sabina Spielrein in den Jahren in Lausanne und Genf oft hungern mußte, wird in vielen Briefen von Eva Spielrein thematisiert: »Liebe Sabina, kannst Du kein Geld leihen, [...] Du hast doch so viele Bekannte, das ist ja schauderhaft, daß Du so ein schlechtes Lebens hast und auch noch Hunger leidest. [...] Mach' alles um nicht zu hungern!« Vgl. 29. Oktober 1917, Eva Spielrein. Auch Pawel Scheftels Briefe haben Sabina Spielreins hungrigen oder »halbhungrigen« Zustand mehrfach zum Thema. Vgl. [...] Pawel Scheftel; 11./9. Dezember [1921] Pawel Scheftel an Sabina Spielrein, Genf. Sabina Spielreins schlechte Ernährungssituation trägt mit dazu bei, daß sie so oft krank und deprimiert ist.

48  23. November 1917, Nikolai Spielrein an Sabina Spielrein, Genf.

49  6. Januar 1918, CAR 167

50  Vgl. 6. Januar 1918, CAR 167f.

51  Vgl. Jung 1999: 179–183

52  27. November 1917, CAR 141ff.

53  Vgl. 21. Januar 1918, CAR 218f.

54  [...] Januar 1918, CAR 219f.

55  27./28. Januar 1918, CAR 177, 179

56  Vgl. 3. April 1919, CAR 222

57  1. September 1919, CAR 223

58  16. Januar 1918, CAR 168f.

59  Vgl. 1. Juli 1918, Jascha Spielrein an Sabina Spielrein, Genf

60  7. Dezember 1919, Tagebuch, Genf

61  Vgl. Sabina Spielrein. »Renatchens Menschenentstehungstheorie«. In: IZP VI 1920: 155–157

62  Vgl. [o.J.] Nikolai Spielrein an Sabina Spielrein, Genf

63  Vgl. 2. August 1919, Freud an Sabina Spielrein, CAR 129

64  Vgl. 1. Juli 1919, Eva Spielrein an »Meine lieben Kinder«, Genf

65  Vgl. Ljunggren 2001 a.a.O.; vgl. auch V.A. Koltsova/O.G. Noskova/Yu. N. Oleinik: »Isaak Spielrein and Soviet Psychotechnics«. In: *Psikhologichesky Zhurnal,* 2, 1990: 95–122

66  2. August 1919, CAR 128f.

67  Vgl. 30. September 1919, Rachel Leibowitsch an Sabina Spielrein, Genf

68  19. Januar 1918, Sabina Spielrein an Jung, CAR 176

69  *13. Juli 1920. Vgl. 15. Juli 2003, Schreiben des Stadtarchivs Zürich

70  Vgl. 17. August 1920, Rachel Leibowitsch an Sabina Spielrein, Genf

71 Über das weitere Schicksal von Rachel Nachmansohn Leibowitsch ist nichts bekannt. Vgl. 15. Juli 2003, Schreiben des Stadtarchivs Zürich

72 Vgl. das Zeugnis vom 29. (16.) August 1918 ihres Hausarztes und Freundes Dr. S. Zeitlin. Dieser bestätigt, daß »Frau Eva Spielrein, 55 Jahre alt, an einer schweren Form der Arthritis urieca leidet«, an Arteriosklerose universalis bei stark ausgeprägter Cardiosclerose, Stadium mit Myogeneration cordis, sowie häufigen Anfällen von Angina pectoris. Die Patientin sei ständig ans Liegebett gebunden.

73 Vgl. [...] 1920, Eva Spielrein an Sabina Spielrein, Genf

74 15. [...] 1920, Eva Spielrein an Sabina Spielrein, Genf

75 Vgl. 12. April 2002, Schreiben der Archives de la Ville de Lausanne

## 19
## Als Psychoanalytikerin in Genf

1 Gilonne Brüstlein ist eine Schwester von Renata Scheftels Arzt Franz Brüstlein, Château-d'Oex.

2 Das Mitgliederverzeichnis nennt außerdem Ferdinand Morel, G. de Gontaut-Biron, H. J. Schmidt, Henri Frey, Emil Lüthy, Arthur Kielholz, Frl. S. Kempner, Frau M. Huber, Hermann Rorschach, Franz Kornmann, Frl. E. Fürst, M. Nachmansohn, T. Hofmann, Ernst Neuenhofer. Vgl. »Schweizerische Gesellschaft für Psychoanalyse, Mitgliederverzeichnis«. Universitätsarchiv Tübingen, 433/117

3 In der heutigen Psychoanalyse fungiert Sigmund Freuds Tochter Anna als Begründerin der Kinderanalyse; allenfalls wird noch Melanie Klein genannt. Tatsächlich veröffentlichte Anna Freud ihren ersten Aufsatz im Jahr 1922; zu diesem Zeitpunkt hatte Spielrein bereits fünfundzwanzig Beiträge publiziert, zehn davon behandeln kinderanalytische Themen.

4 Am gleichen Nachmittag wie Spielrein spricht Hermine Hug-Hellmuth über »Technik der Kinderanalyse«. Hug-Hellmuth ist ebenfalls eine Pionierin auf ihrem Fachgebiet, deren Leben und Werk lange vergessen waren. Vgl. Angela Graf-Nold, *Der Fall Hermine Hug-Hellmuth. Eine Geschichte der frühen Kinder-Psychoanalyse.* München/Wien 1988

5 Vgl. »Dr. Sabina Spielrein (Lausanne). Zur Frage der Entstehung und Entwicklung der Lautsprache«. In: IZP VI 1920: 401

6 Eitingon wurde am 20. September 1909 in Zürich zum Doktor der Medizin promoviert. Die Promotionsakten sind erhalten und befinden sich im Staatsarchiv des Kantons Zürich: StAZ. U 106g/13. Eitingon hatte in Leipzig, Halle, Heidelberg und Marburg studiert, bevor er sich – ein Semester nach Spielrein – im Wintersemester 1904/05 an der Universität Zürich immatrikulierte. Vom 12. März bis 30. Mai 1906 sowie vom 11. März bis 24. Mai 1908 arbeitete er als Unterassistent am Burghölzli. Vgl. Verzeichnis der seit 1. Juli 1870 im Burghölzli tätig gewesenen Direktoren, Sekundar-, Assistenz- und Volontärärzte a.a.O. StAZ. P.U.K # 124.10

7 25. September 1907, FJB 99. Im Burghölzli erhielt Eitingon den Spitz-

namen »Oblomow«, der vermutlich auf Jung zurückgeht. Vgl. A. A. Brill. »Max Eitingon«. In: *Psychoanalytic Quarterly* 12 1943: 456f. Oblomow heißt der Antiheld aus dem gleichnamigen Roman (1859) von Iwan Gontscharow (1812–1891). Er gilt als Verkörperung von absoluter Trägheit, als abschreckendes Symbol und Resultat des russischen Feudalismus. Man glaubte in Oblomows passivem Verhalten einen russischen Charakterzug schlechthin zu sehen. Eitingon bot diesem Spitznamen insofern Nahrung, als er seine Arbeiten und Pläne während der Studentenzeit gerne vertagte und auch seine Promotion immer wieder hinausschob – z.B. mit ärztlichen Zeugnissen wegen Migräne und Prüfungsängsten. Nach der Promotion übersiedelte Eitingon nach Berlin, wo er in der Gruppe um Karl Abraham mitarbeitete und sich um die Psychoanalyse große Verdienste erwarb.

8 Vgl. »Bericht über den VI. Internationalen Psychoanalytischen Kongress im Haag, 8.–11. September 1920«. In: IZP VI 1920: 391

9 Es konnte nicht eruiert werden, um welches Institut es sich gehandelt hat.

10 21. September 1920, Dossier Scheftel a.a.O.

11 14. Oktober 1920, Bericht von Inspektor Lagnaz an den Chef der Sicherheitspolizei, Lausanne. Dossier Scheftel a.a.O.

12 Vgl. Kapitel 18 Lausanne – »Les Vents«, S. 205f.

13 Vgl. 22. Februar 1921, Cautionnement. Dossier Scheftel a.a.O.

14 Vgl. Permis de séjour étrangers du 8 mars 1921, No 1802 [Étrangers Dj 30]. Dossier Scheftel a.a.O.

15 Vgl. D. Hameline. *L'éducation dans le miroir du temps*. Lausanne 2002: 259

16 Vgl. Kaspar Weber. *»Es geht ein mächtiges Sehnen durch unsere Zeit.« Reformbestrebungen der Jahrhundertwende und Rezeption der Psychoanalyse am Beispiel der Biographie von Ernst Schneider 1878–1957*. Bern/Berlin/Bruxelles 1999

17 Vgl. Sabina Spielrein. »Schweiz. Die Genfer psychoanalytische Gesellschaft«. In: IZP VIII 1922: 234f.

18 Vgl. Horst Gundlach. »Die internationalen Kongresse für Psychotechnik und die frühe Geschichte der IAAP/AIPA«. In: Jürgen Jahnke/Jochen Fahrenberg/Reiner Stegil (Hg). *Psychologiegeschichte – Beziehungen zur Philosophie und Grenzgebieten*. München/Wien 1998: 191–196

19 Vgl. 14. November 1911, FJB 513

20 Vgl. 7. Oktober 1920, Gerhard Witttenberger/Christfried Tögel (Hg.). *Die Rundbriefe des »Geheimen Komitees«. Band I, 1913–1920*, Tübingen 1999: 71

21 21. Oktober 1920, Rb Band I a.a.O. 104

22 5. Dezember 1920, Rb Band I a.a.O. 199

23 Vgl. »Das schwache Weib«. In: IZP VI 1920: 158

24 Vgl. Sabina Spielrein. »Renatchens Menschenentstehungstheorie«. In: IZP VI 1920: 15

25 In: IZF VI 1920: 157–158

26 In: IZF VI 1920: 361–362

27 Der erste Intelligenztest wurde 1905 von den französischen Psychologen Alfred Binet und Théodore Simon vorgelegt. Es handelte sich um einen Test mit 30 Fragen. Der Binet-Simon-Test wurde bei Abklärungen der Schultauglichkeit von Kindern im Schuleintrittsalter eingesetzt.

28 Vgl. Sabina Spielrein. »Schnellanalyse einer kindlichen Phobie«. In: IZP VII 1921: 473–474

29 Vgl. Sabina Spielrein. »Die drei Fragen«. In: *Imago* IX 1923: 260–263

30 Vgl. »Chronique de L'institut«. In: *L'Éducateur*. LVIIme année, No 8, 16. April 1921: 143

31 Vgl. »Chronique de l'institut«. In: *L'Éducateur*. LVIIme année, No 12, 11. Juni 1921: 207

32 Vgl. 15. Mai 1921, Sabina Spielrein an Edouard Claparède. Universitätsarchiv Genf, Ms.fr. 4007/210

33 Vgl. Institut J.-J. Rousseau. Programme et horaire du semestre d'hiver, 1921/22, Archives Institut J.-J. Rousseau (AIJJR), Genf

34 24. Dezember 1921, Eva Spielrein an Sabina Spielrein, Genf

35 Vgl. 24. Dezember 1921, Eva Spielrein an Sabina Spielrein, Genf

36 [O.J.] Eva Spielrein an Sabina Spielrein, Genf. Die Zensur machte eine solche Vorsichtsmaßnahme notwendig.

37 Vgl. 27. Oktober 1921, Eva Spielrein an Sabina Spielrein, Genf

38 Vgl. Sabina Spielrein. »Die Zeit im unterschwelligen Seelenleben«. In: *Imago* IX 1923, Heft 4: 301

39 Vgl. Sabina Spielrein. »Schweiz. Die Genfer psychoanalytische Gesellschaft«. a.a.O. 234f. Auch in Spielreins publizierter Fassung des Haager Vortrages wird Piaget erwähnt.

40 Melanie Klein nennt Spielrein in dieser Arbeit nicht. Vgl. Melanie Klein. »Entwöhnung« (1936). In: *Gesammelte Schriften. Bd. I, Teil 2. Schriften 1920–1945*. Stuttgart/Bad Cannstatt 1996: 77–100. In Kleins Aufsatz »Zur Frühanalyse« (1923) verweist sie in einer Fußnote auf Spielreins »interessante Ausführungen« zur Bedeutung oraler Besetzungen für die Entwicklung der Kindersprache und deren Eigentümlichkeiten. Vgl. dies. »Zur Frühanalyse« (1923). In: *Gesammelte Schriften. Bd. I, Teil 1. Schriften 1920–1945* a.a.O. Anmerkung 39, 131f.

41 Vgl. Sabina Spielrein. »Die Entstehung der kindlichen Worte Papa und Mama. Einige Betrachtungen über verschiedene Stadien in der Sprachentwicklung«. In: *Imago* VIII, 1922: 345–367
Donald W. Winnicott hat diese Begriffe in den fünfziger und sechziger Jahren konzeptualisiert. Vgl. D. W. Winnicott. »Übergangsobjekte und Übergangsphänomene (1951)«. In: D. W. Winnicott. *Von der Kinderheilkunde zur Psychoanalyse*. Frankfurt/M. 1985: 300–319; D. W. Winnicott. »Ich-Verzerrung in Form des wahren und des falschen Selbst (1960)«. In: D. W. Winnicott. *Reifungsprozesse und fördernde Umwelt*. Frankfurt/M. 1985: 182–199

42 Vgl. mündliche Mitteilung von Kaspar Weber, Bern, Februar 2004

43 Vgl. Eva M. Schepeler. »Jean Piaget's Experiences on the Couch: some Clues to a Mystery«. In: *The International Journal of Psycho-Analysis*, June 1993, vol. 74, part 3: 255–273. Gemäß einer weiteren Anekdote hatte Piaget eine starke Mutterübertragung auf Spielrein. Als er realisierte, wen er da auf seine Analytikerin übertrug, setzte er sich auf, verkündete »J'ai compris!« und verließ den Raum. Vgl. John Kerr. *A most dangerous method. The story of Jung, Freud, & Sabina Spielrein.* London/Auckland/Melbourne 1994: 496. Für die wissenschaftliche Forschung bedeutete Piagets Bekenntnis seinerzeit eine große Überraschung.

44 Vgl. Oberholzers Schreiben vom 19. Dezember 1922 an Spielrein (Genf), in dem erwähnt wird, daß C. und B. einige Wochen Analyse bei ihr machen.

45 Lowtzky hatte in Bern Philosophie studiert und lebte seit 1910 in Genf. Vgl. Etkind a.a.O. 95 f.

46 In deutscher Übersetzung lautet der Text: »Mme. Spielrein, Dr. méd., ehemalige Assistentin von Professor Freud aus Wien, steht Dienstagabend im Institut J.-J. Rousseau, Taconnerie 5, allen Personen unentgeltlich zur Verfügung, die sich über erzieherische und wissenschaftliche Psychoanalyse erkundigen möchten.« In: Mardi, 28. février 1922, *Journal de Genève*, 93me année. No. 58: 5, 2. Spalte

47 Vgl. 26. Oktober 1921, Emil Spielrein an Sabina Spielrein, Genf

48 [O.J.] Pawel Scheftel an Sabina Spielrein, Genf

49 Eugenia Sokolnicka war eine Landsmännin von Sabina Spielrein. Sie hielt sich 1910 bis 1913 in Zürich auf, wo sie bei Jung die Psychoanalyse kennenlernte. 1913/14 machte sie bei Freud in Wien eine Analyse. 1921 ließ sie sich in Paris nieder, wo sie mit Freuds Zustimmung die französische psychoanalytische Bewegung initiierte. Sokolnicka wurde von den literarischen Kreisen begeistert aufgenommen. Sie war ihrer Zeit voraus, indem sie als erste eigentliche »Lehranalysen« durchführte. Es war sehr schwer für sie, in Paris eine Existenz aufzubauen. 1934 beging sie Suizid.

50 Breton erläutert stichwortartig die Fakten: »SURREALISMUS, Substantiv, m(ännlich). Reiner psychischer Automatismus, durch den man mündlich oder schriftlich oder auf jede andere Weise den wirklichen Ablauf des Denkens auszudrücken sucht. Denk-Diktate ohne jede Kontrolle durch die Vernunft und außerhalb aller ästhetischen oder ethischen Überlegungen. Enzyklopädie. Philosophie. Der Surrealismus beruht auf dem Glauben an eine höhere Wirklichkeit gewisser, bis heute vernachlässigter Assoziationsformen, an die Allmacht des Traumes, an das zweckfreie Spiel des Denkens. Er zielt auf die endgültige Zerstörung aller anderen psychologischen Mechanismen und will sich zur Lösung der hauptsächlichen Lebensprobleme an ihre Stelle setzen.« Vgl. Horst Richter. *Geschichte der Malerei im 20. Jahrhundert. Stile und Künstler.* Köln 1977: 130

51 Arthur Honegger (1882–1955) wird eine Ballettmusik zum *Mangeur de rêves* schreiben, die am 6. August 1944 in Paris uraufgeführt wird. Heute ist Lenormand vergessen.

52 »Zur psychoanalytischen Bewegung«, in: IZP VIII 1922: 104f.

53 Vgl. Sabina Spielrein. »Qui est l'auteur du crime?« In: *Journal de Genève*, 93, 15. Januar 1922, Nr. 14, 2me Edition: 2

54 11. September 1922, Sabina Spielrein an Pierre Bovet. Archives Institut J.-J. Rousseau (AIJJR), Fonds Général, Correspondance de la Direction

55 Vgl. Sabina Spielrein. »Quelques analogies entre la pensée de l'enfant, celle de l'aphasique et la pensée subconsciente«. In: *Archives de Psychologie* XVIII 1923: 305f.

56 Spielrein. Die Destruktion a.a.O. 467f.

57 Sabina Spielrein. »Briefmarkentraum«. In: IZP VIII 1922: 342

58 Spielrein a.a.O. 343

59 Vgl. Jürg Kollbrunner. *Der kranke Freud*. Stuttgart 2001

60 Vgl. Sabina Spielrein. »Die Zeit im unterschwelligen Seelenleben«. In: *Imago* IX 1923: 300–317

61 Vgl. Jean Piaget. »Das symbolische Denken und das Denken des Kindes (1923)«. In: Jean Piaget. *Drei frühe Schriften zur Psychoanalyse*. Hg. und historisch kommentiert von Sibylle Volkmann-Raue. Freiburg i. Br. 1993: 83–146

62 Vgl. dazu Fernando Vidal. »Sabina Spielrein, Jean Piaget – going their own ways«. In: *Journal of Analytical Psychology*, vol. 46, 2001: 139–153

63 Institut J.-J. Rousseau, Programme et Horaire a.a.O. 1922/23 und 1923

64 Spielrein hat eine kommentierte Bibliographie der russischen, psychoanalytischen Literatur geschrieben, die unvollständig bleibt, weil der Westen von Rußland jahrelang abgeschnitten war. Als ersten russischen Analytiker nennt Spielrein Nikolai Ossipow, der – wie so viele russische Praktiker – keine Möglichkeit habe, »reine Psychoanalyse« zu betreiben und »kombinierte Behandlungssysteme« anwenden müsse. Auch in den Originalarbeiten anderer russischer Kollegen – Bierstein, Wyburow, Salkind etc. – identifiziert Spielrein neben psychoanalytischem Gedankengut den Einfluß von Dubois, C. G. Jung, Alfred Adler. Vgl. Sabina Spielrein. »Russische Literatur«. In: *Bericht über die Fortschritte der Psychoanalyse in den Jahren 1914 bis 1919*. Beihefte der Internationalen Zeitschrift für Psychoanalyse. Hg. von Prof. Dr. Sigm. Freud. Nr. III Leipzig/Wien/Zürich 1921: 356–365.

65 12. Juni 1922, Freud an Sabina Spielrein, CAR 130f.

66 [O.J.] Pawel Scheftel an Sabina Spielrein, Genf

67 [O.J.] Pawel Scheftel an Sabina Spielrein, Genf

68 Vgl. 16. Juni 1922, Nikolai Spielrein an Sabina Spielrein, Genf

69 Ossipow studierte zunächst in Moskau, dann in Zürich, Bonn, Freiburg, Bern und Basel, wo er 1903 zum Doktor der Medizin promovierte. 1904

kehrte er nach Moskau zurück. Im Sommer 1907 war er für einige Zeit zu Gast bei Jung im Burghölzli. 1908 und 1910 besuchte er Freud in Wien. 1909 war Ossipow der Mitinitiator der Kleinen Freitage an der psychiatrischen Universitätsklinik Moskau – den ersten regelmäßigen psychoanalytischen Treffen in Rußland.

70 18. Februar 1921, Freud an Ossipow. Vgl. Martin A. Miller. *Freud and the Bolsheviks. Psychoanalysis in Imperial Russia and the Soviet Union.* New Haven/London 1998:170

71 Vgl. 11. März 1921, Jones. In: Gerhard Wittenberger/Christfried Tögel (Hg.). *Die Rundbriefe des »Geheimen Komitees«. Band 2, 1921,* Tübingen 2001: 111

72 Vgl. Kapitel 17 Berliner Jahre

73 Sara Neiditsch (* 1875), ehemalige Zürcher Medizinstudentin und Rosenthals Schülerin, würdigt Rosenthals Verdienst als Pionierin der russischen Psychoanalyse: »Sie war die einzige aktive Psychoanalytikerin in Petersburg.« Vgl. Sara Neiditsch. »Dr. Tatiana Rosenthal, Petersburg«. In: IZP VII 1921: 384f.

74 Vgl. 30. Januar 1923, Freud an [?], Genf

75. 8. Januar 1923, Sabina Spielrein an Pierre Bovet, Archives Institut J.-J. Rousseau (AIJJR). Fond Général, Correspondance de la Direction, Genf

## 20
## Ost oder West?

1 Vgl. 26. Oktober 1921, Emil Spielrein an Sabina Spielrein, Genf

2 Vgl. 8. September 1915, Eva Spielrein an Sabina Spielrein, Genf

3 Vgl. 23. November 1917, Nikolai Spielrein an Sabina Spielrein, Genf

4 Brupbacher hatte 1901 Lidya Petrowna Kocetkowa (* 1872) geheiratet. Sie hatte in Zürich Medizin studiert und arbeitete von 1897 bis 1914 als Zemstwo-Ärztin in der russischen Provinz. Petrowna war Mitglied der Sozialrevolutionären Partei (PSR), und ihr waren 235 Dörfer zugeteilt, wo sie für die politische Agitation zuständig war. Vgl. Karin Huser. *Eine revolutionäre Ärztin in Briefen.* Zürich 2003

5 Nach Karl Lang. *Kritiker, Ketzer, Kämpfer. Das Leben des Arbeiterarztes Fritz Brupbacher.* Zürich 1983: 263

6 Dieser Aufruf wurde 1922 in Genf publiziert.

7 Vgl. 19. Juni 1921, Pawel Scheftel an Sabina Spielrein, Genf

8 [O.J.] Pawel Scheftel an Sabina Spielrein, Genf

9 [O.J.] Pawel Scheftel an Sabina Spielrein, Genf

10 Vgl. 5./11. Januar 1922, Pawel Scheftel an Sabina Spielrein, Genf

11 Vgl. 18. April 1917, Eva Spielrein an Sabina Spielrein, Genf

12 Vgl. 31. Mai 1917, Nikolai Spielrein an Sabina Spielrein, Genf

13 [O.J.] Emil Spielrein an Nikolai Spielrein, Genf

14 Vgl. 27. Januar 1922, Jascha Spielrein an Sabina Spielrein, Genf

15  14. April 1922, Jascha Spielrein an Sabina Spielrein, Genf

16  Irene Spielrein trat am 28. September 1921 in die Freie Schul- und Werkgemeinschaft Letzlingen ein; am 31. August 1923 trat sie wieder aus. Vgl. Schülerverzeichnis der Freien Schul- und Werkgemeinschaft in Auerbach – Brückenau – Dreilingen – Letzlingen. Stiftung Schlösser Burgen Gärten, Wernigerode.

17  Vgl. Bernhard Uffrecht. *Die freie Schul- und Werkgemeinschaft Letzlingen*. Berlin 1924

18  Vgl. 27. Januar 1922; 14. April 1922, Jascha Spielrein an Sabina Spielrein, Genf

19  7. Januar 1923, Abraham an Freud. Freud/Abraham-Briefwechsel a.a.O. 311

20  4. März 1923, Freud an Abraham a.a.O.

21  Vgl. 19. Oktober 1919, Abraham an Freud a.a.O.

22  Vgl. 3. Mai 1922, Emil Spielrein an Jascha und Silvia Spielrein, Genf

23  Vgl. 4. Mai 1922, Pawel Scheftel an Nikolai Spielrein, Genf

24  Vgl. 30. Januar 1923, Emil Spielrein an Sabina Spielrein, Genf

25  Sabina Spielrein. »Sternschnuppen in Traum und Halluzination (1923)«. In: dies. *Sämtliche Schriften*. a.a.O. 265–270. Es ist die Frage gestellt worden, ob der »junge Mann« Piaget sein könnte. 1923 heiratete Piaget Valentine Châteney. Auffallend ist, daß der Altersunterschied Piaget-Spielrein identisch ist mit demjenigen Spielrein-Jung, nämlich elf Jahre.

26  Sabina Spielrein. »Die Zeit im unterschwelligen Seelenleben. Vortrag gehalten am VII. Internationalen Psychoanalytischen Kongreß in Berlin Sept. 1922«. In: *Imago* IX 1923, Heft 3: 300–317

27  Vgl. 21. März 1923, Nikolai Spielrein an Sabina Spielrein, Genf

28  Auf dem Gemälde *Die neunte Woge* (1850) von Aiwasowski droht eine riesige Welle – naturgetreu gemalt und überhöht zugleich – eine kleine Gruppe von Schiffbrüchigen zu verschlingen, die sich an einen abgebrochenen Schiffsmast klammern. In der sturmgepeitschten, endlosen Bewegung von Wasser, Wolken, Nebel und Gischt rollen die Wellen heran, türmen sich auf und brechen wuchtig nieder. Die Überlebenden klammern sich an den gebrochenen Mast. Die Strahlen der aufgehenden Sonne bringen Licht und ein wenig mehr Hoffnung in das düstere Chaos. Das Bild vermittelt die ambivalente Stimmung, von der Pawel Scheftel an seine Ehefrau schreibt. Die Darstellung entspricht jedoch nicht genau der im Brief geschilderten Situation.

29  Vgl. 17. Januar 1923, Pawel Scheftel an Sabina Spielrein, Genf

30  9. Februar 1923, CAR 132
Daß Freud diesen Schritt befürwortet, ist schwer nachzuvollziehen, denn von Ossipow und anderen weiß er, daß es um die russische Psychoanalyse nicht gut steht. Tatjana Rosenthals Suizid hatte Freud sehr mitgenommen, und er hatte an Ossipow geschrieben: »I too have heard of Dr. R.s death and I also don't know any details about it. I understand your mood in view of the present conditions. I hardly had a fatherland

of my own and yet I feel uprooted. If it were not for the interest in psychoanalysis, one would have to envy R.« 19. Mai 1921, Freud an Ossipow. In: Miller a.a.O. 171. Sergej Pankejew, Freuds berühmter russischer Patient, den er in der Falldarstellung »Aus der Geschichte einer infantilen Neurose« (1918) publiziert hat und der als »Wolfsmann« in die Geschichte der Psychoanalyse eingegangen ist, erinnert sich daran, daß er Freud einmal gefragt hat, ob er in Rußland bleiben solle, wenn dort die Revolution einmal ausbräche? Freud hatte zugeraten. Als Pankejew das einem Bekannten erzählt, der in Rußland studiert hat, meint der: »Wissen Sie, der Freud kennt die menschliche Intelligenz sehr gut, aber die bolschewistische kennt er anscheinend nicht.« Nach Etkind a.a.O. 207

31 Vgl. 14. April 1922, Isaak Spielrein an Sabina Spielrein, Genf

32 Ob Renata zeitweilig in Genf eine öffentliche Schule besucht hat, bleibt offen, da Schülerlisten erst seit 1930 aufbewahrt werden. Vgl. 27. Oktober 2004, Schreiben der Archives du Departement de L'instruction publique.

33 30. April 1923, Dossier Scheftel a.a.O.

34 28. April 1923, Claparède an »Monsieur le Directeur du Bureau des Permis de séjour, Genève«: »Monsieur. Ich habe die Ehre, Sie davon in Kenntnis zu setzen, daß Frau Dr. Spielrein während der letzten Jahre am Laboratorium für Psychologie gearbeitet hat und mir dank ihrer besonderen Sachkenntnisse in bestimmten Bereichen unserer Wissenschaft sehr große Dienste geleistet hat. Frau Spielrein möchte für einige Zeit nach Rußland, wohin sie vom medizinisch-wissenschaftlichen Wirkungskreis ihres Heimatlandes eingeladen ist. Ich rechne jedoch fest damit, daß sie ohne jede Schwierigkeit nach Genf zurückkehren kann, wo ihre Anwesenheit und Mitarbeit stark benötigt wird. Ich wäre Ihnen deshalb unendlich verbunden, Herr Amtsvorsteher, wenn Sie ihr ein Visum erteilen würden, das ihr nach ihrem Aufenthalt in Rußland eine Rückkehr in die Schweiz ermöglicht.« Dossier Permis de séjour 93420, Dossier Scheftel a.a.O.

35 Vgl. 8. Mai 1923, Jascha Spielrein an Sabina Spielrein, Genf

36 Persönliche Mitteilung von Traute Hensch, November 2002

37 Erst 1977, bei Renovierungsarbeiten in den Kellergeschossen des Palais Wilson, des ehemaligen Psychologischen Instituts, wurde der Koffer entdeckt.


# V
## Laboratorium Sowjetunion 1923–1942

### 21
### »Maschinisazija« – Der Traum vom neuen Menschen

1 Vgl. Wolfgang Bergmann/Christoph Boekel/Peter Heller. *Laboratorium Sowjetunion. Von den Schöpfungsphantasien der russischen Moderne*

*zu den apokalyptischen Experimenten der sowjetischen Wissenschaft.*
Vorschlag für eine Dokumentarreihe. Köln [o. J.]: 8

2  Vgl. Züchtungsforscher und Biologe Trofim Lyssenko (1898–1976) und
sein Konzept einer »Erziehung unter extremen Bedingungen«. In: a.a.O.
7, 19–22

3  Vgl. 24. Mai 1921, Nikolai Spielrein an Sabina Spielrein, Genf

4  Vgl. [...] Januar 1923, Emil Spielrein an Sabina Spielrein, Genf

5  Vgl. Koltsova a.a.O. 98

6  Vgl. Haumann 1996 a.a.O. 489; vgl. ders. *Geschichte und Gesellschaftssystem der Sowjetunion. Eine Einführung.* Köln 1977: 33 f.

7  Wulff war 1878 als Sohn eines jüdischen Kaufmannes in Odessa geboren worden. Er hatte in Berlin studiert und bei Ziehen promoviert. Ab
1908 war er Assistent am Sanatorium Berlin-Lankwitz, wo er Karl
Abraham kennengelernt hatte. 1911 war er in die Wiener Psychoanalytische Vereinigung eingetreten; 1914 kam er nach Moskau. Wulff ist au-
ßerordentlicher wissenschaftlicher Mitarbeiter an der psychologischen
Abteilung unter Jermakov; außerdem gibt er die *Psychoanalytische und
Psychologische Bibliothek* mit heraus und übersetzt Bücher von Freud
ins Russische. Im November 1924 wird er zum Präsidenten der RPV gewählt. Vgl. Ruth Kloocke. *Mosche Wulff. Zur Geschichte der Psychoanalyse in Rußland und Israel.* Tübingen 2002

8  Vgl. Jermakows handgeschriebenen Entwurf zu einem Bericht über
»Das Psychoanalytische Labor-Institut Internationale Solidarität«.
Nach Etkind a.a.O. 250

9  Dieses pädagogische Experiment mit Kindern im Vorschulalter wurde in
den späten sechziger Jahren zum Ur- und Vorbild der antiautoritären Er-
ziehungsbewegung im Westen.

10  1928 wird Stalin Gorki nach Rußland zurückholen. Er wird persönlich
ein Haus für ihn aussuchen: Es ist die Rjabuschinski-Villa, aus der die
Psychoanalytiker längst vertrieben sind. In der Villa befindet sich heute
das Gorki-Museum; die Adresse lautet heute Ulica Kacalova 6/2.

11  Die Angaben hierzu sind unterschiedlich; teilweise ist von 24 Kindern
die Rede.

12  Vgl. Vera Schmidt. »Psychoanalytische Erziehung in Sowjetrußland. Bericht über das Kinderheim-Laboratorium in Moskau«. In: Vera
Schmidt. *3 Aufsätze. Anleitung für eine revolutionäre Erziehung.* Nr. 1.
Hg. vom Zentralrat der sozialistischen Kinderläden West-Berlin, Berlin
1969: 9–34

13  Vgl. Wilhelm Reich. *Die sexuelle Revolution. Zur charakterlichen
Selbststeuerung des Menschen.* Frankfurt/M. 1969: 299. Wilhelm Reich
hatte Vera Schmidt in Moskau besucht.

14  Vgl. »Russische Psychoanalytische Gesellschaft«. In: »Korrespondenz-
blatt«, IZP X 1924: 114. Freud ist von der Publikationspolitik des
Staatsverlages ebensowenig angetan wie von der Qualität der bisherigen
Übersetzungen. In einem Brief an Ossipow heißt es: »Ich bin entschlos-

sen, einzelne Bücher zur russischen Übersetzung nicht abzugeben u. werde warten, bis ein Verleger alle oder wenigstens alle wichtigeren Werke anfordert. In diesem Falle würde ich mich aber an Sie mit der Bitte wenden, die Übersetzung zu übernehmen.« 12. Mai 1922, Sigmund Freud. In: Eugenia und René Fischer. »Geschichte der Psychoanalyse in Rußland«. In: *Zeitschrift für psychoanalytische Theorie und Praxis*, X, vol. 4, 1996: 361

15 Dieses Zitat stammt aus Akten, die im Zentralen Staatsarchiv Rußlands (GARF) aufbewahrt werden. Nach Etkind a.a.O. 236

16 Vgl. »Bericht über den VII. Internationalen Psychoanalytischen Kongreß in Berlin (25.–27. Sept. 1922)«. In: IZP VIII 1922: 503 f.

17 Vgl. »Russische Psychoanalytische Gesellschaft, 1. Quartal 1924«. In: »Korrespondenzblatt«. In: IZP X 1924: 113–115

18 Vgl. a.a.O. 114

19 Hier definiert Spielrein den Begriff Aphasie: »›Aphasie‹ heißt cerebral bedingte Unfähigkeit zu sprechen. Das Gehör ist in gutem Zustand: die motorische Stimme ist frei; d.h. Nerven und Muskeln sind gesund, alles, was die Sprechorgane ausmacht, ist intakt; in der Mehrzahl solcher Fälle ist der Kranke unfähig, das zu wiederholen, was man ihm sagt. Zu Recht oder Unrecht wird zwischen drei Typen von Aphasien unterschieden: Sensorische, amnestische und motorische Aphasie.« Vgl. Spielrein. Quelques analogies a.a.O.: 315 f.

20 Vgl. Personalbogen des Narkompros, GARF, Fonds A 2307, Verzeichnis 23, Akte 13, Blatt 20

21 Vgl. Vera Schmidt. Psychoanalytische Erziehung in Sowjetrußland a.a.O. 121

22 Vgl. Vera Schmidt. »Die Bedeutung des Brustsaugens und Fingerlutschens für die psychische Entwicklung des Kindes.« In: dies. 3 Aufsätze a.a.O. 38–55; dies. »Die Entwicklung des Wißtriebes bei einem Kinde«. In: dies. a.a.O. 56–99

23 Moskau 2000, Interview Regine Kühn mit Wladimir Ottowitsch Schmidt 13, 19 f.; mit freundlicher Genehmigung von Regine Kühn und Eduard Schreiber

24 Vgl. Mitarbeiterliste Psychoanalytisches Institut, Moskau, GARF, Fonds A 2307, Verzeichnis 9, Akte 222, Blatt 42 Rückseite

25 Vgl. Interview Schmidt 16, 20 f.

26 Vgl. Etkind. a.a.O. 257. In der allerletzten Phase des Kinderheims ist es eine Eliteeinrichtung und wird von Kindern der Parteifunktionäre besucht, so auch von Wassilij, einem Sohn Stalins; vgl. Interview Schmidt 15

27 Vgl. GARF, Fonds A 2307, Verzeichnis 9, Akte 222, Blatt 42 Rückseite

28 Rosa Awerbuch hatte 1899 das Kasaner Frauen-Gymnasium abgeschlossen und studierte anschließend in Bern und Zürich Medizin. 1908 promovierte sie mit der Arbeit »Über die Häufigkeit der Harnsteine in der Schweiz«. Awerbuch kehrte nach Rußland zurück, wo sie sich in der

gewählten regionalen Verwaltung – Zemtswo – engagierte. 1922 trat sie in die Kasaner Psychoanalytische Vereinigung ein; 1923 übersiedelte sie zusammen mit ihren Kasaner Kollegen Lurija und Friedmann nach Moskau.

29  Mündliche Mitteilung von Elisabeth Márton, November 2004

30  GARF, Fonds A 2307, Verzeichnis 23, Akte 13, Blatt 20

31  Vgl. Ovcharenko 1995 a.a.O. 119
Lenin hatte Ende Mai 1922 mehrere Schlaganfälle erlitten, er war arbeitsunfähig und an den Rollstuhl gefesselt. Spielreins Glauben an eine mögliche Heilung durch sie scheint eher unwahrscheinlich angesichts des organischen Charakters und der Schwere von Lenins zerebraler Verletzung.

32  Vgl. GARF, Fonds A 4655, Verzeichnis 1, Akte 16, Blatt 14 plus Rückseite

33  Vgl. »An interview with Elisabeth Márton«. In: *Journal of Analytical Psychology*, 2004, vol. 49, 3: 435–441

34  Vgl. GARF, Fonds A 2307, Verzeichnis 23, Akte 13, Blatt 19

35  GARF, Fonds A 2307, Verzeichnis 23, Akte 13, Blatt 19 Rückseite

36  GARF Fonds A 2307, Verzeichnis 23, Akte 13, Blatt 20

37  Hall war Professor der Psychologie und Pädagogik an der Clark University, Worcester, Massachusetts. 1909 hatte Hall die Vortragsreise von Freud und Jung in die USA organisiert; er gehörte zu den Mitbegründern der Amerikanischen Psychoanalytischen Vereinigung im Jahr 1911.

38  Anfang der zwanziger Jahre wurde eine russische Variante der Pädologie von der Regierung sehr gefördert, und die Pädologie war für zirka 15 Jahre die führende pädagogische Richtung in der Sowjetunion. Einflußreiche Exponenten waren Aron Zalkind (1889–1936), Pawel Blonskij (1884–1941) und Lem Wygotzkij (1896–1934) – alle zeitweise Mitglieder der RPV. Umgekehrt forschten und publizierten führende russische Psychoanalytiker wie Sabina Spielrein und Vera Schmidt zu pädologischen Fragestellungen.

39  Vgl. Personalbogen des Narkompros, GARF, Fonds A 2307, Verzeichnis 23, Akte 13, Blatt 19

40  Vgl. ebenda Blatt 20

41  Vgl. Alexandr Lurija. »Die Psychoanalyse in Rußland«. In: Psychoanalytische Bewegung. IZP XI, Heft 3, 1925: 395–398

42  Vgl. Etkind a.a.O. 253

43  Vgl. Etkind a.a.O. 259–269; Kloocke 2002 a.a.O. 78 ff.

44  Im Bericht über die »Russische Psychoanalytische Vereinigung II. bis IV. Quartal« (1924) wird Sabina Spielrein nicht mehr erwähnt. Vgl. »Korrespondenzblatt«, IZP XI, 1925: 136 f. Im Mitgliederverzeichnis der RPV, das regelmäßig in der IZP erscheint, wird sie 1925 bis 1931 unter der alten Adresse ihres ehemaligen Elternhauses aufgeführt: »Dr. Sabina Spielrein, zzt. Rostow a Don, Puschkinskaja 97«, siehe S. 142. Im Westen war man eben nicht auf dem neuesten Stand.

1  Vgl. 5./11. Januar 1922, Pawel Scheftel an Sabina Spielrein, Genf
2  Nina Pawlowna Snitkowa, die gemeinsame Tochter, sagt dazu: »Sie hatten einen ›Roman‹ miteinander und lebten in wilder Ehe. Allerdings nicht zusammen. So besuchten sie einander nur, was sicher angenehm und nett war, vielleicht sogar besser.« Interview Snitkowa a.a.O. 22
3  Vgl. 4. Mai 1922, 17. […] 1923, Pawel Scheftel an Sabina Spielrein, Genf
4  Vgl. Alice Stone Nakhimovsky. *Russian-Jewish Literature and Identity. Jabotinsky, Babel, Grossmann, Galich, Roziner, Markish.* Baltimore/London 1992: 28
5  Vgl. Sabine [!] Spielrein-Scheftel. »Einige kleine Mitteilungen aus dem Kinderleben«. In: *Zeitschrift für psychoanalytische Pädagogik* II 1927/28: 99
6  Vgl. Spielrein a.a.O. 98f.
7  Spielrein a.a.O. 96
8  Vgl. dazu Andrè Haynal. *Die Technik-Debatte in der Psychoanalyse. Freud, Ferenczi, Balint.* Frankfurt/M. 1989
9  Sabina Spielrein. »Zum Vortrag von Dr. Skalkowski« (1929). In: dies. 1987 a.a.O.: 335–344
10 Vgl. S. Spielrein. Kinderzeichnungen bei offenen und geschlossenen Augen. Untersuchungen über die unterschwelligen kinästhetischen Vorstellungen. Vortrag in der »Pädologischen Gesellschaft« an der Nordkaukasischen Universität zu Rostow am Don im Winter 1928. Aus dem Russischen übertragen von N. A. Spielrein. In: *Imago* XVII, Heft 3, [Sonderheft »Psychologie«] 1931: 359–391
11 Vgl. Spielrein a.a.O. 359–391
12 Spielrein a.a.O. 1931: 446–459
13 Sabina Spielrein. Zum Vortrag von Dr. Skalkowski a.a.O.: 335–344
14 Vgl. Spielrein. Zum Vortrag von Dr. Skalkowski a.a.O. 337
15 Vgl. 27. Januar 1936, Rundbrief 22. In: Otto Fenichel. *119 Rundbriefe (1934–1945).* Bd. I. Frankfurt/M. 1998: 319f.; vgl. dies. »Über die gegenwärtigen Richtungen innerhalb der Psychoanalyse. Vortrag in Oslo am 3. 4. 1934«. Siehe S. 795
16 Ob Sabina Spielrein einen solchen Antrag gestellt hat, ist nicht bekannt.
17 Vgl. IZP XIV 1928: 432
18 Vgl. »Korrespondenzblatt«. In: IZP XIX 1933: 260
19 Vgl. Sabine Richebächer. »Psychoanalyse im Exil. Otto Fenichel und die geheimen Rundbriefe der linken Freudianer«. In: *Jahrbuch der Psychoanalyse. Beiträge zur Theorie, Praxis und Geschichte.* Bd. 42. Stuttgart-Bad Cannstatt 2000: 125–164
20 Nach: Heinz Bergschicker. *Deutsche Chronik 1933–1945. Ein Zeitbild der faschistischen Diktatur.* Berlin 1982: 100

21  Vgl. Ernest Jones. *Das Leben und Werk von Sigmund Freud. Bd. III. Die letzte Phase 1919–1939.* Bern/Stuttgart 1962: 218

22  Vgl. Regine Lockot. *Erinnern und Durcharbeiten. Zur Geschichte der Psychoanalyse und Psychotherapie im Nationalsozialismus.* Frankfurt/M. 1985: 61, 74ff.

23  Nach Lockot a.a.O. 62

24  Vgl. »26. Juni 1933. An Interview on Radio Berlin«. In: *C. G. Jung speaking. Interviews and Encounters.* Ed. by William McGuire and R. F. C. Hull. Princeton 1977: 64. Vgl. Matthias von der Tann, Arvid Erlenmeyer. *C. G. Jung und der Nationalsozialismus. Texte und Daten.* Berlin 1991: 7, 10. Vgl. auch Regine Lockot 1985 a.a.O. 90–92

25  Vgl. W. Cimbal. »Bericht des Geschäftsführers über die Weiterführung des Zentralblattes und der ›allgemeinen ärztlichen Gesellschaft für Psychotherapie‹«. In: *Zentralblatt für Psychotherapie. Organ der Allgemeinen Ärztlichen Gesellschaft.* Hg. von C. G. Jung. Bd. 6, 1933: 141–144

26  C. G. Jung. »Geleitwort«. In: Zentralblatt a.a.O. 139f.
    Daß Jung die Situation nicht richtig einschätzt, macht die Mitteilung des Reichsführers der ›Deutschen allgemeinen ärztlichen Gesellschaft für Psychotherapie‹ deutlich, die direkt an Jungs »Geleitwort« anschließt. Mathias Göring setzt von allen schriftstellerisch und rednerisch tätigen Mitgliedern voraus, daß sie Hitlers *Mein Kampf* »mit wissenschaftlichem Ernst durchgearbeitet haben und als Grundlage anerkennen«; die Gesellschaft will mitarbeiten an dem Werke des Volkskanzlers und »das deutsche Volk zu einer heroischen, opferwilligen Gesinnung« erziehen. Siehe S. 140f.

27  C. G. Jung. »Zur gegenwärtigen Lage der Psychotherapie«. In: Zentralblatt a.a.O. Bd. 7, 1934: 9

28  26. März 1934, an Dr. B. Cohen. In: *C. G. Jung. Briefe I. 1906–1945,* Hg. von Aniela Jaffé. Olten/Freiburg i. Br. 1990: 201.

29  Vgl. Beat Mazenauer/Severin Perrig. »Im Licht des eigenen Schattens. C. G. Jung und der Nationalsozialismus«. In: *Du. Die Zeitschrift der Kultur.* Heft 8, August 1995: 59–62, 94f. In diesen nächsten Jahren und Jahrzehnten wird Jung sich noch öfters gegen den Vorwurf des Antisemitismus zu verteidigen haben – etwa in der Kontroverse mit dem Schweizer Psychiater Gustav Bally (1893–1966). Bally hatte die Diskussion in der *Neuen Zürcher Zeitung* (NZZ) mit einem Artikel eröffnet, in dem er Jungs Rolle in den »gleichgeschalteten« Körperschaften kritisiert. Vgl. Gustav Bally. »Deutschstämmige Psychotherapie«. In: *Neue Zürcher Zeitung,* Morgenausgabe 343, Dienstag, 27. Februar 1934, Blatt 2: 1. Jungs Replik erscheint zwei Wochen später, versehen mit einer redaktionellen Vorbemerkung seitens der NZZ, welche die Berechtigung von Ballys Verwunderung über Jungs plötzliche Hinwendung zur »Ueber-Psychologie der Rassenpsychologen« in der gegenwärtigen politischen Situation ausdrücklich bestätigt. Vgl. C. G. Jung. »Zeitgenössisches«. In: NZZ, Morgenausgabe 437, Dienstag, 13. März 1934, Blatt 1: 1f.

30 Vgl. 26. Dezember 1969, Interview mit Jolande Jacobi: 53. H Msc 29; C. G. Jung Oral History Archive. Countway Library of Medicine, Boston

31 Vgl. 6. März 1946, Vansittart an F. Deane, Esq. In: FO 371/57639: 1, War Crimes: German (Nuremberg Trials), Public Record Office, Richmond Surrey, United Kingdom

32 Vgl. Minutes, FO 371/57639: 1, War Crimes: German (Nuremberg Trials), Public Record Office, Richmond Surrey, United Kingdom. In deutscher Übersetzung lautet der Text: »Es ist offensichtlich, daß Dr. Jung die Nazi-Bewegung mit einem Großteil ihres philosophischen, oder vielleicht sollte man besser sagen pseudo-philosophischen, Hintergrundes versehen hat. Dr. Göring spielte ebenfalls eine wichtige Rolle in seiner Eigenschaft als Reichsführer der Deutschen allgemeinen ärztlichen Gesellschaft. Dr. Jung ist offenbar Schweizer Bürger und vermutlich immun. Was Dr. Göring betrifft, so könnte es sich lohnen, seine persönliche Vergangenheit zu untersuchen, um zu prüfen, ob er wegen eines Verbrechens angeklagt werden kann. Ich kann mir nicht vorstellen, daß das Vertreten von bestimmten Ansichten, so widerlich und verfehlt sie sein mögen, in sich bereits ein Verbrechen darstellt.« (Übersetzung SR)

33 März 1934, Rundbrief 1. In: Fenichel. Rundbriefe 1 a.a.O. 58

34 Vgl. 18. Mai 1936, RB 26. In: Fenichel. Rundbriefe 1 a.a.O. 388f. Vgl. auch 25. Juni 1938, RB 27, Rundbriefe II a.a.O.: 944

35 Interview Snitkowa a.a.O. 24

36 Vgl. Moskau, Erschießungslisten. Massengrab. Datenbank, Memorial Moskau

37 Interview Snitkowa a.a.O. 23

38 Vgl. Nina Pawlowna Snitkowa und Menicha Spielrein nach Etkind a.a.O. 214f.

39 Interview Snitkowa a.a.O. 23

40 Vgl. Anne Applebaum. *Der Gulag*. Berlin 2003: 114

41 [...] 1936, Isaak Spielrein. In: Koltsova a.a.O. 111

42 [...] Mai 1937, Isaak Spielrein. In: Koltsova a.a.O. 111

43 20. Juli 1936, I. N. Spielrein an Kamerad Shkiryatov. In: Koltsova a.a.O. 115

44 Nach Gerd Koenen. »Chroniken des Terrors. Ein Handbuch zu den Moskauer Schauprozessen 1936–1938«. In: *Neue Zürcher Zeitung*, Nr. 46, Mittwoch, 25. Februar 2004: 42

45 Vgl. Moskau, Erschießungslisten Massengrab, a.a.O.

46 Jascha, Isaak und Emil Spielrein werden 1956 auf dem XX. Parteikongreß von Chruschtschow rehabilitiert.


23
»Der Tod ist ein Meister aus Deutschland«

1 Vgl. Jürgen Förster. »Das andere Gesicht des Krieges: Das ›Unternehmen Barbarossa‹ als Eroberungs- und Vernichtungskrieg«. In: Roland

G. Foerster (Hg.). »*Unternehmen Barbarossa*«. *Zum historischen Ort der deutsch-sowjetischen Beziehungen von 1933 bis Herbst 1941*. München 1993: 151–161

2 Otto Ohlendorf. Eidesstattliche Erklärungen. 24. April 1947. ›http://www.ns-archiv.de/einsatzgruppen/ohlendorf/eid1.shtml‹ 29. Juli 2004

3 In der Literatur über Sabina Spielrein ging man lange davon aus, daß sie während der ersten Okkupation Rostows zusammen mit anderen Juden in der Synagoge erschossen wurde. Das ist nicht richtig, wie im folgenden bewiesen wird.

4 Vgl. Burkhard Issel. »Zum Tode von Sabina Spielrein«. In: *Zentenarbetrachtungen. Historische Entwicklungen in der neueren Psychologie bis zum Ende des 20. Jahrhunderts*. Hg. von Horst-Peter Brauns. Frankfurt/M. 2003: 199–202. Issel hat als erster militärhistorische Quellen zur Klärung des Todes von Sabina Spielrein herangezogen.

5 Paul Carell alias Paul Karl Schmidt (1911–1997), SS-Obersturmbannführer und Chef der Nachrichten- und Presseabteilung unter NS-Außenminister Joachim von Ribbentrop, hat die zweifache Okkupation Rostows in einer Mischung von Landserroman und Kriegschronik beschrieben: »5 Uhr 20 morgens: Alarm! Sowjetische Regimenter, Teile der 343. und 31. Schützendivision sowie der 70. Kavalleriedivision, greifen die Stellungen auf der ganzen Breite an. 300 Grenadiere liegen in der vordersten Linie. 300. Und drei sowjetische Divisionen kommen. Zuerst stürmt die 343. russische Schützendivision. Den Deutschen stockt der Herzschlag: Untergehakt, singend und von Urräh-Rufen angefeuert, marschieren die Bataillone in breiter Front aus dem eiskalten Morgengrauen heran. Die aufgepflanzten Bajonette ragen wie Lanzen aus der lebenden Mauer. Die Mauer betritt das Eis des Don. Ein Befehl. Die Russen gehen zum Sturmschritt über. Immer noch halten sie sich untergehakt, stampfen über das Eis. [...] Das MG tackert los. [...] Wie eine riesige, unsichtbare Sichel fährt die Garbe in die vorderste Welle der stürmenden Sowjets und wirft sie aufs Eis. Auch die zweite Welle wird niedergemäht. Wer wissen will, wie die sowjetische Infanterie stürmen und sterben kann, der muß bei Rostow am Donufer gelegen haben.« Paul Carell. *Unternehmen Barbarossa. II. 4000 Kilometer Front*. Frankfurt/M./Berlin 1963: 270. Paul Carell betrieb sehr effektiv Kriegspropaganda. Das Buch »Unternehmen Barbarossa« wurde ein Millionen-Bestseller und in viele Sprachen übersetzt. Es ist wie ein Abenteuerroman geschrieben und wird bis heute als »historischer Beleg« für die Präventivkriegshypothese angeführt. Die Mordtätigkeit der SS-Einsatzgruppen wird von Carell gar nicht erwähnt; lediglich im Zusammenhang mit der zweiten Eroberung Rostows bezeichnet Carell den NKWD als »Stalins SS«.

6 Vgl. Andrej Angrick. *Besatzungspolitik und Massenmord. Die Einsatzgruppe D in der südlichen Sowjetunion 1941–1943*. Hamburg 2003: 317 ff.

7   Interview Snitkowa a.a.O. 25

8   14. August 1942, Meldungen aus den besetzten Ostgebieten, Nr. 16:
    Blatt 132 und Blatt 143 f. Siehe die als »Geheim« klassifizierten Ereig-
    nismeldungen UdSSR an den Chef der Sicherheitspolizei und SD. Akte
    R 58/698, Bundesarchiv Berlin, Abt. Reich [Barch]. Vgl. auch Angrick
    a.a.O. 515

9   Vgl. Nonna Mirzabekova a.a.O. Es kann als gesichert betrachtet
    werden, daß es verschiedene Möglichkeiten für Sabina Spielrein, für
    Renata und Eva gegeben hat, von Rostow wegzukommen, die jeweils
    nicht genutzt wurden. Warum das so war, ist schwer zu sagen. Zu die-
    ser im Rückblick kaum verständlichen Entscheidung mag beigetragen
    haben, daß der Sowjetstaat – bis zum Juni 1941 mit Deutschland ver-
    bündet – seine jüdischen Bürger nicht über die Gefahr orientiert hat-
    te, die das nationalsozialistische Deutschland für sie bedeutete. Außer-
    dem war das NKWD verantwortlich gewesen für die Verhaftung und
    Erschießung von Jascha, Isaak und Emil Spielrein. Eine Deportation
    durch das NKWD ließ, aus Sabinas Sicht, für ihre Kinder wenig Gutes
    erwarten. In der Literatur über Sabina Spielrein wird diese Entschei-
    dung gerne psychologisch erklärt, mit ihrem Konzept des »Destruk-
    tionstriebes«.

10  Vgl. Angrick a.a.O. 546

11  Interview Snitkowa a.a.O. 25. Nina Snitkowa sagt weiter aus, daß Eva
    Scheftel bereits im Herbst 1941 von der Mutter ihrer Freundin Vera zu
    sich genommen worden war. Eva hätte auch mit jener Familie fliehen
    können, tat es jedoch wiederum nicht.

12  Vgl. Meldungen Nr. 16 a.a.O. Blatt 143

13  Vgl. a.a.O.

14  Vgl. »Schriftlicher Bericht. Über die Greueltaten der deutschen faschisti-
    schen Okkupanten in der Stadt Rostow am Don während der Besat-
    zung« an den Sekretär des Rostower regionalen Komitees der Allunions-
    KP der Bolschewiki, Genosse Dwinski. Rostow 24./25. August 1943: 1 f.
    Eine Kopie dieses Berichts befindet sich in Yad Vaschem, Archive De-
    vision, Jerusalem. Auf der ersten Seite befindet sich die Signatur
    JM/21.169

15  Meldungen aus den besetzten Ostgebieten Nr. 16: a.a.O. Blatt 132

16  Vgl. Dieter Pohl. *Holocaust. Die Ursachen, das Geschehen, die Folgen.*
    Freiburg/Basel/Wien 2000: 74

17  Vgl. Geheimbericht Dwinski a.a.O. 3

18  Vgl. Angrick a.a.O. 561

19  Vgl. Geheimbericht Dwinski 13 f. »Duschitj« heißt ins Deutsche über-
    setzt »jemanden ersticken«; »duscha« heißt aber auch »die Seele«, das
    »Behauchte«. Duschegubki bedeutet übersetzt »Seelentöter«. Münd-
    liche Mitteilung von Monika Bankowski, 28. Februar 2005

20  Vgl. Geheimbericht Dwinski a.a.O. 3 f.

21  Vgl. Geheimbericht Dwinski a.a.O. 4

22 »Smi« ist ukrainisiert und bedeutet »Schlange«. Mündliche Mitteilung
von Monika Bankowki, 28. Februar 2005

23 Vernehmungsniederschrift Leo Maar vom 1. September 1966. In: Ermittlungsverfahren gegen Heinz Seetzen u.a. wegen Mordes (NSG) EK
10a. Verfahren 22 Js 202/61 der StAnw München I, Hauptakte,
Bd. XVII: Blatt 3801. Durchschrift, Bundesarchiv-Außenstelle Ludwigsburg

24 1. September 1966, Vernehmungsniederschrift Leo Maar a.a.O. Blatt
3802 f.

25 Vgl. Geheimbericht Dwinski a.a.O. 8

26 Geheimbericht Dwinski a.a.O. 8 f.

27 Geheimbericht Dwinski a.a.O. 13

28 Interview Snitkowa a.a.O. 26. Es gibt sehr unterschiedliche Angaben
zur Zahl der in Rostow ermordeten jüdischen Menschen. Die Zahl von
2000 Juden, die in den SD-Meldungen genannt wird, ist sicher zu nied-
rig. Vgl. Blatt 144. Gemäß Lustiger wurden in Rostow 15000 bis 16000
Juden umgebracht, vgl. Arno Lustiger. *Das Schwarzbuch. Der Genozid
an den sowjetischen Juden*. Reinbek bei Hamburg 1994. Nonna Mirzabekova spricht von 18000 bis 27000 Menschen. Vgl. dies. a.a.O. Vgl.
auch Issel a.a.O. 5. Vom Ablauf der Ereignisse um die Vernichtung der
Rostower Juden her sollten Listen mit den Namen der Ermordeten im
Bundesarchiv Berlin vorhanden sein. Trotz intensiver Nachforschungen
konnten diese Listen dort nicht gefunden werden. Es ist denkbar, daß sie
vernichtet wurden; daß sie im Verlauf der Kriegsereignisse abhanden gekommen sind oder vor Ort verblieben sind. Vgl. 20. Januar 2004, Brief
des Barch

29 »Gesetz über die Verewigung des Gedächtnisses an die Opfer des Nationalsozialismus und der Helden des Widerstandes, Yad Vaschem 1953«.
Fragebogen 131004, 131005, 131007. Yad Vaschem, Jerusalem

# Lebensdaten von Sabina Spielrein-Scheftel
## (1885–1942)

25. Oktober 1885:
: Geburt Sabina Spielreins in der südrussischen Stadt Rostow am Don als Tochter des jüdischen Großkaufmanns Nikolai Spielrein und der Zahnärztin Eva Spielrein

14. Juni 1887:
: Geburt von Jascha Spielrein, dem ältesten Bruder Sabina Spielreins

27. Mai 1891:
: Geburt von Isaak Spielrein, dem mittleren Bruder

3. März 1895:
: Geburt von Emilia Spielrein (Milotschka), der jüngeren Schwester

1896–1904:
: Besuch des Katharinen-Gymnasiums in Rostow am Don

1. Juli 1899:
: Geburt von Emil Spielrein, dem jüngsten Bruder

10. Oktober 1901:
: Emilia Spielrein stirbt an Typhus.

August 1904 bis Juni 1905:
: Hospitalisation an der Kantonalen Zürcher Irrenheilanstalt Burghölzli; C. G. Jung übernimmt die Behandlung.

1905–1911:
: Medizinstudium an der Universität Zürich

2. September 1911:
: Promotion zum Doktor der Medizin bei Professor Eugen Bleuler mit der Dissertation »Über den psychologischen Inhalt eines Falles von Schizophrenie (Dementia Praecox)« (1911)

Mai 1911 bis August 1911:
: Aufenthalt in München. Gasthörerin der Kunstgeschichte an der Universität München; Kompositionen. Spielrein schreibt »Die Destruktion als Ursache des Werdens« (1912).

11. Oktober 1911:
: Sabina Spielrein wird Mitglied der Wiener Psychoanalytischen Vereinigung.

Oktober 1911 bis April 1912:
: Aufenthalt in Wien. Persönliche Bekanntschaft mit Sigmund Freud, Teilnahme an den Sitzungen der Wiener Psychoanalytischen Vereinigung

Frühling 1912 bis Herbst 1913:
: Aufenthalt in der Heimatstadt Rostow am Don

1. Juni 1912:
: Traditionelle Heirat mit dem frommen Juden und Arzt Pawel Scheftel in Rostow

1912: Sabina Spielreins erste kinderanalytische Arbeit »Beiträge zur Kenntnis der kindlichen Seele« erscheint im Zentralblatt für Psychoanalyse.

1912 bis 1914:
Aufenthalt in Berlin. Zahlreiche Publikationen

17. Dezember 1913:
Geburt der ersten Tochter Irma-Renata

1914: Bei Beginn des Ersten Weltkrieges flieht Sabina Spielrein mit ihrer Tochter nach Zürich.

Dezember 1914 bis April 1915:
Aufenthalt in Zürich

14. Januar 1915:
Pawel Scheftel verläßt Frau und Kind und kehrt aus Zürich nach Rußland zurück.

Oktober 1915 bis September 1920:
Aufenthalt in Lausanne; Renata – wie Sabina Spielrein ihre Tochter jetzt nennt – ist oft krank.

8. bis 11. September 1920:
Teilnahme am VI. Internationalen Psychoanalytischen Kongreß in Den Haag. Spielrein trägt vor über das Thema »Zur Frage der Entstehung und Entwicklung der Lautsprache«.

September 1920 bis Mai 1923:
Aufenthalt in Genf; Tätigkeit am Institut Jean-Jacques Rousseau. École des Sciences de l'Éducation (IJJR); zahlreiche Publikationen; Analytikerin u.a. von Jean Piaget

25. März 1922:
Tod der Mutter Eva Spielrein

25. bis 27. September 1922:
Teilnahme am VII. Internationalen Psychoanalytischen Kongreß in Berlin. Vortrag über »Psychologisches zum Zeitproblem«

21. Oktober 1922:
Übertritt aus der Wiener Psychoanalytischen Vereinigung in die Schweizerische Gesellschaft für Psychoanalyse

Sommer 1923:
Spielrein verläßt die Schweiz und reist mit ihrer Tochter in die Sowjetunion.

1923 bis 1924:
Aufenthalt in Moskau. Übertritt in die Russische Psychoanalytische Vereinigung. Tätigkeit in leitender Funktion am Staatlichen Psychoanalytischen Institut, Moskau; Vorlesungen über Kinderpsychologie an der 2. Moskauer Universität

1924: Rückkehr nach Rostow am Don; die Ehe mit Pawel Scheftel wird fortgeführt; Tätigkeit als Pädologin am Rostower prophylaktischen Schulambulatorium sowie als Ärztin an der Psychiatrischen Poliklinik, Rostow. Spielrein behandelt Kinder und Erwachsene.

18. Juni 1926:
Geburt der zweiten Tochter Eva

1930: Beginn der Debatten um die Einführung des Marxismus-Leninismus in die Wissenschaften. Die Russische Psychoanalytische Vereinigung wird aufgelöst.

1931: Sabina Spielrein nimmt an der 7. Internationalen Konferenz für Psychotechnik in Moskau teil.

1933: Verbot der Psychoanalyse in der Sowjetunion.

1935: Sabina Spielrein verliert ihre Stelle als Pädologin und arbeitet halbtags als Schulärztin. Isaak Spielrein und Nikolai Spielrein werden verhaftet. Isaak Spielrein wird in den Gulag geschickt; Nikolai Spielrein wird freigelassen.

1937: Pawel Scheftel stirbt an einem Herzversagen. Isaak Spielrein wird vom Militärkollegium des Höchsten Gerichts der UdSSR wegen »Spionage und Teilnahme an einer konterrevolutionären Organisation« am 26. Dezember 1937 zum Tod verurteilt und gleichentags erschossen. Jascha Spielrein wird am 10. September 1937 verhaftet, Emil Spielrein am 5. November 1937.

1938: 21. Januar: Jascha Spielrein wird erschossen;

10. Juni: Emil Spielrein wird ebenfalls erschossen;

17. August: Nikolai Spielrein stirbt – vor Kummer.

22. Juni 1941:
Die Deutsche Wehrmacht überfällt die Sowjetunion. Renata Scheftel kehrt aus Moskau nach Rostow zu Mutter und Schwester zurück.

20. bis 28. November 1941:
Erste Okkupation Rostows durch die Deutsche Wehrmacht

27. Juli 1942:
Zweite Okkupation Rostows durch die Deutsche Wehrmacht

11. bis 14. August 1942:
Sabina Spielrein und ihre beiden Töchter Renata und Eva Scheftel werden zusammen mit allen anderen jüdischen Menschen in Rostow vom SS-Sonderkommando 10a unter Sturmbannführer Heinz Seetzen ermordet.

# Schriften von Sabina Spielrein

Spielrein Sabina (1911)
Über den psychologischen Inhalt eines Falles von Schizophrenie (Dementia praecox). Inauguraldissertation zur Erlangung der Doktorwürde der Hohen Medizinischen Fakultät der Universität Zürich. Sonderabdruck. Leipzig/Wien 1911

Spielrein Sabina (1911)
Über den psychologischen Inhalt eines Falles von Schizophrenie (Dementia praecox). In: Jahrbuch für psychoanalytische und psychopathologische Forschungen, Bd. III, 1/2, Leipzig/Wien 1911: 329–400

Spielrein Sabina (1979 [1911])
Über Transformation [Vortrag]. 152 [Protokoll]. Vortragsabend: am 29. November 1911. In: Protokolle der Wiener Psychoanalytischen Vereinigung. Bd. III 1910–1911. Hg. von Herman Nunberg und Ernst Federn. Frankfurt/M. 1979: 314–316

Spielrein Sabina (1912)
Die Destruktion als Ursache des Werdens, in: Jahrbuch für psychoanalytische und psychopathologische Forschungen, Bd. IV, 1/2, Leipzig/Wien 1912: 465–503

Spielrein Sabina (1912)
Beiträge zur Kenntnis der kindlichen Seele. In: Zentralblatt für Psychoanalyse III, Heft 2, November 1912: 57–72

Spielrein Sabina (1912)
Über Transformation [6. Vortragsabend der Wiener Psychoanalytischen Vereinigung am 29. November 1911]. In: Zentralblatt für Psychoanalyse II 1912: 478

Spielrein Sabina (1981 [1912])
[Referat] 167 [Protokoll]. Vortragsabend: am 20. März 1912. VIII. Onanie-Debatte. In: Protokolle der Wiener Psychoanalytischen Vereinigung. Bd. IV 1912–1918. Hg. von Herman Nunberg und Ernst Federn. Frankfurt/M. 1981: 73f.

Spielrein Sabina (1913)
Selbstbefriedigung in Fusssymbolik. In: Zentralblatt für Psychoanalyse und Psychotherapie III 1913: 263

Spielrein Sabina (1913)
Traum vom »Pater Freudenreich«. In: IZP I 1913: 484–486

Spielrein Sabina (1913)
Mutterliebe. In: Imago II 1913: 523f.

Spielrein Sabina (1913)
Das unbewußte Träumen in Kuprins »Zwiekampf«. In: Imago II 1913: 524f.

Spielrein Sabina (1913)
Die Schwiegermutter. In: Imago II 1913: 589–592

Spielrein Sabina (1914)
Zwei Menseträume. In: IZP II 1914: 32–34

Spielrein Sabina (1914)
Tiersymbolik und Phobie bei einem Knaben. In: IZP II 1914: 375–377

Spielrein Sabina (1914)
Der vergessene Name. In: IZP II 1914: 383f.

Spielrein Sabina (1915)
Ein unbewußter Richterspruch. In: IZP III 1915: 350

Spielrein Sabina (1918)
Die Äußerungen des Ödipuskomplexes im Kindesalter. In: IZP IV 1916/17 [Doppelband] 1918: 44–48

Spielrein Sabina (1920)
Renatchens Menschenentstehungstheorie. In: IZP VI 1920: 155–157

Spielrein Sabina (1920)
Das Schamgefühl bei Kindern. In: IZP VI 1920: 157f.

Spielrein Sabina (1920)
Das schwache Weib. In: IZP VI 1920: 158

Spielrein Sabina (1920)
Isaak Spielrein, Über schwer zu merkende Zahlen und Rechenaufgaben. Ein Beitrag zur angewandten Gedächtnislehre [Rezension]. In: IZP VI 1920: 172–174

Spielrein Sabina (1920)
Verdrängte Munderotik. In: IZP VI 1920: 361f.

Spielrein Sabina (1920)
Zur Frage der Entstehung und Entwicklung der Lautsprache [Autoreferat]. In: IZP VI 1920: 401

Spielrein Sabina (1921)
Russische Literatur. In: Bericht über die Fortschritte der Psychoanalyse in den Jahren 1914–1919. Beihefte der Internationalen Zeitschrift für Psychoanalyse. Hg. von Prof. Dr. Sigm. Freud. Nr. III. Leipzig/Wien/Zürich 1921: 356–365

Spielrein Sabina (1921)
Schnellanalyse einer kindlichen Phobie. In: IZP VII 1921: 473f.

Spielrein Sabina (1922)
Qui est l'auteur du crime? In: Journal de Genève du dimanche, 93, 15 Janvier: 2me Edition: 2

Spielrein Sabina (1922)
Schweiz. Die Genfer psychoanalytische Gesellschaft. Genf. Mai 1922. In: IZP VIII 1922: 234f.

Spielrein Sabina (1922)
Briefmarkentraum. In: IZP VIII 1922: 342f.

Spielrein Sabina (1922)
Die Entstehung der kindlichen Worte Papa und Mama. In: Imago VIII 1922: 345–67

Spielrein Sabina (1922)
Psychologisches zum Zeitproblem. In: Bericht über den VII. Internationalen Psychoanalytischen Kongreß in Berlin (25.–27. Sept. 1922). In: IZP VIII 1922: 496f.

Spielrein Sabina (1923)
Rêve et vision des étoiles filantes. In: International Journal of Psycho-Analysis IV, no 1–2, 1923: 129–132
Spielrein Sabina (1923)
Die drei Fragen. In: Imago IX, Heft 2, 1923: 260–263
Spielrein Sabina (1923)
L'automobile: Symbole de la puissance mâle. In: International Journal of Psycho-Analysis IV 1923: 128
Spielrein Sabina (1923)
Ein Zuschauertypus. In: IZP IX 1923: 210f.
Spielrein Sabina (1923)
Der Gedankengang bei einem zweieinhalbjährigen Kind. Schweizerische Gesellschaft für Psychoanalyse. Sitzung am 13. Januar 1923 [in Zürich]. In: IZP IX 1923: 251f.
Spielrein Sabina (1923)
Quelques analogies entre la pensée de l'enfant, celle de l'aphasique et la pensée subconsciente. In: Archives de Psychologie XVIII 1923: 305–322
Spielrein Sabina (1923)
Die Zeit im unterschwelligen Seelenleben. In: Imago IX, Heft 3, 1923: 300–317
Spielrein-Scheftel Sabine [!] (1927/28)
Einige kleine Mitteilungen aus dem Kinderleben. In: Zeitschrift für Psychoanalytische Pädagogik II 1927/28: 95–99
Spielrein-Scheftel Dr. S. N. (1929)
K dokladu d-ra Skalkowskogo. In: Trudy I-go (Perwogo) Soweschtschanija psichiatrow i newropatologow Sewero-Kawkasskogo Kraja / izdano Sewero-Kawkasskom Kraizdrawom i Sewero-Kawkasskoi Assoziaziej-nautschno-issledowatelskich institutow. Rostow-na-Donu: (s.n.) 1929:95:98
[Zum Vortrag von Dr. Skalkowski. Arbeiten der 1. (Ersten) Konferenz der Psychiater und Neuropathologen des Nordkaukasischen Bezirks. Hg. von der Gesundheitsbehörde des Nordkaukasischen Bezirks und der Nordkaukasischen Assoziation der wissenschaftlichen Forschungsinstitute. Rostow am Don 1929]
Spielrein Sabina (2002 [1987], [1929])
Zum Vortrag von Dr. Skalkowski. Übersetzt von Maria Deppermann. In: Spielrein 2002: 335–344
Spielrein Sabina (1931)
Kinderzeichnungen bei offenen und geschlossenen Augen. Untersuchungen über die unterschwelligen kinästhetischen Vorstellungen. Vortrag in der »Pädologischen Gesellschaft« an der Nordkaukasischen Universität zu Rostow am Don im Winter 1928. Aus dem Russischen übertragen von N. A. Spielrein. In: Imago XVII, Heft 3 [Sonderheft »Psychologie«], 1931: 359–391
Spielrein Sabine [!] (1931)
Kinderzeichnungen bei offenen und geschlossenen Augen [Gekürzte Fassung des Aufsatzes in der Imago XVIII, Heft 3, 1931: 359–391. Von den dort geschilderten und illustrierten siebzehn Fällen sind hier nur fünf wiedergegeben.]. In: Zeitschrift für Psychoanalytische Pädagogik V 1931: 446–459

Spielrein Sabina (1983 [o. J.])
    Extraits inédits d'un journal. De l'amour, de la mort, de la transforma-
    tion. Traduit de l'allemand par Jeanne Moll. In: Le Bloc-Notes de la
    Psychanalyse, no 3, 1983: 147–170
Spielrein Sabina (1983 [o. J.])
    »Les Vents«. In: Patio I 1983: 84–87
Spielrein Sabina (1986)
    Ausgewählte Schriften. Hg. von Günter Bose/Erich Brinkmann. Berlin
    1986
Spielrein Sabina (1986 [1912])
    Die Destruktion als Ursache des Werdens. Tübingen 1986
Spielrein Sabina (1987)
    II. Sämtliche Schriften. Freiburg i. Br. 1987
Spielrein Sabina (2001)
    Unedited extracts from a diary (1906/1907?). Eingeleitet von Jeanne
    Moll. In: The Journal of Analytical Psychology, vol. 46, no 1, January
    2001: 155–171
Spielrein Sabina (2002)
    Sämtliche Schriften. Gießen 2002 [Reprint von Spielrein 1987, mit ei-
    nem Vorwort von Ludger Lütkehaus]
Spielrein Sabina (2003)
    Tagebuch und Briefe. Die Frau zwischen Jung und Freud. Gießen 2003
Spielrein Sabina (2003 [o. J.])
    Unedited extracts from a diary. With a prologue by Jeanne Moll. In:
    Sabina Spielrein. Forgotten Pioneer of Psychoanalysis. Ed. by Coline
    Covington/Barbara Wharton. Hove/New York 2003: 15–31

# Bibliographie

Abraham Hilde (1976)
    Karl Abraham. Sein Leben für die Psychoanalyse. München 1976
Abraham Karl (1982)
    Kritik zu C. G. Jung »Versuch einer Darstellung der psychoanalytischen
    Theorie«. In: Karl Abraham. Gesammelte Schriften. Bd. I. Frankfurt/M.
    1982: 291–306
Akademisches aus Zürich [o.V.]. In: Neue Zürcher Zeitung, Beilage zu Nr. 295,
    24. Oktober 1905: 1
Alexander Franz/Selesnick Sheldon T. (1965)
    Freud-Bleuler Correspondence. In: Archives of General Psychiatry, vol. 12,
    1965: 1–9
Allain-Dupré Brigitte (2004)
    Sabina Spielrein. A bibliography. In: Journal of Analytical Psychology, vol.
    49, no 3, June 2004: 421–433
Alnaes Karsten (1996)
    Sabina Spielrein. Der Roman ihres Lebens. Hamburg 1996
Angrick Andrej (2003)
    Besatzungspolitik und Massenmord. Die Einsatzgruppe D in der südlichen
    Sowjetunion 1941–1943. Hamburg 2003
Applebaum Anne (2003)
    Der Gulag. Berlin 2003
Appiganesi Lisa/Forrester John (1994)
    Die Frauen Sigmund Freuds. München/Leipzig 1994
Aptekmann Esther (1911)
    Experimentelle Beiträge zur Psychologie des psycho-galvanischen Phäno-
    mens. In: Jahrbuch für psychoanalytische und psychopathologische For-
    schungen. Bd. III, 1. Hälfte, 1911: 591–620
Atwood Georg E./Stolorow Robert D. (1977)
    Metapsychology, Reification and the Representational World of C. G.
    Jung. In: International Review of Psycho-Analysis, vol. 4, 1977: 197–213
Baedeker Karl (1912)
    Rußland nebst Teheran, Port Arthur, Peking. Handbuch für Reisende. Leip-
    zig 1912
Bair Deirdre (2003)
    Jung. A Biography. Boston/New York/London 2003
Bally Gustav (1934)
    Deutschstämmige Psychotherapie. In: NZZ Morgenausgabe 343, Dienstag,
    27. Februar 1934, Blatt 2: 1
Bankowski Monika (1986)
    Russischer Alltag im Plattenquartier. In: Uni-Zürich. Mitteilungsblatt des
    Rektorats der Universität Zürich, Nr. 3, April 1986: 10–12

Bankowski-Zülle Monika (1988)
Nadezda Prokof'evna Suslova (1843–1918) – die Wegbereiterin. In: Ebenso neu als kühn. 120 Jahre Frauenstudium an der Universität Zürich. Hg. vom Verein Feministische Wissenschaft Schweiz. Zürich 1988: 119–126

Bankowski-Zülle Monika (1988)
Zürich – das russische Mekka. In: Ebenso neu als kühn a.a.O. 127–146

Beckmann Max (1965)
Sichtbares und Unsichtbares. Hg. von Peter Beckmann. Stuttgart 1965

Berg Feiga (1907)
Pädatrophie. Inaugural-Dissertation zur Erlangung der Doktorwürde der hohen medizinischen Fakultät der Universität Zürich. Zürich 1907

Berg Feiga (1909)
Korrespondenzija. Zjurichskie psichiatritscheskie wpetschatlenija. In: Sowremennaja Psichiatrija, vol. 1, 1909: 9–15

Bergmann Wolfgang/Boekel Christoph/Heller Peter (o.J.)
Laboratorium Sowjetunion. Von den Schöpfungsphantasien der russischen Moderne zu den apokalyptischen Experimenten der sowjetischen Wissenschaft. Vorschlag für eine Dokumentarreihe. Köln (o. J.)

Bergschicker Heinz (1982)
Deutsche Chronik 1933–1945. Ein Zeitbild der faschistischen Diktatur. Berlin 1982

Bericht über die Fortschritte der Psychoanalyse in den Jahren 1914–1919. Beihefte der Internationalen Zeitschrift für Psychoanalyse. Nr. III. Hg. von Prof. Dr. Sigm. Freud. Leipzig/Wien/Zürich 1921

Bettelheim Bruno (1984)
Commentary. In: Carotenuto A Secret Symmetry. Foreword by William McGuire. London 1984: XV–XXXIX

Binswanger Ludwig (1908)
Diagnostische Assoziationsstudien: Über das Verhalten des psychogalvanischen Phänomens beim Assoziationsexperiment, Teil I. In: Journal für Psychologie und Neurologie. Bd. X, Heft 4,5. 1908: 149–181, Teil II. In: Bd. XI, Heft 1,2. 1908: 65–95

Bleuler Eugen (1896)
Dr. Jos. Breuer und Dr. Sigm. Freud: Studien über Hysterie (Rezension). In: Münchener Medicinische Wochenschrift, No. 22, 2. Juni 1896: 524–525

Bleuler Eugen (1898)
Die allgemeine Behandlung der Geisteskrankheiten. Erweiterte Antrittsvorlesung. Zürich 1898

Bleuler Eugen (1906/07)
Freud'sche Mechanismen in der Symptomatologie von Psychosen. In: Psychiatrisch-Neurologische Wochenschrift, 8. Jg. 1906/07: 316–318; 323–325; 338–340

Bleuler Eugen (1910)
Die Psychoanalyse Freuds. Verteidigung und kritische Anmerkungen. In: Jahrbuch für psychoanalytische und psychopathologische Forschungen, Bd. II, H. 2/2, Leipzig/Wien 1910: 623–730

Bleuler Eugen (1983 [1916])
    Lehrbuch der Psychiatrie. Berlin/Heidelberg/New York 1983
Bodenheimer A. R. (1963)
    Paul Julius Möbius (1853–1907). In: Große Nervenärzte. Hg. von Kurt
    Kolle. Band 3. Stuttgart 1963: 109–120
Böhm Max (1897)
    Lehrbuch der Naturheilkunde vom Standpuncte der Erfahrung und
    Wissenschaft. Die Krankheiten der Frauen (Gynäkologie). Chemnitz
    1897
Boothe Brigitte (2000)
    Der Traum im Gespräch: bei Freud – bei Jung. In: Thomas Sprecher (Hg.).
    Das Unbewusste in Zürich. Literatur und Tiefenpsychologie um 1900. Zü-
    rich 2000: 189–216
Borch-Jacobsen Mikkel (1997)
    Anna O. zum Gedächtnis. Eine hundertjährige Irreführung. München
    1997
Bose Günther/Brinkmann Erich (Hg.) (1986)
    Sabina Spielrein. Ausgewählte Schriften. Berlin 1986
Bovet Pierre (1932)
    Vingts ans de vie. L'Institut J. J. Rouesseau de 1912 à 1932. Neuchâtel/Pa-
    ris 1932
Brachmann Botho (1962)
    Russische Sozialdemokraten in Berlin 1895–1914. Berlin 1962
Brang Peter/Goehrke Carsten/Kemball Robin (Hg.) (1996)
    Bild und Begegnung. Kulturelle Wechselseitigkeit zwischen der Schweiz
    und Osteuropa im Wandel der Zeit. Basel/Frankfurt/M. 1996
Brang Peter/Evgenij Nocoporuk (Simeropol!) (1996)
    Vasilij Rozanow und die Schweiz. In: Brang/Goehrke/Kemball a.a.O.
    255–268
Brecht Karen/Friedrich Volker, Hermanns Ludger H. (Hg.) (1985)
    »Hier geht das Leben auf eine sehr merkwürdige Weise weiter ...« Zur Ge-
    schichte der Psychoanalyse in Deutschland. [o.O.] 1985
Brentzel Marianne [o.J.]
    Anna O. – Bertha Pappenheim. Biographie. Göttingen [o.J.]
Brill Abraham Arden (1943)
    Max Eitingon. In: Psychoanalytic Quarterly, 12, 1943: 456f.
Brill Abraham Arden (1944)
    Freuds Contribution to Psychiatry. New York 1944
Brill Abraham Arden (1946)
    Lectures on Psychoanalytic Psychiatry. New York 1946
Brügger Liliane (1996)
    Russische Studentinnen in Zürich. In: Brang/Goehrke/Kemball a.a.O.
    485–508
Brupbacher Fritz (1981 [1935])
    60 Jahre Ketzer. Selbstbiographie. »Ich log so wenig als möglich«. Zürich
    1981
Carell Paul [Pseudonym für SS Obersturmbannführer Paul Karl Schmidt
    (1911–1997)] (1968)

Unternehmen Barbarossa. I. Bis vor Moskaus Tore, II. 4000 Kilometer Front. Frankfurt/M./Berlin 1968

Carotenuto Aldo (1982)
A Secret Symmetry. Sabina Spielrein between Jung and Freud. Foreword by William McGuire. New York 1982

Carotenuto Aldo (1984)
A Secret Symmetry. Foreword by William McGuire, commentary by Bruno Bettelheim. London 1984

Carotenuto Aldo (Hg.) (1986)
Tagebuch einer heimlichen Symmetrie. Sabina Spielrein zwischen Jung und Freud. Freiburg i. Br. 1986

Chagall Bella (1971 [1947])
Erste Begegnung. Hamburg 1971

Chalewsky Fanny (1909)
Heilung eines hysterischen Bellens durch Psychoanalyse. In: Zentralblatt für Nervenheilkunde und Psychiatrie, 32. Jg., Erstes Maiheft 1909, Neue Folge. Bd. 20. Leipzig 1909: 305–307

Chodorow Nancy Julia (1987)
Der Beitrag der Frauen zur psychoanalytischen Bewegung und Theorie. In: Psyche, 41. Jg., Heft 9, September 1987: 800–831

Cimbal W. (1933)
Bericht des Geschäftsführers über die Weiterführung des Zentralblattes und der »allgemeinen ärztlichen Gesellschaft für Psychotherapie«. In: Zentralblatt für Psychotherapie. Organ der Allgemeinen Ärztlichen Gesellschaft. Bd. 6, 1933: 141–144

Claparède-Spir Hélène (1922)
Au nom de l'Humanité! ... Il faut secourir la Russie. Genève 1922

Corbin Alain (1990)
Meereslust. Das Abendland und die Entdeckung der Küste. 1750–1840. Berlin 1990

Correspondenzblatt der internationalen psychoanalytischen Vereinigung. Redaktion: Dr. C. G. Jung. Küsnacht bei Zürich, Nr. 1, Juli 1910, bis Nr. 6, August 1911

Covington Coline/Wharton Barbara (Hg.) (2003)
Sabina Spielrein. Forgotten Pioneer of Psychoanalysis. Hove/New York 2003

Cremerius Johannes (1987)
Sabina Spielrein – ein frühes Opfer der psychoanalytischen Berufspolitik. Zur Vorgeschichte der »Psychoanalytischen Bewegung«. In: Forum der Psychoanalyse, 3, 1987: 127–142

Curiger Bice (1984)
Albert Welti im Kunsthaus Zürich. Die Versuchungen des rechtschaffenen Bürgers. Ausstellung im Kunsthaus Zürich: 16. Februar bis 18. März 1984. Zürich 1984

Dahlmann Dittmar/Hirschfeld Gerhard (1996)
Vergangenes Rußland. Bilder aus dem Zarenreich 1894–1918. Zürich 1996

Deutsch Helene (1944/45)

The psychology of women. A psychoanalytic interpretation. Volume 1: Girlhood; Volume 2: Motherhood. New York 1944/45

Dittrich Karin A. (1988)

Freud, Jung und die psychoanalytische Bewegung. In: Psyche 42. Jg., Heft 1, 1988: 19–43

Döblin Alfred (1987 [1968])

Reise in Polen. München 1987

Du. Die Zeitschrift der Kultur (1995)

Carl Gustav Jung. Person, Psyche und Paradox. Heft 8, August 1995

Eissler K. R. (1982)

Psychologische Aspekte des Briefwechsels zwischen Freud und Jung. Jahrbuch der Psychoanalyse: Beiheft 7, Stuttgart-Bad Cannstatt 1982

Ellenberger Henry F. (1991)

The Story of Helene Preiswerk. A critical Study with new Documents. In: History of Psychiatry, vol. 2, Part 1, Number 5, March 1991: 41–52

Ellenberger Henry F. (1996)

Die Entdeckung des Unbewußten. Geschichte und Entwicklung der dynamischen Psychiatrie von den Anfängen bis zu Janet, Freud, Adler und Jung. Bern 1996

Etkind Alexander (1996)

Eros des Unmöglichen. Die Geschichte der Psychoanalyse in Rußland. Leipzig 1996

Federn Ernst, Wittenberger Gerhard (Hg.) (1992)

Aus dem Kreis von Sigmund Freud. Zu den Protokollen der Wiener Psychoanalytischen Vereinigung. Frankfurt/M. 1992

Federn Paul (1913)

Sabina Spielrein. Die Destruktion als Ursache des Werdens. In: Internationale Zeitschrift für Ärztliche Psychoanalyse (IPZ). Kritiken und Referate, Jg. I, 1913: 89–93

Federn Paul (1953)

Ego Psychology and the Psychoses. London 1953

Felka Rike (1994)

Sabina Spielrein (1885–1941). Parallelismus und Abstinenz. In: Barbara Hahn (Hg.). Frauen in den Kulturwissenschaften. München 1994: 166–187

Feller Richard (1935)

Die Universität Bern 1834–1934. Dargestellt im Auftrag der Unterrichtsdirektion des Kantons Bern und des Senats der Universität Bern. Bern/Leipzig 1935

Fenichel Otto (1998 [1934–1945])

119 Rundbriefe. Bd. I, Europa (1934–1938); Bd. II, Amerika (1938–1945). Hg. von Elke Mühlleitner, Johannes Reichmayr. Frankfurt/M./Basel 1998

Ferenczi Sándor (1913)

C. G. Jung, Wandlungen und Symbole der Libido. Beiträge zur Entwicklungsgeschichte des Denkens. In: IZP. Kritiken und Referate, Jg. I., 1913: 391–403

Ferenczi Sándor (1982 [1926])

Das Problem der Unlustbejahung. Fortschritte in der Erkenntnis des Wirklichkeitssinns. In: Dslb. Schriften zur Psychoanalyse, Bd. II. Frankfurt/M. 1982: 200–211

Fichtner Gerhard (Hg.) (1992)
Sigmund Freud – Ludwig Binswanger. Briefwechsel 1908–1938. Frankfurt/M. 1992

Figner Vera (1926)
Nacht über Rußland. Berlin 1926

Fischer Eugenia und René (1996)
Geschichte der Psychoanalyse in Rußland. In: Zeitschrift für psychoanalytische Theorie und Praxis XI, vol. 4, 1996: 357–374

Fontane Theodor (1975 [1894])
Effi Briest. Frankfurt/Berlin/Wien 1975

Forel August (1889)
Der Hypnotismus, seine Bedeutung und seine Handhabung. Stuttgart 1889

Forel August (1905)
Die sexuelle Frage. München 1905

Forel August (1911)
Malthusianismus oder Eugenik. Vortrag gehalten im neomalthusianischen Kongreß zu Haag (Holland) am 29. Juli 1910. München 1911

Forel August (1935)
Rückblick auf mein Leben. Prag/Zürich 1935

Forel August (1968)
Briefe – Correspondance 1864–1927. Hg. von Hans H. Walser. Bern/Stuttgart 1968

Förster Jürgen (1993)
Das andere Gesicht des Krieges: Das »Unternehmen Barbarossa« als Eroberungs- und Vernichtungskrieg. In: »Unternehmen Barbarossa«. Zum historischen Ort der deutsch-sowjetischen Beziehungen von 1933–Herbst 1941. Hg. von Roland G. Foerster. München 1993: 152–162

Freud Sigmund (1987 [1887])
Referat über Averbeck, Die akute Neurasthenie. Berlin 1886. In: GW Nachtragsband. Frankfurt/M. 1987: 65–66

Freud Sigmund (1987 [1887])
Referat über Weir Mitchell. Die Behandlung gewisser Formen von Neurasthenie und Hysterie, Berlin 1887. In: GW Nachtragsband. Frankfurt/M. 1987: 67–68

Freud Sigmund (1987 [1888])
Hysterie (in Villarets »Handwörterbuch«). In: GW Nachtragsband. Frankfurt/M. 1987: 69–90

Freud Sigmund (1991 [1893])
Charcot. In: GW I. Frankfurt/M. 1991: 21–35

Freud Sigmund, Breuer Josef (1991 [1895])
Studien über Hysterie. In: GW I. Frankfurt/M. 1991: 75–312

Freud Sigmund (1987 [1895])
Entwurf einer Psychologie. In: GW Nachtragsband. Frankfurt/M. 1987: 387–477

Freud Sigmund (1972 [1909])
Analyse der Phobie eines fünfjährigen Kranken. In: GW VII. Frankfurt/M.
1972: 243–377
Freud Sigmund (1996 [1910])
Beiträge zur Psychologie des Liebeslebens. In: GW VIII. Frankfurt/M.
1996: 66–91
Freud Sigmund (1996 [1910])
Die zukünftigen Chancen der psychoanalytischen Therapie. In: GW VIII.
Frankfurt/M. 1996: 104–115
Freud Sigmund (1996 [1912])
Zur Dynamik der Übertragung. In: GW VIII. Frankfurt/M. 1996: 363–374
Freud Sigmund (1996 [1912])
Ratschläge für den Arzt bei der psychoanalytischen Behandlung. In:
GW VIII. Frankfurt/M. 1996: 376–387
Freud Sigmund (1991 [1914])
Zur Geschichte der psychoanalytischen Bewegung. In: GW X. Frank-
furt/M. 1991: 43–113
Freud Sigmund (1914)
Zur Einführung des Narzißmus. In: Jahrbuch für psychoanalytische und
psychopathologische Forschungen, Bd. VI, 1914: 1–24
Freud Sigmund (1991 [1915])
Bemerkungen über die Übertragungsliebe. In: GW X. Frankfurt/M. 1991:
305–321
Freud Sigmund (1972 [1920])
Jenseits des Lustprinzips. In: GW XIII. Frankfurt/M. 1972: 3–69
Freud Sigmund (1948 [1925])
»Selbstdarstellung«. In: GW XIV. Frankfurt/M. 1948: 31–96
Freud Sigmund (1930)
Das Unbehagen in der Kultur. In: GW XIV. Frankfurt/M. 1976: 419–506
Freud Sigmund
Die Freudsche psychoanalytische Methode. In: GW V. Frankfurt/M. 1949:
3–10
Freud Sigmund – Pfister Oskar (1963 [1909–1939])
Briefe 1909–1939. Hg. von Ernst L. Freud/Heinrich Meng. Frankfurt/M.
1963
Freud Sigmund – Abraham Karl (1965 [1907–1926])
Briefe 1907–1926. Frankfurt/M. 1965
Freud Sigmund – C. G. Jung (1976 [1906–1913])
Briefwechsel 1906–1913. Hg. von William McGuire/Wolfgang Sauerlän-
der. Zürich 1976
Freud Sigmund (1980 [1873–1939])
Briefe 1873–1939. Hg. von Ernst und Lucie Freud. Frankfurt/M. 1980
Freud Sigmund – Fließ Wilhelm (1985 [1887–1904])
Briefe an Wilhelm Fließ 1887–1904. Hg. von Jeffrey Moussaieff Masson.
Frankfurt/M. 1985
Freud Sigmund (1985)
Sein Leben in Bildern und Texten. Hg. von Ernst Freud/Lucie Freud/Ilse
Grubrich-Simitis. Frankfurt/M. 1985

Freud Sigmund (1996 [1929–1939])
    Tagebuch 1929–1939. Kürzeste Chronik. Hg. und eingeleitet von Michael
    Molnar. Basel/Frankfurt/M. 1996
Gagliardi Ernst/Nabholz Hans/Strohl Jean. (Hg.) (1938)
    Die Universität Zürich 1833–1933 und ihre Vorläufer. Festschrift zur Jahr-
    hundertfeier. Zürich 1938
Gay Peter (1969)
    Weimar Culture. The outsider as insider. London 1969
Gay Peter (1986)
    Freud. Juden und andere Deutsche. Hamburg 1986
Gay Peter (1989)
    Freud. Eine Biographie für unsere Zeit. Frankfurt/M. 1989
Georgi F. (1963)
    Constantin v. Monakow (1853 –1930). In: Große Nervenärzte. Bd. 3. Hg.
    von Kurt Kolle. Stuttgart 1963: 149–163
Goethe Johann Wolfgang von (1837)
    Wer kauft Liebesgötter? In: J.W. Goethes sämtliche Gedichte in einem
    Band. Herisau 1837
Gödde Günther (1994)
    Charcots neurologische Hysterietheorie – Vom Aufstieg und Niedergang ei-
    nes wissenschaftlichen Paradigmas. In: Luzifer – Amor. Zeitschrift zur Ge-
    schichte der Psychoanalyse. 7. Jg. H. 14, 1994: 7–53
Graf-Nold Angela (1988)
    Der Fall Hermine Hug-Hellmuth. Eine Geschichte der frühen Kinder-Psy-
    choanalyse. München/Wien 1988
Grebelskaja Scheina (1912)
    Psychologische Analyse eines Paranoiden. In: Jahrbuch für psychoanalytische
    und psychopathologische Forschungen. Bd. IV, 1. Hälfte, 1911: 591–620
Gross Otto (1914)
    Über Destruktionssymbolik. In: Zentralblatt für Psychoanalyse und Psy-
    chotherapie IV 1914: 525–534
Grubrich-Simitis Ilse (1975)
    Buchbesprechungen: Jung, C. G.: Briefe. Hg. von Aniela Jaffé, Gerhard Ad-
    ler. Olten/Freiburg i. Br. 1972/73, Band I–III. In: Psyche, Jg. 29, H.3, 1975:
    27–285
Gundlach Horst (1998)
    Die internationalen Kongresse für Psychotechnik und die frühe Geschichte
    der IAAP/AIPA. In: Jürgen Jahnke/Jochen Fahrenberg/Reiner Stegil (Hg.).
    Psychologiegeschichte – Beziehungen zur Philosophie und Grenzgebiete.
    München/Wien 1998: 191–196
Günther Karl Heinz/Hofmann Franz/Hohendorf Gerd (Redaktion) (1976)
    Geschichte der Erziehung. Berlin 1976
Hägi G. [o. J.]
    Kritische Reminiscenzen aus der Irrenheilanstalt Burghölzli. Separatdruck
    aus der Schweizer Wochen=Zeitung. Zürich
Haller Johannes (1960)
    Lebenserinnerungen. Gesehenes – Gehörtes – Gedachtes. Stuttgart 1960

Hameline D. (2002)
　　L'éducation dans le miroir du temps. Lausanne 2002
Hampton Christopher (2002)
　　The Talking Cure. London/New York 2002
Hartmann H. [o.J.]
　　Führer durch Interlaken und seine Umgebung. Hotel–Verein Interlaken
Haumann Heiko (1977)
　　Geschichte und Gesellschaftssystem der Sowjetunion. Eine Einführung.
　　Köln 1977
Haumann Heiko (1990)
　　Geschichte der Ostjuden. München 1990
Haumann Heiko (1996)
　　Geschichte Rußlands. München/Zürich 1996
Hauptmann Gerhart (2000 [1889])
　　Vor Sonnenaufgang. München 2000
Haynal André (1989)
　　Die Technik-Debatte in der Psychoanalyse. Freud, Ferenczi, Balint. Frank-
　　furt/M. 1989
Hering Sabine/Maierhof Gudrun (1991)
　　Die unpäßliche Frau. Sozialgeschichte der Menstruation und Hygiene
　　1860–1985. Pfaffenweiler 1991
Hinshelwood Robert D. (1991)
　　Wörterbuch der kleinianischen Psychoanalyse. Stuttgart 1991
Höfer Renate (2000)
　　Die Psychoanalytikerin Sabina Spielrein. 1. Teil. Rüsselsheim 2000
Hoffer Axel (2001)
　　Jung's analysis of Sabina Spielrein and his use of Freud's free association
　　method. In: The Journal of Analytical Psychology. Vol. 46, no 1, January
　　2001: 117–138
Honegger Claudia, Heintz Bettina (1981)
　　Listen der Ohnmacht. Zur Sozialgeschichte weiblicher Widerstandsformen.
　　Frankfurt/M. 1981
Huch Ricarda (1938)
　　Frühling in der Schweiz. Jugenderinnerungen. Zürich 1938
Hug-Hellmuth Hermine (1921)
　　Kinderpsychologie und Pädagogik. In: Bericht über die Fortschritte der Psy-
　　choanalyse 1914–1919 a.a.O. 244–257
Huonker Thomas (2002)
　　Anstaltseinweisungen, Kindswegnahmen, Eheverbote, Sterilisationen, Ka-
　　strationen. Fürsorge, Zwangsmassnahmen, »Eugenik« und Psychiatrie in
　　Zürich zwischen 1890 und 1970. Hg. vom Sozialdepartement der Stadt Zü-
　　rich. Zürich 2002
Hurwitz Emanuel (1979)
　　Otto Gross. »Paradies« – Sucher zwischen Freud und Jung. Zürich/Frank-
　　furt/M. 1979
Huser Bugmann Karin (1998)
　　Schtetl an der Sihl. Einwanderung, Leben und Alltag der Ostjuden in Zü-
　　rich 1880–1939. Zürich 1998

Huser Karin (2003)
Eine revolutionäre Ehe in Briefen. Zürich 2003

Ideler Karl Wilhelm (1840)
Vorwort. In: E. Fr. Dubois. Über das Wesen und die gründliche Heilung der Hypochondrie und Hysterie. Berlin 1840

Issel Burkhard (2003)
Zum Tode von Sabina Spielrein. In: Zentenarbetrachtungen. Historische Entwicklungen in der neueren Psychologie bis zum Ende des 20. Jahrhunderts. Hg. von Horst-Peter Brauns. Frankfurt/M. 2003: 196–210

Jacobson Edith (1973)
Das Selbst und die Welt der Objekte. Frankfurt/M. 1973

Jones Ernest (1926)
Karl Abraham 1877–1925. In: International Journal of Psycho-Analysis, 7, 1926: 155–181

Jones Ernest (1962)
Das Leben und Werk von Sigmund Freud, Bd. III. Die letzte Phase 1919–1939. Bern/Stuttgart 1962

Jones Ernest (1981)
The Life and Work of Sigmund Freud. Harmondsworth 1981

Jones Ernest (1990 [1959])
Free Associations. Memories of a Psychoanalyst. New Brunswick/London 1990

Jung C. G. (1902)
Zur Psychologie und Pathologie sogenannter occulter Phänomene. Inauguraldissertation zur Erlangung der Doktorwürde der hohen medizinischen Fakultät der Universität Zürich. Leipzig 1902

Jung C. G. (1995 [1902])
Zur Psychologie und Pathologie sogenannter okkulter Phänomene. In: GWJ, Bd. I (Psychiatrische Studien). Hg. von Marianne Niehus-Jung, Lena Hurwitz-Eisner, Franz Riklin. Solothurn/Düsseldorf 1995: 3–98

Jung C. G., Riklin Franz (1979 [1904, 1906])
Experimentelle Untersuchungen über Assoziationen Gesunder. Diagnostische Assoziationsstudien I/I 1906 (1904). In: GWJ Bd. II (Experimentelle Untersuchungen). Hg. von Lilly Jung-Merkur, Elisabeth Rüf. Olten/Freiburg i. Br. 1979: 13–213

Jung C. G. (1905)
Über das Verhalten der Reaktionszeit beim Assoziationsexperimente. Habilitationsschrift, medizinische Fakultät, Universität Zürich. Leipzig 1905

Jung C. G. (1979 [1906, 1905])
Über das Verhalten der Reaktionszeit beim Assoziationsexperimente. Diagnostische Assoziationsstudien I/IV, 1906 (1905). In: GWJ Bd. II. a.a.O. 239–288

Jung C. G. (1979 [1906])
Psychoanalyse und Assoziationsexperiment. In: GWJ Bd. II. a.a.O. 308–337

Jung C. G. (1972 [1907])
Über die Psychologie der Dementia praecox. Frühe Schriften II. Der ge-

fühlsbetonte Komplex, Dementia praecox und Hysterie u.a. Olten
1972

Jung C. G. (1969 [1908])
Die Freudsche Hysterietheorie. In: GWJ Bd. IV. Hg. von Franz Riklin/Lilly
Jung-Merkur/Elisabeth Rüf. Zürich 1969: 11–28
Jung C. G. (1909)
Die Bedeutung des Vaters für das Schicksal des Einzelnen. In: Jahrbuch für
psychoanalytische und psychopathologische Forschungen. Bd. I, 1/2, 1909:
155–173
Jung C. G. (1911)
Wandlungen und Symbole der Libido. In: Jahrbuch für psychoanalytische
und psychopathologische Forschungen. Bd. III, 1/2, 1911: 120–227
Jung C. G. (1912)
Wandlungen und Symbole der Libido II. In: Jahrbuch für psychoanalytische
und psychopathologische Forschungen. Bd. IV, 1/2, 1912: 162–464
Jung C. G. (1917)
Zur Psychologie der unbewussten Prozesse. Ein Überblick über die mo-
derne Theorie und Methode der analytischen Psychologie. Zürich 1917
Jung C. G. (1977 [26. Juni 1933])
26. June 1933. An Interview on Radio Berlin. In: William McGuire/R. F. C.
Hull (Hg.) C. G. Jung speaking. Interviews and Encounters. London 1978:
59–66
Jung C. G. (1933)
Geleitwort. In: Zentralblatt für Psychotherapie. Organ der Allgemeinen
Ärztlichen Gesellschaft. Hg. von C. G. Jung, Bd. 6, H. 3, Dezember 1933:
139–140
Jung C. G. (1934)
Zur gegenwärtigen Lage der Psychotherapie. In: Zentralblatt für Psycho-
therapie a.a.O. 7, 1934: 1–16
Jung C. G. (1934)
Zeitgenössisches. In: NZZ, Morgenausgabe 437, Dienstag 13. März 1934:
Blatt 1:1f.
Jung C. G. (1973)
Symbole der Wandlung. Analyse des Vorspiels zu einer Schizophrenie. Hg.
von Lilly Jung-Merkur, Elisabeth Rüf. Olten 1973
Jung C. G (1978)
GWJ, Bd. IX, 1/2, Die Archetypen und das kollektive Unbewusste. Hg. von
Lilly Jung-Merkur, Elisabeth Rüf. Olten/Freiburg i. Br. 1978
Jung Carl Gustav (1990 [1906–1945])
Briefe I 1906–1945. Olten/Freiburg i. Br. 1990
Jung C. G (1995)
Psychiatrische Studien. Sonderausgabe. Solothurn/Düsseldorf 1995
Jung C. G (1999)
Erinnerungen, Träume, Gedanken. Aufgezeichnet und hg. von Aniela Jaffé.
Zürich/Düsseldorf 1999
Jung C. G. (2001)
The letters of C. G. Jung to Sabina Spielrein. In: The Journal of Analytical
Psychology vol. 46, no 1, January 2001: 173–199

Kernberg Otto F. (1983)
    Borderline-Störungen und pathologischer Narzißmus. Frankfurt/M.
    1983
Kerr John (1994)
    A most dangerous method. The story of Jung, Freud, & Sabina Spielrein.
    London/Auckland/Melbourne 1994
Kamber Peter (2000)
    Geschichte zweier Leben. Wladimir Rosenbaum – Aline Valangin. Zürich
    2000
Kirpitschnikowa Natalija (1902)
    Perwy semestr Zjuriche. Pismo russkoj studentki. [Separatdruck] Odessa
    1902
Klaesi J. (1970 [1963])
    Eugen Bleuler 1857–1939. In: Große Nervenärzte. Bd. 1. Hg. von Kurt
    Kolle. Stuttgart 1970: 7–16
Klee Ernst/Dressen Willi/Rieß Volker (Hg.) (1988)
    »Schöne Zeiten«. Judenmord aus der Sicht der Täter und Gaffer. Frank-
    furt/M. 1988
Klein Melanie (1995 [1923]]
    Zur Frühanalyse. In: Melanie Klein. Gesammelte Schriften, Bd. I, Teil 1.
    Schriften 1920–1945. Stuttgart-Bad Cannstatt 1995: 99–137
Klein Melanie (1996 [1936])
    Entwöhnung. In: Melanie Klein. Gesammelte Schriften. Bd. I, Teil 2. Schrif-
    ten 1920–1945. Stuttgart-Bad Cannstatt 1996: 77–100
Klencke Hermann (1872)
    Das Weib als Gattin. Lehrbuch über die physischen, seelischen und sitt-
    lichen Pflichten, Rechte und Gesundheitsregeln der deutschen Frau im Ehe-
    leben. Leipzig 1872
Kloocke Ruth (1995)
    Moshe Wulff (1878–1971). Leben und Werk des russisch-jüdischen Psy-
    choanalytikers. In: Luzifer Amor a.a.O., 8. Jg., Heft 16, 1995: 87–101
Kloocke Ruth (2002)
    Mosche Wulff. Zur Geschichte der Psychoanalyse in Rußland und Israel.
    Tübingen 2002
Koenen Gerd (2004)
    Chroniken des Terrors. Ein Handbuch zu den Moskauer Schauprozessen
    1936–1938. In: NZZ Nr. 46, Mittwoch, 25. Februar 2004: 42
Kohut Heinz (1973)
    Narzißmus. Eine Theorie der psychoanalytischen Behandlung narzißtischer
    Persönlichkeitsstörungen. Frankfurt/M. 1973
Kollbrunner Jürg (2001)
    Der kranke Freud. Stuttgart 2001
Kollontai Alexandra (1980)
    Ich habe viele Leben gelebt. Berlin 1980
Koltsova Vera A./Noskova O. G./Oleinik Yu. N. (1990)
    Isaak N. Spielrein and Soviet Psychotechnics. In: Psikhologichesky Zhurnal
    [The Soviet Journal of Psychologie], no 2, 1990: 95–122

Koltsova Vera A./Oleinik Turi N./Gilgen Albert R. (Hg.) (1996)
    Post-Soviet Perspectives on Russian Psychology. Westport/London 1996
Krebser Markus (1990)
    Interlaken. Eine Reise in die Vergangenheit. Thun 1990
Küchenhoff Bernhard (2000)
    Autismus – Autoerotismus. Das Verhältnis von Psychiatrie und Psychoana-
    lyse am Burghölzli. In: Thomas Sprecher. Das Unbewusste in Zürich. Lite-
    ratur und Tiefenpsychologie um 1900. Zürich 2000: 217–232
Kurek Nikolai S. (1999)
    Rasruschenie Psichotechniki [Die Vernichtung der Psychotechnik] Mir
    nauki. [Die Welt der Wissenschaft]. In: Novyi mir 2, 1999: 153–165
Lang Jos. B. (1913)
    Esther Aptekmann. Experimentelle Beiträge zur Psychologie des psycho-
    galvanischen Phänomens. In: IZP I 1913: 576–578
Lang Karl (1983)
    Kritiker, Ketzer, Kämpfer. Das Leben des Arbeiterarztes Fritz Brupbacher.
    Zürich 1983
Lehmann Herbert (1986)
    Jung Contra Freud/Nietzsche Contra Wagner. In: International Review of
    Psycho-Analysis 13 1986: 201–209
Leibowitsch Rochla (1914/15)
    Ein statistischer Beitrag zur Frage, ob die Vollkorrektion der Myopie
    diese zum Stillstand bringt. Inaugural-Dissertation, Hohe Universität
    Zürich, Jahresverzeichnis der Promotionen der Universität Zürich 1914/15
    Nr. 57
Leitner Marina (2001)
    Ein gut gehütetes Geheimnis. Die Geschichte der psychoanalytischen Be-
    handlungs-Technik von den Anfängen in Wien bis zur Gründung der Berli-
    ner Poliklinik im Jahr 1920. Gießen 2001
Lenin Wladimir Iljitsch (1976 [1902])
    Was tun? Brennende Fragen unserer Bewegung. Berlin 1976
Lessing Gotthold Ephraim (2001 [1779])
    Nathan der Weise. Stuttgart/Düsseldorf/Leipzig 2001
Lobner Hans/Levitin Vladimir (1978)
    A Short Account of Freudism. Notes on the history of psycholanalysis in
    the USSR. In: Sigmund Freud House Bulletin, vol. 2, no. 1, 1978: 5–30
Lockot Regine (1985)
    Erinnern und Durcharbeiten. Zur Geschichte der Psychoanalyse und Psy-
    chotherapie im Nationalsozialismus. Frankfurt/M. 1985
Lockot Regine (1994)
    Die Reinigung der Psychoanalyse. Die Deutsche Psychoanalytische Gesell-
    schaft im Spiegel von Dokumenten und Zeitzeugen (1933–1951). Tübingen
    1994
Lothane Zvi (1996)
    In Defense of Sabina Spielrein. In: International Forum of Psychoanalysis,
    vol. 5, 1996: 203–217
Lothane Zvi (1999)
    Tender Love and Transference: Unpublished Letters of C. G. Jung and

Sabina Spielrein. In: International Journal of Psychoanalysis, vol. 80, 1999: 1189–1204

Ljunggren Magnus (1983)
Sabina Spielrein mellan Jung och Freud. In: Expressen, Stockholm 15. Juli 1983: 4

Ljunggren, Magnus (1989)
The psychoanalytic breakthrough in Russia on the eve of the First World War. In: Russian Literature and Psychoanalysis. Edited by Daniel Rancour-Laferriere. Amsterdam/Philadelphia 1989: 173–191

Ljunggren Magnus (1994)
The Russian Mephisto. A Study of the Life and Work of Emilii Medtner. Stockholm 1994

Ljunggren Magnus (2001)
Sabina and Isaak Spielrein. In: On the Verge. Russian Thought Between the Nineteenth and the Twentieth Centuries. Ed. by Fiona Björling. Lund 2001: 79–95

Luria Aleksandr (1925)
Die Psychoanalyse in Rußland. In: IZP XI 1925: 395–398

Lustiger Arno (1994)
Das Schwarzbuch: der Genozid an den sowjetischen Juden. Reinbek bei Hamburg 1994

Marx Karl/Engels Friedrich (1945 [1848])
Manifest der Kommunistischen Partei. Berlin 1945

Márton Elisabeth (2004)
An interview with Elisabeth Márton. In: Journal of Analytical Psychology, vol. 49, no. 3, June 2004: 435–441

Mazenauer Beat/Perrig Severin (1995)
Im Licht des eigenen Schattens. C. G. Jung und der Nationalsozialismus. In: Du. Die Zeitschrift der Kultur. Heft 8, August 1995: 59–62, 94f.

McDougall Joyce (1988)
Theater der Seele. Illusion und Wahrheit auf der Bühne der Psychoanalyse. München/Wien 1988

McGuire William/Hull R.F.C. (Hg.) (1978)
C. G. Jung Speaking. Interviews and Encounters. London 1978

McGuire William (1982)
Foreword. In: Aldo Carotenuto. A Secret Symmetry. Sabina Spielrein between Jung and Freud. New York 1982: VII-X

McGuire William (1984)
Jung's Complex Reactions (1907). Word Association Experiments Performed by Binswanger. In: Spring. An Annual of Archetypal Psychology and Jungian Thought, 1984: 1–34

Meerwein Fritz (1968)
Gustav Bally (1893–1966). In: Schweizer Archiv für Neurologie, Neurochirurgie und Psychiatrie. Bd. 101, Heft 1, 1968: 117–119

Metschnikoff Elias (1910 [1903])
Studien über die Natur des Menschen. Eine optimistische Philosophie. Leipzig 1910

Minder Bernhard (1993)
   Ein Dokument. Jung an Freud 1905: Ein Bericht über Sabina Spielrein. In:
   Gesnerus, vol. 50, Teil 1/2, 1993: 113–120
Minder Bernhard (1994)
   Sabina Spielrein. Jungs Patientin am Burghölzli. In: Luzifer-Amor.
   Zeitschrift zur Geschichte der Psychoanalyse, Jg. 7, Heft 14, 1994:
   55–127
Miller Martin A. (1998)
   Freud and the Bolsheviks. Psychoanalysis in Imperial Russia and the Soviet
   Union. New Haven/London 1998
Mirzabekova Nonna
   Freud's Forgotten Pupil. Woman who could have surpassed the Teacher.
   27. Januar 1999, ›http://english.pravda.ru/society/2003/03/07/44161.html:‹,
   20. April 2003
Mitteilungen für russische Studierende, welche die Universität besuchen wollen.
   Rektorat der Universität Zürich, Juli 1906
Monakow Constantin von (1970)
   Vita mea. Mein Leben. Bern/Stuttgart/Wien 1970
Möbius, P. J. (1894 [1888])
   Ueber den Begriff der Hysterie. In: P. J. Möbius. Neurologische Beiträge.
   Leipzig 1894: 1–7
Möbius P. J. (1977 [1903])
   Über den physiologischen Schwachsinn des Weibes. München 1977
Mühlleitner Elke (1992)
   Biographisches Lexikon der Psychoanalyse. Die Mitglieder der psychologi-
   schen Mittwoch-Gesellschaft und der Wiener Psychoanalytischen Vereini-
   gung 1902–1938. Tübingen 1992
Mühlleitner Elke (2000)
   Frauen in der psychoanalytischen Bewegung. Der Fall der Wiener Psycho-
   analytischen Vereinigung 1902–1938. In: Psyche, 54. Jg., Heft 7, Juli 2000:
   642–667
Müller Christian (1970 [1963])
   Paul Dubois 1838–1918. In: Große Nervenärzte. Bd. 2. Hg. von Kurt
   Kolle. Stuttgart/New York 1970: 217–223
Müller Thomas (2000)
   Von Charlottenburg zum Central Park West. Henry Lowenfeld und die Psy-
   choanalyse in Berlin, Prag und New York. Frankfurt/M. 2000
Museum zu Allerheiligen Schaffhausen und Autoren (1991)
   Albert Welti 1862-1912. Vom Haus der Träume ins Bundeshaus. 31. Au-
   gust – 3. November 1991: Schaffhausen 1991
Nachama Andreas/Sievernich Gereon (Hg.) (1991)
   Jüdische Lebenswelten. Katalog. Frankfurt/M. 1991
Nachama Andreas/Schoeps Julius H./van Voolen Edward (Hg.) (1991)
   Jüdische Lebenswelten. Essays. Frankfurt/M. 1991
Neiditsch Sara (1910)
   Über den gegenwärtigen Stand der Freudschen Psychologie in Rußland. In:
   Jahrbuch für psychoanalytische und psychopathologische Forschung,
   Bd. II, 1/2, 1910: 347f.

Neiditsch Sara (1921)
    Die Psychoanalyse in Rußland während der letzten Jahre. In: IZP VII 1921: 381–384
Neiditsch Sara (1921)
    Dr. Tatiana Rosenthal, Petersburg. [Nachruf]. In: IZP VII 1921: 384f.
Nesterova Elena (1996)
    Die Wanderer. Die Meister des russischen Realismus. Bournemouth/Sankt Petersburg 1996
Neue Zürcher Zeitung: Genf, 128. Jg., Nr. 348 vom 16. Dezember 1907, 1. Abendblatt: 2
Neumann Daniela (1987)
    Studentinnen aus dem Russischen Reich in der Schweiz (1867–1914). Zürich 1987
Neumann Daniela/Scheidegger Gabriele (1992)
    Sprengende Bomben und das Ewigweibliche. Die Briefe der russischen Ärztin Elizaveta Rabinovič 1901–1907. In: Edgar Hösch (Hg.). Jahrbücher für Geschichte Osteuropas. Neue Folge Band 40. Stuttgart 1992: 381–393
Nitschke Bernd (1988)
    Die Frau als »Opfer« – und wie man sie in dieser Rolle fixieren kann. Kritische Anmerkungen zur Behandlung des »Falles« Sabina Spielrein durch Johannes Cremerius. In: Forum der Psychoanalyse, 4, 1988: 153–163
Noll Richard (1997)
    The Aryan Christ. The Secret Life of Carl Gustav Jung. London 1997
Noskova Olga G. (1996)
    A Social History of Russian Industrial Psychology in the 1920s and 1930s. In: Koltsova/Oleinik/Gilgen a.a.O. 267–284
Nunberg Herman, Federn Paul (Hg.) (1979 [1906–1918])
    Protokolle der Wiener Psychoanalytischen Vereinigung. Bd. I, 1906–1908, Frankfurt/M. 1976; Bd. II, 1908–1910, Frankfurt/M. 1977; Bd. III, 1910–1911, Frankfurt/M. 1979; Bd. IV, 1912–1918, Frankfurt/M. 1981
Ohlendorf Otto (1947)
    Eidesstattliche Erklärungen. 24. April 1947. >http://www.ns-archiv.de/einsatzgruppen/ohlendorf/eid1.shtml< 29. Juli 2004
Ovcharenko Victor I. (1995)
    Le destin de Sabina Spielrein. In: L'Évolution Psychiatrique, 60, 1, 1995: 115–122
Ovcharenko Victor (1999)
    Love, psychoanalysis and destruction. In: Journal of Analytical Psychology, vol. 44, no 3, July 1999: 355–373
Ovcharenko Victor (1999)
    The history of Russian psychoanalysis and the problem of periodisation. In: Journal of Analytical Psychology, vol. 44, no 3, July 1999: 341–353
Owtscharenko Wiktor I. (1994)
    Psicho – analititscheski glossari. Minsk 1994
Owtscharenko Wiktor I. (2000)
    Rossiskie psichoanalitiki [Russische Psychoanalytiker]. Moskau 2000

Owtscharenko, Wiktor (2004)
  *Wechi schisni Sabiny Schpilrejn* (Wegmarken im Leben Sabina Spiel-
  reins) 10. Februar 2004, ›http://www.psychosphia.ru.sabshpdf‹, 7. Juli
  2005
Piaget Jean (1983 [1923])
  Das symbolische Denken und das Denken des Kindes. In: Jean Piaget. Drei
  frühe Schriften zur Psychoanalyse. Hg. und historisch kommentiert von Sy-
  bille Volkmann-Raue. Freiburg i. Br. 1993: 83–146
Piaget Jean (1969)
  Nachahmung, Spiel und Traum. Die Entwicklung der Symbolfunktion
  beim Kinde. Stuttgart 1969
Piaget Jean (1993)
  Drei frühe Schriften zur Psychoanalyse. Hg. und historisch kommentiert
  von Sybille Volkmann-Raue. Freiburg i. Br. 1993
Radkau Joachim (2000)
  Das Zeitalter der Nervosität. Deutschland zwischen Bismarck und Hitler.
  München 2000
Rämi Louise (1918)
  Die Dauer der Anstaltsbehandlung der Schizophrenen. Inaugural-Disserta-
  tion zur Erlangung der Doktorwürde der medizinischen Fakultät der Uni-
  versität Zürich. Halle a. S. 1918
Rank Otto (1921)
  Traumdeutung. In: Bericht über die Fortschritte der Psychoanalyse
  1914–1919 a.a.O. 26–43
Reich Wilhelm (1929)
  Die Stellung der Psychoanalyse in der Sowjetunion. Notizen von einer Stu-
  dienreise in Rußland. In: Psychoanalytische Bewegung. Bd. I. Hg. von
  Adolf Josef Storfer. Wien 1929: 358–368
Reich Wilhelm (1969)
  Die sexuelle Revolution. Zur charakterlichen Selbststeuerung des Men-
  schen. Frankfurt/M. 1969
Rice James L. (1982)
  Russian Stereotypes in the Freud-Jung Correspondence. In: Slavic Review.
  American Quarterly of Soviet and East European Studies, vol. 41, Spring
  1982: 19–34
Rice James L. (1993)
  Freud's Russia. National Identity in the Evolution of Psychoanalysis. New
  Brunswick/New York 1993
Richebächer Sabine (1988)
  Zum 100. Geburtstag von A. S. Makarenko. In: Neue Zürcher Zeitung,
  Donnerstag, 17. März 1988, Nr. 64: 91
Richebächer Sabine (1997)
  »wie ein Hai im Karpfenteich ...« Wilhelm Reich: Ein Portrait. In: Journal.
  Psychoanalytisches Seminar Zürich, 34, 1997: 36–55
Richebächer Sabine (2000)
  Psychoanalyse im Exil. Otto Fenichel und die geheimen Rundbriefe der
  linken Freudianer. In: Jahrbuch der Psychoanalyse. Bd. 42, 2000:
  125–164

Richebächer Sabine (2000)
>Bist mit dem Teufel du und du und willst dich vor der Flamme scheuen?<
Sabina Spielrein und C. G. Jung: ein verdrängtes Skandalon der frühen Psychoanalyse. In: Thomas Sprecher a.a.O. 147–187

Richebächer Sabine (2004)
Jüdische Frauen in der frühen Psychoanalyse. In: Jüdische Kulturbühne,
6. Jg., Nr. 1, IJAR 5764, Mai 2004: 15

Richter Horst (1977)
Geschichte der Malerei im 20. Jahrhundert. Stile und Künstler. Köln
1977

Riklin Franz (1905)
Analytische Untersuchungen der Symptome und Associationen eines Falles
von Hysterie (Lina H). In: Psychiatrisch-Neurologische Wochenschrift 46:
449–452; 50: 493–497; 51: 505–511

Rogger Franziska (1999)
Der Doktorhut im Besenschrank. Das abenteuerliche Leben der ersten Studentinnen – am Beispiel der Universität Bern. Bern 1999

Rohner Hanny (1972)
Die ersten 30 Jahre des medizinischen Frauenstudiums an der Universität
Zürich 1867–1897. Zürcher Medizingeschichtliche Abhandlungen. Neue
Reihe, Nr. 89. Zürich 1972

Rosenthal Tatjana (1911)
Karin Michaelis: »Das gefährliche Alter« im Lichte der Psychoanalyse. In:
Zentralblatt für Psychoanalyse I, H. 7/8. Mai-Juni 1911: 277–294

Ruoff Wilhelm Heinrich (1958)
Stammtafeln des Bürgerverbandes Alt Zollikon [o.O.] 1958

Rüthers Monica (1996)
Tewjes Töchter. Lebensentwürfe ostjüdischer Frauen im 19. Jahrhundert.
Köln/Weimar/Wien 1996

Salamander Rachel (Hg.) (1999)
Die jüdische Welt von gestern 1860–1938. Text- und Bildzeugnisse aus
Mitteleuropa. München 1999

Sammons Jeffrey L. (Hg.) (1998)
Die Protokolle der Weisen von Zion. Die Grundlage des modernen Antisemitismus – eine Fälschung. Text und Kommentar. Göttingen 1998

Santiago-Delafosse Marie J. / Delafosse J.-M. Odéric (2002)
Spielrein, Piaget and Vygotsky. Three Positions on Child Thought and
Language. In: Theory & Psychology, vol. 12, no 6, 2002: 723–747

Saussure Raymond de (1955)
Dr. med. Charles Odier (1886–1954). In: Schweizer Archiv für Neurologie
und Psychiatrie. Bd. 76, H. 1/2, 1955: 303–304

Schepeler Eva M. (1993)
Jean Piaget's Experiences on the Couch: Some Clues to a Mystery. In: The International Journal of Psycho-Analysis, vol. 74, part 3, June 1993: 255–273

Scherr Johannes (1885)
Die Nihilisten. Leipzig 1885

Schilling Konrad (Hg.) (1964 [1963])
Monumenta Judaica. 2000 Jahre Geschichte und Kultur der Juden am

Rhein. Handbuch zur Ausstellung im Kölnischen Stadtmuseum 15. Oktober
1963 – 15. März 1964

Schirmacher Käthe (1896)
Züricher Studentinnen. Leipzig/Zürich 1896

Schleich Carl Ludwig (1926 [1916])
Vom Schaltwerk der Gedanken. Neue Einsichten und Betrachtungen über
die Seele. Berlin 1926

Schlögel Karl/Kucher Katharina/Suchy Bernhard/Thun Gregor (Hg.) (1999)
Chronik russischen Lebens in Deutschland 1918–1941. Berlin 1999

Schmidt Vera (1969)
3 Aufsätze. Anleitung für eine revolutionäre Erziehung. Hg. vom Zentralrat der sozialistischen Kinderläden West-Berlin, Nr. 1 [Raubdruck]

Schwara Desanka (1999)
»Oifn weg schtejt a bojm«. Jüdische Kindheit und Jugend in Galizien, Kongreßpolen, Litauen und Rußland 1881–1939. Köln 1999

Singer Isaac Bashevis (1979 [1967])
The Manor. Harmondsworth/New York/Ringwood 1979

Singer Israel J. (1993 [1970])
Von einer Welt, die nicht mehr ist. Erinnerungen. Frankfurt/M.
1993

Sirotkina Irina (2002)
Diagnosing Literary Genius. A Cultural History of Psychiatry in Russia,
1880–1930. Baltimore/London 2002

Solov'ev Vladimir (1985)
Der Sinn der Liebe. Hamburg 1985

Spector Shmuel (Hg.) (2001)
Rostov-on-Don. In: The Encyclopedia of Jewish Life Before and During the
Holocaust. Vol. II. Jerusalem/New York 2001: 1094f.

Sperber Manès (1975 [1963])
Die vergebliche Warnung. All das Vergangene …. Wien 1975

Sperber Manès (1981 [1974)]
Die Wasserträger Gottes. All das Vergangene …. München 1981

Spielrein Isaak (1916)
Psychologisches aus Kinderuntersuchungen in Rostow am Don. Sonder-
Abdruck aus der Zeitschrift für angewandte Psychologie, Bd. II. Leipzig
1916

Spielrein Isaak (1916/17)
Ein jüdisches Wörterbuch. In: Der Jude. Eine Monatsschrift. Hg. von Martin Buber. 1. Jg., 1916/17: 633–636

Spielrein Isaak (1917)
Zur Aussprache und Transkription des Jüdischen. In: Der Jude a.a.O. 2. Jg.,
Heft 1/2, April/Mai 1917: 285–288

Spielrein Jean (1916)
Lehrbuch der Vektorrechnung nach den Bedürfnissen in der technischen
Mechanik und Elektrizitätslehre. Stuttgart 1916

Sprecher Thomas (Hg.) (2000)
Das Unbewusste in Zürich. Literatur und Tiefenpsychologie um 1900. Zürich 2000

Steiner Andreas (1964)
»Das Nervöse Zeitalter«. Der Begriff der Nervosität bei Laien und Ärzten in Deutschland und Österreich um 1900. Zürcher Medizingeschichtliche Abhandlungen, Neue Reihe Nr. 21. Zürich 1964

Stephan Inge (1994)
Judentum – Weiblichkeit – Psychoanalyse. Das Beispiel Sabina Spielrein. In: Jüdische Kultur und Weiblichkeit in der Moderne. Hg. von Inge Stephan/ Sabine Schilling/Sigrid Weigel. Köln/Weimar/Wien 1994: 51–72

Stone Nakhimovsky Alice (1992)
Russian-Jewish Literature and Identity. Jabotinsky, Babel, Grossmann, Ga- lich, Roziner, Markish. Baltimore/London 1992

Stopczyk Annegret (2001)
Helene Stöcker. Philosophin der neuen Ethik. In: Die Lebensreform. Entwürfe zur Neugestaltung von Leben und Kunst um 1900. Bd. 1. Hg. von Kai Buchholz/Rita Latocha/Hilke Peckmann. Darmstadt 2001: 157–159

Swales Peter (1992)
What Jung Didn't Say. In: Harvest. Journal for Jungian Studies, vol. 38, C. G. Jung Analytical Psychology, Club: London 1992: 30–37

Tann von der Matthias/Erlenmeyer Arvid (1991)
C. G. Jung und der Nationalsozialismus. Texte und Daten. Berlin 1991

Tausk Viktor (1913)
Sch. Grebelskaja: Psychologische Aspekte eines Paranoiden. In: IZP I 1913: 88

Ter-Ogannessian-Babizkaja Rebekka (1912)
Versuch einer Analyse bei einem Falle von Schizophrenie. Inaugural-Disser- tation, Hohe Universität Zürich, Zürich 1912

Theweleit, Klaus (1990)
Objektwahl (All You Need Is Love …). Über Paarbildungsstrategien & Bruchstück einer Freudbiographie. Basel/Frankfurt/M. 1990

Thomas D. M. (1981)
The White Hotel. London 1981

Tiburtius Franziska (1923)
Erinnerungen einer Achtzigjährigen. Berlin 1923

Tschernyschewski Nikolaj G. (1890 [1863])
Was thun? Erzählungen vom neuen Menschen. Roman. Leipzig 1890

Uffrecht Bernhard (1924)
Die freie Schul- und Werkgemeinschaft Letzlingen. Berlin 1924

Verein Feministische Wissenschaft Schweiz (Hg.) (1988)
Ebenso neu als kühn. 120 Jahre Frauenstudium an der Universität Zürich. Zürich 1988

Vidal Fernando (2001)
Sabina Spielrein, Jean Piaget – going their own ways. In: Journal of Analy- tical Psychology, vol. 46, 2001: 139–153

Volkmann-Raue Sibylle/Lück Helmut E. (Hg.) (2003)
Bedeutende Psychologinnen. Biographien und Schriften. Weinheim/Basel 2002

Wackenhut Irene/Willke Anke (1994)
Sabina Spielrein. Missbrauchüberlebende und Psychoanalytikerin. Eine

Studie ihres Lebens und Werkes unter besonderer Berücksichtigung ihrer Tagebücher und ihres Briefwechsels. Anhang A: Übersetzung und Edition der bisher unveröffentlichten Schriften (I. Wackenhut). Dissertation aus der Abteilung Geschichte der Medizin der Medizinischen Hochschule Hannover. Hannover 1994

Wagner Richard (2002 [1853])
Der Ring der Nibelungen. Zweiter Tag: Siegfried. Stuttgart 2002

Walser Hans H. (1882)
Psychoanalyse in der Schweiz. In: Enzyklopädie »Die Psychologie des 20. Jahrhunderts. Tiefenpsychologie. Band 2: Neue Wege der Psychoanalyse. Psychoanalyse der Gesellschaft. Die psychoanalytische Bewegung. Hg. von Dieter Eicke. Weinheim/Basel 1982: 455–481

Waning Adeline van (1992)
The Works of Pioneering Psychoanalyst Sabina Spielrein – ›Destruction as a Cause of Coming into Being‹. In: International Review of Psychoanalysis 19 1992: 399–414

Weber Hermann/Herbst Andreas (2004)
Deutsche Kommunisten. Biographisches Handbuch 1918 bis 1945. Berlin 2004

Weber Kaspar (1999)
»Es geht ein mächtiges Sehnen durch unsere Zeit«. Reformbestrebungen der Jahrhundertwende und Rezeption der Psychoanalyse am Beispiel der Biographie von Ernst Schneider 1878–1957. Bern/Berlin/Bruxelles 1999

Wehr Gerhard (1969)
C. G. Jung in Selbstzeugnissen und Bilddokumenten. Reinbek bei Hamburg 1969

Weickmann Dorion (1997)
Rebellion der Sinne. Hysterie – ein Krankheitsbild als Spiegel der Geschlechterordnung (1880–1920). Frankfurt/M. 1997

Weizmann Chaim (1953)
Memoiren. Das Werden des Staates Israel. Zürich 1953

Weizmann Vera (1967)
The impossible takes longer. New York/Evanston 1967

Welti Albert [o. J.]
Gemälde und Radierungen. Mit einer Einführung von Hermann Hesse. Berlin

Wieser Annatina (2000)
Rezeption und Diskussion der Psychoanalyse innerhalb des Vereins Schweizerischer Irrenärzte von 1903–1913. In: Schweizer Archiv für Neurologie und Psychiatrie 151, 5, 2000: 20–33

Wieser Annatina (2001)
Zur frühen Psychoanalyse in Zürich 1900–1914. Inauguraldissertation zur Erlangung der Doktorwürde der Medizinischen Fakultät der Universität Zürich, Zürich 2001

Williams Robert C. (1972)
Culture in Exile. Russian Emigrés in Germany, 1881–1941. Ithaca/London 1972

Wilson Snoo (1998)
    Sabina. London 1998
Winnicott Donald W. (1985 [1951])
    Übergangsobjekte und Übergangsphänomene. In: D. W. Winnicott. Von der
    Kinderheilkunde zur Psychoanalyse. Frankfurt/M. 1985: 300–319
Winnicott Donald W. (1964)
    Memoires, Dreams, Reflections. By C. G. Jung. Review. In: International
    Journal of Psycho-Analysis 45, 1964: 450–455
Winnicott Donald W. (1985 [1960])
    Ich-Verzerrung in Form des wahren und des falschen Selbst. In: D. W. Win-
    nicott: Reifungsprozesse und fördernde Umwelt. Frankfurt/M. 1985:
    182–199
Winokurow Elsa (1978)
    Elsa Winokurow. In: Woman Physicians of the World. Autobiographies of
    medical pioneers. Ed. by Leone Mc Gregor Hellstedt. Washington/London
    1978: 10–15
Wittels Fritz (1924)
    Sigmund Freud. Der Mann. Die Lehre. Die Schule. Leipzig/Wien/Zürich
    1924
Wittenberger Gerhard, Tögel Christfried (Hg.) (1999)
    Die Rundbriefe des »Geheimen Komitees«. Bd. 1, 1913–1920. Tübingen
    1999
Wittenberger Gerhard, Tögel Christfried (Hg.) (2001)
    Die Rundbriefe des »Geheimen Komitees«. Bd. 2, 1921. Tübingen 2001
Wottreng Willi (1999)
    Hirnriss. Wie die Irrenärzte August Forel und Eugen Bleuler das Menschen-
    geschlecht retten wollten. Zürich 1999
Wulff Moshe (1911)
    Die russische psychoanalytische Literatur bis zum Jahre 1911. In: Zentral-
    blatt für Psychoanalyse. 1. Jg., Heft 7/8, Mai – Juni 1911: 364–371
Wyss Walter H. v. (1948)
    50 Jahre Psychophysiologie in Zürich. A. Forel, E. Bleuler, C. von Mona-
    kow, W. R. Hess, 111. Neujahrsblatt. Zürich 1948
Yerushalmi Yosef Hayim (1999)
    Freuds Moses. Endliches und unendliches Judentum. Frankfurt/M. 1999
Zumstein-Preiswerk Stefanie (1975)
    C. G. Jungs Medium. Die Geschichte der Helly Preiswerk. München 1975

## Filme

Regine Kühn/Eduard Schreiber. Trotzkis Traum. Psychoanalyse im Lande der
    Bolschewiki. Dokumentarfilm 44,5 Minuten. Ö-Filmproduktion 2000
Elisabeth Márton. Ich hiess Sabina Spielrein. Dokumentarfilm 90 Minuten. IDÉ
    Film Felixson LTD Stockholm, Schweden, Schweiz, Dänemark, Finnland
    2002

# Verzeichnis der konsultierten Archive und Institutionen

## Bundesrepublik Deutschland

Alt-Archiv, Berlin
Binswanger Archiv, Tübingen
Bundesarchiv – Filmarchiv, Berlin
Bundesarchiv – Fotosammlung, Berlin
Bundesarchiv – Militärarchiv, Freiburg i. Br.
Bundesarchiv, Abteilung Deutsches Reich, Berlin
Bundesarchiv, Außenstelle Ludwigsburg
Geheimes Staatsarchiv Preußischer Kulturbesitz, Berlin
Hessisches Staatsarchiv Marburg
Hochschule für Technik, Wirtschaft und Kultur Leipzig (FH), Archiv HTWK,
    Leipzig
Humboldt-Universität zu Berlin, Universitätsbibliothek, Universitätsarchiv
Institut für Geschichte der Medizin der Freien Universität Berlin
Landesarchiv Berlin
Landesarchiv Berlin – Fotosammlung
Landeshauptstadt München, Direktorium, Stadtarchiv
Ludwig-Maximilians-Universität, Universitätsarchiv München
Promotionssammlung der Bundesdeutschen Universitäten, Deutsche Bücherei
    Leipzig
Ruprecht-Karls-Universität Heidelberg, Universitätsarchiv
Sächsisches Staatsarchiv, Leipzig
Sonderstandesamt Bad Arolsen, Internationaler Suchdienst
Stadtarchiv Heidelberg
Standesamt Mitte von Berlin
Stiftung Schlösser, Burgen und Gärten des Landes Sachsen-Anhalt, Leitzkau
Stiftung »Neue Synagoge Berlin – Centrum Judaicum«, Berlin
Stuttgart, Stadtarchiv
Universität Leipzig, Universitätsarchiv
Universitätsarchiv Tübingen, Eberhard Karls Universität Tübingen
Universitätsbibliothek der Freien Universität Berlin
Universitätsbibliothek Marburg, Universitätsarchiv
Universitätsbibliothek Stuttgart, Universitätsarchiv
Universitätsklinikum Charité – Medizinische Fakultät der Humboldt-Universi-
    tät zu Berlin
Verwaltungsgemeinschaft Gardelegen – Land, Gardelegen, Sachsen-Anhalt
Zentral- und Landesbibliothek Berlin, Zentrum für Berlin – Studien

## England

Freud Museum, London
Public Record Office, The National Archives, Kew, Richmond

## Israel

Yad Vaschem, Archive Devision, Jerusalem

## Kanada

The Record, Kitchener, Ontario

## Österreich

Österreichisches Staatsarchiv, Haus-, Hof- und Staatsarchiv, Wien
Sigmund Freud Museum, Wien
Magistrat der Stadt Wien, Magistratabteilung 8, Wiener Stadt- und Landesarchiv

## Rußland

Archiv der Rostower Synagoge, Jewish Community of Rostov-na-Donu
Gosudarstvennyi Arkhiv Rossiiskoi Federatsii (GARF)
Gosudarstvennyi Arkhiv Rostovskoi oblasti (GARO)
Memorial Archiv, Moskau
Russian State Historical Archives, St.-Petersburg

## Schweiz

Archiv der Gosteli Stiftung, Worblaufen
Archiv der Psychiatrischen Universitätsklinik Burghölzli (P.U.K), Staatsarchiv des Kantons Zürich
Archiv der Schweizerischen Gesellschaft für Psychoanalyse (SGPsa), Bern [früher Genf]
Archiv des Israelitischen Wochenblatts für die Schweiz, Zürich
Archives de la Ville de Lausanne
Archives de l'université Genève
Archives d'Etat, République et Canton de Genève
Archives du Departement de L'instruction publique, Genève
Archives Institut J.-J. Rousseau (AIJJR), Genève
Bauinventar, Kant. Denkmalpflege, Bern
Bibliothek des Medizinhistorisches Instituts und Museums der Universität Zürich
Bibliothèque Publique et Universitaire, Département des Manuscrits, Genève
C. G. Jung Arbeitsarchiv, Spezialsammlungen, Archiv der ETH Zürich
Canton de Vaud, Police de Sûreté
Clinique Bois-Cerf, Lausanne
Commune de Château-d'Oex, Contrôle des habitants
Direktion der Justiz und des Innern, Abt. Bürgerrecht und Zivilstandswesen, Zürich
Etat de Vaud, Département des institutions et des relations extérieures, Archives cantonales vaudoises, Lausanne
Etat de Vaud, Département des institutions et des relations extérieures, Service de la Popuation, Secteur Juridique, Lausanne
Gemeindearchiv Interlaken

Israelitische Cultusgemeinde Zürich, Bibliothek
Medizinhistorisches Institut und Museum, Universität Zürich, Briefsammlung
Musée du Vieux Pays-d'Enhaut, Château-d'Oex
Neue Zürcher Zeitung, Archiv
Slawistisches Institut der Universität Zürich, Bibliothek
Sozialarchiv, Zürich
Staatsarchiv des Kantons Zürich
Stadt Bern, Stadtkanzlei, Stadtarchiv
Stadtarchiv Zürich
Universität Bern, Universitätsarchiv
Universitätsarchiv Zürich
Ville de Genève, Archives
Wissenschaftliche Bibliothek der Psychiatrischen Universitätsklinik Burghölzli
    (P.U.K.), Zürich
Zentralbibliothek Zürich, Kantons-, Stadt- und Universitätsbibliothek
Zivilstandsamt, Gemeinde Marthalen

## Vereinigte Staaten von Amerika

C. Jung Biographical Archives. In: Rare Books Department, Francis A. Count-
    way Library of Medicine, Harvard Medical School, Boston Massachusetts

# Namenregister

# Bildnachweis

Autorin und Verlag bedanken sich bei den folgenden Institutionen und Personen
für die Erlaubnis, Fotografien in diesem Buch abzubilden:

Tangofilm, Stockholm,
    Seiten 4, 30, 42, 50, 80, 105, 151, 227, 246, 269, 283
Sammlung Rolf Mösli, Kriessern (St. Gallen),
    Seiten 74, 81
Privatarchiv,
    Seite 253
Staatsarchiv des Kantons Zürich, KG Spielrein,
    Seite 61

# Danksagung

Während der letzten sechs Jahre bin ich zahlreichen Menschen begegnet, ohne deren Interesse und Unterstützung diese Biographie über Sabina Spielrein nicht in dieser Form entstanden wäre. Ihnen allen möchte ich danken.

Anita Michalak, Dr. Annatina Wieser, Annelies Ramel, Prof. Axel Hoffer, Axel Richebächer, Béatrice Enzler, Bernd Schwibs, Dr. Bernhard Minder, Cathy Egloff, Daisy de Saugy, David J. Rauschning, Dorit Giese, Dorothea Trottenberg, Dr. Eduard Schreiber, Enrico Zanoncello, Ernst A. Baumeler, Eva Borg, Eva-Babetta Eriksson, Prof. Ewald Spielrein, Dr. Franziska Rogger, Prof. Gerald Wiemers, Gertrud Hunziker, Regula Brunner-Vontobel, Dr. Heinz Peter Stucki, Jacques Barrelet, Joel Schlienger, Jörg Zemp, Julie Nero, Karin Beck, Dr. Kaspar Weber, Peter J. Swales, Katharina Ganz, Kopp-Film (Berlin), Dr. Kurt Richebächer, Lioudmila Thalmann-Rakina, Prof. Magnus Ljunggren, Maja Buchholz, Prof. Maria Deppermann, Michel Bollag, Marlyn Borg, Dr. Martha Eicke, Dr. Martin Meyer, Michael Ganz, Michael Molnar, Michail Schischkin, Margrit Schütz, Dr. Otto Sigg, Pepe Solbach, Dr. R. Nogler, Dr. Raymond Guggenheim, Regine Kühn, Dr. Robert Dünki, Sophie Kuh-Templer, Susanna Gantenbein, Theodor Haslinger, Dr. Thomas Müller, Prof. André Haynal, Eugene Gimodudinov, Dr. Ulrich Helfenstein, Dr. Uriel Gast, Verena Buchmann, Dr. Verena Füllemann, Yvonne Frenzel, J. Zweifel, Didier Grange, Marianne Kern, Herr S.V. Mironenko, Tania Dussey-Cavassini, Frau R. Giggel, Gabriele Vogt, Hans Ulrich Pfister, Rolf Mösli, Dr. Elke Mühlleitner, François Bos, Chantal Renevéy Fry, Prof. Klaus J. Neumärker.

Ganz besonders danken möchte ich Frau Dr. Barbara Stadler, Staatsarchiv Zürich, die meinen Forschungsweg stets kompetent und liebenswert begleitet hat; Frau Elisabeth Márton, der Regisseurin des Dokumentarfilms *Ich hiess Sabina Spielrein* (Stockholm 2002), die sich für informative, anregende Diskussionen viel Zeit nahm; Herrn Dr. Thomas Sprecher, der mich in den Anfängen meiner Arbeit ermutigte und als weißer Ritter im Hintergrund stand; Frau Monika Bankowski, die mir bei der Erschließung und beim Verständnis russischer Quellen eine große Hilfe war; Frau Anne Bauty, Geschäftsträgerin A. I. der Schweizerischen Botschaft in Moskau, die meine Forschungsarbeit in Rußland mit Empfehlungsschreiben sehr erleichtert hat; Frau Masha Yonin, Yad Vaschem, der ich wertvolle Informationen zum Tode von Sabina Spielrein verdanke. Nicht zuletzt gilt mein Dank meiner Verlegerin Frau Sabine Dörlemann, deren Anregungen stets wertvoll sind und zur richtigen Zeit kommen.